Los empeños de una casa

———

Amor es más laberinto

Letras Hispánicas

Sor Juana Inés de la Cruz

Los empeños de una casa
Amor es más laberinto

Edición de Celsa Carmen García Valdés

UNDÉCIMA EDICIÓN

CÁTEDRA

LETRAS HISPÁNICAS

1.ª edición, 2010
11.ª edición, 2025

Ilustración de cubierta: Jorge Sánchez Hernández (1926-2016, México), *El examen*. Óleo sobre tela (0,95×0,75 m.), 1976. Colección [Privada]: Sor Juana Inés de la Cruz.

Reservados todos los derechos. El contenido de esta obra está protegido por la Ley, que establece penas de prisión y/o multas, además de las correspondientes indemnizaciones por daños y perjuicios, para quienes reprodujeren, plagiaren, distribuyeren o comunicaren públicamente, en todo o en parte, una obra literaria, artística o científica, o su transformación, interpretación o ejecución artística fijada en cualquier tipo de soporte o comunicada a través de cualquier medio, sin la preceptiva autorización.

© Ediciones Cátedra (Grupo Anaya, S. A.), 2010, 2025
Valentín Beato, 21. 28037 Madrid
Depósito legal: M. 2.936-2010
I.S.B.N.: 978-84-376-2647-5
Printed in Spain

Índice

Introducción	9
Apunte biográfico	11
Obra en prosa	20
Carta atenagórica y *Respuesta a Sor Filotea de la Cruz*	20
Neptuno alegórico	24
Obra poética	26
Poesía de circunstancias	27
El tema filosófico moral. *Primero sueño*	30
Lírica de amor	35
Poesía religiosa	37
Poesía jocosa	38
Los villancicos	39
Obra dramática	40
Características e influencias	40
Teatro religioso: los autos y loas sacramentales	44
El divino Narciso	45
El mártir del Sacramento, San Hermenegildo	47
El cetro de José	49
Una loa mariana: *Loa de la Concepción*	49
Teatro profano	51
Las loas cortesanas	51
El festejo teatral de *Los empeños de una casa*	53
Las piezas breves del festejo	53
La comedia de *Los empeños de una casa*	60
Amor es más laberinto	70

Estudio textual	74
Relación de testimonios	74
Filiación textual	81
Sinopsis métrica de las comedias	87
Algunas observaciones a la métrica	91
Esta edición	93
Bibliografía	95
Los empeños de una casa	107
Loa	108
Letra	129
Comedia	131
Jornada primera	133
Letra	173
Sainete primero de Palacio	176
Jornada segunda	185
Letra	225
Sainete segundo	228
Jornada tercera	241
Sarao de cuatro naciones	289
Amor es más laberinto	301
Loa a los años del Excelentísimo Señor Conde de Galve	302
Comedia	329
Jornada primera	331
Jornada segunda	383
Jornada tercera	427
Variantes	473
Índice de notas	503

Introducción

OBRAS POETICAS
DE LA MUSA MEXICANA
SOROR
JUANA INES DE LA CRUZ,
RELIGIOSA PROFESSA EN EL MONASTERIO
del Gran Padre, y Doctor de la Iglesia S. Geronimo,
de la Ciudad de Mexico.

TOMO SEGUNDO,
AÑADIDO POR SU AUTORA,
EN QUE VA EL CRISIS SOBRE UN SERMON
de vn Orador Grande entre los
mayores.

Año   1715.

***   CON LICENCIA.   ***

En Madrid: En la IMPRENTA REAL; por Joseph Rodriguez de Escobar,
Impressor de la Santa Cruzada, y de la Real Academia Española.

Apunte biográfico

Para estudiar la vida de Sor Juana Inés de la Cruz es necesario acudir a algunos textos básicos: su carta *(Respuesta a Sor Filotea de la Cruz)* al obispo de Puebla, Manuel Fernández de Santa Cruz; la biografía que escribió el jesuita Diego Calleja en la Aprobación de *Fama y Obras póstumas* (Madrid, 1700, por Juan Ignacio de Castorena y Ursúa)[1], y algunos documentos, fruto de la labor investigadora de Guillermo Ramírez España *(La familia de Sor Juana. Documentos inéditos*, México, Imprenta Universitaria, 1947) y Enrique A. Cervantes *(El testamento de Sor Juana Inés de la Cruz y otros documentos*, México, 1949)[2].

Juana Ramírez de Asuaje nació en la aldea mexicana de San Miguel de Nepantla el 12 de noviembre de 1651, fecha que ha sido puesta en tela de juicio a raíz del descubrimiento de una partida de bautismo que la adelantaría a diciembre de 1648[3]. Para Georgina Sabat de Rivers[4] ese certificado no es prueba

---

[1] La biografía de Sor Juana escrita por el padre Calleja fue publicada con anotaciones por Ermilo Abreu Gómez, *Vida de Sor Juana*, México, 1936; posteriormente, la recoge como apéndice Raquel Asún en su edición de *Lírica* de Sor Juana Inés de la Cruz, Barcelona, Bruguera, 1983, págs. 419-432.

[2] Sara Poot Herrera, en «Sor Juana: nuevos hallazgos, viejas relaciones», en *Anales de Literatura Española*, 13 (1999), Alicante, Universidad, Departamento de Literatura Española, págs. 63-83, da detalles sobre nuevos documentos y obras de Sor Juana hallados en los últimos años.

[3] «En 2 de diciembre de 648 baptizé a Inés, hija de la iglesia. Fueron sus padrinos Miguel Ramírez y Beatriz Ramírez. Fr. P.º de Monasterio», en Alberto G. Salceda, «El acta de bautismo de Sor Juana», en *Ábside*, enero-marzo de 1962.

[4] Introducción a su edición de *Inundación Castálida*, Madrid, Clásicos Castalia, 1983, pág. 11 y nota.

suficiente para cambiar la fecha que la misma Sor Juana probablemente proporcionó a su primer biógrafo. Por otra parte, en el documento sólo aparece el nombre de «Inés» que Juana no utilizó hasta hacerse monja y, además, su madre le pone el nombre de Inés a otra hija nacida en 1659, cosa que no haría si ya tuviese una hija con ese nombre. Sabat de Rivers sugiere que la partida de nacimiento podría pertenecer a una hermana de Sor Juana fallecida antes del nacimiento de esta. La nueva cronología, que ha sido adoptada por algunos estudiosos[5], lleva aparejado el admitir que Sor Juana se quitaba años, que las afirmaciones que hace en su *Respuesta a sor Filotea* son falsas o exageradas, y que las circunstancias excepcionales de su vida, como niña prodigio, no lo serían tanto[6].

Su padre fue el capitán español de origen vascongado don Pedro Manuel de Asuaje y Vargas Machuca, y su madre la criolla doña Isabel Ramírez de Santillana o Cantillana[7]. La madre de Juana tuvo dos hijas más de sus relaciones con el capitán Asbaje, y otros tres hijos —dos hijas y un hijo— con otro capitán español, don Diego Ruiz Lozano y Centeno. Se declaró en su testamento «mujer de estado soltera», hecho cali-

---

[5] Entre otros, A. Méndez Plancarte, OC, I, pág. LIII; Juan Carlos Merlo, *Sor Juana Inés de la Cruz: Obras escogidas*, Barcelona, Bruguera, 1968; Octavio Paz, *Sor Juana Inés de la Cruz o las trampas de la fe*, México, Fondo de Cultura Económica, 1982; Antonio Alatorre, «La *Carta* de Sor Juana al P. Núñez», en *Nueva Revista de Filología Hispánica*, XXXV.2 (1987), págs. 591-673; Darío Puccini, *Una mujer en soledad. Sor Juana Inés de la Cruz, una excepción en la cultura y la literatura barroca*, trad. Esther Benítez, Madrid, Anaya & Mario Muchnik, 1996.

[6] Francisco de la Maza, *La ruta de Sor Juana. De Napantla a San Jerónimo*, México, Instituto Mexiquense de Cultura, 1995 (1.ª ed., 1972).

[7] Como «Juana Inés de Asbaje y Rodríguez de Cantillana» la recoge el *Catálogo bibliográfico y biográfico del teatro antiguo español* (Madrid, 1860) de Cayetano A. de la Barrera. Es probable que tanto en este caso como en el de Asbaje/Asuaje se trate de un problema de grafías de la época que, en cualquier caso, convendría unificar. Véase A. Alatorre, «Hacia una edición crítica de Sor Juana (Segunda Parte)», en *Nueva Revista de Filología Hispánica*, LIV.1 (2006), pág. 104, nota 2; A. Méndez Plancarte, Introducción a *Obras Completas* de Sor Juana, México, Fondo de Cultura Económica, 1951 (reimpresión de 1976), I, pág. LVIII.

ficado por Méndez Plancarte de «trágico enigma», pero que ha de ser considerado, como hace Octavio Paz[8], dentro del contexto de la moral del siglo XVII, y que, por otra parte, da idea del fuerte carácter de Isabel Ramírez, extensivo a todas las mujeres de aquella familia en la que Juana Inés no fue una excepción.

Algunas noticias curiosas sobre su vida que ella misma proporciona en *Respuesta a Sor Filotea de la Cruz*, como que a los tres años obtuvo, con ruegos y engaños, que la maestra de una de sus hermanas mayores le diese lecciones; el pretender ir a estudiar a la universidad vestida de hombre; el leer los libros de la biblioteca del abuelo «sin que bastasen castigos ni represiones a estorbarlo»; el cortarse el pelo cada vez que no sabía, en una fecha determinada, lo que se había propuesto saber «que no me parecía razón estuviese vestida de cabellos cabeza que estaba tan desnuda de noticias, que era más apetecible adorno»[9], son muestra de su temprana inclinación a las letras y de una curiosidad intelectual que nunca la abandonó.

Cuando Juana Inés tiene unos ocho o diez años, fue a vivir a México a casa de una tía materna, doña María Ramírez, y su marido, el acaudalado Juan de Mata. En la decisión que tomó Isabel Ramírez de enviar a su hija, tan niña todavía, con la familia Mata influyeron dos sucesos: la muerte del abuelo, Pedro Ramírez, y la aparición en la vida de Isabel de otro hombre, el capitán Diego Ruiz Lozano[10].

En casa de sus parientes encuentra Juana Inés, según el padre Calleja, unos pocos libros «sin más destino que embarazar adornando un bufete» en los que cebó su ansia de saber. Por Calleja, y ahora también por la *Carta al padre Núñez*, sabemos que aprendió el latín en veinte lecciones y que su pro-

---

[8] O. Paz, *Sor Juana Inés de la Cruz o Las trampas de la fe*, México, Fondo de Cultura Económica, 1982, págs. 100-107.

[9] Sor Juana Inés de la Cruz, *Obras completas*, edición y estudio de A. Méndez Plancarte (tomos I, II y III) y A. G. Salceda (tomo IV), México, Fondo de Cultura Económica, 1951-1957 (reimpr., 1976). En adelante citaré como OC, seguida del volumen. La *Respuesta a Sor Filotea* en tomo IV, págs. 440-475; las citas en págs. 445-446.

[10] O. Paz, *op. cit.*, pág. 126.

fesor fue el bachiller Martín de Olivas, a quien dedicó más tarde el soneto acróstico «Máquinas primas de su ingenio agudo»[11]. Pronto se hizo famosa su erudición y habilidad para el manejo de las letras que corrían parejas con su gracia e ingenio y su belleza. Su popularidad no era nada beneficiosa para una joven casadera, pues como dice el padre Calleja «corría el riesgo de desgraciada por discreta y, con desgracia no menor, de perseguida por hermosa». Así lo debieron de ver sus parientes que buscaron el modo de introducirla en el palacio virreinal en algún puesto acorde con su edad y clase. La recién llegada virreina, doña Leonor Carreto, marquesa de Mancera, quedó impresionada por la inteligencia y gracia de Juana Inés, la admitió inmediatamente a su servicio y muy pronto le tomó gran afecto.

La vida en el palacio virreinal no fue difícil para Juana Inés, pues allí encontró un ambiente favorable para desarrollar sus actividades intelectuales. La marquesa de Mancera, persona de gran sensibilidad, que amaba las letras, debió de tener alguna influencia en su joven amiga, ya que ésta, en uno de los tres sonetos fúnebres que escribió a la muerte de su protectora, insinúa que sus consejos y su amistad la ayudaron en sus primeras tentativas poéticas: «Muera mi lira infausta en que influiste»[12].

Durante los cuatro años que permaneció en palacio como dama de la virreina, Juana Inés participó en saraos, festejos y ceremonias. Alude Sor Juana en muchos de sus poemas a las fiestas y bailes palaciegos, y esta experiencia también queda plasmada en los sainetes y comedias, especialmente en el *Sainete primero*, subtitulado «de Palacio» del festejo teatral *Los empeños de una casa*. También vivió, con toda seguridad, los galanteos de palacio. El padre Calleja cuenta que la rodeaban «las lisonjas desta no popular aura». No alude a ningún amor, pero sería absurdo descartar por completo, en una joven

---

[11] OC, I, núm. 200.
[12] OC, I, núm. 189.

hermosa y de carácter jovial, los devaneos o amoríos. De ello podemos encontrar indicios en los sonetos «Detente sombra de mi bien esquivo» (OC, I, núm. 165); «Esta tarde, mi bien, cuando te hablaba» (OC, I, núm. 164); en la endecha «Prolija memoria», que «discurre fantasías tristes de un ausente» (OC, I, núm. 70); en las liras «Amado dueño mío», «que expresan sentimientos de ausente» (OC, I, núm. 211), y, en general, en los poemas agrupados por Méndez Plancarte bajo el rótulo «De amor y de discreción». Otros escritos de Juana Inés revelan igual experiencia de la galantería.

Por méritos propios, belleza, discreción y elegancia, tuvo en la corte una posición brillante, pero fueron su saber y su inteligencia las llaves que le abrieron las puertas de la sociedad virreinal. Cuenta el padre Calleja cómo el marqués de Mancera quiso desengañarse y saber si la sabiduría admirable que demostraba Juana Inés «era infusa, o adquirida, o artificio, o natural y juntó un día en su palacio cuantos hombres profesaban letras en la Universidad y ciudad de México. El número de todos llegaría a cuarenta». La joven salió brillantemente de la prueba: «a la manera que un galeón real se defendería de pocas chalupas que le embistieran, así se desembarazaba Juana Inés de las preguntas, argumentos y réplicas que tantos, cada uno en su clase, la propusieron»[13]. Desde muy joven reveló extraordinaria maestría para versificar, con una facilidad que, según ella misma manifiesta repetidas veces, era «natural». Sus dos primeros poemas fechables, escritos en estos años cortesanos, sorprenden por su perfección y seguridad: son el soneto fúnebre en honor de Felipe IV, «¡Oh cuán frágil se muestra el ser humano» (1666), y el que dedica al presbítero Diego de la Ribera, «Suspende, cantor Cisne, el dulce acento» (1667)[14].

En este momento —corre el año 1667—, cuando nada en su vida era indicio de una vocación religiosa y la rodeaba la admiración general, deja el palacio y entra como novicia en el

---

[13] En R. Asún, 1983, pág. 423.
[14] OC, I, núms. 185 y 202, respectivamente.

convento de San José de las Carmelitas Descalzas, donde sólo permaneció tres meses, al no poder soportar el excesivo rigor de la orden. Poco tiempo después, el 24 de febrero de 1669, tomó los hábitos en el convento de San Jerónimo y adoptó el nombre de Sor Juana Inés de la Cruz.

Varias son las explicaciones ofrecidas para justificar la inesperada decisión de Juana de Asbaje.

Hay quienes afirman que fue a causa de un desengaño amoroso, porque suponen que sus poemas de amor son reflejo de su experiencia vital[15]. Bellini y Paz, entre otros, rechazan esta hipótesis, pues, si bien es cierto que la poesía amorosa de Sor Juana revela un perfecto conocimiento de la dialéctica del amor, no hay que olvidar que la poesía barroca, en general, no posee un valor confesional, sino que es el resultado de un saber codificado por la tradición que presenta al lector esquemas arquetípicos del amor y de las pasiones[16].

Otros[17] piensan que escogió la vida religiosa por auténtica vocación. Paz, sin poner en duda que Juana Inés era una católica sincera, cree que su vida anterior no revela una particular predisposición religiosa. Mientras fue dama de la virreina no se distinguió por su devoción sino por su belleza, ingenio y saber. Y ni siquiera mostró excesivo celo durante los años que pasó en San Jerónimo: su confesor y director espiritual, Núñez de Miranda, le reprocha constantemente la funesta manía de escribir versos, su continua comunicación con el mundo y su descuido de los deberes religiosos. Pero hay algunas circunstancias en la vida de Juana Inés que bien pudieron contribuir a que tomase tal resolución: la bastardía, la pobreza y la ausencia del padre, pero por encima de todas está

---

[15] Véase M. Menéndez Pelayo, *Historia de la poesía hispanoamericana*, Santander, CSIC, 1948, I, págs. 71-74; Ezequiel A. Chávez, *Sor Juana Inés de la Cruz*, México, Porrúa, 1981.

[16] G. Bellini, «La lirica d'amore», en *L'opera letteraria di Sor Juana Inés de la Cruz*, Milán, Cisalpino, 1964, págs. 33-45; O. Paz, «La profesión», 1982, páginas 143-161.

[17] Entre ellos, Robert Ricard, *Une poétesse mexicaine du XVII siècle. Sor Juana Inés de la Cruz*, París, Centre de Documentation Universitaire, 1953; Méndez Plancarte, Introducción a OC, I, pág. XXIX.

su nula vocación por el matrimonio, como ella misma confiesa en *Respuesta a Sor Filotea de la Cruz:*

> Entréme religiosa porque, aunque conocía que tenía el estado cosas (de las accesorias hablo, no de las formales) muchas repugnantes a mi genio, con todo, para la total negación que tenía al matrimonio, era lo menos desproporcionado y lo más decente que podía elegir en materia de la seguridad que deseaba de mi salvación; a cuyo primer respeto (como al fin más importante) cedieron y sujetaron la cerviz todas las impertinencillas de mi genio, que eran de querer vivir sola; de no querer tener ocupación obligatoria que embarazase la libertad de mi estudio, ni rumor de comunidad que impidiese el sosegado silencio de mis libros. Esto me hizo vacilar algo en la determinación, hasta que alumbrándome personas doctas de que era tentación, la vencí con el favor divino, y tomé el estado que tan indignamente tengo[18].

Juana Inés hubiera preferido vivir sola para dedicarse por entero al estudio, cosa que no era posible para una joven de su época, por eso la mejor solución era el convento. Los marqueses de Mancera debieron ayudarla a tomar esa resolución y quizá la facilitaron, pues asistieron a la ceremonia de la toma de velo; pero fue el jesuita Núñez de Miranda quien la impulsó, disipando sus dudas sobre si serían compatibles sus aficiones intelectuales con los deberes religiosos, aunque más tarde le recriminara su dedicación a las primeras[19].

En lo que pudiéramos llamar vida social, Sor Juana gozaba en el convento de ciertas prerrogativas, como eran recibir a otros eruditos o a personajes de la corte, con la que siguió manteniendo una buena relación, pero su vida intelectual no fue fácil en el claustro. Además de los pequeños inconvenientes derivados de vivir en una comunidad —ruidos, char-

---

[18] OC, IV, pág. 446.
[19] Véase, para todo esto, la edición de Antonio Alatorrre de «La *Carta* de Sor Juana al P. Núñez», *cit.,* y en la Introducción a su edición de Sor Juana Inés de la Cruz, *Enigmas* (El Colegio de México, 1994), especialmente el capítulo dedicado a «La licitud de la poesía "mundana"», págs. 19-31.

las, discusiones— tuvo que luchar contra los grandes inconvenientes de ser monja y, sobre todo, de ser mujer. Le prohibieron dedicarse al estudio y escribir poesías. «Sor Juana —afirma Georgina Sabat— no sólo tenía que defender su libertad personal como monja para escribir poesía, sino que, primero que nada, tenía que defender su libertad como mujer para discurrir y para desarrollar el entendimiento, y esa fue su más dura y hermosa batalla»[20]. Ramón Xiráu[21] habla del feminismo de Sor Juana, que acepta el hecho de ser mujer y siente la necesidad de afirmarse a sí misma partiendo de una base de igualdad entre los sexos. La diferencia entre los seres humanos la constituye la falta de inteligencia, la estupidez, no el sexo. Y, desde luego, la inteligencia no depende del sexo. Afirma Sor Juana en el romance que dedica a la inteligente duquesa de Aveyro:

> claro honor de las mujeres,
> de los hombres docto ultraje,
> que probáis que no es el sexo
> de la inteligencia parte[22].

El campo del entendimiento se consideraba prerrogativa exclusiva de los hombres. Y la meta de la vida de Sor Juana fue alcanzar la verdad: «no quiero (ni tal desatino cupiera en mí) decir que me han perseguido por saber, sino sólo porque he tenido amor a la sabiduría y a las letras»[23].

La fama de Sor Juana, como poetisa y mujer erudita, iba en aumento. El cabildo de la Catedral de México le encarga el arco triunfal —el *Neptuno alegórico*— con que iba a festejar la llegada de los marqueses de Laguna y condes de Paredes, nue-

---

[20] Introducción a *Inundación castálida*, pág. 19.
[21] R. Xiráu, *Genio y figura de Sor Juana Inés de la Cruz*, Buenos Aires, EUDEBA, 1967, pág. 36.
[22] OC, I, pág. 101.
[23] En *Respuesta a Sor Filotea*, OC, IV, pág. 457. Véase Marie-Cécile Benassy-Beling, «A manera de apéndice: Sor Juana y el problema del derecho de las mujeres a la enseñanza», en *La mujer en el teatro y la novela del XVII, Actas del Segundo Coloquio del Grupo de Estudios sobre Teatro Español (GESTE)*, Toulouse, 1979, págs. 89-93.

vos virreyes; ganó dos lauros, bajo sendos seudónimos, en el certamen universitario *Triunfo parténico*, en loor de la Inmaculada; las catedrales de México, Puebla y Oaxaca le encargan villancicos para celebrar las fiestas más importantes..., pero, con los aplausos y la fama, crecían las incomprensiones, envidias y hostilidades. Después de la publicación del volumen de poesías *Inundación castálida* (Madrid, 1689), su confesor la obligó a que abandonara el cultivo de la poesía que no fuera estrictamente seria. El obispo Fernández de Santa Cruz le dirige *Carta de Sor Filotea* en la que la exhorta a que se dedique más a las cosas de Dios. Sor Juana contesta al obispo en la *Respuesta a Sor Filotea de la Cruz*, en la que no sólo defiende su propio derecho a la cultura, sino el de la mujer de cualquier época. Para Alberto G. Salceda[24], la *Respuesta* es la «Carta Magna de la libertad intelectual de las mujeres de América», que Georgina Sabat hace extensiva a todas las mujeres del mundo hispánico[25].

Los consejos y advertencias de sus superiores debieron coincidir con la época en que Sor Juana había llegado a la conclusión de que la aspiración del hombre al saber es ilusión inalcanzable. En su poema *Sueño*, Sor Juana es el ser pensante que despierta al nuevo día y a la certidumbre decepcionadora de que el saber es sueño[26]. Corta sus ataduras con el mundo exterior, y, a instancias del obispo Aguiar y Seijas, quien luego siguió su ejemplo, vende su biblioteca. Su biógrafo, el padre Calleja, habla de cuatro mil volúmenes. Abreu Gómez[27] cree que es «un número imposible de admitir», y Dorothy Schons[28] la deja reducida a cuatrocientos.

Comienza ahora el periodo ascético de su vida en el que practica con tesón la penitencia y escribe obras de tipo penitencial como *Protesta que, rubricada con su sangre, hizo de su fe y*

---

[24] OC, IV, pág. XLIII.
[25] Introducción a *Inundación castálida*, pág. 23.
[26] Véase Georgina Sabat, *El «Sueño» de Sor Juana Inés de la Cruz. Tradiciones literarias y originalidad*, Londres, Tamesis Book, 1977.
[27] Ermilo Abreu Gómez, *Bibliografía y biblioteca de Sor Juana*, México (Monografías Bibliográficas Mexicanas, núm. 29), 1934, págs. 333-334.
[28] Dorothy Schons, «Nuevos datos para la bibliografía de Sor Juana», en *Contemporáneos*, 9 (febrero de 1929), págs. 161-176.

amor a Dios la madre Juana Inés de la Cruz, al tiempo de abandonar los estudios humanos para proseguir, desembarazada de este afecto, en el camino de la perfección[29].

La peste que asolaba la ciudad entró también en el convento de San Jerónimo, y Sor Juana moría víctima de ella el 17 de abril de 1695. El cronista Antonio de Robles dejó constancia en su *Diario de sucesos notables* bajo el título «Muerte de la insigne monja de San Jerónimo»:

> Domingo 17, murió a las tres de la mañana la madre Juana Inés de la Cruz, insigne mujer en todas facultades y admirable poeta; de una peste han muerto hasta seis religiosas; imprimiéronse en España dos tomos de sus obras, y en esta ciudad muchos villancicos; asistió todo el cabildo en la iglesia, y la enterró el canónigo Dr. D. Francisco de Aguiar[30].

Inmejorables, como punto final de su biografía, las palabras de Gabriela Mistral:

> Milagrosa la niña que jugaba en las huertas de Nepantla; casi fabulosa la joven aguda de la corte virreinal; admirable la monja docta; pero grande por sobre todas, la monja que, liberada de la vanidad intelectual, olvida fama y letrillas, y sobre la cara de los pestosos recoge el soplo de la muerte, y muere, vuelta a su Cristo, como a la suma Belleza y a la apaciguadora Verdad[31].

OBRA EN PROSA

«Carta atenagórica» y «Respuesta a Sor Filotea de la Cruz»

Algunos de los escritos en prosa de Sor Juana son preciosos documentos que arrojan luz sobre distintos puntos oscuros de su vida.

---

[29] Para este y otros opúsculos, véase Sara Poot Herrera, 1999.
[30] Citado por Puccini, 1996, pág. 38.
[31] Citado por A. G. Salceda, Introducción a OC, IV, pág. XIV.

En 1690 publica el obispo de Puebla, Manuel Fernández de Santa Cruz, un escrito de Sor Juana, *Crisis sobre un sermón*, al que el obispo da el título de *Carta atenagórica*, es decir, digna de la sabiduría de Atenea. El escrito es una crítica a uno de los sermones que el célebre predicador jesuita portugués Antonio de Vieyra había pronunciado cuarenta años antes en la Capilla Real de Lisboa. Sor Juana no lo escribe por voluntad propia, sino para obedecer a su destinatario: «Este papel es tan privado que sólo lo escribo porque V. md. lo manda y para que V. md. lo vea» y en otro lugar; «ante otros ojos parecería desproporcionada soberbia, y más cayendo en sexo tan desacreditado en materia de letras en la común acepción de todo el mundo»[32]. Con estas palabras se cura en salud y declina de antemano cualquier responsabilidad en la difusión del escrito.

La *Carta* está escrita en un lenguaje claro y directo, aunque los razonamientos son a veces secos y pesados, como corresponde a un escrito polémico y teológico, pero Sor Juana no olvida ni las buenas maneras ni la ironía.

La *Carta atenagórica* se publicó precedida de otra dirigida a Sor Juana y firmada por Sor Filotea de la Cruz, seudónimo del obispo Fernández de Santa Cruz. Comienza con un elogio: el orador portugués podía «gloriarse de verse impugnado por una mujer que es honra de su sexo», para pasar después a las reconvenciones, si bien en un tono mesurado: no la censura por los versos con que «ha sido tan celebrada como Santa Teresa», pero deplora que no imite a la santa de Ávila en la elección de los asuntos; no pretende que «mude el genio renunciando los libros, sino que le mejore leyendo alguna vez el de Jesucristo». La condenación del saber profano se une a una exhortación: «Lástima es que un tan grande entendimiento de tal manera se abata a las raseras noticias de la Tierra que no desee penetrar lo que pasa en el Cielo; y ya que se humilla al suelo, que no baje más abajo considerando lo que pasa en el Infierno». El mercedario fray Miguel de Torres, sobrino de Sor Juana y biógrafo del obispo, comenta que «tuvo

---

[32] *Carta atenagórica* en OC, IV, págs. 412-439; las citas en págs. 412 y 435.

esta carta el efecto deseado [...] porque, como se lo pedía Su Ilustrísima, vivió dando ejemplo a las religiosas y murió con claras muestras de su salvación»[33].

Son muchas las preguntas que plantea la *Carta atenagórica*: ¿Por qué el obispo de Puebla pidió a Sor Juana que escribiera una crítica de un sermón pronunciado cuarenta años antes? ¿Por qué puso tanto empeño en publicar el texto? ¿Contra quién iba en realidad dirigida la crítica? Puccini piensa que la participación de Sor Juana en este asunto se redujo a ser un voluntario instrumento de la maquinación del obispo de Puebla contra el arzobispo de México, Francisco de Aguiar y Seijas[34]. Octavio Paz cree que hay más: Sor Juana no fue sólo un instrumento del obispo de Puebla, fue su aliada, pues hay que tener en cuenta los sentimientos y razones que tenía para atacar a Aguiar y Seijas y que eran nada menos que la defensa de sí misma y de su sexo[35]. Otra interpretación propone Alexandra Riccio[36] quien establece un paralelo entre Sor Juana y el gran predicador dominico fray Servando Teresa de Mier: mexicanos, criollos, intelectuales, famosos, pero separados por un siglo de distancia y, sobre todo por el sexo. Ambos viven la misma situación; sus superiores, las autoridades eclesiásticas, les imponen un obligado silencio. Para Riccio las verdaderas razones de esta condena no pueden ser la envidia, aunque los dos religiosos así lo crean, ni el haber tocado en sus escritos problemas religiosos. «Le vere ragioni? Si trovano altrove, nella pericolosa e proterva rivendicazione di un'identità mexicana che, in forme più o meno esplicite compare nell'opera del frate e della monaca». Por lo que respecta a la obra de Sor Juana, no comparto estas palabras. La propia Riccio admite que toda la obra de la monja mexicana, tanto lírica como dramática, está enmarcada en los géneros de moda del barroco hispánico y que, en gran parte de su producción,

---

[33] Miguel de Torres, *Dechado de príncipes eclesiásticos,* Puebla, 1716.
[34] Puccini, 1996 analiza la *Carta* en págs. 29-38.
[35] O. Paz, *op. cit.,* págs. 524-533.
[36] Alexandra Riccio, «Due modi dell'espressione americana: Sor Juana Inés de la Cruz e Fray Servando», en *Ecdotica e testi ispanici, Atti del Convegno Nazionale della Associazione Ispanisti Italiani,* Verona, 1982, págs. 187-200.

demuestra «una acritica accettazione delle gerarchie spagnole e pare non metta mai in discussione il ruolo subordinato della colonia». No pueden considerarse subversivas las alusiones a temas americanos que se encuentran en las loas que preceden a los tres autos sacramentales ni las intervenciones en los villancicos de indios y negros «anch'essi chiamati alla festa, anch'essi parte integrante di una civiltà nuova»; negros e indios se encuentran en innumerables obras, anteriores y contemporáneas a las de Sor Juana, escritas en la Península; son una ampliación natural de los gallegos, vizcaínos, asturianos, gitanos, etc., que se encuentran en ese y otros tipos de piezas dramáticas. La misma Sor Juana en el sarao con que cierra el festejo de *Los empeños de una casa*, hace intervenir a mexicanos y negros, junto a españoles e italianos, cantando y bailando como homenaje a los virreyes y al arzobispo.

Sor Juana contesta al obispo en la *Respuesta a Sor Filotea de la Cruz*, fechada el 1 de marzo de 1691. José María de Cossío[37] cree que la carta del prelado era una invitación para que ella expusiese su caso y se defendiese. Es posible: Sor Juana no sólo contesta al obispo —se las ingenió para exaltar la valía y necesidad de las letras profanas—, sino también a sus adversarios y censores que la atacaban sobre todo por ser mujer. En la *Respuesta* Sor Juana defiende su afición a la literatura, pero sobre todo defiende su condición de mujer y, como tal, su derecho al estudio y a la actividad intelectual.

El texto de la *Respuesta* adopta a veces la forma de las memorias, otras la forma del alegato y otras la de la exposición de ideas. Es un valioso documento humano por las numerosas noticias autobiográficas que contiene. En general, está escrita en un estilo llano, con una admirable y fluida prosa familiar.

La *Respuesta a Sor Filotea de la Cruz* no fue publicada hasta el año 1700, en *Fama y obras póstumas*.

---

[37] José María de Cossío, «Observaciones sobre la vida y la obra de Sor Juana Inés de la Cruz», en *Notas y estudios de crítica literaria. Letras españolas (Siglos XVI y XVII)*, Madrid, Espasa Calpe, 1970, págs. 243-284.

Otros dos opúsculos en prosa, de carácter devoto, escribió Sor Juana: *Ejercicios devotos de la Encarnación* y *Ofrecimientos para el santo rosario que se ha de rezar el día de los Dolores de Nuestra Señora*, los únicos que ella confiesa, en la *Respuesta a Sor Filotea*, haber publicado por propia voluntad. No tienen demasiada importancia ni desde el punto de vista literario, ni como escritos ascéticos o místicos[38].

El padre Aureliano Tapia Méndez ha descubierto en la Biblioteca del Seminario Archidiocesano de Monterrey una *Carta de la madre Juana Inés de la Cruz escrita al R.P.M. Antonio Núñez de la Compañía de Jesús*, documento de capital importancia, no sólo por tratarse de un escrito de Sor Juana desconocido hasta ese momento, sino porque posee un valor biográfico comparable al de la *Respuesta a sor Filotea de la Cruz*[39].

«Neptuno alegórico»

Era costumbre, desde los primeros tiempos de la época colonial, recibir la llegada de los virreyes con arcos triunfales en los que, como halago y homenaje al nuevo gobernante, se simbolizaba en emblemas y alegorías sus glorias y virtudes. La idea para tales arcos y su descripción corría a cargo de los más notables poetas del momento. Cuando en 1680 llega el nuevo virrey, marqués de la Laguna, la ciudad de México encarga un arco al erudito don Carlos de Sigüenza y Góngora y la santa iglesia metropolitana encarga el suyo a Sor Juana Inés. Esta, a diferencia de Sigüenza y Góngora que no quiso buscar en la mitología el tema para su obra sino en las figuras de los emperadores mexicanos, prefirió seguir el estilo habitual y eligió por símbolo al dios Neptuno, «en el cual parece que no acaso, sino con particular esmero, quiso la erudita antigüedad

---

[38] Estos y otros escritos en prosa se encuentran en OC, IV, págs. 475-519.

[39] A. Tapia Méndez, *Autodefensa espiritual de Sor Juana*, Monterrey, Universidad de Nuevo León, 1981, donde se puede ver la *Carta* y un estudio de su descubridor; A. Alatorre edita la *Carta* en *Nueva Revista de Filología Hispánica*, XXXV.2 (1987), págs. 591-673; O. Paz, *op. cit.*, págs. 633-646, dedica un perspicaz análisis al texto de esta *Carta*.

hacer un dibujo de Su Excelencia tan verdadero como lo dirán las concordancias de sus hazañas». El arco ideado por Sor Juana se tituló *Neptuno alegórico* y fue levantado frente a la puerta occidental de la catedral mexicana[40]. El pequeño volumen que escribió, como explicación de su alegoría, está dividido en dos partes. La primera, en prosa, contiene la dedicatoria, la razón de la fábrica alegórica y descripciones detalladas de los motivos y asuntos de los ocho lienzos, las cuatro basas y los dos intercolumnios. Cada una de estas descripciones termina con un breve poema en décimas, octavas o cuartetos, salvo la del primer lienzo que remata con un soneto. La segunda parte, toda en verso, es la *Explicación sucinta del arco*.

De las dos partes, la *Explicación* precedió al *Neptuno*, ya que se imprimió en hojas volantes para explicar al virrey, a su cortejo y al pueblo las alegorías y símbolos que aparecían en el arco. En ella Sor Juana utiliza el presente, mientras que en el *Neptuno*, escrito seguramente unos días más tarde, utiliza siempre el pasado[41].

El *Neptuno* es una obra de erudición: se citan poetas y filósofos de la antigüedad, Homero, Ovidio, Plinio, Cicerón, Macrobio, Virgilio; manuales renacentistas de mitología, como los de Cartari, Natal Conti, Pierio Valeriano y Textor; a los Padres de la Iglesia y a la Biblia. «Es un perfecto ejemplo —pondera Octavio Paz— de la admirable y execrable prosa barroca, prosopopéyica, cruzada de ecos, laberintos, emblemas, paradojas, agudezas, antítesis, coruscante de citas latinas y nombres griegos y egipcios, que en frases interminables y sinuosas, lenta pero no agobiada por sus arreos, avanza por la página con cierta majestad elefantina»[42].

La *Explicación sucinta* en verso, aunque menos interesante, es de mayor valor estético. La dedicatoria está escrita en octosílabos asonantados y el resto en silvas, forma usual de este tipo de composiciones, para terminar con un soneto. Como

---

[40] Se publicó en México, por Juan de Ribera, 1680.
[41] Véase el estudio de Manuel Toussaint en el *Homenaje del Instituto de Investigaciones Estéticas a Sor Juana Inés de la Cruz en el tercer centenario de su nacimiento*, México, Imprenta Universitaria, 1952.
[42] O. Paz, *op. cit.*, pág. 215.

siempre, sorprende en la poesía de Sor Juana la maestría de la versificación.

OBRA POÉTICA

La primera edición de las poesías de Sor Juana, con el barroco título de *Inundación castálida*, se hizo en Madrid (1689) por iniciativa de la marquesa de la Laguna que había regresado de México hacía un año. Puede dar una idea del éxito que tuvo esta obra el hecho de que, hasta 1725, se hicieran nueve ediciones. Aunque en la portada de la segunda edición, ya con el título de *Poemas* (Madrid, 1690), se dice que es «corregida y mejorada por su autora», es probable que Sor Juana no tuviera oportunidad de releer sus composiciones. Lo que sí hizo fue enviar a la marquesa poemas nuevos que no llegaron a tiempo para la primera edición y se añadieron en ediciones posteriores[43].

Méndez Plancarte clasificó la lírica de Sor Juana en dos grandes grupos a los que llamó «Lírica personal» y «Lírica colectiva o coral» (villancicos y letras sacras)[44]. En la llamada «Lírica personal» (Tomo I de *Obras Completas*) se agrupan el mayor número y las más variadas composiciones de la poetisa: romances, endechas, redondillas, décimas, sonetos, liras, ovillejos, silvas, glosas, y el poema *Primero sueño*.

Los editores de la poesía de Sor Juana señalan las dificultades con que se encuentran al intentar una clasificación temática de sus poemas, pues en muchos casos no es fácil determinar a qué tema debe darse preferencia, ya que estos se entremezclan y lo que empezó siendo un poema de circunstancias se convierte al final en poesía filosófica[45]. Mayor dificultad aun entraña establecer un orden cronológico debido sobre todo a la pérdida de los manuscritos. Méndez Plancarte ordenó la

---

[43] Véase Pedro Henríquez Ureña, «Bibliografía de Sor Juana Inés de la Cruz», en *Revue Hispanique*, XL (1927), págs. 161-214.
[44] Introducción a OC, I, págs. XLVIII-XLIX.
[45] Comentan estas dificultades Méndez Plancarte, OC, I, pág. XLIX, y Georgina Sabat en la Introducción a su edición de *Inundación castálida*, págs. 31-32.

«Lírica personal» atendiendo en primer término a las formas poéticas: romances, sonetos, redondillas, etc.; a continuación, dentro de cada uno de estos apartados, agrupó los poemas según los asuntos: amorosos, religiosos, filosóficos, etc.; y, finalmente, tuvo en cuenta las probables fechas de composición o las de publicación.

Poesía de circunstancias

Más de la mitad de la producción literaria de Sor Juana está compuesta por piezas de ocasión, de circunstancias. Entre ellas sobresalen por su número las que se dedican a la felicitación de cumpleaños, casi siempre de virreyes y sus hijos. En estos poemas la poetisa utiliza frecuentemente lugares comunes renacentistas para expresar el deseo de vida infinita, de vida cíclica, con recursos tomados de la astrología, de la mitología, de la historia, etc.

Algunas de esas composiciones se escribieron para acompañar regalos o para agradecerlos. En el romance dedicado a la virreina, doña Elvira de Toledo, que le envía acompañado del regalo de una perla, contrapone lo «artificioso» y lo «natural»:

> Ese concepto Oriental
> que del llanto de la Aurora
> concibió concha lucida,
> a imitación de tu boca,
> en quien la Naturaleza,
> del arte competidora,
> siendo forma natural
> finge ser artificiosa,
> quizá porque en su figura
> erudición cierta y docta
> a fascinantes contagios
> da virtud preservadora[46].

---

[46] OC, I, pág. 118.

Un romance de felicitación de Pascuas a la virreina le da la oportunidad de defenderse de las críticas que recibe por dedicarse a hacer versos, a la vez que confiesa su facilidad para versificar:

> Y así, pese a quien pesare
> escribo, que es cosa recia,
> no importando que haya a quien
> le pese lo que no pesa.
> [...]
> Si yo he de daros las Pascuas,
> ¿qué viene a importar que sea
> en verso o en prosa, o con
> estas palabras o aquellas?
> Y más, cuando en esto corre
> el discurso tan apriesa,
> que no se tarda la pluma
> más que pudiera la lengua.
> Si es malo, yo no lo sé;
> sé que nací tan poeta,
> que azotada, como Ovidio,
> suenan en metro mis quejas[47].

En los retratos continúa la tradición clásica: con una u otra forma estrófica, con pocos o muchos versos, sigue siempre un esquema fijo que va desde el rasgo más alto de la figura, frente y cabellos, a lo más bajo, el pie, como puede verse en esta décima «de pie quebrado»:

> Tersa frente, oro el cabello,
> cejas arcos, zafir ojos,
> bruñida tez, labios rojos,
> nariz recta, ebúrneo cuello;
> talle airoso, cuerpo bello,
> cándidas manos en que
> el cetro de Amor se ve,
> tiene Fili; en oro engasta
> pie tan breve, que no gasta
> ni un pie[48].

---

[47] OC, I, págs. 92-93.
[48] OC, I, pág. 261.

El más famoso de los poemas de «retratos» es el que hizo a la marquesa de la Laguna, cuando esta ya no se encontraba en México: «Lámina sirva el cielo al retrato...»[49]. En él sigue Sor Juana el esquema que apuntamos, pero mucho más elaborado, y, en cuanto a la métrica, utiliza el romance decasílabo con esdrújulos iniciales que se creyó invención suya[50]. Gerardo Diego, que eligió este poema de versos «decorativos y luminosos» para representar a la poetisa mexicana en su *Antología poética en honor de Góngora*, afirma que la realidad de un género como el retrato ha sido vencida «por la máxima irrealidad, por el supremo, escandaloso artificio de una técnica poética y estrófica»[51].

> Tránsito a los jardines de Venus,
> órgano es de marfil, en canora
> música, tu garganta, que en dulces
> éxtasis aun al viento aprisiona.
> Pámpanos de cristal y de nieve,
> cándidos tus dos brazos provocan
> Tántalos, los deseos ayunos:
> míseros, sienten frutas y ondas[52].

Menéndez Pelayo[53] lamentó la insignificancia de muchos de estos poemas de circunstancias y algunos críticos modernos han deplorado el estilo excesivamente familiar de alguno de ellos. Sin embargo, el conjunto, dentro de los límites no muy amplios del género, posee el mismo equilibrio que distingue al resto de sus poemas. Utiliza una extraordinaria variedad de formas con admirable maestría, pero además abundan las invenciones ingeniosas, la riqueza de las imágenes y la gracia de los giros verbales. Por otra parte, el interés de estos textos escritos con motivo de natalicios, cumpleaños, exequias o cualquier otro evento social no es exclusivamente estético, también es histórico.

---

[49] OC, I, núm. 61.
[50] Véanse los comentarios de Méndez Plancarte en OC, I, págs. 456-459.
[51] Gerardo Diego, *Antología poética en honor de Góngora*, Madrid, Alianza, 1970, pág. 42 (1.ª ed., 1927).
[52] OC, I, pág. 172.
[53] M. Menéndez Pelayo, 1948, pág. 69.

El tema filosófico moral. «Primero sueño»

No son muchas las composiciones que se pueden encuadrar bajo el rótulo «de tema filosófico». Méndez Plancarte titula así seis romances, una sátira en redondillas y ocho sonetos[54]. De entre los romances, sólo parece de tema filosófico el que comienza «Finjamos que soy feliz...»; el resto mezcla el tema amoroso con el filosófico.

En la mayor parte de estos poemas se encuentran las notas del desengaño del mundo. Una meditación melancólica de la «ciencia inútil» encontramos en el romance citado:

> ¿Qué loca ambición nos lleva
> de nosotros olvidados?
> Si es para vivir tan poco,
> ¿de qué sirve saber tanto?
> [...]
> Aprendamos a ignorar,
> Pensamiento, pues hallamos
> que cuanto añado al discurso,
> tanto le usurpo a los años[55].

En el tono y estilo y, sobre todo, en ese «aprendamos a ignorar», encuentra Méndez Plancarte ecos del Lope de Vega de «Pobre barquilla mía» y «A mis soledades voy»[56].

En el soneto «Este, que ves, engaño colorido...», un retrato le sirve como punto de partida para la expresión del doble engaño: el que sufren los sentidos (es una copia pintada de la persona, no la persona), y el engaño más profundo de creer que es un cuerpo cuando no es nada. Aunque los versos finales son eco del conocido soneto gongorino, el tono general recuerda a Quevedo y a Calderón:

---

[54] Véase el Índice de OC, I.
[55] OC, I, pág. 8.
[56] Véanse notas al romance en OC, I, pág. 362.

> Éste, que ves, engaño colorido,
> que del arte ostentando los primores,
> con falsos silogismos de colores
> es cauteloso engaño del sentido;
> éste, en quien la lisonja ha pretendido
> excusar de los años los horrores,
> y venciendo del tiempo los rigores
> triunfar de la vejez y del olvido,
> es un vano artificio del cuidado,
> es una flor al viento delicada,
> es un resguardo inútil para el hado:
> es una necia diligencia errada,
> es un afán caduco y, bien mirado,
> es cadáver, es polvo, es sombra, es nada[57].

El tema horaciano del «carpe diem», de larga tradición renacentista y barroca, es tratado por Sor Juana con acentos personales en el soneto «Miró Celia una rosa que en el prado...», cuyos dos versos finales son impresionantes:

> que es fortuna morirte siendo hermosa
> y no ver el ultraje de ser vieja[58].

La tradición que se halla en el fondo de la conocida sátira «Hombres necios que acusáis / a la mujer sin razón» hunde sus raíces en las coplas medievales a favor y en contra de las mujeres y llega hasta el «Canto de Florisia» de la *Diana enamorada* de Gil Polo[59]. «Pese a tanto linaje —afirma Méndez Plancarte—, derrocha aquí Sor Juana tal personalidad, que hace olvidar aquellos precedentes»[60]. Una vez más defiende en su obra a la mujer y censura la arrogancia varonil.

Sor Juana es autora de algunos sonetos morales en los que canta a tres mujeres romanas, ejemplos proverbiales de virtud y valentía: Lucrecia, Julia y Porcia, un testimonio más de su

---

[57] OC, I, pág. 277.
[58] OC, I, pág. 279.
[59] Véase M. Rosa Lida, «Dido y su defensa en la literatura española», en *Revista de Filología Hispánica*, IV (1942), págs. 209-252 y 313-382; V, 1943, páginas 45-50 y 373-380.
[60] En OC, I, pág. 489.

feminismo decidido. Igualmente sentenciosos y ejemplares son los sonetos que se inspiran en la tragedia de Píramo y Tisbe y en la sentencia de Pilatos contra Cristo.

El poema *Primero sueño* es el más extenso y ambicioso de Sor Juana. Para Octavio Paz es un poema de extremado carácter intelectual y Bellini lo estudia en el capítulo dedicado a la poesía filosófico-moral[61]. En la *Respuesta a Sor Filotea* la autora lo titula *El sueño*, pero en el segundo tomo de las *Obras* (1692), donde se publicó por primera vez, el título se alarga: *Primero sueño, que así intituló y compuso la madre Juana, imitando a Góngora*. Octavio Paz sugiere que tal vez Sor Juana tenía pensado escribir un *Segundo sueño* y de ahí la alusión a Góngora, que escribió dos *Soledades*, la primera y la segunda[62].

La influencia de Góngora en *Primero sueño* ha sido señalada por muchos críticos. Por sus cultismos, trasposiciones, tropos, oscuridad creada artificiosamente para deleitar con la belleza lograda, por la alteración de la gramática y por la musicalidad de la frase poética, *Primero sueño* es un poema gongorino. Incluso en varios pasajes hay reminiscencias directas de Góngora[63]. Otros se fijan más en las diferencias: el lenguaje de Góngora es estético, el de Sor Juana es intelectual; las *Soledades* son

---

[61] G. Bellini, 1964, pág. 79: «Nell'ambito della poesia filosofico-morale di Sor Juana ritengo giustificato considerare anche il *Primero sueño*, per il suo significato intrinseco».

[62] O. Paz, *op. cit.*, pág. 469.

[63] Véase Emilio Carilla, «Sor Juana, ciencia y poesía: el *Primero sueño*», en *Revista de Filología Española*, XXXVI (1952), págs. 287-307; y José Pascual Buxó, *Góngora en la poesía novohispana*, México, 1960. Otros trabajos referentes al gongorismo del poema son los de Alicia Sarre, «Gongorismo y conceptismo en la poesía lírica de sor Juana», y de William M. Davis, «Culteranismo in the *Sueño* of Sor Juana Inés de la Cruz». Algunos críticos, como Alfonso Reyes (*Letras de Nueva España*) y Giuseppe Bellini (*op. cit.*) consideran *Primero sueño* una meritoria imitación de Góngora. Otros, como José Gaos («El sueño de un sueño», en *Historia Mexicana*, núm. 37, X [1960-1961], págs. 54-71), Ramón Xirau (*op. cit.*) y Juan Carlos Merlo (Introducción a su edición de *Sor Juana Inés de la Cruz. Obras escogidas,* Barcelona, Bruguera, 1968) ven en el poema una obra completamente original. Para Gates («Reminiscences of Góngora in the works of Sor Juana Inés de la Cruz», en *PMLA*, 1939, págs. 1041-1058) el uso gongorino de la lengua ha ordenado la construcción del poema.

descriptivas y su tema es concreto; *Primero sueño* es un discurso y su tema es abstracto[64]. Rosa Perelmulter en *Noche intelectual: la oscuridad idiomática en el «Primero sueño»* (México, UNAM, 1982) establece, por medio del análisis del hipérbaton y de los cultismos, la originalidad de la obra y también la deuda de Sor Juana con Herrera y Góngora.

El poema de Sor Juana cuenta la peregrinación de su alma por las esferas supralunares mientras su cuerpo dormía. A pesar de la semejanza de títulos, *Primero sueño* no tiene ninguna relación con obras satíricas como los *Sueños* de Quevedo, ni con alegorías morales o filosóficas a la manera de *La vida es sueño* de Calderón. Es una obra absolutamente original por lo que toca al asunto y al fondo del poema, aunque se halle inserta en una tradición milenaria. En la Antigüedad, los sueños en los que el alma viaja mientras el cuerpo duerme eran vistos con especial reverencia y recibían el nombre de «sueños de anábasis», es decir, expediciones al mundo del espíritu. Robert Ricard *(op. cit.)* ha mostrado la relación entre el poema de Sor Juana y la tradición de los viajes del alma durante el sueño. Karl Vossler, por su parte, cree que fue el viaje astronómico de Kircher *(Iter exstaticum)* el precedente que influyó de forma más directa en la elaboración de *Primero sueño*[65]. Georgina Sabat, que ha hecho un minucioso análisis de los tópicos literarios, mitológicos, histórico-legendarios, religiosos y científicos del poema, piensa que Sor Juana se inspiró sobre todo en un poema de Francisco de Trillo y Figueroa, titulado *Pintura de la noche desde un crepúsculo a otro,* y en la segunda *Égloga* de Garcilaso, en la que hay un extraño pasaje sobre el sueño. Ofrece

---

[64] O. Paz, *op. cit.,* pág. 470.

[65] Karl Vossler, «El mundo en el sueño». Precede a su traducción al alemán de *Primero sueño* (Berlín, 1941). Traducido por Gerardo Moldenhauer, se recoge en la edición de Juan Carlos Merlo, *Primero sueño,* Universidad de Buenos Aires, 1953. Más recientemente han prestado atención a la significación de Atanasius Kircher y la tradición hermenéutica en el poema de Sor Juana, Marie-Cécile Benassy-Berling, *op. cit.*, y José Pascual Buxó, *Las figuraciones del sentido. Ensayos de poética semiológica,* México, Fondo de Cultura Económica, 1984. Un estudio de conjunto sobre la tradición hermenéutica es el de F. A. Yates, *Giordano Bruno y la tradición hermética,* Barcelona, Ariel, 1983.

también gran interés el comentario de Herrera a este texto de Garcilaso[66].

Primero sueño es una silva de novecientos setenta y cinco versos. A lo largo del poema, que fluye sin interrupciones ni divisiones fijas, combaten de una manera tácita dos series de oposiciones: la noche y el día, el cuerpo y el alma. Los críticos, sin olvidar que en el texto las divisiones nunca son tajantes y que hay una continua interpenetración de temas y motivos, han considerado indispensable dividirlo en partes y secciones en cuyo número no se ponen de acuerdo. Méndez Plancarte, en la prosificación del poema, lo divide en doce partes[67], que Pfandl, Gaos y Xirau reducen a cinco[68] y Carilla, Ricard, Paz y Buxó a tres[69]. La división tripartita del poema que propone Buxó se corresponde con un modelo del mundo medieval, prolongado por la tradición renacentista, en cuanto que el mundo se concibe dividido en tres orbes o esferas —la de la Tierra, la del Sol y la del Empíreo— que resultan ser homólogas de las partes del cuerpo humano. Para Octavio Paz las tres partes son: «El dormir», «El viaje» y «El despertar», que subdivide en siete. La primera parte se desdobla en «El dormir del mundo» y «El dormir del cuerpo»; la segunda se subdivide en «La visión», «Las categorías» y «Faetón»; y la tercera se bifurca en «El despertar del cuerpo» y «El despertar del mundo».

Igualmente variadas son las hipótesis en cuanto al significado del poema. José Gaos *(op. cit.)* opina que Sor Juana filo-

---

[66] Georgina Sabat, *El «Sueño» de sor Juana Inés de la Cruz. Tradiciones literarias y originalidad, cit.* Con anterioridad, Georgina Sabat había dedicado a esta obra de sor Juana el artículo «A propósito de sor Juana Inés de la Cruz: Tradición poética del tema "sueño" en España», en *Modern Language Notes,* LXXXIV.2 (marzo de 1969), págs. 171-195.

[67] OC, I, págs. 603-617. Elizabeth Lowe, «The Gongorist Model in the *Primero sueño*», en *Revista de Estudios Hispánicos,* 10 (1976), págs. 409-427, distingue diez partes y Elías Rivers, «El ambiguo *Sueño* de Sor Juana», en *Cuadernos Hispanoamericanos,* 189 (1965), págs. 271-282.

[68] Ludwig Pfandl, *Sor Juana Inés de la Cruz, la Décima Musa de México. Su vida. Su poesía. Su psique,* México, UNAM, 1983; José Gaos, «El sueño de un sueño», *cit.;* Ramón Xirau, *op. cit.*

[69] José Pascual Buxó, «El *Sueño* de Sor Juana. Alegoría y modelo del mundo», en *Sábado,* México (15 de agosto de 1981). Las trabajos de Emilio Carilla, Robert Ricard y Octavio Paz son los ya citados.

sofó en verso sobre la experiencia capital de su vida: el fracaso de su afán de saber debido a su condición femenina. Otros críticos dan a la palabra «sueño» el sentido de ilusión y vanidad y piensan que el poema se refiere al «sueño del conocimiento humano»[70]. El alma «sueña» en conocer, fracasa y, ya despierta, se da cuenta de que el conocimiento es un «sueño» vano e imposible. *Primero sueño* es el poema de la crisis intelectual de Sor Juana y el acto inicial de su conversión. Además es un claro ejemplo de la poesía barroca del desengaño. Para Octavio Paz, *Primero sueño* «no es el poema del conocimiento como un vano sueño sino el poema del acto de conocer. Ese acto adopta la forma del sueño, no en el sentido vulgar de la palabra sueño ni en el de ilusión irrealizable, sino en el de viaje espiritual [...] El viaje —sueño lúcido— no termina en una revelación como en los sueños de la tradición del hermetismo y el neoplatonismo; en verdad el poema *no termina*: el alma titubea, se mira en Faetón y, en esto, el cuerpo despierta. Épica del acto de conocer, el poema es también la confesión de las dudas y las luchas del Entendimiento. Es una confesión que termina en un acto de fe: no en el saber sino en el afán de saber»[71].

Lírica de amor

Desde que Menéndez Pelayo calificó los versos de amor profano de Sor Juana como «los más suaves y delicados que han salido de pluma de mujer»[72], su poesía de tema amoroso, ya sea por motivos estéticos, ya sea por motivos de casuística amorosa, atrajo siempre la atención de la crítica. Entre estas composiciones se encuentran algunas de sus creaciones más afortunadas. A la variedad de las formas métricas se une la de los asuntos y situaciones. Un grupo homogéneo formado por tres sonetos, los que comienzan «Que no me quiera Fabio al

---

[70] Véase R. Ricard, *op. cit.*, y Ramón Xiráu, *Genio y figura de Sor Juana Inés de la Cruz*, cit.
[71] O. Paz, *op. cit.*, págs. 498-499.
[72] M. Menéndez Pelayo, 1948, pág. 74.

verse amado», «Feliciano me adora, y le aborrezco» y «Al que ingrato me deja, busco amante», se refieren al difícil caso del amor sin correspondencia, cuya tradición arranca de los epigramas de Ausonio[73]. La pasión de los celos, causa y efecto del amor y, según Sor Juana, prueba definitiva, es tratada en el largo romance «Si es causa amor productiva» con que refuta otro del poeta José Montoro, que defiende «no haber perfecto amor con celos»[74], pero quizá el mejor poema de este subgrupo temático sea el soneto «Esta tarde, mi bien, cuando te hablaba», en el que los celos del amado son satisfechos con la retórica del llanto:

> Esta tarde, mi bien, cuando te hablaba,
> como en tu rostro y tus acciones vía
> que con palabras no te persuadía,
> que el corazón me vieses deseaba;
> y Amor, que mis intentos ayudaba,
> venció lo que imposible parecía:
> pues entre el llanto, que el dolor vertía,
> el corazón deshecho destilaba.
> Baste ya de rigores, mi bien, baste;
> no te atormenten más celos tiranos,
> ni el vil recelo tu quietud contraste
> con sombras necias, con indicios vanos,
> pues ya en líquido humor viste y tocaste
> mi corazón deshecho entre tus manos[75].

Un grupo de poemas de amor son asimismo poemas de soledad, con el tema único de la ausencia, a veces enlazado o complicado con el de los celos, como las liras «Amado dueño mío, / escucha un rato mis cansadas quejas» *que expresan sentimientos de ausente*[76], o las endechas —notables por su versificación pues combina versos de siete y diez sílabas— «Divino dueño mío: / si al tiempo de apartarme» *demostrando afectos de un favorecido que se ausenta*[77]. Para expresar sentimientos de

---

[73] Véase Méndez Plancarte en OC, I, pág. 531.
[74] *Ibídem*, págs. 9-17 y nota en pág. 365.
[75] OC, I, pág. 287.
[76] OC, I, pág. 313.
[77] OC, I, pág. 209.

ausencia acude varias veces a la situación ficticia de la muerte del amante, así en las liras «A estos peñascos rudos, / mudos testigos del dolor que siento»[78], o en el romance «Agora que conmigo», *donde se expresa el sentimiento que padece una mujer amante de su marido muerto*[79]. Por excepción, en el romance «Si acaso, Fabio mío»[80] es ella misma la que, en su agonía, se despide del amante para la más larga ausencia.

«La poesía de Sor Juana, como la de todos los poetas, nace de su vida, a condición de comprender que la palabra vida [...] designa no sólo a los actos sino a las imaginaciones, las ideas y las lecturas», escribe Octavio Paz[81]. No es necesario explicar los poemas de amor de Sor Juana como fruto de experiencias reales, y prueba de ello es que en su época no fueron leídos como confesiones, sino como variaciones de un tema universal, enmarcadas dentro de la tradición erótica de Occidente. «Sor Juana heredó no sólo unas formas poéticas, un vocabulario, una sintaxis y un repertorio de imágenes sino unos conceptos y una visión de las relaciones eróticas. Una estética, una ética y algo así como una religión fuera de la religión: el culto del amor»[82].

Poesía religiosa

No son muchos los poemas religiosos de Sor Juana. En tres romances que dedica al amor divino utiliza el lenguaje tradicional de la poesía mística, y en este aspecto tienen una relación muy estrecha con sus poemas de amor profano. En el que empieza «Mientras la Gracia me excita», combina los motivos tradicionales de la lucha interior:

> La virtud y la costumbre
> en el corazón pelean,

---

[78] OC, I, pág. 317.
[79] OC, I, pág. 204
[80] OC, I, pág. 201.
[81] Paz, 1982, pág. 371.
[82] *Ibídem*, pág. 369.

> y el corazón agoniza
> en tanto que lidian ellas[83].

Paradojas y antítesis, propias de este tipo de lenguaje, son abundantes en «Traigo conmigo un cuidado»:

> Muero, ¿quién lo creerá?, a manos
> de la cosa que más quiero,
> y el motivo de matarme
> es el amor que le tengo.
> Así alimentando, triste,
> la vida con el veneno,
> la misma muerte que vivo,
> es la vida con que muero[84].

El resto de la poesía religiosa de Sor Juana son composiciones de circunstancias: homenajes a un pintor que ha pintado una imagen de la Virgen («Si un pincel, aunque grande, al fin humano»), o a un poeta que ha cantado la aparición de la Virgen de Guadalupe («La compuesta de flores Maravilla»); sonetos y glosas enviados a certámenes con temas devotos, y, en fin, poemas escritos con motivo de las fiestas de Navidad, la Encarnación, San José, San Pedro, etc., para que fueran recitados en las correspondientes ceremonias eclesiásticas.

Poesía jocosa

Gran parte de la poesía de Sor Juana contiene pasajes ingeniosos, irónicos o jocosos. Incluso sus poemas serios están entreverados de burla y gracejos. Ya hemos hablado de las redondillas en que censura a los hombres y defiende a las mujeres, a mitad de camino entre el ejemplo moral y la sátira. Pero es que también escribió composiciones enteras de carácter burlesco, seguramente como muestras de su capacidad para acometer todos los géneros en boga, aun los más arriesgados. Es autora de varios epigramas que tienen por blanco a una fea presumida, a

---

[83] OC, I, pág. 168.
[84] OC, I, pág. 167.

un aristócrata borracho, a un capitán y a un sargento. En otro, da respuesta a uno que aludió a su bastardía:

> El no ser de padre honrado,
> fuera defecto a mi ver,
> si como recibí el ser
> de él se lo hubiera yo dado.
> Más piadosa fue tu madre,
> que hizo que a muchos sucedas:
> para que, entre tantos, puedas
> tomar el que más te cuadre[85].

Los sonetos burlescos, según dice el título, fueron compuestos durante una reunión, un «doméstico solaz», y Sor Juana usó consonantes forzados propuestos por los concurrentes[86]. En el retrato burlesco que hace a Lisarda se burla de los términos con que los gongoristas y culteranos describían a sus damas, muy en la línea de la *Aguja de navegar cultos* o de alguna poesía satírica de Quevedo.

Los villancicos

El villancico, junto con otras formas de poesía popular, debió de llegar al Nuevo Mundo en los primeros años de la conquista. Carlos González Peña considera que los primeros versos escritos en América en español son los del villancico con que finaliza el *Auto de Adán y Eva*, escrito en mexicano, representado en 1538 por los indios de Tlaltelolco durante los festejos con que celebraron el día de la Encarnación[87]. El «Estudio liminar» de Méndez Plancarte, que abre el segundo tomo de las *Obras completas*, traza una breve historia del género en la Vieja y en la Nueva España. Hasta el primer tercio del siglo XVII el nombre de villancico sirvió para designar, como ahora, a los cánticos de Navidad de los pastores de Belén. Pero,

---
[85] OC, I, págs. 230-231.
[86] Pueden verse los sonetos burlescos en OC, I, págs. 284-287.
[87] Carlos González Peña, *Historia de la literatura mexicana*, México, Porrúa, 1984, 15.ª ed., pág. 48.

hacia 1630, dice Méndez Plancarte, se comenzó a llamar villancicos a las composiciones que se cantaban en los maitines de las fiestas religiosas, «dejándose a los otros, más comúnmente, el genérico nombre de simples Letras»[88]. Los maitines se dividen en tres nocturnos, cada uno de tres salmos. Los villancicos adoptaron la misma división: tres nocturnos compuestos de tres letras. Por consiguiente, cada uno de estos villancicos consta de un juego o serie de nueve letras. Excepcionalmente podía tener ocho, ya que a veces la última letra era sustituida por el *Te Deum*. Las principales catedrales de México y también los templos mayores, desde mediados del siglo XVII, celebraban las grandes festividades anuales con estos cánticos.

Entre 1676 y 1691 Sor Juana escribió doce juegos completos de villancicos, además de otros diez juegos que se le atribuyen y que, con toda seguridad —según Méndez Plancarte—, son suyos para las catedrales de México, Puebla y Oaxaca. El género ya estaba constituido y Sor Juana no cambia ni su estructura, impuesta por el culto, ni las otras convenciones literarias y musicales. Sin embargo, es admirable que con su fantasía y gracia haya logrado reanimar una materia ya envejecida por el uso y la repetición[89].

Obra dramática

Características e influencias

En el siglo XVII el teatro indiano, vástago principal del teatro español, superada la etapa de las farsas al estilo religioso, los primitivos coloquios, las rudas églogas y las tragicomedias

---

[88] Introducción a OC, II, pág. XIII.
[89] Los villancicos de Sor Juana, considerados por Paz como una de las partes más relevantes de su obra, han sido estudiados por G. Bellini, *op., cit.*; Alicia Sarre, «Gongorismo y conceptismo en la poesía lírica de Sor Juana», en *Revista Iberoamericana*, XVII.33 (1951), págs. 33-52; Méndez Plancarte, Introducción a OC, II; Darío Puccini, *op. cit.*; Marie-Cècile Benassy-Beling, *Humanismo y religión de Sor Juana Inés de la Cruz*, México, UNAM, 1983; René Lagon, «Phrases et expressions basques dans un villancico de Sor Juana Inés de la Cruz», en *Bulletin Hispanique*, 56 (1954), págs. 178-180.

de inspiración grecolatina, llega «a los preludios inmediatos de la madurez, a los momentos precedentes a la era triunfal de la plenitud setecentista»[90]. Lope de Vega y Calderón de la Barca son los símbolos del nacimiento y plenitud del teatro barroco en España y maestros cada uno de ellos de escuelas que ejercerán indudable influencia —más Calderón que Lope— sobre el teatro barroco en América. Cuando nace Sor Juana, el periodo barroco se encuentra en su plenitud[91]. Vive en una época en la que el teatro desempeña un papel importante en la vida religiosa, cultural y social de la sociedad peninsular y también de la colonial. El teatro de Sor Juana, presidido por el signo barroco, se halla, como no podía ser menos, muy influido por el teatro peninsular y muy especialmente por Calderón. Pero, como el resto de su obra, tiene unos perfiles propios y matices autóctonos. Unas y otras influencias han sido largamente examinadas por la crítica.

Del influjo de Calderón ha dicho José María de Cossío:

> Desde que Sor Juana empieza a componer siente la presión de Calderón, ya que el prurito intelectual que en ella hemos notado se aliaba muy bien con el carácter intelectual de la poesía del gran dramaturgo[92].

---

[90] Guillermo Lohmann Villena, *El arte dramático en Lima*, Sevilla, Escuela de Estudios Hispanoamericanos, 1945, págs. 12-13.

[91] José Juan Arrom divide el barroco hispanoamericano en dos ciclos: uno, al que llama «de lenta alborada», que iría desde 1600 hasta 1681, fecha de la muerte de Calderón; otro, «de apogeo y ocaso», de 1681 a 1750 (*Historia del teatro hispanoamericano (época colonial)*, México, Andrea, 1967, pág. 50). Este mismo esquema lo adopta Carlos Miguel Suárez Radillo (*El teatro barroco hispanoamericano*, Madrid, José Porrúa Turanzas, 3 vols., 1980-1981, I, pág. 12). Kathleen Shelly y Ginor Rojo hacen coincidir la línea divisoria entre las dos etapas con los años 1683 y 1689 en que se estrenan los dos festejos teatrales escritos por sor Juana («El teatro hispanoamericano colonial», en *Historia de la literatura hispanoamericana* (coordinada por L. Íñigo Madrigal), I, Madrid, Cátedra, 1982, pág. 330). Para Orlando Gómez Gil, hay tres etapas bien definidas a las que corresponden tres promociones de autores dramáticos: el alba o inicio, la época de plenitud y la etapa del rococó, con la que comienza la disolución y total desaparición del barroco para dar paso al neoclasicismo *(Historia crítica de la literatura hispanoamericana*, Nueva York, Rinehart and Winston, 1968, pág. 142).

[92] J. M.ª de Cossío, *op. cit.*, pág. 40.

Y María Esther Pérez[93], en un trabajo cuyo objetivo es señalar la presencia de lo americano en el teatro de Sor Juana, explica el influjo de Calderón por las evidentes semejanzas que se advierten entre estas dos figuras, tanto en sus respectivas personalidades como en sus actitudes literarias: intelectuales, dominados por la sed de conocimiento, poetas cortesanos y, sobre todo, típicos espíritus barrocos que manifiestan profundo desengaño ante las glorias y vanidades humanas, pero en los que a veces late un espíritu regocijado.

Octavio Paz encuadra el teatro de Sor Juana dentro del de los continuadores de Calderón, y detalla sus características:

> [...] sus obras fueron escritas no para el tablado público sino para la corte virreinal y los palacios de la aristocracia; su lenguaje, en los momentos de mayor tensión elevado y enfático, casi siempre es ingenioso: juegos de palabras y retruécanos, conceptos y agudezas; las intrigas están hábilmente construidas; en sus dichos y en sus hechos los personajes observan el decoro que les dicta su jerarquía, su edad o sexo, de modo que incluso sus defectos y exageraciones no violan sino confirman los valores sociales; en fin, el conflicto teatral, sin el cual no hay ni comedia ni drama, reside no en la oposición de los caracteres sino en las situaciones mismas. Esto último significa que la confusión y el equívoco desempeñan una función cardinal [...] El enredo, los chistes, los diálogos de graciosos y enamorados, los bellos versos, todo es perfecto. Vacía perfección. Sor Juana es un autor típico de este periodo pero, a diferencia de Rojas y Moreto, está encerrada en sus convenciones y sería inútil buscar en sus comedias la más leve transgresión a la estética del decoro[94].

Las huellas de lo *americano* en el teatro de Sor Juana han sido estudiadas por Francisco Monterde y María Esther Pérez. Afirma el primero: «Como criolla —consciente y satisfecha de serlo— Sor Juana acentúa en su obra características idiomáticas y detalles de dicción...»[95]. María Esther Pérez pone de

---

[93] M. E. Pérez, *Lo americano en el teatro de Sor Juana Inés de la Cruz*, Nueva York, Eliseo Torres & Sons, 1975.

[94] O. Paz, *op. cit.*, pág. 433.

[95] F. Monterde, «Un aspecto del teatro profano de Sor Juana Inés de la Cruz», en *Revista de Filosofía y Letras*, XI.22 (abril-junio de 1946), pág. 253.

relieve el ambiente «criollo» en que nace y crece Sor Juana, dentro de un pueblo que es, ya en aquel momento, diferente al pueblo español. Por eso, aunque haya puntos de contacto entre las obras de Calderón y de Sor Juana, hay también marcadas diferencias ya que sus autores están separados en el espacio y en el tiempo. Para comprobar esto compara la comedia *Los empeños de un acaso* de Calderón con *Los empeños de una casa* de Sor Juana, fijándose sobre todo en el aspecto formal, y ve la principal diferencia en las obras cortas con que Sor Juana complementa su comedia[96].

Las «diferencias» indicadas por Pérez no son muy convincentes, como no lo son, en general, las de aquellos críticos que pretenden caracterizar el «barroco americano» a través de sus diferencias con el español[97]. Cevallos Candau ve lo específico del barroco colonial en la «intensificación» de las características que son propias no sólo del barroco español, sino del barroco europeo en general:

> No podemos hablar de «características propias» ni de «diferencias básicas» entre literatura barroca española y su contrapartida americana. La lengua en que se vierte y la producción del momento es la misma —castellano—, y los escritores americanos reciben una educación semejante a la que reciben los españoles. [...] Por otro lado, la visión del mundo es diferente, pues diferente es también el paisaje y el ambiente del Nuevo Mundo. Lo que ante los ojos europeos se vuelve exótico, es normal para los americanos. Estos factores, combinados con extensas y cuidadosas lecturas de los clásicos, autores hispanos y europeos, producen que en Hispanoamérica se continúe el barroco europeo, pero extremando algunos de sus rasgos, mientras otros pasan a un segundo plano. Esta intensificación de características se produce tanto en el plano de la expresión como en el del significado, estrechamente relacionados e inseparables uno del otro[98].

---

[96] *Op. cit.*, pág. 67.
[97] Véase. Alfredo A. Roggiano, «Acerca de dos barrocos, el de España y el de América», en *El barroco en América, Actas del XVII Congreso del Instituto Internacional de Literatura Iberoamericana*, Madrid, Ediciones Cultura Hispánica, 1978, págs. 39-47.
[98] Francisco J. Cevallos Candau, *Juan Bautista de Aguirre y el barroco colonial*, Madrid, Edi-6, 1983, pág. 4.

Teatro religioso: los autos y loas sacramentales

Nada tiene de extraordinario, dada la tradición que pronto hubo en el Nuevo Mundo de celebrar la fiesta del Corpus con representaciones dramáticas[99], que Sor Juana probara también su pluma en tales piezas, y más cuando sería tan de su gusto el cambio radical que dio Calderón a los autos sacramentales: dejaron de ser una historia prodigiosa y se convirtieron en una alegoría intelectual.

Sor Juana escribió tres autos, cada uno precedido de una loa: *El divino Narciso*, *El mártir del Sacramento, San Hermenegildo* y *El cetro de José*. Los dos primeros se destinan explícitamente a ser representados en la corte madrileña; del tercero no hay datos cronológicos ni locales y nada impide que fuese representado por vez primera en México[100]. *El divino Narciso* apareció en edición suelta en México en 1690; después fue recogido en el primer tomo titulado *Poemas de la única poetisa americana, musa décima Soror Juana Inés de la Cruz* (1691). Los otros dos fueron publicados al año siguiente, en el *Segundo volumen de las obras de Soror Juana Inés de la Cruz* (1692)[101].

Las loas sacramentales de Sor Juana son, incluso por su extensión, verdaderas piezas dramáticas que podrían ser representadas como obritas independientes, a no ser por las referencias textuales al auto a que preceden. Particularidad esta muy de tener en cuenta, pues el objetivo principal de la interrelación entre loa y auto es preparar al auditorio para compren-

---

[99] Los festejos con que se celebraba la festividad del Corpus Christi pronto alcanzaron en México y Lima, capitales de los dos grandes virreinatos, y en otras ciudades, Puebla, Cuzco, Tlaxcala, Oaxaca, Arequipa, etc., el brillo y fausto de los de Sevilla o Toledo, por citar algunos de los más famosos de España. Véase A. Méndez Plancarte, «El teatro eucarístico novohispano», en el Estudio liminar de OC, III, págs. LXIV-LXXI; G. Lohmann Villena, *op. cit.*, págs. 10 y ss.

[100] Véase Alberto G. Salceda, «Cronología del teatro de sor Juana», en *Ábside*, XVII.3 (1953), págs. 333-358, donde ordena la cronología de la obra dramática de Sor Juana.

[101] Los tres autos, con sus loas, así como todas las loas sueltas de que se hablará más adelante, se encuentran recogidos en el tomo III de OC.

der la obra principal introduciendo y explicando en la loa el argumento del auto. Esta interdependencia, a la que contribuyen las alusiones en la loa a circunstancias de la composición o de la representación de los autos, está, sobre todo, relacionada con la función didáctica de la loa sacramental que es acercar al auditorio el misterio de la Eucaristía[102].

«*El divino Narciso*»

Este auto fue escrito hacia 1688 o un poco antes, a instancias de la condesa de Paredes para traerlo a Madrid, donde debió de representarse en el Corpus de 1689, ya que la virreina salió de México el 28 de abril de 1688[103].

La loa para *El divino Narciso* «es ya por sí como un diminuto "auto", y muy sacramental», afirma Méndez Plancarte[104]. Su asunto, de una audaz originalidad, describe un rito que celebraban los aztecas: los sacerdotes hacían, con semillas de cereales mezcladas y amasadas con sangre, una gran figura del dios Huitzilopochtli, a la que después arrojaban flechas y simulaban su muerte. Se repartían entonces su cuerpo y cada uno de los participantes comía un pedacito. El rito, que se llamaba *Teocualo* «Dios es comido», tiene semejanzas con el católico misterio de la Eucaristía. El Celo de la España conquistadora domeña a los idólatras y los compele a oír la voz de la Religión, que junto con la Gracia hará que cambien las sombras por las luces del Evangelio.

Sor Juana sigue al historiador fray Juan de Torquemada en su *Monarquía indiana* (1615), en cuanto a la información etnográfica, aunque estiliza el nombre del dios azteca en «el gran Dios de las Semillas». La pieza, además de la lúcida po-

---

[102] Un estudio más detallado de estas loas sacramentales puede verse en C. C. García Valdés, «Teatralidad barroca: las loas sacramentales de Sor Juana», y M. D. Bravo Arriaga, «Las loas de los autos sacramentales de Sor Juana. Conciencia criolla y sentido de la composición».
[103] Véase el estudio y edición de Robin Ann Rice, Pamplona, EUNSA, Anejos de *RILCE*, 2005.
[104] OC, III, pág. LXII.

tencia de su desarrollo intelectual, interesa por su hondo mexicanismo y su erudición en ritos precortesianos.

Para el auto de *El divino Narciso* Sor Juana tuvo presente las *Metamorfosis* de Ovidio de cuya fábula conserva los tres elementos centrales: Narciso, Eco y la Fuente. También se inspiró en la comedia mitológica de Calderón *Eco y Narciso,* a la que logró superar en complejidad y riqueza intelectual y lírica[105]. Tiene igualmente ecos del *Cantar de los cantares*, de Garcilaso, San Juan de la Cruz y Lope. El auto de Sor Juana convierte la fábula ovidiana en una alegoría de la pasión de Cristo y de la institución de la Eucaristía, y su originalidad consiste en haber trasformado el mito pagano: Cristo no se enamora de su imagen, como Narciso, sino de la Naturaleza Humana; en Ovidio, el adivino Tiresias profetiza que Narciso morirá cuando se conozca a sí mismo, es decir, el conocimiento equivale a la muerte, mientras que en el auto el conocimiento no mata, resucita.

La crítica ha sido unánime en señalar los extraordinarios valores de *El divino Narciso*. Para Menéndez Pelayo, en las canciones que hay intercaladas en el auto se encuentra lo más bello de las poesías espirituales de Sor Juana[106]. Méndez Plancarte lo considera «el más logrado y bello de todos los "autos mitológicos", sin excepción»[107]. Para Octavio Paz «es un ma-

---

[105] Alexander A. Parker considera que los tres autos de sor Juana, tanto en la estructura como en el estilo, están fuertemente influidos por Calderón de la Barca, del que sor Juana debió conocer la *Primera parte* de sus autos, publicada por el mismo Calderón en 1677, ya que en piezas de este volumen pueden rastrearse los rasgos principales de los autos de la monja mexicana. Para *El mártir del Sacramento,* sor Juana encontró en las dos partes de *El santo rey don Fernando* la manera de adaptar un tema de la historia española al escenario del Corpus Christi; para *El cetro de José*, le enseñaron cómo transformar un asunto del Antiguo Testamento en una alegoría teológica los autos calderonianos *Primero y Segundo Isaac* y *¿Quién hallará mujer fuerte?;* en *El divino Narciso,* para la transformación de un mito griego en alegoría del dogma de la Redención, Parker encuentra el precedente en *El divino Orfeo* y sobre todo en *El nuevo Hospicio de Pobres*. Véase A. A. Parker, «The Calderonian Sources of *El divino Narciso* by Sor Juana Inés de la Cruz», en *Romanistisches Jahrbuch,* 19 (1968), págs. 257-274; recogido en Cedomil Goic, *Historia y crítica de la literatura hispanoamericana. I. Época colonial,* Barcelona, Crítica, 1988, págs. 360-365.
[106] M. Menéndez Pelayo, 1948, I, pág. 75.
[107] OC, III, pág. LXXV.

ravilloso mosaico de formas poéticas y métricas. A la profundidad y complejidad del pensamiento corresponde la belleza del lenguaje y la perfección de la concepción teatral»[108].

«*El mártir del Sacramento, San Hermenegildo*»

Fue escrito también con la intención de que fuese representado en Madrid. En la loa que le precede se saluda al rey y a las dos reinas, María Luisa de Borbón y Mariana de Austria. Aunque no se conoce con exactitud la fecha de composición, se puede afirmar que fue escrito entre 1680 y 1688.

El asunto de la loa es una disputa entre dos estudiantes de teología sobre cuál es la mayor muestra de amor de Cristo: ¿el haber dado su vida por nosotros o el habernos dejado el sacramento de la Eucaristía, en el que se da como alimento y nos hace participar en su naturaleza? Era este un tema que preocupaba a Sor Juana: lo toca en varios de sus poemas y es el mismo del sermón del padre Vieyra y de la crítica que ella le hizo. En la loa, un tercer estudiante zanja la disputa en favor de la Eucaristía. Y un nuevo guiño de Sor Juana al público:

> Y es el caso, que yo tengo
> a mi cargo hacer un Auto
> del Divino Sacramento,
> alegórico-historial,
> en que discurrí el suceso
> del martirio glorïoso
> de Hermenegildo, rey nuestro.
> Y atendiendo que vosotros
> controvertís del Misterio

---

[108] O. Paz, *op. cit.*, pág. 464. Atinados análisis sobre distintos aspectos de *El divino Narciso* se deben a Robert Ricard, «Sur *El divino Narciso* de Sor Juana Inés de la Cruz», en *Mélanges de la Casa de Velázquez*, París, 1969, tomo V, págs. 309-329; G. D. Calhoun, «Un triángulo mitológico, idólatra y cristiano en *El divino Narciso* de Sor Juana», en *Ábside*, 34 (1970), págs. 373-401; Jean Krynen, «Mito y teología en *El divino Narciso* de Sor Juana Inés de la Cruz», en *Actas del Tercer Congreso Internacional de Hispanistas*, México, El Colegio de México, 1970, págs. 501-505.

> lo admirable, quise hacer
> de vuestros discursos mesmos
> la fábrica de mi Loa[109].

Quien habla, por boca del tercer estudiante, es la autora de la loa y del auto que va a representarse. Una vez más, teatro dentro del teatro. Esta loa ofrece cierto interés de tipo costumbrista por asomarse a la bullente vida universitaria.

La acción del auto *El mártir del Sacramento* trascurre en la España visigoda y su tema central son las desavenencias entre el rey arriano Leovigildo y su hijo Hermenegildo que se ha convertido al catolicismo. Pero antes de entrar en esta parte histórica hay una parte alegórica en la que la Fe convoca a las virtudes de la Verdad, la Misericordia, la Paz y la Justicia, que se presentan portando el símbolo que mejor las caracteriza. Estas virtudes entrarán en conflicto en la parte histórica: el príncipe Hermenegildo se debate entre su amor paterno y su amor a Dios, entre la paz de su pueblo y la defensa de sus ideales religiosos. Sor Juana se ha basado, para los hechos, en la *Historia de España* (1601) de Juan de Mariana. Méndez Plancarte[110] cita otras obras dramáticas sobre este tema, entre ellas, *La mayor corona* de Lope de Vega, que juzga muy inferior al auto de Sor Juana, aunque reconoce que hay en este una «laguna teológica»: Hermenegildo rechaza la comunión que le ofrece el obispo arriano Apostasía, porque considera que no es un verdadero sacramento. Sin embargo, según la doctrina de la Iglesia, la consagración eucarística hecha por un obispo cismático o hereje es válida. Para Octavio Paz, la versión de Sor Juana de la historia de Leovigildo y su hijo peca de excesivamente esquemática y es, además, injusta. «*El mártir del Sacramento* —afirma Paz— es una pieza hecha de prisa y a la que afean descuidos estéticos e imperfecciones morales»[111].

---

[109] OC, III, pág. 108.
[110] OC, III, pág. LXXIX.
[111] O. Paz, *op. cit.*, pág. 455.

«El cetro de José»

En la loa para *El cetro de José* de nuevo se enfrenta Sor Juana con el tema de las relaciones entre la religión prehispánica y el cristianismo. Como en la loa que precede al auto de *El divino Narciso*, se subliman los sacrificios humanos y la antropofagia ritual de los antiguos aztecas en el Banquete Eucarístico. Calderón rozó dos veces este tema: en su loa para *A Dios por razón de estado*, donde la Teología razona la excelencia del comer la Carne de Cristo y beber su Sangre, y en el auto *La devoción de la misa*, donde se alude al horror del judaísmo ante la «antropofagia» cristiana. Sor Juana sigue en estas loas la doctrina de los filósofos y teólogos jesuitas que veían en las antiguas religiones visos y anuncios de la verdadera religión.

En el auto *El cetro de José* la acción se despliega en dos planos: uno sigue la historia bíblica de José que, vendido por sus hermanos, llega a convertirse en ministro y consejero del Faraón; el otro es el comentario de la acción a cargo del diablo Lucero y de sus acompañantes, Inteligencia, Conjetura y Envidia, comentarios que son a veces refutados por Profecía y Ciencia. El haber convertido a los demonios en intérpretes de la historia sagrada ha sido un gran acierto de Sor Juana: poco a poco se dan cuenta de que la historia del joven José es una prefiguración de la de Cristo. Al final el moribundo patriarca Jacob, iluminado por la Fe, en visión anticipadora, adoró el cetro de José rematado por un pan rodeado de espigas, anuncio del futuro sacramento de la Eucaristía.

Una loa mariana: «Loa de la Concepción»

La única loa de tema sagrado que escribió Sor Juana —aparte de las tres sacramentales— es la *Loa de la Concepción*. El título completo informa de las circunstancias de la representación: «Loa de la Concepción que, celebrando la de María Santísima, se representó en las casas de Don José Guerrero, en la Ciudad de México». La loa, gracias a las alusiones que se hacen a José Guerrero de quien está documentada la fecha de bautismo en 14 de octubre de 1663, *niño* (v. 388) pero ya *discreto* (vv. 346-347) se puede fechar entre 1670 y 1675[112].

Loa «mariana y al par doméstica» la califica Méndez Plancarte[113]. Pocas son las loas de tema mariano. Tres anónimas se encuentran en el volumen de *Navidad y Corpus Christi festejados* (1664) y tres más se conocen de Calderón: la que precede al auto *A María el corazón*, otra para la Navidad, impresa en *Tardes apacibles* (1663) y la antepuesta a *La Hidalga del Valle*, cuyo tema está relacionado con la de Sor Juana, ya que dos personajes, la Alegría y el Contento, se burlan del Furor, que había echado un pasquín en Granada contra la Purísima Concepción.

En la *Loa de la Concepción*, la Devoción y la Escuela, personajes simbólicos que representan a la Fe y a la Razón, pretenden la primacía en el hecho de la promulgación del dogma. A la Escuela se une el Entendimiento, y el Culto auxilia a la Devoción para terminar todos juntos en un canto de alabanza. El que la familia Guerrero encargara a Sor Juana esta loa indica que también los particulares demostraban con festejos su devoción a la Purísima[114].

---

[112] José Guerrero quedó huérfano de padre muy pequeño y desde entonces fue Mayorazgo de su casa. Antes de cumplir los veintiún años salió Alcalde Ordinario de la ciudad de México. La casa del Mayorazgo de Guerrero Moctezuma era un viejo palacio partido en dos por una calle y sus dos fachadas gemelas aún se podían ver —en la fecha en que escribe Valle Arizpe— en la calle de la Moneda, coronadas por sendas esculturas de la Virgen de Guadalupe y de la Purísima (Valle Arizpe, *Historia de la ciudad de México*, 1939, pág. 253).

[113] OC, III, pág. LXXXV. Cotarelo (I, pág. XLIV) llama a estas loas «para casas particulares» y menciona algunas de Antonio de Solís, Gil Enríquez, Agustín de Salazar y Diamante. Se queja Méndez Plancarte, y no le falta razón, de que Cotarelo haya olvidado las loas de Sor Juana.

[114] Las familias, engalanando sus casas con flores y adornos, y las ciudades rivalizaban en estos festejos. La ciudad de México celebró con una solemnísima procesión, con asistencia del Virrey, Audiencia, Ciudad y todas las Religiones, la bula de Su Santidad, recibida en mayo de 1662 —se había despachado en Roma en 1661— por la que se prohibió «decir, predicar, tratar, o disputar, de viva voz o por escrito, bajo ningún pretexto» que la Virgen fue concebida en pecado.

Teatro profano

El teatro profano de Sor Juana lo forman trece loas, que escribió como homenaje a distintos personajes, y dos comedias: *Los empeños de una casa* y *Amor es más laberinto* con sus loas y la primera con varias piezas breves.

Las loas cortesanas

El teatro de Sor Juana es un teatro cortesano. Sus obras, afirma Octavio Paz, «fueron escritas no para el tablado público sino para la corte virreinal y los palacios de la aristocracia», y en ese teatro áulico las loas ocupan un destacado lugar[115].

Las loas, que tienen su origen en los introitos pastoriles del teatro prelopista del siglo XVI, eran en principio un monólogo que recitaba un actor como prólogo a la comedia o como elogio al público, a la persona a quien iba dirigida o a la ciudad en que se representaba[116]. Con el tiempo, el monólogo se trasformó en diálogo y las loas se convirtieron en pequeñas piezas dramáticas. En el siglo XVII caen en desuso[117] pero se conservan como presentación de los autos sacramentales —apegadas ya a su tema sagrado— y como salutación y ofrenda de la comedia en las representaciones reales.

---

[115] Véase C. C. García Valdés, «Una síntesis de las artes en el barroco hispánico: las loas cortesanas de Sor Juana», en I. Arellano y E. Godoy (eds.), *Temas del barroco hispánico*, Madrid, Iberoamericana (Biblioteca Indiana, 1), 2004, págs. 107-127.

[116] Jean-Louis Flecniakoska, que estudia la loa desde sus orígenes hasta mediados del siglo XVII, afirma que a partir de esta fecha «la loa viene a ser ya como un entremés, con varias figuras, presentado en su propio decorado», lo que se hace evidente en las loas de Calderón escritas para las brillantes fiestas palaciegas y a las que Flecniakoska no considera loas propiamente dichas *(La loa,* Madrid, SGEL, 1975, págs. 11-12). Véase también Méndez Plancarte, «La vida de las loas en el teatro hispano», en OC, III, págs. LII-LXIV.

[117] En 1617 afirma Cristóbal Suárez de Figueroa: «En las farsas que comúnmente se representan han quitado ya esta parte, que llamaban loa. Y según de lo poco que servía, y cuan fuera de propósito era su tenor, anduvieron acertados» *(El pasajero,* ed. F. Rodríguez Marín, Madrid, Renacimiento, 1913, pág. 79).

Sor Juana escribió dieciocho loas: dos preceden a sus comedias y tres a sus autos. Las trece restantes son sueltas o autónomas: doce de asunto profano y sólo una de tema sagrado, la *Loa de la Concepción*.

De las loas de tema profano, cinco fueron escritas para celebrar otras tantas fiestas de cumpleaños del rey Carlos II; dos están dedicadas a la reina María Luisa de Orleáns, primera mujer de Carlos II, y a la reina madre Mariana de Austria; cuatro dedicadas a los virreyes y miembros de su familia: al virrey marqués de la Laguna por su cumpleaños; a la virreina condesa de Paredes con motivo de una fiesta en «Las Huertas», sitio de recreo en las afueras de México; al primogénito de los virreyes, José de la Cerda, por su cumpleaños; a la virreina condesa de Galve por el mismo motivo; y una última que escribe para celebrar la onomástica de Fray Diego Velázquez de la Cadena, Maestro y ex Provincial de los Agustinos y hermano del capitán Pedro Velázquez, que pagó la dote necesaria para que Sor Juana profesase en las Jerónimas[118].

Todas estas loas giran en torno a una idea o un suceso alegórico: los astros y el destino humano; las estaciones y los elementos; la rivalidad entre Flora y Pomona o entre Belona y Venus, etc. Cada episodio está precedido o coronado por bailes y canciones. Se trata de un espectáculo barroco dirigido a todos los sentidos:

> Espectáculo para los ojos tanto como para los oídos y la mente, el vestuario y los decorados deben de haber sido fastuosos. La composición de estas piezas exigía el trato continuo con los músicos, los escenógrafos y los actores: una actividad bulliciosa, paralela en cierto modo a la de los villancicos que se cantaban en las catedrales pero más compleja [...] Los temas eran menos atractivos que los de estos últimos [...] pero lo poco que se podía decir de los príncipes y los grandes de este mundo se compensaba con el recurso a la mitología, los emblemas y la erudición. Sorprende que con una materia vil como los cumpleaños de los poderosos, Sor Juana haya logrado pequeñas obras que, en su género, son perfectas[119].

---

[118] Para la función de estas loas, véase Bravo Arriaga, «Las loas cortesanas de Sor Juana o la metáfora de la adulación».

[119] Ó. Paz, *op. cit.*, págs. 442-443.

El festejo teatral de «Los empeños de una casa»

Sor Juana escribió *Los empeños de una casa* por encargo de don Fernando Deza, contador del virreinato, en cuya casa se representó el 4 de octubre de 1683, como homenaje a los virreyes, condes de Paredes y marqueses de la Laguna, y también para celebrar la entrada pública del nuevo arzobispo don Francisco de Aguiar y Seijas[120]. Escribe, además de la comedia, la loa introductoria, tres letras para cantar o canciones: «Divina Lysi: permite», «Bellísima María» y «Tierno pimpollo hermoso», el *Sainete primero de palacio* entre la jornada primera y la segunda, el *Sainete segundo* entre la segunda y la tercera, y, como fin de fiesta, el *Sarao de cuatro naciones*. Según Monterde, Sor Juana presenta aquí «un programa completo de teatro barroco mexicano»[121].

Las piezas breves del festejo

Sor Juana escribe este festejo teniendo presente que el auditorio sería de la nobleza y del clero, un público culto, la mayoría habituado a presenciar representaciones teatrales en la Península.

---

[120] Esta es la cronología a que llega Salceda apoyándose en datos que aporta la loa: la representación se hace con motivo de la visita a casa del contador de tributos, don Fernando Deza, de los virreyes «la excelsa María» y «el invicto Cerda» y de su hijito José, nacido en México el 5 de julio de 1683, para celebrar la solemne entrada de «Su Señoría Ilustrísima», que durante el virreinato del conde de Paredes no pudo ser otro que el arzobispo Francisco de Aguiar y Seijas, que hizo precisamente su entrada pública el 4 de octubre de 1683. Véanse los datos que aporta Salceda en la Introducción a OC, IV, págs. XVII y ss. Francisco Monterde («El *Sainete segundo* de Sor Juana y el autor de *El pregonero de Dios*», en *Occidente* (México), núm. 6, sept.-oct., 1945) estima que la primera representación de *Los empeños de una casa* no tuvo lugar hasta un año después, en otoño de 1684. Susana Hernández Araico en «Problemas de fecha y montaje de *Los empeños de una casa* de Sor Juana Inés de la Cruz», en José Pascual Buxó (ed.), *Sor Juana Inés de la Cruz y las vicisitudes de la crítica*, México, UNAM, 1998, págs. 161-177, somete a revisión estos datos; le parece poco probable que Sor Juana haya escrito todas las piezas breves, que acompañan en las ediciones a la comedia, para su primera representación.

[121] Cit. por Salceda en Introducción a OC, IV, pág. XVI.

La función se abre con una loa en la que Sor Juana rinde homenaje a los virreyes y al arzobispo. Los personajes de la loa, la Fortuna, la Diligencia, el Mérito y el Acaso, discuten acerca de cuál es la mayor de las dichas y cuál es la causa que la provoca. Se presenta la Dicha y afirma que ella debe el ser a la grandeza de aquellos que nos hacen dichosos, en este caso a la visita de los virreyes y su hijo, a los que dedica hiperbólicos elogios. En los versos finales el agasajo se hace extensivo al nuevo arzobispo: «¡Fue la dicha de su entrada / la entrada de nuestra dicha!», guardando así el equilibrio que debe haber entre el poder de los virreyes y el del arzobispo, es decir, la Corte y la Iglesia. Salceda, dada la desproporción entre el espacio dedicado en la loa a ensalzar a los virreyes y los escasos versos dedicados al arzobispo, piensa que el festejar a este último «fue fruto de mera coincidencia y pegadiza adición "para matar dos pájaros de un tiro"»[122].

Después, siguiendo el orden del espectáculo, una canción en coplas de octosílabos —32 versos— dedicada a Lysi, que no es otra que la virreina María Luisa. Entre la primera jornada y la segunda otra canción, «Bellísima María», dedicada también a Lysi y un sainete.

En el sainete, titulado *Primero de palacio,* presenta Sor Juana un personaje real, el alcalde, rodeado de cinco personajes: el Amor, el Respeto, el Obsequio, la Fineza y la Esperanza que, de cortesanos reales, pasan a ser entidades metafísicas. Estos personajes rivalizan por lograr un extraño premio: el desprecio de las damas. En la brevedad de la pieza —202 versos— Sor Juana pinta magistralmente la vida cortesana del virreinato que ella conocía tan bien[123].

Entre la jornada segunda y la tercera se intercalan otras dos piezas: una canción, «Tierno pimpollo hermoso», esta vez dedicada a José, el hijo de la virreina, y el *Sainete segundo.*

---

[122] OC, IV, pág. XX.

[123] Puede verse un sabroso texto sobre los «galanteos de palacio», en este caso de la corte madrileña, debido a la pluma del Duque de Maura, en *Vida y reinado de Carlos II,* tres tomos, Madrid, Espasa Calpe, 1942, I, págs. 45-50, que también incluye reflexiones moralistas sobre los males que «la deformación contrahecha de esa costumbre cortesana» podía llevar aparejada.

Este sainete, además de ser pieza animada y de fino humor, resulta de gran interés para el estudioso por las varias referencias que contiene a la vida teatral y a la vinculación de Sor Juana con otros autores dramáticos. En primer lugar, el sainete prefigura un recurso del teatro moderno: Sor Juana introduce en la ficción una ficción nueva al sustituir los comentarios de los espectadores por murmuraciones simuladas, procedimiento que, andando el tiempo, sería empleado por Pirandello[124]. Arias y Muñiz, nombres que parecen responder a dos actores concretos, mientras descansan, critican la comedia que se está representando:

> Mientras descansan nuestros camaradas
> de andar las dos Jornadas
> (que, vive Dios, que creo
> que no fueran más largas de un correo;
> pues si aquesta comedia se repite
> juzgo que llegaremos a Cavite,
> e iremos a un presidio condenados,
> cuando han sido los versos los forzados),
> aquí, Muñiz amigo, nos sentemos
> y toda la comedia murmuremos.

Las jornadas han sido excesivamente largas, los versos forzados y, en fin, la obra «tan larga y tan sin traza» que se compadecen del engaño que sufrió Deza en cuya casa se representa; más le valía

> si quería hacer festejo a Su Excelencia,
> escoger, sin congojas,
> una de Calderón, Moreto o Rojas.

Las murmuraciones recaen a continuación sobre el autor del festejo:

---

[124] Véase F. Monterde, «Un aspecto del teatro profano de Sor Juana Inés de la Cruz», en *Revista de Filosofía y Letras*, XI.22 (abril-junio de 1946).

> un estudiante
> que en las comedias es tan principiante,
> y en la poesía tan mozo,
> que le apuntan los versos como el bozo.

Así hablan de «un tal Acevedo» a quien la crítica ha sido unánime en identificar con Francisco de Acevedo, autor de la comedia hagiográfica *El pregonero de Dios y patriarca de los pobres*, representada el 4 de octubre de 1684 en el Coliseo de las Comedias y prohibida posteriormente por el Santo Oficio[125]. En lo que los críticos no están tan acordes es en el tono o en la intención con que Sor Juana alude a Acevedo atribuyéndole la autoría de *Los empeños de una casa*. Para Salceda, «el sainete tiene un tono de burla afectuosa»[126]; Monterde, que ha creído hallar semejanzas entre algún pasaje de la comedia de Acevedo y otros del sainete de Sor Juana, supone que la representación de ambas obras fue casi simultánea y que Sor Juana quiso caricaturizar en el sainete versos de la comedia de Acevedo.

En el sainete se alude, además, a otra comedia representada no hacía mucho tiempo en la capital mexicana:

> Amigo, mejor era *Celestina*,
> en cuanto a ser comedia ultramarina:
> que siempre las de España son mejores,
> y para digerirles los humores,
> son ligeras; que nunca son pesadas
> las cosas que por agua están pasadas.
> Pero la *Celestina* que esta risa
> os causó, era mestiza
> y acabada a retazos,
> y si le faltó traza tuvo trazos,
> y con diverso genio
> se formó de un trapiche y de un ingenio.

---

[125] Datos que recoge A. de María y Campos, *Representaciones teatrales en la Nueva España (siglos XVI, XVII y XVIII)*, México, B. Acosta ACIC, 1959, pág. 99. Véase sobre esta comedia y los duros juicios de los inquisidores, García Valdés, «El teatro en los siglos XVI y XVII», en F. Pedraza (coord.), *Manual de literatura hispanoamericana*, I, págs. 599-681; sobre Francisco de Acevedo, págs. 636-637.

[126] OC, IV, pág. XXVII.

El «mestiza y acabada a retazos» indica que había sido compuesta por un español y un nativo de México, uniendo fragmentos. La crítica está de acuerdo con que se refiere a una obra dramática dejada sin terminar por el español Agustín de Salazar y Torres y acabada por la criolla Sor Juana Inés, de la cual da noticia Juan de Castorena y Ursúa en el prólogo de *Fama y Obras Posthumas*. Entre las obras que la autora dejó sin publicar, se encuentra «un poema que dejó sin acabar don Agustín de Salazar, y perficionó con graciosa propiedad la poetisa», que Castorena no incluyó en su edición por parecerle que el asunto «era propio del primer tomo. Esta comedia, conocida como *La segunda Celestina,* apareció impresa en 1694, pero no con el final que escribió Sor Juana sino con el escrito por Juan de Vera Tassis, amigo y editor de Salazar y Torres. El título completo de la comedia es *El encanto es la hermosura y el hechizo sin hechizo* o *La segunda Celestina*. Mesonero Romanos la recogió en el segundo tomo de *Dramáticos posteriores a Lope de Vega,* pero, aunque afirma que conoció una versión distinta, escrita por «un autor anónimo», publicó la versión de Vera Tassis[127]. Su autor había regresado de México a España en 1660 y, al morir, en 1675, deja esta comedia sin terminar. Mesonero Romanos nos da noticia de que la obra tuvo dos finales debidos a distintas plumas: una la de Juan de Vera Tassis, y otra de «un autor anónimo». Según Alberto G. Salceda, *La segunda Celestina* llegó inconclusa a México, don-

---

[127] Mesonero Romanos, en *Dramáticos posteriores a Lope de Vega,* Biblioteca de Autores Españoles, tomo XLIX, pág. 241, n.: «Esta comedia, compuesta al cumplimiento de años de la Reina doña Mariana de Austria, es más conocida por el título de *La segunda Celestina,* y no fue publicada con este, ni concluida por su autor, don Agustín de Salazar y Torres. En las obras líricas y cómicas de este, que dio a luz en 1694 su amigo don Juan de Vera Tassis y Villarroel (poeta aventajado que también publicó las de Calderón), insertó esta comedia con los dos primeros títulos y no con el tercero, y a cierto punto de la tercera jornada y al final de ella expresa que hasta allí dejó escrito Salazar, concluyéndola después el mismo Vera Tassis por mandato soberano. Posteriormente se reimprimió con el título de *La Segunda Celestina* y con otra conclusión hecha por autor anónimo en que imitó y descargó de incidentes la conclusión de Vera Tassis; pero hemos dado la preferencia a la de este por ser más auténtica y acorde con el resto de la comedia». Por dos veces se perdió la oportunidad de dar a conocer la comedia «mestiza».

de eran muy conocidas las obras dramáticas de Salazar[128] —no en vano era sobrino del virrey Torres y Rueda—, y fue terminada por Sor Juana. Para hacer estas afirmaciones se basa Salceda en la noticia que da Juan de Castorena y Ursúa. Por ello Sor Juana se permite burlarse de ese final «a retazos y sin traza» que le pertenece[129].

Un sainete, pues, lleno de alusiones literarias en las que Sor Juana manifiesta —a veces un tanto humorísticamente— su admiración por el teatro español, y con una magistral utilización de la técnica del «teatro dentro del teatro».

El final de fiesta es el *Sarao de cuatro naciones*[130] —trescientos versos totalmente cantados— en el que intervienen personajes españoles, negros, italianos y mexicanos que salen a escena agrupados por nación y cantan alabanzas a los virreyes y a su hijo. Cada uno de los grupos baila primero «a su estilo» que se manifiesta en la distinta métrica[131] y, con toda seguri-

---

[128] «1677, 78 y 79. Se representan en el Coliseo las comedias de Agustín de Salazar y Torres, sobrino del virrey Torres y Rueda, tituladas *Elegir al enemigo, Los juegos olímpicos* y *El encanto es la hermosura y hechizo sin hechizo*, una especie de segunda parte de *La Celestina*, de Fernando de Rojas». A. de María y Campos, *Representaciones teatrales en la Nueva España, cit.*, pág. 98.

[129] Una versión de *La segunda Celestina* localizada por Guillermo Schmidhuber en la Universidad de Pennsylvania y publicada en México por la editorial Vuelta (1990) fue el origen de varias publicaciones acerca de si Sor Juana era la autora o no del final de esa versión. Véase Thomas Austin O'Connor, «Los enredos de una pieza. El contexto histórico teatral de *El encanto es la hermosura* o *La segunda Celestina* de Salazar y Torres y Sor Juana», *Literatura Mexicana*, III.2 (1992), págs. 283-303; Sara Poot, «*La segunda Celestina*, ¿de Salazar y Torres y sor Juana?», en A. de la Granja y J. A. Martínez Berbel (eds.), *Mira de Amescua en candelero. Actas del Congreso Internacional sobre Mira de Amescua y el teatro español del siglo XVII*, Granada, Universidad de Granada, 1996, págs. 395-418; Georgina Sabat de Rivers, «Los problemas de *La segunda Celestina*», *Nueva Revista de Filología Española*, XL.1 (1992), págs. 493-512; Alfonso Sánchez Arteche, *La segunda Celestina, una comedia que no escribió Sor Juana*, México, Bajo el signo de PRESENCIA, 1991; Guillermo Schmidhuber, *Sor Juana Inés de la Cruz y «La gran comedia de La segunda Celestina»*, México, Instituto Mexiquense de Cultura, 2005.

[130] El *sarao* es un fin de fiesta muy propio de festejos cortesanos, y también recibe este nombre un baile o máscara como el que tiene lugar en la jornada segunda de *Amor es más laberinto*.

[131] Villancico, para los españoles; coplas en romance, para los negros; romance de decasílabos y dodecasílabos, para los italianos; romancillo hexasílabo en í, para los mexicanos.

dad, en distinta música, para unirse en las danzas finales, el turdión y la jácara, con que se da fin al festejo[132].

Las obras cortas del festejo de *Los empeños de una casa* están plenamente integradas en el conjunto dramático de la representación, y son difícilmente aislables del «texto teatral»[133]. La loa inicial, las tres «letras» y el sarao final están unidos por un hilo temático: las continuas alusiones, con hiperbólicas alabanzas, a los virreyes y a su descendencia. El *Sainete primero*, con los «entes de palacio» y los galanteos de la corte enlaza con el marco escénico en que tiene lugar la representación y con el público que la presencia; además, estilísticamente es continuación de la loa, con sus «cuestiones» a las que tan aficionada fue Sor Juana. El *Sainete segundo* es una alusión crítica al propio festejo: los primeros versos enlazan con los últimos de la segunda jornada, y hasta con los versos de la décima que Sor Juana escribió para enviar una comedia a los virreyes, que Méndez Plancarte supone es la de *Los empeños de una casa* por las semejanzas con las «murmuraciones» del *Sainete segundo*.

> Va de exornación escasa
> la comedia que he trazado,
> aunque para vuestro agrado
> no sé si es buena la traza.
> Si por larga os embaraza,
> sus Jornadas dilatadas
> van a vos encaminadas;
> no es bien que os cause espanto;

---

[132] Para el turdión, véase E. Cotarelo y Mori, *Colección de entremeses, loas, bailes, jácaras, mojigangas desde fin del siglo XVI a principios del XVIII*, I, Madrid, Nueva Biblioteca de Autores Españoles, 1911, págs. cclxii-cclxiii, y nuestra nota al v. 233 del Sarao; para la jácara, véase Cotarelo, págs. cclxxiv-ccxc, y nuestra nota al v. 269.

[133] La idea de unidad del festejo y el valor de las distintas piezas que lo componen ha sido analizado, entre otros, por Claire Pailler, «La *question d'amour* dans le théâtre profane de Sor Juana Inés de la Cruz», *TILAS,* 13-14 (1973), págs. 60-80; Sara Poot, «Las prendas menores de *Los empeños de una casa*», en Sara Poot (ed.), *Y diversa de mí misma / entre vuestras plumas ando*, México, El Colegio de México, 1993, págs. 257-267; Aurelio González, «Construcción teatral del festejo barroco: *Los empeños de una casa* de Sor Juana», en *Anales de Literatura Española*, 13 (1999), Alicante, Universidad, Departamento de Literatura Española, págs. 117-126.

que para caminar tanto,
aun son pocas tres Jornadas[134].

La comedia de *Los empeños de una casa*

Se abre la comedia con un diálogo en redondillas (vv. 1-180) entre doña Ana de Arellano y su criada Celia que da a conocer los antecedentes de la trama. Ana y su hermano Pedro vivían en Madrid. Pedro tuvo que trasladarse por asuntos de negocios a Toledo, donde se desarrolla la acción. Ana, en Madrid, conoció y se enamoró del joven Juan de Vargas, que la sigue a Toledo cuando ella abandona la capital para reunirse con su hermano. Pero, ya en Toledo, Ana se enamora o cree enamorarse, «no sé si es gusto o capricho», de un apuesto galán llamado Carlos de Olmedo. Pedro, por su parte, ama a Leonor de Castro, que no le corresponde porque ella y Carlos de Olmedo se aman. Estos, para forzar a Rodrigo, padre de Leonor, a que permita la boda, planean escaparse. Enterado Pedro por una criada, paga a unos hombres para que se hagan pasar por la Justicia y los prendan: a él le darán facilidades para que huya, y a ella la entregarán en depósito en su propia casa, de todo lo cual está enterada su hermana Ana, que a partir de ahí será la gran urdidora.

Todo esto se lleva a efecto en las escenas siguientes y, ya en la casa, Leonor cuenta en una larga relación (vv. 181-558, en romance *á-o*)[135] su historia, que presenta rasgos coincidentes con la vida de la autora: bella, noble, inclinada a los estudios, celebrada:

---

[134] OC, I, núm. 131.
[135] «Las relaciones piden los romances» dice Lope de Vega en el *Arte nuevo* (véase Juan Manuel Rozas, *Significado y doctrina del «Arte nuevo» de Lope de Vega*, Madrid, SGEL, 1976, págs. 121 y ss.). Sobre la larguísima duración de algunas relaciones se encuentran críticas en las propias comedias, casi siempre puestas en boca del gracioso. Véase C. Bravo Villasante, «La realidad de la ficción negada por el gracioso», en *RFE*, XXVIII (1944), págs. 264-268, y Hannah E. Bergman, «Autodefinition of the "comedia de capa y espada"», en *Hispanófila*, 1 (1974), págs. 3-27. En *Los empeños de una casa* es la criada Celia quien exclama: «¿Relación a media noche / y con vela? ¡Qué no valga!» (vv. 257-258).

> Yo nací noble; este fue
> de mi mal el primer paso,
> que no es pequeña desdicha
> nacer noble un desdichado.

(vv. 271-274)

> Decirte que nací hermosa
> presumo que es escusado,
> pues lo atestiguan tus ojos
> y lo prueban mis trabajos.

(vv. 283-286)

> Inclineme a los estudios
> desde mis primeros años
> con tan ardientes desvelos,
> con tan ansiosos cuidados,
> que reduje a tiempo breve
> fatigas de mucho espacio.
> Conmuté el tiempo, industriosa,
> a lo intenso del trabajo,
> de modo que en breve tiempo
> era el admirable blanco
> de todas las atenciones,
> de tal modo, que llegaron
> a venerar como infuso
> lo que fue adquirido lauro.
> Era de mi patria toda
> el objeto venerado
> de aquellas adoraciones
> que forma el común aplauso.

(vv. 307-324)

Entre la nube de sus admiradores destaca por su gallardía y discreción don Carlos de Olmedo. Aquí se complace la autora en un acabado retrato masculino, prototipo quizá del hombre ideal en la mente de Sor Juana:

> Era su rostro un enigma
> compuesto de dos contrarios
> que eran valor y hermosura,
> tan felizmente hermanados,
> que faltándole a lo hermoso

> la parte de afeminado,
> hallaba lo más perfecto
> en lo que estaba más falto;
> porque ajando las facciones
> con un varonil desgarro,
> no consintió a la hermosura
> tener imperio asentado,
> [...]
> Era el talle como suyo,
> que aquel talle y aquel garbo,
> aunque la naturaleza
> a otro dispusiera darlo,
> solo le asentara bien
> al espíritu de Carlos:
> que fue de su providencia
> esmero bien acertado,
> dar un cuerpo tan gentil
> a espíritu tan gallardo.
> Gozaba un entendimiento
> tan sutil, tan elevado,
> que la edad de lo entendido
> era un mentís de sus años.
> Alma de estas perfecciones
> era el gentil desenfado
> de un despejo tan airoso,
> un gusto tan cortesano,
> un recato tan amable,
> un tan atractivo agrado,
> que en el más bajo descuido
> se hallaba el primor más alto;
> tan humilde en los afectos,
> tan tierno en los agasajos,
> tan fino en las persuasiones,
> tan apacible en el trato
> [...]
> En los desdenes sufrido,
> en los favores callado,
> en los peligros resuelto,
> y prudente en los acasos.

(vv. 407-460)

Un dato más para el enredo: Ana sabe ahora que Leonor y ella aman al mismo galán. Leonor se retira y Ana, sola en escena, en el único soneto de la comedia[136] insiste en su concepto del amor, tan negativo que por su misma falta de generosidad no puede esperar un desenlace feliz: si a ella le había gustado Carlos sólo con verle, ahora que sabe que ama y es amado, considerará un triunfo apartarle de ese amor:

> Si sin triunfo rendirle pretendía,
> sabiendo ya que vive enamorado
> ¿qué victoria será verle apartado
> de quien antes por suyo le tenía?
>
> (vv. 563-566)

que don Juan le perdone el olvido, porque

> [...] es Carlos más galán, y aunque no fuera,
> tiene de más galán el ser ajeno.
>
> (vv. 571-572)

El lance que en esta ocasión va a contribuir al enredo no es preparado sino fruto del acaso. A casa de Ana y Pedro llegan pidiendo asilo y huyendo de la justicia Carlos y su criado Castaño. Ana los acoge y los oculta en la casa sin que lo sepa su hermano, pues encuentra que para ella es una excelente ocasión,

> pues amparándole aquí
> con generosas caricias,
> cubriré lo enamorada
> con visos de compasiva;
> y sin ajar la altivez
> que en mi decoro es precisa,
> podré, sin rendirme yo,
> obligarle a que se rinda.
>
> (vv. 599-606)

Leonor desconoce que Pedro, pretendiente a quien ha desdeñado repetidamente, es el hermano de Ana, y Celia, la criada de este, ante promesas de regalos, ha escondido en la casa a Juan de Vargas, el pretendiente de su ama. Por una u otra ra-

---

[136] El soneto en la comedia es propio de los soliloquios y rellena los momentos de transición; «el soneto está bien en los que aguardan» (Lope, *Arte nuevo*).

zón, todos los personajes se encuentran en el mismo lugar en una escena a oscuras[137]. Juan increpa a Ana por su desamor, pero en realidad a quien está increpando es a Leonor, que grita asustada. Carlos, al oír la voz de Leonor, sale. Ambos mantienen un diálogo, pero cada uno cree que habla con otra persona. Sale Celia con luz y al verse todos aumenta la confusión: Juan y Leonor, ante la presencia de Carlos, suponen que es amante de Ana; Carlos no sabe qué pensar de la presencia de Leonor en aquella casa, pero su caballerosidad, que no tendrá una quiebra en toda la comedia, le impide dudar de Leonor.

Para entretener a Leonor, Ana dispone que haya música y canto, escena que se encuentra a mitad de la segunda jornada, probablemente con un afán de búsqueda de la simetría, como propone Williamsen[138], pero quizá también con el fin de romper, de dejar descansar el intrincado enredo argumental.

En la jornada tercera, Carlos quiere ponerse en contacto con el padre de Leonor para explicarle la situación y manda a Castaño que le lleve un papel en el que le da cuenta de todo. Castaño se resiste a ir por temor a que la Justicia le reconozca y solo obedece ante las amenazas de su amo[139]. A fin de no ser

---

[137] En las comedias cortesanas o palaciegas el escenario podía quedarse a oscuras, ya que se representaban con luz artificial, a diferencia de las que se representaban en los corrales que se hacía con luz del día. Véase Othon Arróniz, *Teatros y escenarios del Siglo de Oro*, Madrid, Gredos, 1977, págs. 200 y ss. La oscuridad, con la función de ayudar al enredo, tiene un papel importante en las comedias de capa y espada. Arróniz recoge diecinueve títulos de comedias de Calderón, la mayoría de capa y espada, anteriores a 1651, en las que tiene su importancia el uso de la luz artificial y su ausencia. Todas las obras que Calderón escribió con posterioridad a esa fecha fueron dedicadas a palacio y, por lo tanto, llevaban implícita la exigencia de luz artificial.

[138] Vern G. Williamsen, «La simetría bilateral en las comedias de Sor Juana Inés», en *El barroco en América*, I, Madrid, Ediciones Cultura Hispánica, 1978, págs. 217-228.

[139] En Castaño está ausente el sentido de la abnegación. El gracioso de la comedia finisecular ya tiene poco que ver con la figura del donaire en las obras de Lope de Vega que sigue a su amo con absoluta lealtad y no espera recompensa alguna. Véase José F. Montesinos, «Algunas observaciones sobre la figura del donaire», en *Estudios sobre Lope*, Salamanca, Anaya, 1969, págs. 21-64; Joaquín Casalduero, «El gracioso de *El anticristo*», en *Estudios sobre el teatro español*, Madrid, Gredos, 1972, págs. 138-149; Alfredo Hermenegildo, «Signo

reconocido se viste con las ropas de Leonor, lo que dará lugar a que se multipliquen los equívocos (vv. 2377-2497).

Es esta una de las escenas más originales no sólo de la obra de Sor Juana, sino de toda la comedia de capa y espada. Castaño se disfraza de mujer[140] pero como tantos graciosos del teatro calderoniano, rompe la convención y recuerda el carácter lúdico («teatral») que la situación tiene; se sale del marco de la representación y marca los límites del juego dramático. Directamente, delante del público, se quita primero sus propias ropas y luego se va poniendo ordenadamente todas las prendas femeninas, haciendo sabrosos comentarios y dirigiéndose a las damas espectadoras e, incluso, al propio virrey:

> ¿Qué les parece, señoras,
> este encaje de ballena?
>
> ....
>
> Dama habrá en el auditorio
> que diga a su compañera...
>
> ....
>
> Pues atención, mis señoras,
> que es paso de la comedia;
> no piensen que son embustes
> fraguados acá en mi idea,
> que yo no quiero engañarlas,
> ni menos a Vuexcelencia.

---

grotesco y marginalidad dramática: el gracioso en *Mañana será otro día*, de Calderón de la Barca», en *La comedia de capa y espada, Cuadernos de Teatro Clásico,* 1 (1988), págs. 121-142.

[140] En el teatro es frecuente la mujer disfrazada de hombre pero bastante raro el hombre disfrazado de mujer. No me refiero a los papeles femeninos que fueron representados en ocasiones por actores masculinos a causa de las ordenanzas sobre las buenas costumbres sino del personaje masculino de una comedia que se disfraza de mujer por un motivo determinado. Carmen Bravo Villasante, dentro de su estudio *La mujer vestida de hombre dentro del teatro español (Siglos XVI y XVII)*, Madrid, Mayo de Oro, 1988, dedica las páginas 78-81 a este tema y recoge una veintena de títulos que van desde la comedia *Cornelia* de Timoneda a *El monstruo de los jardines* de Calderón. Muy sugerente es el trabajo de Jean Canavaggio, «Los disfrazados de mujer en la Comedia», en *La mujer en el teatro y la novela del siglo XVII, Actas del Segundo Coloquio del Grupo de Estudios sobre Teatro Español,* Toulouse, France-Ibérie Recherche, 1979, págs. 135-145.

Castaño, en un momento dado de su transformación, se aplica adjetivos femeninos («porque como soy morena / me está del cielo lo azul»), como observó Elías Rivers[141], pero no parece que de ello haya que deducir —o al menos no se deduce del texto de la comedia— que se trata de un tipo afeminado: Castaño persigue a la criada Celia, y, si se disfraza de mujer, es únicamente por temor a ser reconocido y no por una inclinación transexual.

Castaño vestido como Leonor se encuentra con Pedro. En el diálogo que mantienen, Pedro extraña el estilo y piensa que Leonor se finge necia para que no la ame. Castaño, entonces, cambia de tono y le promete que esa misma noche será su mujer (vv. 2497-2665). Canavaggio encuentra que la originalidad de esta escena radica precisamente en la reacción de Castaño frente a los requiebros de Pedro: «al ridiculizar sus declaraciones amorosas y convidarle a que pase de palabras a obras, hasta dejarle "un muchacho que herede la hacienda", elabora una parodia sistemática de los convencionalismos de la comedia de enredo»[142]. Sátira y parodia. Sor Juana se burla de la actitud de los hombres que se enamoran «a bulto» y, paso, de las inverosímiles y estereotipadas situaciones de la comedia de capa y espada[143].

Al final todo se resuelve felizmente: Ana con Juan, Carlos con Leonor, Castaño con Celia. Queda solo Pedro, autor

---

[141] E. Rivers, «Indecencias de una monjita mejicana», en *Homenaje de William L. Fichter*, Madrid, Castalia, 1971, págs. 633-637.

[142] *Op. cit.*, pág. 139.

[143] «Lo que tenemos aquí es una parodia de la comedia de capa y espada, es decir, de todas las lindas damas llamativas y de todos los enamoramientos relámpago que constituyen la superficie ficcional de este deleznable género literario», escribe Elías Rivers (art. cit.), con quien concuerdo excepto en la última afirmación. Ya Menéndez Pelayo tuvo que admitir que este tipo de comedias con todos sus defectos «son de todas las obras de Calderón las que con más deleite se leen, las que con más gusto vemos en las tablas; las más amenas, graciosas e inspiradas; las más fáciles en su estilo; las más próximas a la realidad humana; y precisamente bajo tal concepto y tomando las cosas por su mérito artístico solamente y no por su significación esotérica, son las obras más perfectas del autor» («Comedias de capa y espada y géneros inferiores», en *Estudios y discursos de crítica histórica y literaria*, III, Santander, Aldus, 1941, págs. 269-287; la cita en pág. 277).

principal de todo el enredo, quizá como castigo a sus malas artes para conseguir una mujer que él sabía pertenecía a otro.

Se trata de una comedia de capa y espada[144], con un enredo que se complica a causa de las trazas y embustes que urden los hermanos Pedro y Ana de Arellano. Al engaño inicial de Pedro para traer a su casa a Leonor, se van añadiendo una serie de lances, unos casuales y otros nacidos de la voluntad de los distintos personajes. Las pasiones que andan en juego y que sirven de núcleo a la trama son el amor y los celos. Un amor limpio y desinteresado por parte de la pareja formada por Carlos y Leonor, y también el de Juan, enamorado de Ana; amor inmaduro y con vacilaciones el de Ana por Juan; amor de capricho, de flirteo, el de Ana por Carlos; amor egoísta y que mira solo a su propio interés el de Pedro por Leonor.

En la obra hay tres galanes y dos damas. Se trata de una estructura pentagonal, o mejor, del conocido triángulo amoroso, por partida doble: dos damas y sólo tres galanes, pues uno de ellos figura en los dos triángulos. De este modo, a uno no

---

[144] De este género de comedia ya habla a principios del siglo XVII Cristóbal Suárez de Figueroa: «Dos caminos tendréis por donde enderezar los pasos cómicos en materia de trazas. Al uno llaman comedia de cuerpo; al otro, de ingenio, o sea de capa y espada» *(El pasajero* [1617], ed. Rodríguez Marín, Madrid, 1913, pág. 75). Y, a finales de siglo, casi por los mismos años que escribe Sor Juana *Los empeños de una casa,* Bances Candamo divide las comedias en amatorias e historiales. «Las amatorias, que son pura invención o idea sin fundamento en la verdad, se dividen en las que llaman de capa y espada y en las que llaman de fábrica. Las de capa y espada son aquéllas cuyos personajes son sólo caballeros particulares, como don Juan, o don Diego, etc., y los lances se reducen a duelos, a celos, a esconderse el galán, a taparse la dama, y, en fin, a aquellos sucesos más caseros de un galanteo» *(Theatro de los theatros de los passados y presentes siglos,* ed. Duncan W. Moir, Londres, Tamesis, 1970, pág. 33). A la comedia de capa y espada, también llamada de enredo y de intriga, ha dedicado su primer número (1988) la revista *Cuadernos de Teatro Clásico* publicada por la Compañía Nacional de Teatro Clásico, en la que se reúnen valiosos trabajos. Una buena panorámica se halla en el de Ignacio Arellano, «Convenciones y rasgos genéricos en la comedia de capa y espada», págs. 27-49. E. Forastieri Braschi, «Secuencias de capa y espada: escondidos y tapadas en *Casa con dos puertas»,* en *Calderón. Actas del Congreso Internacional,* I, L. García Lorenzo (ed.), Madrid, 1983, págs. 433-449, recoge una bibliografía sobre las comedias de capa y espada, estudiadas sobre todo en el teatro de Calderón.

le corresponde pareja femenina y al final se queda, en palabras de Serralta, como «galán suelto»[145].

El espacio de los criados está ocupado por Castaño y Celia, que tienen parte muy importante en la trama y contribuyen con sus mentiras y ardides a la confusión y al enredo, unas veces con iniciativas propias y otras obedeciendo las órdenes de sus amos. Son, en cierta medida, cómplices del enredo, pero, por otra parte, ayudan a aclararlo. Gracias a ellos el espectador está siempre al tanto de lo que pasa y la confusión es mayor para los propios protagonistas que para el espectador. El enredo está aclarado otras veces por la reiteración: hasta cuatro versiones distintas se dan de la fuga de Leonor con Carlos y de la riña callejera que tuvo lugar a continuación: cuenta el proyecto Ana (vv. 80-112), cuenta su versión de los hechos Leonor (vv. 487-546), la cuenta Pedro (vv. 990-1007), y el mismo Pedro insiste en ello en los vv. 3051-3054.

La acción transcurre en Toledo[146] porque así se dice en dos o tres ocasiones, pero no hay ningún colorido local; todo sucede en el interior de la casa de Pedro y Ana, donde tendrá gran importancia para el desarrollo de la acción la disposición de puertas y balcones enrejados desde donde se ve y se oye sin ser visto[147]. La disposición laberíntica de la casa es parte muy importante en los enredos de la comedia. Al comienzo de la jornada tercera dirá Leonor: «Celia, yo me he de matar, / si tú salir no me dejas / de esta casa o de este encanto».

El *esconderse* y el *taparse*, con el posible reconocimiento, y el juego escénico *dentro/fuera*, basado en las entradas y salidas de los personajes que se revelan o se esconden, funcionan como ejes propulsores de *Los empeños de una casa*[148]. En la comedia

---

[145] Véase Frédéric Serralta, «El tipo del "galán suelto": del enredo al figurón», en *La comedia de capa y espada*, Madrid, *Cuadernos de Teatro Clásico*, 1 (1988), págs. 83-93.

[146] Para el subgrupo de comedias de capa y espada de tipo urbano frente al palaciego, véanse los trabajos citados de Menéndez Pelayo y Casalduero.

[147] J. M. Ruano de la Haza, 1991, págs. 199-220, ha reconstruido el espacio escénico de esta comedia partiendo de las didascalias que proporciona el propio texto.

[148] Y de infinidad de comedias de capa y espada, hasta el punto de que el mismo Calderón lo critica, o mejor, lo autocritica. Véase Bruce W. War-

se insiste en el aspecto de «enredo» (vv. 1574, 2398, 3063, 3327), «tramoya» (vv. 1556, 2118), «patraña» (v. 966); así como en la importancia del ingenio, de la industria (vv. 265 loa, 313, 1039, 1330) con que los personajes resuelven las imprevistas y complicadas situaciones. Sor Juana, como la mayoría de los autores dramáticos de este tipo de comedias, está más atenta al enredo que al desarrollo de los caracteres.

Se han señalado en esta comedia influencias de Calderón y también de Lope de Vega. Francisco Monterde señala el influjo que pudo ejercer sobre Sor Juana *La discreta enamorada* de Lope de Vega, en la que el criado Hernando también se disfraza de mujer. El título se ha comparado con *Los empeños de un acaso* de Calderón, y Monterde sugiere que la semejanza de títulos «sería un anzuelo para pescar espectadores desprevenidos» que acudirían a ver la representación creyendo que iban a ver una obra de Calderón anunciada erróneamente[149]. Para Valbuena la atmósfera de *Los empeños de una casa* es similar a *La desdicha de la voz* de Calderón, pero, como el mismo estudioso apunta, Sor Juana es una «discípula con arte propio»[150]. Así, el sentido del honor tiene rasgos muy peculiares que lo diferencian del de Calderón. El padre de Leonor, y el hermano de Ana tienen que preocuparse por el honor de sus respectivas familias. Pero Sor Juana, con su gran espíritu crítico, pone en solfa ese convencionalismo cuando coloca a Pedro, responsable del honor de su hermana Ana, en la misma situación en que él ha colocado a don Rodrigo como padre de Leonor.

---

dropper, «El problema de la responsabilidad en la comedia de capa y espada de Calderón», en *Actas del Segundo Congreso Internacional de Hiapanistas*, Nimega, 1967, págs. 689-694.

[149] Introducción a *Obras completas* de Sor Juana, México, Porrúa, 1985, 6.ª ed., pág. XII. No creo que esté acertado Monterde toda vez que Sor Juana escribió el festejo por encargo para una fiesta cortesana y sin ningún fin comercial. La palabra «empeño» aparece reiteradamente a lo largo de la comedia (vv. 467, 470, 973, 1751, 1899, 1961, 2396, 2437, 2945, 3157, 3175). Sor Juana pudo titular su festejo *Los empeños de una casa* como homenaje a Calderón al que admira, y también porque tenía en la lengua el sintagma «la casa de [los] empeños» de uso bastante frecuente en el español mexicano.

[150] Ángel Valbuena Briones, *Literatura hispanoamericana*, Madrid, Gustavo Gili, 1969, 4.ª ed., pág. 134.

Los empeños de una casa es una muestra del notable ingenio de Sor Juana, capaz de construir un dinámico juego de enredos que, aunque se ajusta, en líneas generales, al patrón convenido de las comedias de capa y espada, claramente descrito por Suárez de Figueroa en *El Pasajero,* es original en los incidentes y en el desarrollo de la trama, a la vez que hace una aguda crítica a las situaciones tan gastadas de este tipo de comedias. Y, junto con las piezas breves, conforma un espectáculo lleno de movilidad y ritmo, en el que son elementos decisivos la música, el canto y el baile[151].

«*Amor es más laberinto*»

Amor es más laberinto se representó el 11 de enero de 1689 en el palacio virreinal para celebrar el cumpleaños del nuevo virrey, Gaspar de Silva, conde de Galve, recién llegado a Nueva España para sustituir al conde de la Monclova. El nuevo virrey había hecho su entrada pública en la ciudad el 4 de diciembre de 1688 y este era el primer cumpleaños que celebraba en México.

---

[151] Para la función de la música y el baile en las comedias cortesanas como tendencia típicamente barroca que persigue la fusión de todas las artes, véase Emilio Orozco, *El teatro y la teatralidad del barroco,* Barcelona, Planeta, 1969, y José María Díez Borque en el Estudio preliminar a su edición de Calderón de la Barca, *Una fiesta sacramental barroca,* Madrid, Taurus, 1984, págs. 39-70, a cuya copiosa bibliografía remito. De los conocimientos musicales de Sor Juana escribe el padre Calleja que una vez en el convento de San Jerónimo «donde se profesa con esmero tan edificativo el arte de la música, por agradecer a sus carísimas hermanas el hospedaje cariñoso que todas la hicieron, estudió el arte muy de propósito y le alcanzó con tal felicidad, que compuso otro nuevo y más fácil, en que se llega a su perfecto uso sin los rodeos del antiguo método; obra de los que estos entienden tan alabada, que bastaba ella sola —dicen— para hacerla famosa en el mundo». Se cree que ese tratado de teoría musical sería el titulado *El caracol,* copia del cual se excusa de enviar a la condesa de Paredes hasta que no tenga salud y tiempo para enmendar lo que considera está «informe», como se deduce de su poema «Después de estimar mi amor» (OC, I, págs. 61-65). Se conservan las anotaciones que de su puño y letra puso al volumen *De la música* de Pedro Cerone, maestro de capilla de Felipe II (véase nota de Méndez Plancarte en OC, I, pág. 387). También utilizó terminología musical en alguno de sus poemas, como en «Cantar, Feliciana, intento» (OC, I, págs. 219-220). Compusieron la música de sus villancicos los maestros de capilla José de Loaysa y Agurto, Miguel Mateo de Dallo y Lana, y Antonio de Salazar, entre otros.

La comedia fue precedida por una *Loa a los años del Excelentísimo señor conde de Galve,* en la que, con una versificación variada, llena de hipérboles y alegorías, Sor Juana alaba al virrey entrante, sin que falten buenos deseos para el saliente, pues ambos virreyes presenciaron el festejo[152]. La fecha proporciona a Sor Juana la alegoría principal: Numa consagró el primer mes del año al dios Jano —de ahí le viene el nombre *(Ianuarius >* enero)—, «pues así como este dios poseía dos caras, así también dicho mes con una de ellas está mirando al pasado, mientras con la otra parece estar observando el principio del año que queda por venir»[153]. Por otra parte, dos días después del cumpleaños del virrey, el día 13 de enero del año 27 a.C., Octavio restauró simbólicamente la república, devolviendo al senado y al pueblo sus poderes, con cuyo motivo se dio a Octavio el título de Augusto, dignidad máxima, fecha que se conmemora con extraordinarias fiestas, según cuenta Ovidio[154]. De estos dos símiles se sirve Sor Juana para «glorificar» al conde de Galve y a la vez hacerle ver lo mucho que se espera de su gobierno.

Amor es más laberinto es una comedia que por su trama ha sido considerada «mitológica» o «mitológico-galante» y, en efecto, su acción, basada en la fábula del laberinto de Creta, tiene como personajes principales a Teseo y Baco, príncipes galanes, y a las infantas Fedra y Ariadna, hijas del rey Minos, como damas. Pero, como afirma Salceda, «fábula y personajes han sido transportados al mundo común de la comedia de capa y espada»[155], por lo que hay más puntos de contacto de lo que a primera vista parece entre esta comedia y *Los empeños de una casa:* en las dos el objeto del estudio es el amor, y los recursos utilizados para los enredos y complicaciones son muy semejantes. Quizá en *Amor es más laberinto*

---

[152] Don Melchor Portocarrero Lasso de la Vega, conde de Monclova, a quien sucedió como virrey el conde de Galve, aún permanecía en México, pues salió de la ciudad para el Perú el 18 de abril de 1689, según datos que proporciona el *Diario de sucesos* de Robles.
[153] Ripa, *Iconología,* II, pág. 78.
[154] Ovidio, *Fastos,* págs. 141-142.
[155] OC, IV, pág. XXIII.

se exagera la nota culterana que en *Los empeños de una casa* es muy moderada.

Sor Juana es la autora de las jornadas primera y tercera. La jornada segunda se debe a la pluma del canónigo Juan de Guevara, poeta gongorista premiado varias veces en los certámenes poéticos[156]. En los versos finales Sor Juana declara su propia insatisfacción por no haber podido dedicarse a su gusto ni por entero a esta obra:

> Y perdón, rendida,
> os pide la pluma que,
> contra el genio que la anima,
> por serviros escribió
> sin saber lo que escribía.

Estos versos más bien se pueden considerar como una modesta petición de excusas, pues Sor Juana no dejaría de conocer que el conde de Galve era más que un aficionado al teatro; en la corte madrileña había intervenido activamente en la organización de comedias y fiestas palaciegas como colaborador de Valenzuela al que secundaba muy diestramente como subdirector de escena[157].

Minos, rey de Creta, para vengar la muerte de su hijo Androgeo, asaltó Atenas y condenó a los atenienses a pagarle el tributo anual de catorce jóvenes, siete hombres y siete mujeres, durante nueve años seguidos que él encerraba con el monstruo Minotauro en el laberinto. En la tercera entrega quedó incluido el príncipe Teseo, hijo del rey de Atenas. Sor Juana sigue la versión según la cual los jóvenes atenienses que debían ser entregados al rey Minos se elegían por sorteo y la mala suerte hizo que esa vez recayese en el príncipe Teseo, pero Plutarco y otros admiten que fue el propio Teseo quien

---

[156] Guillermo Schmidhuber, *Sor Juana dramaturga. Sus comedias de «falda y empeño»*, Puebla, Universidad Autónoma de Puebla, 1996, págs. 182-186, sostiene la hipótesis de que Sor Juana escribió algunos versos de la jornada segunda. En el apartado dedicado más adelante a la métrica pueden verse algunas observaciones acerca de las diferencias entre los dos autores.

[157] Duque de Maura, *Vida y reinado de Carlos II*, Madrid, Espasa Calpe, 1942, I, pág. 200.

se ofreció voluntariamente[158]. Salceda (OC, IV, pág. 580) se extraña de que Sor Juana no hubiese preferido esta última versión que enaltece al héroe y la explicación puede estar en la fuente que sigue la autora, y que en este caso parece ser la *Philosofía secreta*, de Pérez de Moya: «Cuando los atenienses habían de enviar estos hombres, juntábanse a suertes, y a los que les cabía habían de ir; por esta razón, al tercero año cayó la suerte a Theseo, hijo del rey Egeo, mancebo muy esforzado y valiente»[159].

Ya en Creta, Teseo se enamora de Fedra, hija de Minos, y es correspondido; pero será su hermana Ariadna, que también está enamorada de Teseo, quien libere a este del Minotauro y le saque del laberinto. La trama se complica con la presencia de Baco y Lidoro, príncipes pretendientes a la mano de las dos infantas. Como toda comedia de enredo se resuelve felizmente sin que los autores tengan en cuenta el desenlace de la fábula en la mitología.

Octavio Paz ha hecho notar que el interés de *Amor es más laberinto* reside, sobre todo, en el discurso de Teseo en la jornada primera. Al presentarse ante Minos, el príncipe ateniense relata sus hazañas, pero antes expone sus ideas sobre la Nobleza —son más valiosos los hechos propios que la cuna— y del origen del Estado[160], cuyo punto de partida se encuentra en los filósofos neotomistas españoles. Advierte Paz lo insólito que resulta que Sor Juana trate un tema de esta índole —insólito por su contenido mismo en un festejo dedicado a celebrar a un príncipe en el palacio virreinal[161].

Amor es más laberinto no ha sido una comedia muy estimada por la crítica. Desde Octavio Paz varios trabajos han prestado atención al tema de la naturaleza del poder en este festejo[162].

---

[158] Plutarco, *Vidas paralelas*, págs. 174-175; Apolodoro, *Bibliotheca*, pág. 212.
[159] Pérez de Moya, *Philosofía secreta*, págs. 483-484.
[160] Véanse los vv. 453-516 de la comedia.
[161] O. Paz, *op. cit.*, págs. 438-440.
[162] José Antonio Rodríguez Garrido, «Escritura femenina y representación del poder en *Amor es más laberinto* de Sor Juana Inés de la Cruz (Loa y comedia)», 2002, págs. 615-634, se fija, además, en la relación entre el poder y Sor

Estudio textual

Relación de testimonios

Relaciono los testimonios precedidos de las abreviaturas que utilizo en la edición de los textos; algunos, como se verá en el estudio textual, no tienen demasiada importancia en la fijación del texto, pero todos han sido compulsados y analizados y sus diferentes lecciones, sean erratas o variantes, pueden contribuir a dar una idea de la transmisión de las obras aquí editadas.

Manuscritos

MS Comedia famosa / Los empeños de huna Casa / De Dn Nicolas de Mesmay /.
51 hs. 4.º. Letra del siglo XVIII.
Paz y Meliá, I, núm. 1185.
Simón Díaz, XII, núm. 4.666.
Madrid, Biblioteca Nacional de España, Ms. 16.019.

MS COMEDIA / Amor es mas Laverinto / de la Madre Juana Ynés dela Cruz / La primera y terzera jornada y / la Segunda de Dn Juan de Guebara.
Terminada la comedia: «Finis coronat opus».
32 hs. 4.º, a doble columna. 1.ª jornada, hs. 1-13; 2.ª jornada, hs. 14-23; 3.ª jornada, hs. 24-32. Letra del siglo XVII.
Paz y Meliá, I, núm. 170.
Simón Díaz, XII, núm. 4.665.
Madrid, Biblioteca Nacional de España, Ms. 14.944.

Juana. Frederick Luciani, «Sor Juana's *Amor es más laberinto* as Mythological Speculum», 1992, págs. 173-186, ha reparado en la utilización de la comedia mitológica como *speculum principis*, es decir, como la representación de unos ideales de comportamiento político. Otros (Margaret Sayers Peden, «Sor Juana Inés de la Cruz: The fourth labyrinth», 1975, págs. 41-48) ven en la comedia una autorreferencia de Sor Juana a su situación en la sociedad colonial.

Impresos

A) Ediciones en colección

S SEGVNDO VOLVMEN / DE LAS OBRAS / DE SOROR / JVANA INES / DE LA CRVZ, / MONJA PROFESA EN EL MONASTERIO / DEL SEÑOR SAN GERONIMO / DE LA CIVDAD DE MEXICO. / *DEDICADO POR SV MISMA AVTORA* / A D. JVAN DE ORUE Y ARBIETO / CAVALLERO DE LA ORDEN DE SANTIAGO. / Año [Dibujo] 1692. / [Raya discontinua] /Con Privilegio. En Sevilla, por TOMAS LOPEZ DE HARO, Impressor, y Mercader de Libros.

52 hs. + 542 págs. + 3 hs. 4.º.

Los textos editados se encuentran a doble columna en las páginas siguientes:

Loa a los años del excelentíssimo señor conde de Galve que parece precedió a la comedia que se le sigue (págs. 378-388); *Amor es más laberinto*, primera jornada (págs. 389-410); Segunda jornada (págs. 410-429); Tercera jornada (págs. 429-449); *Loa que precedió a la comedia que se sigue* (págs. 450-460); Letra que se cantó por Divina Fénix permite (pág. 460); *Los empeños de una casa*, primera jornada (págs. 461-478); Letra por Bellísimo Narciso (págs. 478-479); *Sainete primero de Palacio* (págs. 479-483); Segunda jornada de *Los empeños de una casa* (págs. 483-499); Letra por Tierno adorado Adonis (págs. 499-500); *Sainete segundo* (págs. 500-505); Tercera jornada de *Los empeños de una casa* (págs. 505-525); *Sarao de cuatro naciones* (págs. 526-532).

Madrid, Biblioteca Nacional de España, R. 19.244 .

También se ha tenido en cuenta el ejemplar que se custodia en el Centro de Estudios de Historia de México (Condumex), por la edición facsimilar al cuidado de Gabriela Eguia-Lis Ponce, México, Facultad de Filosofía y Letras, Universidad Nacional Autónoma de México,1995.

Abreu Gómez, núm. 5.
Palau, IV, núm. 65.223.
Simón Díaz, XII, núm. 4.676.

B1 SEGUNDO TOMO / DE LAS OBRAS / DE SOROR / JUANA INES / DE LA CRUZ, / MONJA PROFESSA EN EL MONASTERIO / DEL SEÑOR SAN GERONIMO / DE LA CIVDAD DE MEXICO. / AÑADIDO EN ESTA SEGVNDA IMPRESSION / POR SU AVTORA. / Año [Dibujo] 1693. / CON LAS LICENCIAS NECESSARIAS. / [Raya discontinua] / Impresso en Barcelona, por Joseph Llopis. *Y à su costa.*

Errores en la paginación: 467 en lugar de 367; 473 en vez de 373.

Ejemplar de la Biblioteca Nacional de Madrid, R. 19.447.

B2 SEGUNDO TOMO / DE LAS OBRAS / DE SOROR / JUANA INES / DE LA CRVZ, / MONJA PROFESSA EN EL MONASTERIO / DEL SEÑOR SAN GERONIMO / De la Ciudad de Mexico. / AÑADIDO EN ESTA SEGVNDA IMPRESSION / POR SV AVTORA. / Año [Dibujo] 1693. / CON LAS LICENCIAS NECESSARIAS. / [Raya discontinua] / Impresso en BARCELONA: Por JOSEPH LLOPIS. / Y à su costa.

Errores en la paginación: 252 en vez de 352; 465 en vez de 361; 347 en vez de 437.

Ejemplar de la Biblioteca Nacional de Madrid, R. 19.234.

B3 SEGUNDO TOMO / DE LAS OBRAS / DE SOROR / JUANA INES / DE LA CRUZ, / MONJA PROFESSA EN EL MONASTERIO / DEL SEÑOR SAN GERONIMO / De la Ciudad de Mexico. / AÑADIDO EN ESTA SEGUNDA IMPRESSION / POR SU AUTORA. / Año [Dibujo] 1693. / CON LAS LICENCIAS NECESSARIAS. / [Raya discontinua] / Impresso en BARCELONA: Por JOSEPH LLOPIS. / Y à su costa.

Errores en la paginación: 236 en vez de 336; 252 en vez de 352; 347 en vez de 437.

Ejemplar de la Biblioteca Nacional de Madrid, R. 17.568.

M1 OBRAS POÉTICAS / DE LA MUSA MEXICANA / SOROR / JUANA INES DE LA CRUZ, / RELIGIOSA PROFESSA EN EL MONASTERIO / del Gran Padre, y Doctor de la Iglesia S. Geronimo, / de la Ciudad de Mexico.

/ TOMO SEGUNDO, / AÑADIDO POR SU AUTORA, / EN QUE VA EL CRISIS SOBRE UN SERMON / de vn Orador Grande entre los / mayores. / Año [Dibujo] 1715. / CON LICENCIA. / [Raya continua] / En Madrid: En la IMPRENTA REAL, por Joseph Rodriguez de Escobar, / Impressor de la Santa Cruzada, y de la Real Academia Española.

4 hs. + 470 págs. + 3 hs. 4.º.

Los textos editados se encuentran, a doble columna, en las páginas siguientes:

Loa a los años del excelentíssimo señor conde de Galve que parece precedió a la comedia que se le sigue (págs. 302-312); *Amor es más laberinto*, primera jornada (págs. 313-334); Segunda jornada (págs. 334-353); Tercera jornada (págs. 353-373); *Loa que precedió a la comedia que se sigue* (págs. 374-384); Letra que se cantó por Divina Fénix permite (pág. 384); *Los empeños de una casa*, primera jornada (págs. 385-402); Letra por Bellísimo Narciso (págs. 402-403); *Sainete primero de Palacio* (págs. 403-407); Segunda jornada de *Los empeños de una casa* (págs. 407-423); Letra por Tierno adorado Adonis (págs. 423-424); *Sainete segundo* (págs. 424-429); Tercera jornada de *Los empeños de una casa* (págs. 429-449); *Sarao de cuatro naciones* (págs. 450-456).

Madrid, Biblioteca Nacional de España, U. 8.424. Está tipográficamente a renglón y plana con S (1692), aunque no coincida la paginación.

Abreu Gómez, núm. 15.

Palau, IV, núm. 65.234. Registra otra impresión, sin año.

Simón Díaz, XII, núm. 4.682.

M2 SEGUNDO TOMO / DE LAS OBRAS / DE SOROR / JUANA INES / DE LA CRUZ, / MONJA PROFESSA EN EL / Monasterio del Señor San Geroni- / mo de la Ciudad de / Mexico. / Pliegos [Orla tipográfica y grabado xil. de Sor Juana Inés de la Cruz] 56 y m./ [Raya discontinua] / Con Licencia: En Madrid. En la Imprenta de Angel Pas- / qual Rubio. Año de 1725.

4 hs. + 438 págs. + 3hs. 4.º.

Los textos editados se encuentran, a doble columna, en las páginas siguientes:

Loa a los años del excelentíssimo señor conde de Galve que parece precedió a la comedia que se le sigue (págs. 282-291); *Amor es más laberinto*, primera jornada (págs. 292-311); Segunda jornada (págs. 311-329); Tercera jornada (págs. 329-348); *Loa que precedió a la comedia que se sigue* (págs. 349-358); Letra que se cantó por Divina Fénix permite (pág. 358); *Los empeños de una casa*, primera jornada (págs. 359-375); Letra por Bellísimo Narciso (pág. 375); *Sainete primero de Palacio* (págs. 376-379); Segunda jornada de *Los empeños de una casa* (págs. 379-394); Letra por tierno adorado Adonis (págs. 394-395); *Sainete segundo*, págs. 395-399; Tercera jornada de *Los empeños de una casa*, págs. 399-418; *Sarao de cuatro naciones* (págs. 419-424).

Soria, Biblioteca Pública del Estado, A-1980.
Abreu, núm. 18.
Palau, IV, núm. 65.237.
Simón Díaz, XII, núm. 4.683.

B) Ediciones de comedias sueltas: *Los empeños de una casa*

O COMEDIA FAMOSA. / LOS EMPEÑOS / DE UNA CASA. /*DE SOR JVANA INES DE LA CRVZ,* / *Phenix de la Nueva España.*

Colofón: Con licencia. En Sevilla, en la Imprenta de JOSEPH PADRINO, Mercader de Libros, en calle de Genova [s. a.].

Suelta, cuadernillo de 16 hojas (A^2-D^2), con paginación de 1-32, a dos columnas, excepto las páginas 22, 23 y 24, a tres columnas. Encuadernada en un volumen de veintiuna comedias sueltas (P. 28) en el que ocupa el quinto lugar. Lleva estampado en la pág. 1 «Núm. 210».

Biblioteca de la Universidad de Oviedo, R. 32.225. También se ha cotejado el ejemplar de la Biblioteca Nacional de España, signatura U. 8.664[163].

Palau, IV, núm. 65.281 registra una impresión con la fecha de 1740 y la errata en el título de «una caso».

Simón Díaz, XII, núm. 4.768.

---

[163] Edwin Stark, 2004, da cuenta de un ejemplar de esta suelta que se encuentra en la Biblioteca de la Universidad de Friburgo con la signatura E. 1032, n-12; Margarita Peña, 1998, pág. 277, indica la existencia de otro ejemplar en la Biblioteca del Museo Británico.

T LOS EMPEÑOS DE VNA CASA, / COMEDIA FAMOSA / DEL FENIX DE LA NVEVA ESPAÑA / SOROR JVANA INES DELA CRVZ.
36 págs. 4.º. Texto a dos columnas separadas por una greca.
Antes del título: Núm. 8.
Colofón: Con licencia. En Sevilla, por los herederos de Tomàs Lopez de Haro, en calle de Genova [s. a.].
Madrid, Biblioteca Nacional de España, T. 14.805 (7).
Palau, IV, núm. 65.280, indica la fecha «de hacia 1730».
Simón Díaz, XII, núm. 4.766. Se refiere al mismo ejemplar de la Biblioteca Nacional que he consultado, pero en el mío no consta «Colofón: Viuda de Francisco de Leefdael» que figura en su ficha.

T2 LOS EMPEÑOS DE VNA CASA. / COMEDIA FAMOSA, / DEL FENIX DE LA NVEVA ESPAÑA / SOROR JUANA INES DE LA CRUZ.
32 págs. 4.º. Texto a dos columnas separadas por una línea discontinua.
Antes del título: Núm. 306.
Colofón: Con licencia. En Sevilla, en la Imprenta de la Viuda de Francisco de Leefdael, en la Casa del Correo Viejo [s. a.].
Madrid, Biblioteca Nacional de España, T. 6.445.
Madrid, Real Academia Española, 41-IV-27 (2).
Palau, IV, núm. 65.682, indica la fecha de 1750.
Simón Díaz, XII, núm. 4.765.

T3 COMEDIA / FAMOSA / LOS EMPEÑOS DE VNA CASA / POR / IVANA INES / DE LA CRUZ, / MONJA PROFESSA EN EL MONASTERIO / del Señor San Geronimo de la Ciudad / de Mixico (sic) / [Grabado de cesta con flores] / EN BARCELONA. / POR JOSEPH LLOPIS, / y à su costa [linea continua] / *Con las licencias necessarias* [s. a.].
1 h. de portada, 43 págs. 4.º. Texto a dos columnas.
Madrid, Biblioteca Nacional de España, T. 2.699.
Palau, IV, núm. 65.283, indica siglo XVIII.
Simón Díaz, XII, núm. 4.767.

C) Ediciones de comedias sueltas: *Amor es más laberinto*

T   AMOR ES MAS LABYRINTO. / COMEDIA / FAMOSA, / *DEL FENIX DE LA NVEVA ESPAÑA* /Soror Juana Inès de la Cruz. /.

40 págs. 4.º. Texto a dos columnas separadas por una greca. Antes del título: Núm. 19.

Colofón: Con licencia. En Sevilla, en la Imprenta Castellana, y Latina de DIEGO LOPEZ DE HARO, en Calle de Genova [s. a.].

Madrid, Biblioteca Nacional de España, T. 14.805 (14).

Palau, IV, núm. 65.286 registra una «suelta» con los únicos datos: Sevilla (siglo XVIII), 4.º, 40 págs., que pudiera ser esta.

Simón Díaz, XII, núm. 4.779. En el número siguiente, 4.780, registra los escasos datos proporcionados por Palau, pero sin dar, en este caso, referencias de ejemplares localizados, lo que lleva a pensar que no hay dos impresiones distintas sino que se trata de la misma.

D) Relaciones

R   RELACION FAMOSA / AMOR ES MAS / LABYRINTHO.

[4] págs. 4.º. Texto a dos columnas; grabado en xilografía en pág. [1].

Colofón: Impresso en Cordova en la Imprenta de la calle Carreteras [s. a.].

Biblioteca Nacional de España, V.E./45-50.

R1   RELACIÓN FAMOSA: / AMOR ES MAS / LABYRINTHO. / *POR LA MONJA DE MEXICO,* / Fénix de la Nueva España.

[4] págs. 4.º. Texto a dos columnas; grabado en xilografía de un unicornio en pág. [1].

Colofón: En Sevilla, en la IMPRENTA REAL, Casa / del Correo Viejo [s. a.].

Nueva York, Hispanic Society of America, 67.417.

Simón Díaz, XII, núm. 4782 (como comedia suelta, lo mismo que hace en la entrada 4781, donde también recoge como suelta la relación R2, ya que en las dos ocasiones da como localización de los ejemplares la HSA, donde sólo existen las relaciones y ninguna suelta).

R2 RELACIÓN FAMOSA: / AMOR ES MAS / LABYRINTHO. / *POR LA MONJA DE MEXICO,* / Fénix de la Nueva España.

[4] págs. 4.º. Texto a dos columnas; grabado en xilografía de un unicornio en pág. [1].

Colofón: Con licencia: En Sevilla, en la Imprenta de la VIVDA de FRANCISCO, / de LEEFDAEL, en la Casa del Correo Viejo [s. a.].

Nueva York, Hispanic Society of America, 67.418.

Palau, IV, núm. 65.287, sin dar referencia de ejemplares.

Simón Díaz, XII, núm. 4783 recoge esta entrada de Palau con lo que duplica la entrada 4781, donde atribuye estos datos de impresión a una suelta inexistente.

E) Ediciones modernas

OC *Obras completas de Sor Juana Inés de la Cruz. IV. Comedias, sainetes y prosa,* edición, introducción y notas de Alberto G. Salceda, México, Fondo de Cultura Económica, 1976 (1.ª ed., 1957). El texto de las obras dramáticas en págs. 3-352, con notas en págs. 526-596.

Filiación textual

El texto base de esta edición es el de la *editio princeps, Segundo volumen,* Sevilla, 1692 (S).

El texto de S (hasta hoy desconocemos el texto original) ha sido el origen de todas las ediciones que siguieron, pero no de manera directa, como veremos.

Al año siguiente de la edición sevillana aparecen impresas en Barcelona por José Llopis tres ediciones distintas, con el título de *Segundo tomo*. Estas tres ediciones y sus variantes de impresión han sido estudiadas por Georgina Sabat de Rivers[164], a cuyo trabajo remito para detalles tipográficos. Los comentarios que siguen se refieren a los textos[165].

1) La edición que denomino B1 es la más cercana a S con la que coincide en numerosas lecciones[166], frente a B2 y B3:

	S B1	B2 B3
Título loa AL	que parece precediò que se le sigue	que precediò que se sigue
v. 518 loa AL	tanto, como dia	tanto, como de dias,
v. 566 loa AL	bellas hermosuras	sabias hermosuras
v. 116 AL	alta muerte	a la muerte
v. 172 AL	de verlas	deberlas
v. 254 AL	suerte airada	suerte avàra
v. 439 AL	veneradas leyes	veneradas luzes
v. 888 AL	vuested	vusted
v. 920 AL	premisas	permisas
v. 1708 AL	sea de Fedra	sea el de Phedra
v. 1790 AL	templara	templarà
v. 1870 AL	en vana esperanza	en vna esperanza
v. 1988 AL	me cansa	me causa
v. 2084 AL	peligro	peligra
v. 2352 AL	ya no temo	yà no tengo
v. 2816 AL	que cae al parque	que al parque cae
v. 3436 AL	topo con la	encuentro la
v. 104 loa LEC	tu furor (furos B1)	tu favor

---

[164] *Bibliografía y otras cuestiúnculas sorjuaninas*, Salta, Biblioteca de Estudios Universitarios, 1995, págs. 31-47. Este librito, recién salido de la imprenta, tuve el gusto de recibir de manos de Georgina en nuestro encuentro en México, noviembre de 1995, «otra vez en el camino hacia Sor Juana». Sirvan estas palabras de cariñoso recuerdo de la admirada y querida sorjuanista.

[165] No comentaré cada uno de los casos; los que importan a la fijación del texto son comentados en las notas correspondientes, y otros pueden ser comprobados en el Apéndice de variantes.

[166] La numeración corresponde a la de esta edición. Las abreviaturas son: AL = *Amor es más laberinto*; LEC = *Los empeños de una casa*; S1.º = *Sainete primero*; S2.º = *Sainete segundo*.

v. 57 LEC	adquirido	inquirido
v. 664 LEC	como sabes tú	como sabes ya
v. 919 LEC	débaos aquí	débaos ahora
v. 1171 LEC	frionera	friolera
v. 1255 LEC	náufrago	naufragio
v. 2392 LEC	abaniño	abanico
v. 2398 LEC	ya he topado	ya discurro
v. 2448 LEC	de aliñarme	de asearme
v. 2490 LEC	un es, no es	un si es, no es
v. 2640 LEC	palabra os doy	palabra doy
v. 2707 LCE	ver si topo	ver si hallo
v. 3007 LEC	hicistis	hicisteis
v. 68 S2.º	se suplía	se pulia
v. 104 Sarao	que embia	que envidia
v. 213 Sarao	tiene deuda	tiene por deuda[167]

2) Ahora bien, el texto de B1 da la impresión de haber sido impreso deprisa o descuidadamente a juzgar por sus lecturas erróneas:

	S	B1
v. 123 loa AL	se llama	se llaman
v. 1278 AL	su fin	sin fin
v. 1888 AL	ha sido el reparo	ha sido reparo
v. 2055 AL	las habla mejor	las halla mejor*
v. 2127 AL	estudiáis	estudias
v. 2133 AL	por amaros	por amores*
v. 2140 AL	de haber nacido	de aver venido*
v. 2151 Al	comprimido	comprimiendo*
v. 2336 AL	por los mismos	con los mismos
v. 2381 Al	viéndole	tiendole
v. 2648 AL	mal reprimo	mas reprimo*

---

[167] Son solo una muestra; se encuentran más ejemplos en los versos 409, 684, 879, 896, 1029, 1241, 1324, 1327, 1336, 1337, 1360, 1413, 1486, 1506 acot., 1529, 1586, 1747, 2170, 2569, 2626, 2650, 2686, 2688, 2884, 2959, 2978, 3066, 3071, 3092, 3107 y 3354 de AL; 10, 337, 390 de la loa LEC; 95, 121, 132, 156, 363, 1058, 1061, 1100, 1326, 1569, 1729, 1980, 2140, 2352, 2557, 2569, 2707, 2725, 2729, 2741, 3054, 3213, 3233, 3248, 3255, 3270, 3281, 3297, 3360 de LEC; 145, 146 de S1.º; 24 letra «Divina Lisi».

v. 3552AL	desentendida	desentida
v. 3623 AL	los otros	los orros
v. 229 loa LEC	del defecto	del efecto*
v. 202 LEC	mis ... causan	mas ... causas
v. 235 LEC	deshecha	desdicha
v. 238 LEC	desdicha	desecha
v. 293 LEC	me desmiente	me desmiento
v. 340 LEC	agrandaban	agradaban*
v. 643 LEC	os la mostraré	os lo mostrarè*
v. 1154 LEC	cuanto ayude	quando ayude
v. 1249 LEC	las hermosuras	las hermosas
v. 1378 LEC	quien siempre	que siempre
v. 1381 LEC	neguéis	neguis
v. 2365 LEC	aprisa	apriesa
v. 3284 LEC	la mano a doña Ana	la mano doña Ana*
v. 3347 LEC	ni a hablar	ni hablar
v. 27 S2.º	Decis	Dizes*
v. 112 S2.º	un cordel aparejo	un cordel aparejado

Estas lecciones erróneas con respecto al texto de S no se encuentran[168] en B2 ni en B3. Sin embargo, sí aparecen todas en las ediciones del siglo XVIII que, por consiguiente, se basaron en B1, es decir, en una de las ediciones de Barcelona y no en la edición de 1692.

Tanto M1 (1715) como M2 (1725) proceden de B1, si bien de forma independiente. M1 hace algunas enmiendas obvias, como en los vv. 2381 de *Amor es más laberinto* o en los vv. 202, 235, 238 (en estos dos últimos están los términos «desdicha» / «deshecha» invertidos) de *Los empeños de una casa*, mientras que M2 se ajusta al texto de B1 manteniendo incluso una errata de imprenta tan evidente como «neguis» (v. 1381 LEC); y «tiendole» (v. 2381 AL) enmienda en «teniendole» *(lectio facilior)*. Otro detalle: ambas ediciones mantienen «apriesa» (v. 2365 LEC) de B1 frente a «aprisa» que pide la consonancia con «risa».

---

[168] Excepto las señaladas con asterisco*.

3) De la larga lista de variantes de B2 (y B3) con respecto a S que expongo en el punto 1), unas son enmiendas a S, acertadas o no (se encuentran comentadas en las notas al texto); otras son lecturas equipolentes, como «hallar» o «encontrar» que sustituyen a las distintas formas del verbo «topar» o «que cae al parque» y «que al parque cae»; y otras son lecturas equivocadas. Pero no cabe duda de que la edición B2 tuvo propósito de mejorar el texto de S, aunque no siempre lo consiga.

4) La edición denominada B3 procede de B2 a juzgar por las lecciones comunes relacionadas en el punto 1). ¿Y no podría ser a la inversa? Es decir ¿no podría B3 derivar de S y ser, a su vez, el modelo de B2? Casi con seguridad que no, pues B3 presenta una serie de errores privativos, algunos tan obvios que si su edición fuese anterior a la de B2 esta los hubiese corregido.

	B3	LECCIÓN CORRECTA
v. 96 loa AL	el Estio	al Estío
v. 155 loa AL	que el olvido	quen en olvido
v. 367 loa AL	y os rindo	y yo os rindo
v. 612 loa AL	poseo	posee
v. 247 AL	no he quedado	he quedado
v. 922 AL	juzgues	juzguéis
v. 1128 AL	linda merda	linda medra
v. 1619 AL	ha percibido	ha parecido
v. 1666 AL	feliz la gozen	feliz la goce
v. 1904 AL	sea quedado	se ha quedado
v. 2187 AL	luego	llego
v. 2688 AL	los individuos	los indicios
v. 2867 AL	si quiera	si quisiera
v. 3130 AL	le quiso	lo quiso
v. 3442 AL	te basta (verso corto)	te bastaba
v. 417 LEC	no sintiò	no consintió
v. 516 LEC	pecho contrario	pecho del contrario
v. 533 LEC	prendieranle	prendiéronle
v. 595 LEC	de deseo	del deseo
v. 785 LEC	idos, o yo	idos, y yo

v. 1204 LEC	la responde	le responde
v. 1433 LEC	basta saber	baste saber
v. 1558 LEC	que presto que	que puesto que
v. 1809 LEC	faltara	faltará
v. 1857 LEC	holgareme	holgárame
v. 2140 LEC	con este solo	con esto solo
v. 2508 LEC	me marco	me marca
v. 2627 LEC	ya que no puede	ya que no pudo
v. 2796 LEC	a su casa llevaron	a su casa le llevaron
v. 2802 LEC	llevale	llevalle
v. 77 S1.º	de todas solo	de todos sola
v. 71 S2.º	pues es el autor	pues es él el autor
v. 121 S2.º	morir supongo	morir dispongo
v. 281 Sarao	solo al silencio	solo el silencio

Esta relación de las lecciones exclusivas de B3 tiene su interés porque responde a las lecciones de 1693 mencionadas por Salceda en las notas a su edición (OC, IV) lo que permite deducir que el erudito sorjuanino manejó un ejemplar de B3 (no de B2 ni de B1), además de la edición de 1692.

Con estos datos, se puede establecer un pequeño stemma que refleje la relación entre estas ediciones:

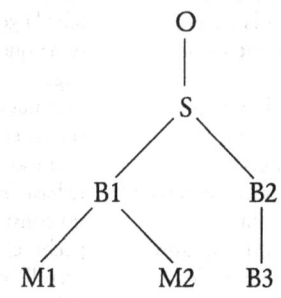

El manuscrito de *Amor es más laberinto*, catalogado como del siglo XVII, presenta un texto que bien pudiera ser copia del que sirvió para la edición de 1692, o una copia del texto de dicha edición con la que se ajusta, excepto por la omisión de los versos 69-70. Una de las pocas lecturas diferentes es la del verso 3234: «no diré si yo soy yo» en todas las ediciones, que el manuscrito lee «no dirá si yo soy yo», forma correcta.

El manuscrito de *Los empeños de una casa*, copia del siglo XVIII, es menos interesante y un tanto descuidado. Procede de las ediciones más tardías, presenta lecturas deturpadas y omite versos en varias ocasiones.

En cuanto a las sueltas, todas del siglo XVIII, no ofrecen gran importancia desde el punto de vista de la fijación del texto, pero no dejan de ser hitos a tener en cuenta en la transmisión de las obras dramáticas de Sor Juana.

SINOPSIS MÉTRICA DE LAS COMEDIAS

Tanto *Los empeños de una casa* (3.371 versos) como *Amor es más laberinto* (3.630 versos) reparten el total de versos en tres jornadas, estructura tripartita usual en la comedia del Siglo de Oro.

I. *Los empeños de una casa*

JORNADA PRIMERA: 1.042 versos

		Núm. de versos
vv. 1-180	redondillas	180
vv. 181-258	romance *á-a*	78
vv. 259-558	romance *á-o*	300
vv. 559-572	soneto	14
vv. 573-660	romance *í-a*	88
vv. 661-740	pareados (de 7 y 11)	80
vv. 741-1042	romance *á-a*	302

Jornada segunda: 1.049 versos

vv. 1043-1226	redondillas	184
vv. 1227-1454	romance ó-a	228
vv. 1455-1481	villancico*	27
vv. 1482-1535	coplas**	54
vv. 1536-1683	romance á-o	148
vv. 1684-1703	décimas	20
vv. 1704-2091	romance é-o	388

Jornada tercera: 1.280 versos

vv. 2092-2345	romance é-a	254
vv. 2346-2369	redondillas	24
vv. 2370-2785	romance é-a	416
vv. 2786-2819	pareados (de 7 y 11)	34
vv. 2820-2921	romance í-o	102
vv. 2922-3371	romance é-o	450

Resumen y porcentajes

	Jornada 1.ª	Jornada 2.ª	Jornada 3.ª	Totales
Romance	768 (73,7%)	764 (72,8%)	1222 (95,4%)	2754 (81,6%)
Redondillas	180 (17,3%)	184 (17,5%)	24 (1,8%)	388 (11,5%)
Pareados	80 (7,7%)	—	34 (2,7%)	114 (3,4%)
Cantado	—	81 (7,7%)	—	81 (2,4%)
Décimas	—	20 (1,9%)	—	20 (0,6%)
Sonetos	14 (1,3%)	—	—	14 (0,4%)

---

* Son versos octosílabos, excepto los núms. 1460, 1464, 1468, 1472 y 1476, que son pentasílabos. La rima *aa bbcc ddcc eecc ffcc ggcc hha aa*. Todos cantados.

** Son coplas de ocho versos octosílabos con rima consonante *xyyxxzzc;* el último verso de cada una de ellas repite la rima del estribillo del villancico anterior.

II. *Amor es más laberinto*

JORNADA PRIMERA: 1.268 versos

		Núm. de versos
vv. 1-426	romance *á-a*	416
	pareados endec.	10
vv. 427-700	romance *é-e*	274
vv. 701-900	redondillas	200
vv. 901-1004	romance *é*	104
vv. 1005-1050	(8- 8a 8- 8a 4a 11a)	46
vv. 1051-1085	romance *í*	34
vv. 1086-1146	quintillas	60
vv. 1147-1268	romance *á-o*	122

JORNADA SEGUNDA: 1.100 versos

vv. 1269-1334	silva de consonantes*	66
vv. 1335-1596	romance *á-e*	262
vv. 1597-1624	romance *á-o*	28
vv. 1625-1632	copla/seguidilla (Mús.)	8
vv. 1633-1636	romance *á-o*	4
vv. 1637-1644	seguidillas (Mús.)	8
vv. 1645-1662	romance *á-o*	18
vv. 1663-1667	7a 7b 7b 7a 11b (Mús.)	5
vv. 1668-1671	romance *á-o*	4
vv. 1672-1681	quintillas	10
vv. 1682-1686	7a 7b 7b 7a 11b (Mús.)	5
vv. 1687-1690	romance *á-o*	4
vv. 1691-1700	quintillas	10
vv. 1701-1705	7a 7b 7b 7a 11b (Mús.)	5
vv. 1706-1709	romance *á-o*	4

---

* Con un único verso (1305) de 7 sílabas.

vv. 1710-1719	quintillas	10
vv. 1720-1724	7a 7b 7b 7a 11b (Mús.)	5
vv. 1725-1728	romance *á-o*	4
vv. 1729-1738	quintillas	10
vv. 1739-1794	romance *á-o*	56
vv. 1795-1798	redondilla Mús.	4
vv. 1799-1806	romance *á-o*	8
vv. 1807-1810	redondilla	4
vv. 1811-1850	quintillas	40
vv. 1851-1858	romance *á-o*	8
vv. 1859-1862	redondilla Mús.	4
vv. 1863-1882	quintillas	20
vv. 1883-1936	romance *á-o*	54
vv. 1937-1964	sonetos	28
vv. 1965-2368	romance *í-o*	404

JORNADA TERCERA: 1.262 versos

vv. 2369-2512	romance *é-e*	144
vv. 2513-2564	romance *é-a*	52
vv. 2565-2620	redondillas	56
vv. 2621-2746	romance *í-o*	126
vv. 2747-2816	quintillas	70
vv. 2817-2830	soneto	14
vv. 2831-3036	romance *ó-a*	206
vv. 3037-3054	silva de consonantes**	18
vv. 3055-3152	romance *ú-a*	98
vv. 3153-3296	romance *ó*	144
vv. 3297-3426	romance *á-o*	130
vv. 3427-3486	quintillas	60
vv. 3487-3630	romance *í-a*	144

** Con un único verso (3043) de 7 sílabas.

RESUMEN Y PORCENTAJES

	JORNADA 1.ª	JORNADA 2.ª	JORNADA 3.ª	TOTALES
Romance	950 (74,9%)	858 (78,0%)	1044 (82,7%)	2852 (78,6%)
Redondillas	200 (15,8%)	8 (0,7%)	56 (4,5%)	264 (7,3%)
Pareado	10 (0,8%)	—	—	10 (0,3%)
Quintillas	60 (4,7%)	100 (9,1%)	130 (10,3%)	290 (8,0%)
Silva de cons.	—	66 (6,0%)	18 (1,4%)	84 (2,3%)
Sonetos	—	28 (2,5%)	14 (1,1%)	42 (1,1%)
Otros	48 (3,8%)	40 (3,7%)	—	88 (2,4%)

Algunas observaciones a la métrica

En el conjunto de estos dos festejos teatrales hay variedad de estrofas (romance, redondillas, pareados de heptasílabos y endecasílabos, décimas, seguidillas, endechas, etc.) y de metros (pentasílabos, hexasílabos, heptasílabos, octosílabos, endecasílabos, dodecasílabos).

En *Los empeños de una casa* predomina de manera absoluta el octosílabo (95,8%), y como forma estrófica el romance (81,6%), seguido a gran distancia de la redondilla (11,5%).

En la jornada segunda, hay una diferencia de once versos con el cómputo de Salceda. Se debe a que el erudito mexicano cuenta como dos versos «¡No es tal! ¡Sí es tal!», mientras que en esta edición se mide como un solo verso pentasílabo.

Se encuentran algunas rimas aparentemente anómalas: *desembarazo* y *caso* (vv. 1691-1692), *rebozas* y *cosas* (vv. 162-163 de la loa), *embarazo* y *acaso* (vv. 178-179 de la loa), *abalanzo* y *descanso* (vv. 21-22 del sainete segundo), *risa* y *mestiza* (vv. 61-62 del sainete segundo). Se trata de la equivalencia, en la fonética criolla, de los fonemas /θ/ y /s/ (véase nota al v. 162 de la loa).

Es necesario que monosílabos átonos en posición de final de verso sean considerados tónicos para la correcta medida del verso: vv. 207, 527, 1251, 2080, 2130, 2650, 2940, 3218; y v. 15 del sainete primero (véase nota al v. 207 de la comedia).

En el v. 1896, es necesario hacer la fusión de los dos monosílabos finales en un disílabo grave; grave ha de ser igualmente la acentuación de la adversativa «sino» en el v. 19 del sainete primero (véase nota a los versos).

Juega Sor Juana, en cuanto a la rima y al cómputo silábico, con algunos vocablos que tienen la posibilidad de doble forma: *mesmo* y *mismo* (con sus variaciones de género y número); *felice*, *infelice* y *feliz*, *infeliz*; *apriesa* y *aprisa*; *ahora* y *agora*; los demostrativos *este*, *ese* y sus formas alargadas *aqueste*, *aquese*, con sus morfemas de género y número (véase nota a los vv. 157 de la loa; 1650, 2105 y 2229).

Se señala siempre con diéresis el desdoblamiento de un diptongo en dos sílabas (véase nota al v. 14). *Leonor* es siempre bisílaba por sinéresis.

En cuanto a *Amor es más laberinto*, el verso predominante es el octosílabo con prácticamente el mismo porcentaje (95,83%) y como forma estrófica el romance (78,6%) seguido a gran distancia de la quintilla (8%) —que no hay en *Los empeños*— y de la redondilla (7,3%).

Otras particularidades, como los términos con doble forma, el desdoblamiento de diptongos o las anómalas acentuaciones agudas a final de verso, señaladas más arriba, se encuentran también en esta comedia. Su principal diferencia con *Los empeños de una casa* se deriva de la doble autoría. Las jornadas primera y tercera, que se deben a la pluma de Sor Juana, tienen 9 y 10 pasajes[169] respectivamente, mientras que la jornada segunda, cuyo autor fue Juan de Guevara, tiene 29 pasajes. Si no se conociera como se conoce que la segunda jornada no es obra de Sor Juana, este dato podría contribuir a poner en duda su autoría.

Lógicamente, los pasajes de la segunda jornada son mucho más cortos, y únicamente dos pasan de los cien versos, mientras que cinco pasajes de la jornada primera y seis de la tercera sobrepasan ese número.

---

[169] Utilizo *pasaje* con la acepción de «cambio estrófico» que le dan S. Griswold Morley y Courtney Bruerton, *Cronología de las comedias de Lope de Vega*, Madrid, Gredos, 1968.

Esta edición

Esta edición se basa en el texto de *Segundo volumen* (Sevilla, 1692), *editio princeps* de las obras que componen los dos festejos teatrales de Sor Juana, texto que he cotejado con las tres ediciones de Barcelona (1693) y con las dos ediciones del siglo XVIII (1715 y 1725). Esto en cuanto se refiere a las piezas del festejo en su conjunto. En cuanto a las comedias, también he tenido en cuenta el texto manuscrito que de cada una de ellas se conserva en la Biblioteca Nacional de España y los textos de varias impresiones sueltas del siglo XVIII.

Con el detenido análisis de las fuentes disponibles, he atendido especialmente a la pureza de los textos intentando reflejar de la manera más fiel posible la redacción más cercana a la original de Sor Juana, ya que hoy por hoy desconocemos los manuscritos autógrafos. En atención a este objetivo conservo formas y giros que pudieran parecer descuidados o incorrectos a un lector actual, pero que eran de uso corriente en la lengua literaria de la época. En cualquier caso, todas las decisiones editoriales, sean de conservación o de enmienda, son comentadas en las notas, así como las posibles alternativas textuales en el caso de que existan variantes.

Como no podía ser menos —una edición siempre es deudora de las que la precedieron— he tenido muy en cuenta la edición de *Obras Completas,* tomo IV, a cargo de Alberto G. Salceda, origen de prácticamente todas las ediciones posteriores. De inestimable ayuda fueron también el «Apéndice» de

Gabriela Eguía Lis-Ponce[170] que recoge las variantes de una de las ediciones de 1693 —la misma que maneja Salceda— y de la de 1715, así como dos artículos de Antonio Alatorre[171] sobre edición crítica de textos de Sor Juana que, a pesar de que no tocan más que incidentalmente textos del tomo IV de OC, arrojan luz sobre algunos pasajes que resultan semejantes, pues al fin y al cabo se trata de textos de la misma escritora. También estoy en deuda con mi edición de *Los empeños de una casa* (PPU, 1989), aunque no sea más que por la experiencia adquirida y para subsanar sus errores.

He modernizado las grafías, conservando aquellas que implican diferencias fonéticas y las vacilaciones de los grupos cultos. Modernizo, igualmente, el uso de las mayúsculas y la acentuación, según las normas actuales. La puntuación es interpretativa.

Escribo «Sor Juana» y no «sor Juana», pues se trata de «una acuñación que funciona como nombre propio», según el *Diccionario panhispánico de dudas* (2005).

Las enmiendas al texto base se señalan con corchetes [ ], pues considero que, al ser poco numerosas, no entorpecen la lectura y, sin embargo, sirven de ayuda al lector interesado en averiguar la manipulación a que ha sido sometido el texto.

Recojo en un único aparato crítico las notas filológicas y las observaciones textuales; con ello se aligera la página sin que el lector se vea perjudicado en su consulta. Además, con frecuencia, las notas filológicas son decisivas a la hora de adoptar una u otra variante. Con todo, en un apéndice doy una relación de variantes, sin perjuicio de que en las notas a pie de página comente las que considero más significativas.

---

[170] En la edición facsimilar de *Segundo volumen* (Sevilla, por Tomás López de Haro, 1692), prólogo de Margo Glantz, Facultad de Filosofía y Letras, Universidad Nacional Autónoma de México, 1995, págs. XCI-CXCVI; para las obras aquí editadas, págs. CLXXIII-CXCIII.

[171] «Hacia una edición crítica de Sor Juana», en *Nueva Revista de Filología Hispánica*, LI.2 (2003), págs. 493-526; «Hacia una edición crítica de Sor Juana (Segunda Parte)», en *Nueva Revista de Filología Hispánica*, LIV.1 (2006), págs. 103-142. Lamento no haber tenido oportunidad de consultar la edición de Georgina Sabat y Elías Rivers *(Sor Juana Inés de la Cruz, Poesía, teatro, pensamiento, lírica personal, lírica coral, teatro, prosa,* Madrid, Espasa, 2004), sobre la que se basan los comentarios de Alatorre en este segundo artículo.

Bibliografía

Se relacionan las obras consultadas y citadas en esta edición. Las ediciones antiguas, cuya compulsa ha servido para establecer los textos, ya se encuentran descritas en el apartado dedicado al estudio textual.

ABREU GÓMEZ, E., *Bibliografía y biblioteca de Sor Juana*, México (Monografías Bibliográficas Mexicanas, núm. 29), 1934.
ALATORRE, A., «Hacia una edición crítica de Sor Juana», en *Nueva Revista de Filología Hispánica*, LI.2 (2003), págs. 493-526.
— «Hacia una edición crítica de Sor Juana (Segunda parte)», en *Nueva Revista de Filología Hispánica*, LIV.1 (2006), págs. 103-142.
— «La *Carta* de Sor Juana al P. Núñez», en *Nueva Revista de Filología Hispánica*, XXXV.2 (1987), págs. 591-673.
— (ed.), Sor Juana Inés de la Cruz, *Enigmas*, México, El Colegio de México, 1994.
ALCIATO, *Emblemas*, ed. S. Sebastián, Madrid, Akal, 1985.
ALEMÁN, V., *Guzmán de Alfarache*, ed. F. Rico, Barcelona, Clásicos Planeta, 1983.
ALZIEU, P., JAMMES, R. y LISSORGUES, Y., *Poesía erótica del Siglo de Oro*, Barcelona, Crítica, 1983.
APOLODORO, *Biblioteca mitológica*, ed. J. García Moreno, Madrid, Alianza, 1993.
ARELLANO, I., «Convenciones y rasgos genéricos en la comedia de capa y espada», en *La comedia de capa y espada, Cuadernos de Teatro Clásico*, 1 (1988), págs. 27-49.
ARROM, J. J., *Historia del teatro hispanoamericano (época colonial)*, México, Andrea, 1967.
ARRÓNIZ, O., *Teatros y escenarios del Siglo de Oro*, Madrid, Gredos, 1977.
ASÚN, R. (ed.), Sor Juana Inés de la Cruz, *Lírica*, Barcelona, Bruguera, 1983.

Bances Candamo, F., *Theatro de los theatros de los passados y presentes siglos*, ed. D. W. Moir, Londres, Tamesis, 1970.
Bellini, G., *L'opera letteraria di Sor Juana Inés de la Cruz*, Milán, Cisalpino, 1964.
— «El teatro profano de Sor Juana», en *Anuario de Letras*, 5 (1965), págs. 107-122.
Benassy-Beling, M. C., «A manera de apéndice: Sor Juana y el problema del derecho de las mujeres a la enseñanza», en *La mujer en el teatro y la novela del XVII, Actas del Segundo Coloquio del Grupo de Estudios sobre Teatro Español (GESTE)*, Toulouse, 1979, págs. 89-93.
— *Humanismo y religión de Sor Juana Inés de la Cruz*, México, UNAM, 1983.
Bergman, H. E., «Autodefinition of the "comedia de capa y espada"», en *Hispanófila*, 1 (1974), págs. 3-27.
Bernardo de Quirós, F., *Obras de... y Aventuras de don Fruela*, ed. C. C. García Valdés, Madrid, Instituto de Estudios Madrileños, 1984.
Bravo Arriaga, M. D. «Las loas cortesanas de Sor Juana o la metáfora de la adulación», en *Tema y Variaciones de Literatura*, 7 (1996), págs. 103-113.
— «Las loas de los autos sacramentales de Sor Juana. Conciencia criolla y sentido de la composición», en S. González y L. von der Walde (eds.), *Palabras críticas. Estudios en homenaje de José Amezcua*, México, Universidad Autónoma/Fondo de Cultura Económica, 1997, págs. 250-259.
Bravo Villasante, C., «La realidad de la ficción negada por el gracioso», en *RFE*, XXVIII (1944), págs. 264-268.
— *La mujer vestida de hombre en el teatro español (Siglos XVI y XVII)*, Madrid, Mayo de Oro, 1988.
Calderón de la Barca, P., *Céfalo y Pocris*, ed. A. Navarro, Salamanca, Almar, 1979.
— *Obras completas, III. Autos*, ed. Á. Valbuena Prat, Madrid, Aguilar, 1987.
— *El diablo mudo*, ed. C. C. García Valdés, Kassel, Reichenberger, 1999.
— *La vida es sueño*, ed. C. Morón, Madrid, Cátedra, 1978.
Calhoun, G. D., «Un triángulo mitológico, idólatra y cristiano en *El divino Narciso* de Sor Juana», en *Ábside*, 34 (1970), págs. 373-401.
Canavaggio, J., «Los disfrazados de mujer en la Comedia», en *La mujer en el teatro y la novela del siglo XVII, Actas del Segundo Coloquio del Grupo de Estudios sobre Teatro Español*, Toulouse, France-Ibérie Recherche, 1979, págs. 135-145.
Carilla, E., «Sor Juana, ciencia y poesía: el *Primero sueño*», en *Revista de Filología Española*, XXXVI (1952), págs. 287-307.
Casalduero, J., «El gracioso de *El anticristo*», en *Estudios sobre el teatro español*, Madrid, Gredos, 1972, págs. 138-149.

CASCALES, F., *Cartas Filológicas*, III, ed. J. García Soriano, Madrid, Clásicos Castellanos, 1969, 3.ª ed.
CASTILLO SOLÓRZANO, A. del, *Las Harpías en Madrid*, ed. P. Jauralde, Madrid, Castalia, 1985.
CERVANTES, E. A., *El testamento de Sor Juana Inés de la Cruz y otros documentos*, México, 1949.
CERVANTES, Miguel de, *Don Quijote de la Mancha*, ed. Á. Basanta, Barcelona, Clásicos Plaza & Janés, 1985.
— *Entremeses*, ed. C. C. García Valdés, Madrid, Santillana, 1997.
— *Viaje del Parnaso*, ed. V. Gaos, Madrid, Clásicos Castalia, 1984.
CEVALLOS CANDAU, F. J., *Juan Bautista de Aguirre y el barroco colonial*, Madrid, Edi-6, 1983.
CILVETI, Á., «Silogismo, correlación e imagen poética en el teatro de Calderón», *Romanische Forschungen*, LXXX (1968), págs. 459-497.
Comedias burlescas, IV, ed. A. Rodríguez, Frankfurt/Madrid, Vervuert/Iberoamericana, BAH, 2003.
Comedias burlescas del Siglo de Oro, ed. I. Arellano *et al.*, Madrid, Espasa Calpe, 1999.
COSSÍO, J. M.ª de, «Observaciones sobre la vida y la obra de Sor Juana Inés de la Cruz», en *Notas y estudios de crítica literaria. Letras españolas (Siglos XVI y XVII)*, Madrid, Espasa Calpe, 1970, págs. 243-284.
COTARELO, E., *Colección de entremeses, loas, bailes, jácaras, mojigangas desde fines del siglo XVI a principios del XVIII*, I, Madrid, Nueva Biblioteca de Autores Españoles, 1911.
COVARRUBIAS, HOROZCO, S. de, *Tesoro de la lengua castellana o española*, ed. I. Arellano y R. Zafra, Madrid, Universidad de Navarra/Editorial Iberoamericana, 2006.
CUERVO, Rufino José, *Disquisiciones sobre filología castellana*, ed. R. Torres Quintero, Bogotá, 1950.
— *Obras inéditas*, Bogotá, 1944.
CHÁVEZ, E. A., *Sor Juana Inés de la Cruz*, México, Porrúa, 1981, 4.ª ed. (1.ª ed., Barcelona, Araluce, 1931).
DAVIS, W. M., «Culteranismo in the *Sueño* of Sor Juana Inés de la Cruz», en *Philologica Pragensia*, 11.2 (1968), págs. 96-107.
DÉODAT-KESSEDJIAN, Marie-Françoise, *El silencio en el teatro de Calderón de la Barca*, Frankfurt/Madrid, Vervuert/Iberoamericana, BAH, 1999.
Diccionario de Autoridades, Madrid, Gredos, 1979, 3 tomos.
Diccionario castellano e inglés de argot, ed. Delfín Carbonell, Barcelona, Ediciones del Serbal, 1997.
DIEGO, G., *Antología poética en honor de Góngora*, Madrid, Alianza, 1970.
DÍEZ BORQUE, J. M. (ed.), Calderón de la Barca, *Una fiesta sacramental barroca*, Madrid, Taurus, 1984.

Entremesistas y entremeses barrocos, ed. C. C. García Valdés, Madrid, Cátedra, 2005.
Esbozo de una nueva gramática de la lengua española, Real Academia Española, Madrid, Espasa Calpe, 1982.
FEIJOO, Fray Benito J., *Teatro crítico universal,* ed. A. Millares, Madrid, Espasa Calpe, Clásicos Castellanos, II, 1968.
FLECNIAKOSKA, J-L., *La loa,* Madrid, SGEL, 1975.
FORASTIERI BRASCHI, E., «Secuencias de capa y espada: escondidos y tapadas en *Casa con dos puertas*», en *Calderón. Actas del Congreso Internacional,* I, L. García Lorenzo (ed.), Madrid, 1983, págs. 433-449.
FRENK, M., *Corpus de la antigua lírica popular hispánica,* Madrid, Castalia, 1987.
GAOS, J., «El sueño de un sueño», en *Historia Mexicana,* núm. 37, X (1960-1961), págs. 54-71.
GARCÍA MAHIQUES, R., *Empresas sacras de Núñez de Cepeda,* Madrid, Ediciones Tuero, 1988.
GARCÍA VALDÉS, C. C., «El teatro en los siglos XVI y XVII», en F. Pedraza (coord.), *Manual de literatura hispanoamericana. I. Época virreinal,* Tafalla, Ediciones Cénlit, 1991, págs. 599-681.
— «La Biblia en la obra literaria de Sor Juana», en I. Arellano y R. Fine (eds.), *La Biblia en la Literatura del Siglo de Oro,* Madrid/Frankfurt, Vervuert/Iberoamericana, 2009.
— «Obra dramática de Sor Juana Inés de la Cruz», en I. Arellano (coord.), *Paraninfos, segundones y epígonos de la comedia del Siglo de Oro,* Barcelona, Anthropos, 2004, págs. 189-198.
— «Teatralidad barroca: las loas sacramentales de Sor Juana», en *Sor Juana y su Mundo,* México, Universidad del Claustro de Sor Juana, Fondo de Cultura Económica, 1995, págs. 207-218.
— «Una síntesis de las artes en el barroco hispánico: las loas cortesanas de Sor Juana», en I. Arellano y E. Godoy (eds.), *Temas del barroco hispánico,* Madrid, Iberoamericana (Biblioteca Indiana, 1), 2004, págs. 107-127.
— (ed.), Sor Juana Inés de la Cruz, *Los empeños de una casa,* Barcelona, PPU, 1989.
GATES, E. J., «Reminiscences of Góngora in the works of Sor Juana Inés de la Cruz», en *PMLA,* 1939, págs. 1041-1058.
GÓMEZ GIL, O., *Historia crítica de la literatura hispanoamericana,* Nueva York, Rinehart and Winston, 1968.
GÓNGORA, *Fábula de Polifemo y Galatea,* ed. Alexander A. Parker, Madrid, Cátedra, 1983.
— *Romances,* ed. A. Carreño, Madrid, Cátedra, 1982.
— *Soledades,* ed. J. Beverley, Madrid, Cátedra, 1980.
GONZÁLEZ, A., «Construcción teatral del festejo barroco: *Los empeños de una casa* de Sor Juana», en *Anales de Literatura Española,* 13

(1999), Alicante, Universidad, Departamento de Literatura Española, págs. 117-126.
González Peña, C., *Historia de la literatura mexicana*, México, Porrúa, 1984, 15.ª ed.
Gracián, B., *El criticón*, ed. M. Romera Navarro, Philadelphia, 1938-1940.
Henríquez Ureña, P., «Bibliografía de Sor Juana Inés de la Cruz», en *Revue Hispanique*, XL (1927), págs. 161-214.
Hermenegildo, A., «Signo grotesco y marginalidad dramática: el gracioso en *Mañana será otro día*, de Calderón de la Barca», en *La comedia de capa y espada, Cuadernos de Teatro Clásico*, 1 (1988), págs. 121-142.
Hernández Araico, S., «Festejos teatrales mitológicos de 1689 en la Nueva España y el Perú, de Sor Juana y Lorenzo de las Llamosas: una aproximación crítica», en J. Pascual Buxó (ed.), *La cultura literaria en la América virreinal. Concurrencias y diferencias*, México, UNAM, 1996, págs. 317-326.
— «Problemas de fecha y montaje de *Los empeños de una casa* de Sor Juana Inés de la Cruz», en J. Pascual Buxó (ed.), *Sor Juana Inés de la Cruz y las vicisitudes de la crítica*, México, UNAM, 1998, págs. 161-177.
Keniston, H., *The Syntax of Castilian Prose. The Sixteenth Century*, Chicago, 1937.
Krynen, J., «Mito y teología en *El divino Narciso* de Sor Juana Inés de la Cruz», en *Actas del Tercer Congreso Internacional de Hispanistas*, México, El Colegio de México, 1970, págs. 501-505.
La novela picaresca española, ed. Á. Valbuena, Madrid, Aguilar, 1968.
La vida y hechos de Estebanillo González, ed. A. Carreira y J. A. Cid, Madrid, Cátedra, 1990, 2 vols.
Lagon, L., «Phrases et expressions basques dans un villancico de Sor Juana Inés de la Cruz», en *Bulletin Hispanique*, 56 (1954), págs. 178-180.
Lapesa, R., *Historia de la lengua española*, Madrid, Escelicer, 1968, 7.ª ed.
Lida, M. R., «Dido y su defensa en la literatura española», en *Revista de Filología Hispánica*, IV (1942), págs. 209-252 y 313-382; V (1943), págs. 45-50 y 373-380.
Lohmann Villena, G., *El arte dramático en Lima*, Sevilla, Escuela de Estudios Hispanoamericanos, 1945.
Lope de Vega, F., *El castigo sin venganza*, ed. F. B. Pedraza, Barcelona, Octaedro, 1999.
— *El villano en su rincón*, ed. J. A. Zamora Vicente, Madrid, Espasa Calpe, 1970.
— *Fuenteovejuna*, ed. F. López Estrada, Madrid, Clásicos Castalia, 1983, 4.ª ed.
— *La Dorotea*, ed. Edwin S. Morby, Madrid, Castalia, 1980.

— *Peribáñez y el Comendador de Ocaña*, ed. J. Saura, Tarragona, 1977.
LOPE DE VEGA y MONTESER, F., *De la tragicomedia a la comedia burlesca: El caballero de Olmedo*, ed. C. C. García Valdés, Pamplona, EUNSA, 1991.
LOWE, E., «The Gongorist Model in the *Primero sueño*», en *Revista de Estudios Hispánicos*, 10 (1976), págs. 409-427.
LUCIANI, F., «Sor Juana's *Amor es más laberinto* as Mythological Speculum», en L. Charnon-Deutsch (ed.), *Estudios sobre escritoras hispánicas en honor de Georgina Sabat-Rivers*, Madrid, Castalia, 1992, págs. 173-186.
MARAVALL, J. A., *La teoría española del estado en el siglo XVII*, Madrid, Instituto de Estudios Políticos, 1994.
MARÍA Y CAMPOS, A. de, *Representaciones teatrales en la Nueva España (siglos XVI, XVII y XVIII)*, México, B. Acosta ACIC, 1959.
MARTÍNEZ, Henrico, *Reportorio de los tiempos, y historia natural desta Nueva España*, México, 1606; edición facsímil de la Biblioteca Virtual Miguel de Cervantes, Alicante, 2006.
MAURA, Duque de, *Vida y reinado de Carlos II*, Madrid, Espasa Calpe, 1942, 3 tomos.
MAZA, F. de la, *La ruta de Sor Juana. De Napantla a San Jerónimo*, México, Instituto Mexiquense de Cultura, 1995 (1.ª ed., 1972).
MÉNDEZ PLANCARTE, A. (ed.), Sor Juana Inés de la Cruz, *Obras Completas*, tomos I, II y III, México, Fondo de Cultura Económica, 1951 (reimpr. de 1976).
MENÉNDEZ PELAYO, M., «Comedias de capa y espada y géneros inferiores», en *Estudios y discursos de crítica histórica y literaria*, III, Santander, Aldus, 1941, págs. 269-287.
— *Historia de la poesía hispanoamericana*, Santander, Aldus, 1948, 2 vols.
MERLO, J. C. (ed.), *Sor Juana Inés de la Cruz. Obras escogidas*, Barcelona, Bruguera, 1968.
MESONERO ROMANOS, R. (ed.), *Dramáticos posteriores a Lope de Vega*, Madrid, Atlas, Biblioteca de Autores Españoles, tomo XLIX, 1951.
MONTERDE, F., *El «Sainete segundo» de Sor Juana y «El pregonero de Dios» de Francisco de Acevedo*, México, 1946.
— «Un aspecto del teatro profano de Sor Juana Inés de la Cruz», en *Revista de Filosofía y Letras*, XI.22 (1946), págs. 247-257.
MONTESINOS, J. F., «Algunas observaciones sobre la figura del donaire», en *Estudios sobre Lope*, Salamanca, Anaya, 1969, págs. 21-64.
MORETO, A., *El desdén, con el desdén*, ed. F. Rico, Madrid, Clásicos Castalia, 1978, 2.ª ed.
— *El lindo don Diego*, ed. M. G. Profeti, Madrid, Taurus, 1983.
MOTOLINÍA, Fray Toribio de, *Historia de los indios de la Nueva España*, ed. G. Baudot, Madrid, Castalia, 1985.

O'Connor, T. A., «*Elegir al enemigo* de Salazar y Torres y su discurso primogénito: Una hipótesis sobre el festejo de *Amor es más laberinto* de sor Juana y Juan de Guevara», en *Estudios del teatro áureo. Texto, espacio y representación, Actas del X Congreso de la Asociación Internacional de Teatro Español y Novohispano de los Siglos de Oro*, México, UNAM/El Colegio de México, 2003, págs. 125-137.

— «Los enredos de una pieza. El contexto histórico teatral de *El encanto es la hermosura* o *La segunda Celestina* de Salazar y Torres y Sor Juana», *Literatura Mexicana*, III.2 (1992), págs. 283-303.

Orozco, E., *El teatro y la teatralidad del barroco*, Barcelona, Planeta, 1969.

Ovidio Nasón, P., *Fastos*, introd., trad. y notas de M. A. Marcos Casquero, Madrid, Editora Nacional, 1984.

— *Las Metamorfosis*, Madrid, Espasa Calpe, Colección Austral, 1972.

— *Metamorfosis*, ed. C. Álvarez y R. M. Iglesias, Madrid, Cátedra 1995.

Pailler, C., «La *question d'amour* dans le théâtre profane de Sor Juana Inés de la Cruz», *TILAS*, 13-14 (1973), págs. 60-80.

Palau y Dulcet, A., *Manual del librero hispanoamericano*, 2.ª ed. corregida y aumentada por el autor, Barcelona, Librería Palau, 1951, tomo IV.

Pallares, B., «El matrimonio clandestino en la obra de Tirso de Molina», en *Revista Canadiense de Estudios Hispánicos*, X (1986), págs. 221-234.

— «Notas tirsianas. Contribución al estudio del concepto sobre el matrimonio secreto en la obra de Tirso de Molina», en *Hispanismen omkring Sven Skydsgaard*, Copenhague, 1981, págs. 265-291.

Parker, A. A., «The Calderonian Sources of *El divino Narciso* by Sor Juana Inés de la Cruz», en *Romanistisches Jahrbuch*, 19 (1968), págs. 257-274.

Pascual Buxó, J., «El *Sueño* de Sor Juana. Alegoría y modelo del mundo», en *Las figuraciones del sentido. Ensayos de poética semiológica*, págs. 235-263.

— *Góngora en la poesía novohispana*, México, 1960.

— *Las figuraciones del sentido. Ensayos de poética semiológica*, México, Fondo de Cultura Económica, 1984.

— (ed.), *Sor Juana Inés de la Cruz y las vicisitudes de la crítica*, México, UNAM, 1998.

Paz, O., *Sor Juana Inés de la Cruz o Las trampas de la fe*, México, Fondo de Cultura Económica, 1982.

Paz y Meliá, A., *Catálogo de las piezas de teatro que se conservan en el Departamento de Manuscritos de la Biblioteca Nacional*, Madrid, 1899; edición moderna de 1989.

Peña, M., «Proyección del teatro áureo en el teatro de la Nueva España», en C. Reverte y M. de los Reyes (eds.), *América y el teatro*

español del Siglo de Oro, Cádiz, Universidad de Cádiz, 1998, págs. 259-279.
PERELMUTER, R., *Noche intelectual, la oscuridad idiomática en el «Primero Sueño»*, México, UNAM, 1982.
PÉREZ, M. E., *Lo americano en el teatro de Sor Juana Inés de la Cruz*, Nueva York, Eliseo Torres & Sons, 1975.
PÉREZ-AMADOR, A., *La ascendiente estrella. Bibliografía de los estudios dedicados a Sor Juana Inés de la Cruz en el siglo XX*, Madrid, Vervuert/Iberoamericana, 2007.
PÉREZ DE MOYA, J., *Philosofía secreta*, ed. C. Clavería, Madrid, Cátedra, 1995.
PETRARCA, F., *Canzoniere o Le rime*, ed. N. Zingarelli, Bolonia, Zanichelli, 1964.
PFANDL, L., *Sor Juana Inés de la Cruz, la Décima Musa de México. Su vida. Su poesía. Su psique*, México, UNAM, 1983.
PLINIO EL VIEJO, *Storia naturale*, V, trad. y notas de A. Corso, R. Mugellesi y G. Rosati, Turín, Einaudi, 1988 (ed. bilingüe latín-italiano).
PLUTARCO, *Vidas paralelas*, I, introd., trad. y notas de A. Pérez Jiménez, Madrid, Gredos, 1985.
POOT HERRERA, S., «Las prendas menores de *Los empeños de una casa*», en Sara Poot (ed.), *Y diversa de mí misma / entre vuestras plumas ando*, México, El Colegio de México, 1993, págs. 257-267.
— «Sor Juana: nuevos hallazgos, viejas relaciones», en *Anales de Literatura Española*, 13 (1999), Alicante, Universidad, págs. 63-83.
— «*La segunda Celestina*, ¿de Salazar y Torres y sor Juana?», en A. de la Granja y J. A. Martínez Berbel (eds.), *Mira de Amescua en candelero. Actas del Congreso Internacional sobre Mira de Amescua y el teatro español del siglo XVII*, Granada, Universidad de Granada, 1996, págs. 395-418.
PORQUERAS MAYO, A., «El no sé qué en la literatura española», en *Temas y formas de la literatura española*, Madrid, Gredos, 1972.
PUCCINI, D., *Una mujer en soledad. Sor Juana Inés de la Cruz, una excepción en la cultura y la literatura barroca*, trad. E. Benítez, Madrid, Anaya & Mario Muchnik, 1996.
QUEVEDO, F. de, *La hora de todos,* ed. L. López Grigera, Madrid, Clásicos Castalia, 1975.
— *Los sueños*, ed. I. Arellano, Madrid, Cátedra, 1991.
— *Poesía original completa*, ed. J. M. Blecua, Barcelona, Clásicos Planeta, 1971.
— *Prosa festiva completa*, ed. C. C. García Valdés, Madrid, Cátedra, 1993.
Quevedo esencial, ed. C. C. García Valdés, Madrid, Taurus, 1990.
QUIÑONES DE BENAVENTE, *Entremeses*, ed. J. M. Blecua, Zaragoza, Ebro, 1965, 3.ª ed.

Ramillete de entremeses y bailes, ed. H. E. Bergman, Madrid, Castalia, 1970.
RAMÍREZ ESPAÑA, G., *La familia de Sor Juana (Documentos inéditos),* México, Imprenta Universitaria, 1947.
REYES, A., *Letras de la Nueva España,* México, FCE, 1986, 4.ª ed.
RICARD, R., «Sur *El divino Narciso* de Sor Juana Inés de la Cruz», en *Mélanges de la Casa de Velázquez,* París, 1969, tomo V, págs. 309-329.
— *Une poétesse mexicaine du XVII siècle. Sor Juana Inés de la Cruz,* París, Centre de Documentation Universitaire, 1953.
RICCIO, A., «Due modi dell'espressione americana: Sor Juana Inés de la Cruz e Fray Servando», en *Ecdotica e testi ispanici, Atti del Convegno Nazionale della Associazione Ispanisti Italiani,* Verona, 1982, págs. 187-200.
RICE, R. Ann (ed.), Sor Juana Inés de la Cruz, *El divino Narciso,* Pamplona, EUNSA, Anejos de *RILCE,* 2005.
RIPA, C., *Iconología,* trad. de J. Barja, Madrid, Akal, 1987.
RIVERS, E., «El ambiguo *Sueño* de Sor Juana», en *Cuadernos Hispanoamericanos,* 189 (1965), págs. 271-282.
ROBLES, A. de, *Diario de sucesos notables,* t. 2. ed. de A. Castro Leal, México, Porrúa, 1946.
RODRÍGUEZ GARRIDO, J. A., «Escritura femenina y representación del poder en *Amor es más laberinto* de Sor Juana Inés de la Cruz (Loa y comedia)», en E. Ballón Aguirre y Ó. Rivera Rodas (eds.), *De palabras, imágenes y símbolos: Homenaje a José Pascual Buxó,* México, Universidad Nacional Autónoma de México, 2002, págs. 615-634.
ROGGIANO, A. A., «Acerca de dos barrocos, el de España y el de América», en *El barroco en América, Actas del XVII Congreso del Instituto Internacional de Literatura Iberoamericana,* Madrid, Ediciones Cultura Hispánica, 1978, págs. 39-47.
Romancero general, I, ed. Agustín Durán, Madrid, Biblioteca de Autores Españoles, X, 1945.
ROSENBLAT, A., *La lengua del «Quijote,* Madrid, Gredos, 1971.
ROZAS, J. M., *Significado y doctrina del «Arte nuevo» de Lope de Vega,* Madrid, SGEL, 1976.
RUANO DE LA HAZA, J. M., «*Los empeños de una casa.* La puesta en escena de un festejo teatral de Sor Juana Inés de la Cruz en una casa-palacio del Méjico colonial», en J. M. Díez Borque (ed.), *Espacios teatrales del barroco español. XIII Jornadas de Teatro Clásico,* Kassel, Reichenberger, 1991, págs. 200-220.
RUIZ DE ALARCÓN, J., *Obras completas,* ed. A. Millares Carlo, México, Fondo de Cultura Económica, 1959, 3 tomos.
RUIZ DE ELVIRA, A., *Mitología clásica,* Madrid, Gredos, 1975.
— «Problemas del calendario romano», en *Cuadernos de Filología Clásica,* 11 (1970), págs. 9-17.

SABAT DE RIVERS, G., «A propósito de sor Juana Inés de la Cruz: Tradición poética del tema "sueño" en España», en *Modern Language Notes*, LXXXIV.2 (1969), págs. 171-195.
— *Bibliografía y otras cuestiúnculas sorjuaninas*, Salta (Argentina), Biblioteca de Textos Universitarios, 1995.
— *El «Sueño» de Sor Juana Inés de la Cruz. Tradiciones literarias y originalidad*, Londres, Tamesis Book, 1977.
— «Los problemas de *La segunda Celestina*», *Nueva Revista de Filología Española*, XL.1 (1992), págs. 493-512.
— (ed.), Sor Juana Inés de la Cruz, *Inundación Castálida*, Madrid, Clásicos Castalia, 1983.
SALCEDA, A. G., «Cronología del teatro de sor Juana», en *Ábside*, XVII.3 (1953), págs. 333-358.
— (ed.), *Obras completas de Sor Juana Inés de la Cruz*, Tomo IV: Comedias, sainetes y prosa, México, Fondo de Cultura Económica, 1957 (1.ª reimpr., 1976).
SÁNCHEZ ARTECHE, A., *La segunda Celestina, una comedia que no escribió Sor Juana*, México, Bajo el signo de PRESENCIA, 1991.
SANTOS, F., *Día y noche de Madrid*, Madrid, Instituto de Estudios Madrileños, 1976.
SARRE, A., «Gongorismo y conceptismo en la poesía lírica de Sor Juana», en *Revista Iberoamericana*, XVII.33 (1951), págs. 33-52.
SAYERS PEDEN, M., «Sor Juana Inés de la Cruz: The fourth labyrinth», *Bulletin of the Comediantes*, XXVII.1 (1975), págs. 41-48.
SCHMIDHUBER, G., *Sor Juana Inés de la Cruz y «La gran comedia de La segunda Celestina»*, México, Instituto Mexiquense de Cultura, 2005.
— *Sor Juana dramaturga. Sus comedias de «falda y empeño»*, Puebla, Universidad Autónoma de Puebla, 1996.
SCHONS, D., «Nuevos datos para la bibliografía de Sor Juana», en *Contemporáneos*, 9 (1929), págs. 161-176.
SERRALTA, F., «El tipo del "galán suelto": del enredo al figurón», en *La comedia de capa y espada, Cuadernos de Teatro Clásico*, 1 (1988), págs. 83-93.
SHELLY, K. y ROJO, G., «El teatro hispanoamericano colonial», en L. Íñigo Madrigal (coord.), *Historia de la literatura hispanoamericana*, I, Madrid, Cátedra, 1982, págs. 319-352.
SIMÓN DÍAZ, J., *Bibliografía de la Literatura Hispánica*, tomo XII, Madrid, CSIC, 1982, s. v. «Juana Inés de la Cruz (Sor)».
SOR JUANA INÉS DE LA CRUZ, *Obras completas*, edición y estudio de A. Méndez Plancarte (tomos I, II y III) y A. G. Salceda (tomo IV), México, Fondo de Cultura Económica, 1951-1957 (reimpr., 1976).
SOSA, M. B., «El laberinto de la identidad: Lope y Sor Juana», en L. Martínez Cuitiño y E. Lois (eds.), *Actas del III Congreso Argentino de Hispanistas. «España en América y América en España»*, 2,

Buenos Aires, Asociación Argentina de Hispanistas, 1992, págs. 929-935.
STARK, Edwin, *Texte des spanischen theaters in der Universitätsbibliothek Freiburg i. Br. (1600-1900)*, Eine Kurzliste, 2004.
SUÁREZ DE FIGUEROA, C., *El pasajero*, ed. F. Rodríguez Marín, Madrid, Renacimiento, 1913.
SUÁREZ RADILLO, C. M., *El teatro barroco hispanoamericano*, Madrid, José Porrúa Turanzas, 1980-1981, 3 vols.
TAPIA MÉNDEZ, A., *Autodefensa espiritual de Sor Juana*, Monterrey, Universidad de Nuevo León, 1981.
TIRSO DE MOLINA, *La villana de Vallecas*, ed. P. Palomo, Barcelona, Vergara, 1968.
— *Las quinas de Portugal*, ed. C. C. García Valdés, Pamplona, Instituto de Estudios Tirsianos, 2003.
TOUSSAINT, M., *Homenaje del Instituto de Investigaciones Estéticas a Sor Juana Inés de la Cruz en el tercer centenario de su nacimiento*, México, UNAM, 1952.
VALBUENA BRIONES, Á., «Calderón y el teatro seglar de Sor Juana Inés de la Cruz», en Hans Flasche (ed.), *Hacia Calderón. Décimo Coloquio Anglogermano*, Stuttgart, Franz Steiner, 1994, págs. 78-89.
— *Literatura hispanoamericana*, Madrid, Gustavo Gili, 1969, 4.ª ed.
VALDÉS, Juan de, *Diálogo de la lengua*, ed. de A. Comas, Barcelona, Bruguera, 1972.
VIRGILIO, *Eneida*, trad. Dulce E. Álvarez, Barcelona, PPU, 1988.
VOSSLER, K., «El mundo en el sueño». Precede a su traducción al alemán de *Primero sueño* (Berlín, 1941) [traducido por Gerardo Moldenhauer, se recoge en la edición de Juan Carlos Merlo, *Primero sueño*, Universidad de Buenos Aires, 1953].
WARDROPPER, Bruce W., «El problema de la responsabilidad en la comedia de capa y espada de Calderón», en *Actas del Segundo Congreso Internacional de Hispanistas*, Nimega, 1967, págs. 689-694.
WILLIAMSEN, Vern G., «La simetría bilateral de las comedias de sor Juana Inés», en *El Barroco en América*, I, Madrid, Ediciones Cultura Hispánica, 1978, págs. 217-228.
XIRÁU, R., *Genio y figura de Sor Juana Inés de la Cruz*, Buenos Aires, EUDEBA, 1967.
YATES, F. A., *Giordano Bruno y la tradición hermética*, Barcelona, Ariel, 1983.

SEGUNDO TOMO DE LAS OBRAS DE SOROR JUANA INES DE LA CRUZ,

MONJA PROFESSA EN EL Monasterio del Señor San Geronimo de la Ciudad de Mexico.

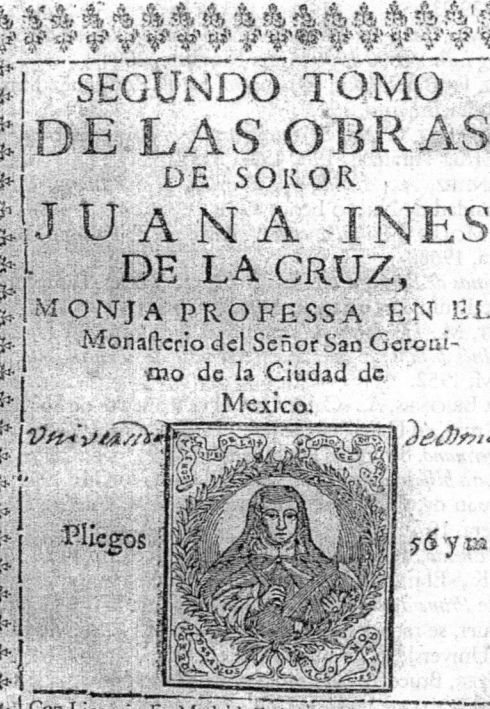

Pliegos 56 y m.

Con Licencia: En Madrid. En la Imprenta de Angel Pasqual Rubio. Año de 1725.

Los empeños de una casa

Loa
que precedió a la comedia que se sigue

INTERLOCUTORES

La Dicha
La Fortuna
La Diligencia

El Mérito
El Acaso
Música

MÚSICA	Para celebrar cuál es
	de las dichas la mayor,
	a la ingeniosa palestra
	convoca a todos mi voz.
	¡Venid al pregón! 5
	¡Atención! ¡Silencio! ¡Atención, atención!,
	siendo el asumpto, a quién puede
	atribuirse mejor,
	si al gusto de la [Fortuna]*
	o del Mérito al sudor*. 10
	¡Venid todos! ¡Venid, venid al pregón
	de la más ingeniosa, lucida cuestión!
	¡Atención! ¡Silencio! ¡Atención, atención!

(*Salen el* MÉRITO *y la* DILIGENCIA, *por un lado; y por otro, la* FORTUNA *y el* ACASO.)

MÉRITO	Yo vengo al pregón, mas juzgo
	que es superflua la cuestión. 15
FORTUNA	Yo, que tanta razón llevo,
	a vencer, no a lidiar voy.

---

*9 «Fineza» en todos los testimonios que ha de ser un lapsus por Fortuna, ya que la Fineza no aparece en la disputa ni en el reparto.

*10 Sigo en esta ocasión la puntuación de los testimonios. OC trae punto al final del v. 6 y coma al final del v. 10.

17 *lidiar:* «batallar, contender y pelear uno con otro» *(Aut.).* Salceda, en OC, hace notar la falta de dos versos en boca de la Diligencia, que completarían la simetría de estas primeras palabras dichas por cada uno de los personajes que toman parte en la discusión.

Acaso	Yo no vengo a disputar
	lo que puedo darme yo.
Música	¡Venid todos! ¡Venid, venid al pregón 20
	de la más ingeniosa, lucida cuestión!
	¡Atención! ¡Silencio! ¡Atención, atención!
Mérito	Sonoro acento que llamas,
	pause tu canora voz,
	pues si el asumpto es cuál sea 25
	de las dichas la mayor
	y a quién debe atribuirse
	después su consecución,
	punto que determinado
	por la natural razón 30
	está ya, y aun sentenciado
	(como se debe) a favor
	del Mérito, ¿para qué
	es ponerlo en opinión?
Diligencia	Bien has dicho, y pues lo eres 35
	tú, y yo parte tuya soy,
	que la Diligencia siempre
	al Mérito acompañó;
	pues, aunque Mérito seas,
	si no te acompaño yo, 40
	llegas hasta merecer,
	pero hasta conseguir, no;
	que Mérito, a quien, de omiso,
	la Diligencia faltó,
	se queda con el afán, 45
	y no alcanza el galardón;
	pero supuesto que ahora
	estamos juntos los dos,
	pues el Mérito eres tú
	y la Diligencia yo, 50

---

24 *pause:* cese; de *pausar,* interrumpir, cesar.

34 *poner en opinión:* someter a juicio.

35-36 *lo eres / tú:* el referente pronominal *lo* reemplaza al Mérito.

43 *de omiso: omitir,* en las escuelas y argumentos, vale prescindir de la verdad o falsedad de alguna proposición, como que no es del caso para lo principal que se disputa.

	no hay que temer competencias	
	de Fortuna.	
FORTUNA	¿Cómo no?	
	Pues ¿vosotros estrechar	
	queréis mi jurisdicción,	
	mayormente cuando traigo	55
	al Acaso en mi favor?	
MÉRITO	Pues ¿al Mérito hacer puede	
	la Fortuna oposición?	
FORTUNA	Sí, pues ¿cuándo la Fortuna	
	al Mérito no venció?	60
DILIGENCIA	Cuando al Mérito le asiste	
	la Diligencia.	
ACASO	¡Qué error!	
	Pues ¿a impedir un Acaso,	
	qué Diligencia bastó?	
DILIGENCIA	Muchas veces hemos visto	65
	que puede la prevención	
	quitar el daño al Acaso.	
ACASO	Si se hace regulación,	
	las más veces llega cuando	
	ya el acaso sucedió.	70
MÉRITO	Fortuna, llevar no puedo	
	que quiera tu sinrazón	

---

61 *al Mérito le asiste:* caso de leísmo no demasiado violento, pues el Mérito está aquí personificado. Méndez Plancarte, en su edición —tomos I, II y III de OC—, corrige los casos de leísmo y laísmo en las obras de Sor Juana basándose en la autoridad de Pedro Henríquez Ureña: «Considero esos *les* acusativos y esos *laes* dativos como castellanismos que se deben a los impresores europeos. Sor Juana usaba el *lo* acusativo y el *le* dativo, como se ha hecho siempre en América» (cit. por Méndez Plancarte, OC, I, pág. 368). Salceda, editor del tomo IV de OC, basándose en que la rima atestigua que Sor Juana escribió *oírle, recibirle,* aunque se pueda pensar que en esos casos se debe precisamente a exigencias de la rima, en que la poetisa mexicana era fervorosa lectora de los escritores peninsulares y en que en las ediciones mexicanas de la *Carta atenagórica* y de *El Neptuno alegórico* se encuentran casos de *le* acusativo, respeta los textos de las ediciones más antiguas y cuando hay discrepancia entre estos da preferencia al uso americano. En esta edición respeto el texto de la edición *princeps* S. *Asistir:* 'acompañar'.

68 *regulación:* «cómputo o cotejo que se hace de una cosa con otra» *(Aut.).*

quitarme a mí de la Dicha
la corona y el blasón.
Ven acá, ¿quién eres para   75
oponerte a mi valor,
más que una deidad mentida
que la indignación formó?
Pues cuando en mi tribunal
los privo de todo honor,   80
se van a ti los indignos
en grado de apelación.
¿Eres tú más que un tirano
tan bárbaramente atroz,
que castiga sin delito   85
y premia sin elección?
¿Eres tú más que un efugio
del interés y el favor,
y una razón que se da
por obrar la sinrazón?   90
¿No eres tú del desconcierto
un mal regido relox
que si quiere da las veinte
al tiempo de dar las dos?
¿No eres tú de tus alumnos   95
la más fatal destruición*,
pues al que ayer levantaste
intentas derribar hoy?
¿Eres más...?

FORTUNA ¡Mérito, calla!,
pues tu vana presumpción,   100
en ser discurso se queda
sin pasar a oposición!
¿De qué te sirve injuriarme

---

77 *mentida:* falsa.
78 *indignación:* en el sentido de *indignidad*, «falta de mérito».
87 *efugio:* «evasión, salida, medio término o recurso para huir la fuerza de la razón contraria y salir de alguna dificultad» *(Aut.)*.
*96 «destruicion» en los testimonios que mantengo; en OC «destrucción»; como más adelante en el v. 119.

>   si, cuando está tu furor*
>   envidiando mis venturas, 105
>   las estoy gozando yo?
>   Si sabes que en cualquier premio,
>   en que eres mi opositor,
>   te quedas tú con la queja
>   y yo con la posesión, 110
>   ¿de qué sirve la porfía?
>   ¿No te estuviese mejor
>   el rendirme vasallaje
>   que el tenerme emulación?
>   Discurre por los ejemplos 115
>   pasados. ¿Qué oposición
>   me has hecho en que decir puedas
>   que has salido vencedor?
>   En la destruición de Persia,
>   donde asistí, ¿qué importó 120
>   tener Darío el derecho,
>   si ayudé a Alejandro yo?
>   Y cuando quise después
>   desdeñar al Macedón,
>   ¿le defendió de mis iras 125
>   el ser del mundo señor?
>   [Cuando] se exaltó en el trono*
>   Tamorlán con mi favor,

---

*104 En B2, B3, «tu favor».

121-122 *tener Darío el derecho / si ayudé a Alejandro yo?:* «La conquista de Persia por Alejandro era una agresión notoriamente injusta; y el Conquistador tenía fuerzas muy inferiores en número a las de Darío, a pesar de lo cual logró el más cabal triunfo. Plutarco *(Vida de Alejandro)*, hablando del campo de batalla de Iso —tan favorable a los invasores—, dice que *«la Fortuna»* le preparó este lugar a Alejandro, pero él, por su parte, procuró también ayudar a la fortuna, disponiendo las cosas del modo mejor posible para el vencimiento», nota de Salceda en OC.

124-126 Alejandro el Magno, llamado el Macedonio, murió a los treinta y dos años, se dice que envenenado, en Babilonia donde entró desoyendo los consejos de los astrólogos caldeos que le predecían una desgracia.

*127 En S y las tres ediciones de 1693, «cuanto»; la corrección que acepto se encuentra en M1.

¿no hice una cerviz real
grada del pie de un pastor? 130
Cuando quise hacer a César
en Farsalia vencedor,
¿de qué le sirvió a Pompeyo
el estudio y la razón?
Y el más hermoso prodigio, 135
la más cabal perfección
a que el Mérito no alcanza,
a un Acaso se rindió.
¿Quién le dio el hilo a Teseo?
¿Quién a Troya destruyó? 140
¿Quién dio las armas a Ulises,
aunque Áyax las mereció?
¿No soy de la paz y guerra
el árbitro superior,

129-130 *¿no hice una cerviz real / grada del pie de un pastor?:* alude al hecho de que el gran conquistador mogol Tamorlán, de quien se dice que era hijo de un pastor, venció e hizo prisionero al sultán turco Bayaceto, al que encerró en una jaula hecha de tal forma que cada vez que subía a caballo ponía los pies sobre sus espaldas.

131-133 César venció a Pompeyo en la batalla de Farsalia (48 a.C.) a pesar de tener un ejército muy inferior.

139 *¿Quién le dio el hilo a Teseo?:* Teseo logró encontrar la salida del laberinto de Creta y pudo escapar, después de matar al Minotauro, gracias al ovillo de hilo que le dio Ariadna, hija del rey Minos, que se había enamorado de él. Sor Juana hizo de la historia de Teseo la trama central de la comedia *Amor es más laberinto,* en cuyas notas pueden verse más detalles de la importancia del amor de Ariadna para la salvación del joven héroe.

140 *¿Quién a Troya destruyó?:* los griegos lograron destruir Troya, después de diez años de asedio, gracias al famoso caballo de madera construido «por arte divina de Palas».

141-142 *¿Quién dio las armas a Ulises / aunque Áyax las mereció?:* después de la muerte de Aquiles, su madre Tetis decidió entregar sus armas, fabricadas por Vulcano, al griego más valiente. Este era Áyax, pero Ulises suscitó contra él el resentimiento de los jefes griegos al hacerles notar que Áyax se atribuía a él solo las victorias que había obtenido en unión de ellos y las armas fueron entregadas a Ulises. El valiente Áyax había provocado frecuentemente a los dioses con respuestas y actitudes irreverentes. Así, cuando su padre Telamón le aconsejó que fuera esforzado pero que siempre tuviera presente la ayuda de los dioses, Áyax le contestó: «Con la ayuda de los dioses cualquier cobarde puede alcanzar la gloria; yo confío hacerlo sin ellos» (Ovidio, *Metamorfosis,* Libro XIII).

	pues de mi voluntad sola	145
	pende su distribución?	
DILIGENCIA	No os canséis en argüir,	
	pues la voz que nos llamó	
	de oráculo servirá,	
	dando a nuestra confusión	150
	luz.	
ACASO	Sí, que no Acaso fue	
	el repetir el pregón.	
MÚSICA	¡Atención, atención! ¡Silencio, atención!*	
MÉRITO	Voz, que llamas importuna	
	a tantas, sin distinguir,	155
	¿a quién se ha de atribuir	
	aquesta ventura?	
MÚSICA	A una.	
FORTUNA	¿De cuáles, si son opuestas?	
MÚSICA	De estas.	
DILIGENCIA	¿Cuál? Pues hay en el teatro...	160
MÚSICA	Cuatro.	
ACASO	Sí, mas ¿a qué fin rebozas?	

---

*153 Salceda en OC, anota: «1693, dos versos..., pero 1692, uno solo». En ambas ediciones figura como dos versos. Edito uno solo para unificar con los versos 6 y 13, que dichas ediciones editan como uno.

157 *aquesta:* coexisten en la lengua de la época clásica las formas demostrativas *este-aqueste, ese-aquese,* etc., muy útiles para el cómputo silábico. El *Diccionario de Autoridades* aconseja que términos como *aqueste* o *aquese* no se utilicen fuera de la poesía «porque lo que se debe decir es esse, essa, esso». En el total de obras que componen el festejo he contabilizado cincuenta y seis formas del tipo *aqueste, aquese,* etc., frente a sesenta y siete del tipo *este, ese,* y una u otra elección responde únicamente a necesidades métricas.

160 *teatro:* se refiere a la escena, en la que hay cuatro voces que corresponden a los cuatro personajes: Mérito, Fortuna, Diligencia y Acaso.

162 *rebozas:* «metafóricamente, encubrir, ocultar con disimulo y artificio engañoso alguna cosa, disfrazarla para que tan fácilmente no se conozca» *(Aut.).* La consonancia *rebozas-cosas* indica la identidad de los fonemas /θ/ y /s/ en la lengua de Sor Juana, quien en toda su obra rima sistemáticamente según la pronunciación mexicana. Sólo en *Primero sueño* se encuentran como consonantes *cansa* y *balanza* (vv. 157-161); *choza* y *poderosa* (vv. 185-189); *excuse* e *introduce* (vv. 250-251); *proezas* e *impresas* (vv. 352-353); *espeluza* y *rehúsa* (vv. 765-766); *empresa* y *naturaleza* (vv. 779-780). El poema número 105 de OC, después del título lleva el siguiente paréntesis: «y se advierte que el yerro

MÚSICA	Cosas.	
FORTUNA	Aunque escuchamos medrosas, hallo que van pronunciando los ecos que va formando:	165
MÚSICA	A una de estas cuatro cosas.	
MÉRITO	Mas ¿quién tendrá sin desdicha...	
MÚSICA	... la Dicha?*	
FORTUNA	Si miro que para quién...	170
MÚSICA	... es bien.	
MÉRITO	¿A quién es bien que por suya...	
MÚSICA	... se atribuya?	
DILIGENCIA	Pues de fuerza ha de ser tuya, que juntando el dulce acento dice que al Merecimiento...	175
MÚSICA	... la Dicha es bien se tribuya.	
ACASO	¿Se dará, sin embarazo...	
MÚSICA	... a el Acaso?	
ACASO	¿Y qué pondrá en consecuencia?	180
MÚSICA	Diligencia.	
ACASO	Sí, mas ¿cuál es fundamento?	
MÚSICA	Merecimiento.	
ACASO	Y lo logrará oportuna...	
MÚSICA	... Fortuna.	185

---

de los consonantes penúltimos, no se ha, como en otros papeles, corregido aquí: sin quizás, porque aun la dulzura del ceceo con que pronuncia la Poetisa, se la transcribamos también; defecto en que no cae sola» (OC, I, pág. 245). Los consonantes penúltimos «errados» son *es* y *vez*. Claro está que no se trata de ningún defecto y la «dulzura del ceceo», o más bien del seseo, como precisa Méndez Plancarte, se mantiene hasta hoy en la poesía americana de lengua española. El nicaragüense Alfonso Cortés rima en un bello poema: «Un viento de espíritus, pasa / muy lejos, desde mi ventana, / dando un aire que despedaza / su carne una angélica diana» *(30 Poemas de Alfonso,* ed. de Ernesto Cardenal, Costa Rica, Ed. Universitaria Centroamericana, 1970). Véanse *infra* los vv. 178-179 y 371 de esta misma loa; 21-22, 61-62 y 91 del *Sainete segundo,* y 1691-1692 de la comedia.

*168-169 Sintácticamente forman una sola oración interrogativa. En OC figura el octosílabo como pregunta y el verso corto como respuesta. En los testimonios el signo de interrogación figura al final del verso corto. Como en los vv. 172-173.

178-179 Una nueva consonancia entre *embarazo* y *acaso,* ya comentada.

ACASO	Bien se ve que solo es una;	
	pero da la preeminencia...	
MÚSICA	... al Acaso, Diligencia,	
	Merecimiento y Fortuna.	
MÉRITO	Atribuirlo a un tiempo a todas	190
	no es posible; pues confusas	
	sus cláusulas con las nuestras,	
	confunden lo que articulan.	
	Vamos juntando los ecos,	
	que responden a cada una,	195
	para formar un sentido	
	de tantas partes difusas.	
FORTUNA	Bien has dicho, pues así	
	se penetrará su obscura	
	inteligencia.	
ACASO	Con eso	200
	podrá ser que se construya	
	su recóndito sentido.	
DILIGENCIA	Pues digamos todas juntas	
	con la Música, ayudando	
	las cláusulas que pronuncia.	205
[TODOS Y	A una de estas cuatro cosas*...	
LA MÚSICA]	... la Dicha es bien se atribuya:	
	al Acaso, Diligencia,	
	Merecimiento y Fortuna.	
MÉRITO	Nada responde, supuesto	210
	que ha respondido que a una	
	se le debe atribuir,	
	con que en pie deja la duda	
	pues no determina cuál.	
FORTUNA	Sin duda, que se reduzga*	215
	a los argumentos quiere.	

---

*206-209 En las ediciones S, B1, B2, B3, M1 los vv. 206 y 208 se atribuyen a «Todos y la Música»; y los vv. 207 y 209 a «Ellos y Música»; en M2 el v. 206 a «Todos y la Música», y los tres siguientes a «Ellos y Música». Sigo la lógica distribución de OC.

*215 *reduzga:* 'reduzca'. La forma «reduzga» se encuentra en todos los testimonios y es propia de la lengua clásica; en OC: «reduzca».

ACASO	Sin duda, que se refunda
	en el Acaso es su intento.
DILIGENCIA	Sin duda, que se atribuya,
	pretende, a la Diligencia. 220
MÉRITO	¡Oh, qué vanas conjecturas,
	siendo el Mérito primero!
FORTUNA	Si no lo pruebas, se duda.
MÉRITO	Bien puede uno ser dichoso
	sin tener Merecimiento; 225
	pero este mismo contento
	le sirve de afán penoso,
	pues siempre está receloso
	del defecto que padece*
	y el gusto le desvanece, 230
	sin alcanzarlo jamás.
	Luego no es dichoso más
	de aquel que serlo merece.
MÚSICA	¡Que para ser del todo
	feliz, no basta 235
	el tener la ventura,
	sino el gozarla!
FORTUNA	Tu razón no satisfaga,
	pues antes, de ella se infiere
	que la que el Mérito adquiere 240
	no es ventura, sino paga;
	y antes, el deleite estraga,
	pues como ya se antevía,
	no es novedad la alegría.

---

221 *conjecturas:* 'conjeturas'.
*229 El defecto, la falta de merecimiento, le priva del placer de ser dichoso. En las tres ediciones de 1693 y en M1, «efecto».
236 *ventura:* aquí, con el valor de «dicha», «felicidad».
242 Cfr. Ruiz de Alarcón, *La verdad sospechosa:* «Pues, ¿cómo estáis quejoso / del bien que os ha sucedido, / si el no haberlo merecido / os hace más venturoso?» (ed. A. Millares Carlo, en *Obras completas,* II, México, Fondo de Cultura Económica, 1959, pág. 393, vv. 457-460).
243 *antevía: vía* por «veía» es construcción frecuente en la lengua del Siglo de Oro. *Antevía,* «ver de antemano».

	Luego, en sentir rigoroso,	245
	sólo se llama dichoso	
	el que no lo merecía.	
MÚSICA	¡Que para ser del todo	
	grande una Dicha,	
	no ha de ser esperada	250
	sino improvisa!	
ACASO	Del Acaso una sentencia	
	dice que se debe hacer	
	mucho caso, pues el ser	
	pende de la contingencia.	255
	Y aun lo prueba la evidencia,	
	pues no se puede dar paso	
	sin que intervenga el Acaso;	
	y no hacer de él caso fuera	
	grave error: pues en cualquiera	260
	caso, hace el Acaso al caso.	
MÚSICA	¡Porque, ordinariamente,	
	son las venturas	
	más hijas del Acaso	
	que de la industria!	265
DILIGENCIA	Éste sentir se condena;	
	pues que es más ventura, es llano,	
	labrarla uno de su mano,	
	que esperarla de la ajena.	
	Pues no podrán darle pena	270
	riesgos de la contingencia,	
	y aun en la común sentencia	

---

245 *rigoroso:* 'riguroso' con la vacilación propia del vocalismo átono. Juan de Valdés ya prefería la *u:* «En todos esos [*abundar, rufián, ... rigoroso*], yo siempre escribo la *u* porque la tengo por mejor; creo hacen así los más» *(Diálogo de la lengua,* ed. de A. Comas, Barcelona, Bruguera, 1972, pág. 96). Mantengo el texto de S; «riguroso» en ediciones posteriores.

246-247 *sólo se llama dichoso / el que no lo merecía:* estas mismas ideas las expone sor Juana en una composición en redondillas dirigida a la marquesa de la Laguna: «que dicha se ha de llamar / sola la que, a mi entender, / ni se puede merecer / ni se pretende alcanzar» (OC, I, núm. 90, pág. 225).

251 *improvisa:* «cosa no prevenida o no antevista» *(Aut.).*

265 *industria:* ingenio, sutileza.

267 *es llano:* 'está claro'.

| | se tiene por más segura,
| | pues dice que es la ventura
| | hija de la Diligencia.   275
| MÚSICA | ¡Y así, el temor no tiene
| | de perder dichas,
| | el que, si se le pierden,
| | sabe adquirirlas!
| MÉRITO | Aunque a la primera vista   280
| | cada uno, al parecer,
| | tiene razón, es engaño,
| | pues de la Dicha el laurel
| | sólo al Mérito le toca,
| | pues premio a su sudor es.   285
| [MÚSICA] | ¡No es!
| MÉRITO | ¡Sí es!*
| FORTUNA | No es, sino de la Fortuna,
| | cuya soberbia altivez
| | es la máquina del Orbe
| | estrecha basa a sus pies.   290
| MÚSICA | ¡No es!
| FORTUNA | ¡Sí es!
| DILIGENCIA | No es, sino condigno premio
| | de la Diligencia, pues
| | si allá se pide de gracia,
| | aquí como deuda es.   295
| MÚSICA | ¡No es!
| DILIGENCIA | ¡Sí es!
| ACASO | No es tal; porque si el Acaso
| | su causa eficiente es,

274-275 Alude al refrán «la diligencia es madre de la buena ventura».

283 *laurel:* como símbolo de premio o corona.

*286 En los testimonios «¡No es!» aparece dicho por Fortuna. Acepto la corrección de OC que unifica con los vv. 291, 296 y 301, en los que la expresión negativa corresponde a la Música.

289-290 *es la máquina del Orbe / estrecha basa a sus pies:* se representa, generalmente, a la Fortuna con una esfera, símbolo de la universalidad. Cfr. Quevedo, *La hora de todos:* «traía [la Fortuna] por chapines una bola sobre que venía de puntillas...» (ed. L. López Grigera, Madrid, Clásicos Castalia, 1975, pág. 66).

292 *condigno:* «debido, correspondiente y proporcionado» *(Aut.).*

	claro está que será mía,	
	pues soy yo quien la engendré.	300
MÚSICA	¡No es!	
ACASO	⸻ ¡Sí es!	
MÉRITO	Baste ya, que esta cuestión	
	se ha reducido a porfía;	
	y pues todo se vocea	
	y nada se determina,	305
	mejor es mudar de intento.	
FORTUNA	¿Cómo?	
MÉRITO	⸻ Invocando a la Dicha;	
	que, pues la que hoy viene a casa	
	se tiene por más divina	
	que humana, como deidad	310
	sabrá decir, de sí misma,	
	a cuál de nosotros cuatro	
	debe ser atribuida.	
FORTUNA	Yo cederé mi derecho,	
	sólo con que ella lo diga.	315
	Mas ¿cómo hemos de invocarla,	
	o adónde está?	
DILIGENCIA	⸻ En las delicias	
	de los Elisios, adonde	
	sólo es segura la Dicha.	
	Mas ¿cómo hemos de invocarla?	320
ACASO	Mezclando con la armonía	
	de los coros nuestras voces.	
DILIGENCIA	Pues empezad sus festivas	
	invocaciones mezclando	
	el respeto a la caricia.	325

---

308 *la que hoy viene a casa:* se refiere a la visita de los virreyes. Véase Introducción.

317 *A dónde* o *adónde* es adverbio interrogativo que significa «a qué lugar». El uso que aquí le da Sor Juana, sin valor de movimiento, no era infrecuente en la lengua clásica. Hoy se considera un uso arcaico que conviene evitar y sustituir por el adverbio *dónde* solo o precedido de la preposición *en*.

318 *Elisios:* Elíseos. Parte de los Infiernos donde moraban los héroes y los hombres virtuosos después de su muerte, llevando una existencia feliz. Cfr. Virgilio, *Eneida*, VI, 637 y ss.: «Sitios alegres, sedes venturosas».

(Cantan y representan.)

Mérito	¡Oh, reina del Elisio coronada!
Fortuna	¡Oh, emperatriz de todos adorada!
Diligencia	¡Común anhelo de las intenciones!
Acaso	¡Causa final de todas las acciones!
Mérito	¡Riqueza, sin quien pobre es la riqueza! 330
Fortuna	¡Belleza, sin quien fea es la belleza!
Mérito	Sin quien Amor no logra sus dulzuras.
Fortuna	Sin quien Poder no logra sus alturas.
Diligencia	Sin quien el mayor bien en mal se vuelve.
Acaso	Con quien el mal en bienes se resuelve. 335
Mérito	¡Tú, que donde tú asistes no hay desdicha!
Fortuna	En fin ¡tú, Dicha!
Acaso	¡Dicha!
Diligencia	¡Dicha!
[Mérito]	¡Dicha!*
Todos	¡Ven, ven a nuestras voces; porque tú misma sólo descifrar puedes 340 de ti el enigma!

(Dentro, un clarín.)

Música	¡Albricias, albricias!
Todos	¿De qué las pedís?
Música	De que ya benigna a la invocación 345 se muestra la Dicha. ¡Albricias, albricias!

---

*337 S, B1, M1, M2 la última «¡Dicha!» la repite la Diligencia. B2 enmienda y la pone en boca del Mérito, enmienda que siguen B3 y OC y que acepto pues completa la participación de los cuatro personajes.

342-343 *¡Albricias, albricias! / ¿De qué las pedís?*: *albricias* era la recompensa o el premio que se daba al que era portador de buenas noticias, pero también se usaba con el significado de «felicitación», «enhorabuena» e, incluso, comenzaba a tener un valor puramente exclamativo, de gozo o satisfacción, como en el v. 3209.

(Córrense dos cortinas y aparece la DICHA *con corona y cetro.)*

MÉRITO	¡Oh, qué divino semblante!
FORTUNA	¡Qué beldad tan peregrina!
DILIGENCIA	¡Qué gracia tan milagrosa! 350
ACASO	Pues ¿cuándo no fue la Dicha hermosa?
MÉRITO	Todas lo son; mas ninguna hay que compita con aquesta. Pero atiende a ver lo que determina. 355
DICHA	Ya que llamada vengo a informar de mí misma, y a ser de vuestro pleito el árbitro común que lo decida; y pues es la cuestión: 360 ¿a quién mejor, la Dicha, por razones que alegan, de los cuatro, ser debe atribuida? Y el Mérito me alega* tenerme merecida, 365 como que equivalieran a mi valor sagrado sus fatigas. La Diligencia alega que en buscarme me obliga, como que humana huella 370 pudiera penetrar sagradas [simas]*. La Fortuna, más ciega, de serlo se acredita, pues quiere en lo sagrado tener jurisdicciones electivas. 375 El Acaso, sin juicio* pretende, o con malicia, el que la Providencia

---

*364 Mantengo la lectura de los testimonios. OC suprime la «y».

*371 «cimas» en los testimonios. Teniendo en cuenta lo dicho en nota a los vv. 162 y 178, y que el verbo *penetrar* sugiere *simas* y no *cimas,* como bien anota Salceda aunque en su edición mantenga *cimas,* enmiendo la grafía en «simas».

*376 Mantengo la lectura de los testimonios; OC «Y el Acaso».

              por un acaso se gobierne y rija.
              Y para responderos   380
              con orden, es precisa,
              Diligencia, advertiros
              que no soy yo de las vulgares dichas,
              que esas, la Diligencia
              es bien que las consiga,   385
              que el Mérito las gane,
              que el Acaso o Fortuna las elijan;
              mas yo mido, sagrada,
              distancias tan altivas,
              que a mi [elevado] solio*   390
              no llegan impresiones peregrinas.
              Y ser yo de Fortuna
              dádiva, es cosa indigna,
              que de tan ciegas manos
              no son alhajas dádivas divinas.   395
              Del Mérito, tampoco,
              que sagradas caricias
              pueden ser alcanzadas,
              pero nunca ser pueden merecidas.
              Pues soy (mas con razón   400
              temo no ser creída,
              que ventura tan grande,
              aun la dudan los ojos que la miran)
              la venida dichosa
              de la excelsa María   405
              y del invicto Cerda,

---

*390 S, B1, M1, M2 «sagrado»; prefiero la lección de B2, B3 «elevado» por el contexto («distancias tan altivas») y para evitar la repetición de «sagrado», que ya figura en el verso anterior.

391 *impresiones peregrinas:* «Las mutaciones o accidentes fuera de lo natural y extrañas al sujeto en quien suceden, y metafóricamente se llaman así las especies que casual o accidentalmente sobrevienen en el ánimo y le inmutan o alteran» *(Aut.).* Cfr. Lope de Vega, *La Dorotea:* «En ti es imposible; que yo he oído decir que el Cielo no admite peregrinas impresiones» (ed. E. S. Morby, Madrid, Castalia, 1980, pág. 48).

405-406 *de la excelsa María / y del invicto Cerda:* se refiere a los virreyes doña María Luisa Manrique de Lara, condesa de Paredes, y don Tomás Antonio de

	que eternos duren y dichosos vivan.	
	Ved si a Dicha tan grande	
	como gozáis, podría	
	Diligencia ni Acaso,	410
	Mérito ni Fortuna, conseguirla.	
	Y así, pues pretendéis	
	a alguno atribuirla,	
	solo atribuirse debe	
	tanta ventura a su grandeza misma,	415
	y al José generoso	
	que, sucesión florida,	
	a multiplicar crece	
	los triunfos de su real progenie invicta.	
	Y pues ya conocéis	420
	que, a tan sagrada Dicha,	
	ni volar la esperanza,	
	ni conocerla pudo la noticia,	
	al agradecimiento	
	los júbilos se sigan,	425
	que si no es recompensa,	
	de gratitud al menos se acredita.	
MÉRITO	Bien dice: celebremos	
	la gloriosa venida	
	de una dicha tan grande	430
	que en tres se multiplica.	
	Y alegres digamos	
	a su hermosa vista:	
	¡Bienvenida sea	
	tan sagrada Dicha,	435
	que la Dicha siempre	
	es muy bien venida!	

---

la Cerda, marqués de la Laguna. Fueron virreyes de Nueva España desde 1680 a 1686, aunque permanecieron en México hasta dos años más tarde.

416 *José:* hijo de los virreyes nacido en México el 5 de julio de 1683. Con anterioridad habían tenido otros dos hijos que murieron al poco de nacer.

419 *su real progenie invicta:* el marqués de la Laguna descendía del hijo primogénito de Alfonso X el Sabio, el infante don Fernando de la Cerda, que se casó con la hija de San Luis, rey de Francia.

431 *en tres se multiplica:* es decir, en los virreyes y su hijo.

MÚSICA	¡Bien venida sea!	
	¡Sea bien venida!	
FORTUNA	Bien venida sea	440
	la excelsa María,	
	diosa de la Europa,	
	deidad de las Indias.	
ACASO	Bien venido sea	
	el Cerda, que pisa	445
	la cerviz ufana	
	de América altiva.	
MÚSICA	¡Bien venida sea!	
	¡Sea bien venida!	
MÉRITO	Bien en José venga	450
	la Belleza misma,	
	que ser más no puede	
	y a crecer aspira.	
MÚSICA	¡Bien venida sea!	
	¡Sea bien venida!	455
FORTUNA	Y a ese bello Anteros	
	un Cupido siga,	
	que sus glorias parta	
	sin disminuirlas.	
DICHA	Porque de una y otra	460
	casa esclarecida,	
	crezca a ser gloriosa,	
	generosa cifra.	
FORTUNA	Fortuna a su arbitrio	
	esté tan rendida,	465

444-447 En esta cuarteta ha querido ver alguna crítica la manifestación por parte de Sor Juana de unos sentimientos criollos, y, por consiguiente, rebeldes. Véase María E. Pérez, *Lo americano en el teatro de sor Juana Inés de la Cruz*, págs. 71-72; C. M. Suárez Radillo, *El teatro barroco hispanoamericano,* pág. 119.

456-457 *a ese bello Anteros / un Cupido siga: Anteros* y *Cupido* son dos «Amores» hijos de Venus y de Marte; cada uno de esos nombres vale aquí como «niño muy hermoso».

460-461 *de una y otra / casa: casa* aquí con el valor de «familia, estirpe»; la de los Cerda y la de los Manrique.

463 *cifra:* síntesis o resumen. «Cuando queremos encarecer lo que dejamos de decir, pareciéndoles a los oyentes que se ha dicho mucho informando en algún negocio, solemos añadir: "Esto es cifra para lo que pudiera decir" (Cov.).

	que pierda de ciega	
	la costumbre antigua.	
MÚSICA	¡Bien venida sea!	
	¡Sea bien venida!	
MÉRITO	Mérito, pues es	470
	tan de su familia,	
	como nació en ella,	
	eterno le asista.	
MÚSICA	¡Bien venida sea!	
	¡Sea bien venida!	475
DILIGENCIA	Diligencia siempre	
	tan fina le asista,	
	que aumente renombres	
	de ser más activa.	
MÚSICA	¡Bien venida sea!	480
	¡Sea bien venida!	
ACASO	El Acaso tanto	
	se esmere en servirla,	
	que haga del Acaso	
	venturas precisas.	485
MÚSICA	¡Bien venida sea!	
	¡Sea bien venida!	
FORTUNA	En sus bellas damas,	
	cuya bizarría,	
	de Venus y Flora,	490
	es hermosa envidia.	
MÚSICA	¡Bien venida sea!	
	¡Sea bien venida!	
MÉRITO	Y pues esta casa,	
	a quien iluminan	495
	tres soles con rayos,	
	un Alba con risa,	
ACASO	no ha sabido cómo	
	festejar su Dicha,	
	si no es con mostrarse	500
	de ella agradecida.	

---

490 *Venus y Flora:* divinidades romanas famosas por su belleza.

Diligencia	Que a merced que en todo	
	es tan excesiva,	
	que aun de los deseos	
	pasa la medida,	505
Fortuna	nunca hay recompensa,	
	y si alguna hay digna,	
	es solo el afecto	
	que hay a recibirla.	
Mérito	Que al que las deidades	510
	al honor destinan,	
	el Mérito dan	
	con las honras mismas.	
Acaso	Y porque el festejo	
	pare en alegría,	515
	los coros acordes	
	otra vez repitan:	
Música	¡Bienvenida sea	
	tan sagrada Dicha,	
	que la Dicha siempre	520
	es muy bien venida!	
Dicha	¡Y sea en su Casa,	
	porque eterna viva,	
	como la Nobleza,	
	vínculo la Dicha!*	525
Fortuna	Y porque a la causa es bien	
	que estemos agradecidas,	
	repetid conmigo todos:	
Todos	¡Que con bien Su Señoría	
	Ilustrísima haya entrado,	530
	pues en su entrada festiva,	
	fue la dicha de su entrada	
	la entrada de nuestra Dicha!	
Música	¡Fue la dicha de su entrada	
	la entrada de nuestra Dicha!	535

---

*525 En M1 (ed. de 1715) se lee «vinculò», errata evidente.
529 *Su Señoría / Ilustrísima:* se refiere al arzobispo don Francisco de Aguiar y Seijas, que había hecho ese día, el 4 de octubre de 1683, su entrada solemne en la ciudad.

Letra*

Divina Lisi, permite
a los respetos cobardes
que por indignos te pierden,
que por humildes te hallen.
No es ufano sacrificio					5
el que llega a tus altares,
que aun se halla indigno el afecto
de poder sacrificarse.

---

* Título: «Letra que se cantò por «Divina Fénix, permite», en todos los testimonios.
1 *Lisi:* es aquí doña María Luisa, la marquesa de la Laguna y condesa de Paredes; otras veces designada por Sor Juana con los sobrenombres de *Lysis, Lísida* y *Filis*. Lisi, Lisis, Lísida no son infrecuentes en la poesía del siglo XVII. Quevedo los utiliza en los sonetos en que «canta sola a Lisi», dedicados a doña Luisa de la Cerda; Bocángel, en el romance «En la muerte de Lisis» *(La lira de las Musas,* 1635); Francisco de la Torre, en el epigrama «Con polvo Lisis se pinta» (en Alfay, 1654). Cervantes en *Viaje del Parnaso* se burla de la manía de los poetas de poner sobrenombres a sus damas: «Item, que el más pobre poeta del mundo, como no sea de los Adanes y Matusalenes, pueda decir que es enamorado, aunque no lo esté, y poner el nombre a su dama como más le viniere a cuento, ora llamándola Amarili, ora Anarda, ora Clori, ora Filis, ora Fílida, o ya Juana Téllez, o como más gustare, sin que desto se le pueda pedir ni pida razón alguna» (ed. Vicente Gaos, Madrid, Clásicos Castalia, 1973, págs. 188-189). Y también lo había hecho en el *Quijote,* I, XXV: «¿Piensas tú que las Amarilis, las Filis, las Silvias, las Dianas, las Galateas, las Alidas y otras tales de que los libros, los romances, las tiendas de los barberos, los teatros de las comedias, están llenos, fueron verdaderamente damas de carne y hueso, y de aquellos que las celebraban y celebrarron?».

>   Ni agradarte solicita,
>   que no son las vanidades 10
>   tan soberbias, que presuman
>   que a ti puedan agradarte.
>   Sólo es una ofrenda humilde,
>   que entre tantos generales
>   tributos, a ser no aspira, 15
>   ni aun a ser parte integrante.
>   La pureza de tu altar
>   no es bien macular con sangre,
>   que es mejor que arda en las venas
>   que no que las aras manche. 20
>   Mentales víctimas son
>   las que ante tu trono yacen,
>   a quien hieren del deseo
>   segures inmateriales*.
>   No temen tu ceño, porque 25
>   cuando llegues a indignarte,
>   ¿qué más dicha que lograr
>   el merecerte un desaire?
>   Seguro, en fin, de la pena
>   obra el amor, porque sabe 30
>   que a quien pretende el castigo,
>   castigo es no castigarle.

---

16 *parte integrante:* «la que constituye la integridad: y aunque falte no falta el compuesto» *(Aut.)*.

17-24 Las mismas ideas sobre el amor puro se encuentran en el romance dedicado a la condesa de Paredes, «Lo atrevido de un pincel» (OC, I, núm. 19, vv. 45-56); y en el romance que escribe para felicitar los años del capitán don Pedro Velázquez de la Cadena, «Yo, menor de las ahijadas» (OC, I, núm. 46, vv. 113-120).

18 *macular:* es cultismo por «manchar».

*24 *segures:* «hachas grandes para cortar». B2, B3 leen erróneamente «seguros».

26 *cuando:* con valor condicional, «si llegaras». Véase *Esbozo de una nueva gramática de la lengua española*, Real Academia Española, Madrid, Espasa Calpe, 1982, pág. 556.

31-32 Parecidas ideas en las endechas que comienzan «Divina Lysi mía» en que Sor Juana expresa su respeto amoroso a la Virreina: «En fin, yo de adorarte / el delito confieso; / si quieres castigarme, / este mismo castigo será premio» (OC, I, núm. 82, vv. 33-36).

Los empeños de una casa

Comedia, famosa.

INTERLOCUTORES

Don Carlos
Don Juan
Don Pedro
Don Rodrigo
Doña Leonor
Doña Ana

Celia
Hernando
Castaño
Dos Embozados
Dos coros de música

Jornada primera

(Salen Doña Ana *y* Celia.)

Doña Ana	Hasta que venga mi hermano,
	Celia, le hemos de esperar.
Celia	Pues eso será velar,
	porque él juzga que es temprano
	la una o la dos; y a mi ver, 5
	aunque es grande ociosidad,
	viene a decir la verdad,
	pues viene al amanecer.
	Mas, ¿por qué ahora te dio
	esa gana de esperar, 10
	si te entras siempre a acostar
	tú, y le espero sola yo?
Doña Ana	Has de saber, Celia mía,
	que aquesta noche ha fiado

---

14 *fiado:* los verbos como fiar, desconfiar, liar, etc., sólo acentúan la *i* en unas pocas formas de su conjugación —de los presentes de indicativo, de subjuntivo y de imperativo—; en las restantes, aunque la *i* es átona no forma diptongo con la vocal que le sigue (véase M. Seco, *Diccionario de dudas y dificultades de la lengua española,* Madrid, Aguilar, 1961, s. v. *desviar).* Luego, formas como *fiado, criado, liaba* deben ser consideradas trisílabas. No obstante, he preferido indicarlo en la grafía con diéresis. Se da el caso de que *Desconfianza* en el v. 143 del *Sainete primero* tiene cuatro sílabas y en el v. 145 ha de tener cinco; *criada,* en los vv. 1219 y 1220 es bisílaba, mientras que el resto de veces que aparece (vv. 73, 78, 736, 968, 1140, 1193, etc.) tiene que ser trisílaba. Otros casos de diéresis son: *crüel* (v. 43), *congrüencia* (v. 2139), *rüido* (v. 2907), *süave* (v. 3018); *mantüana* y *Dïana* (vv. 242 y 245 del *Sarao).*

de mí todo su cuidado, 15
tanto de mi afecto fía.
Bien sabes tú que él salió
de Madrid dos años ha,
y a Toledo, donde está,
a una cobranza llegó, 20
pensando luego volver,
y así en Madrid me dejó,
donde estando sola yo,
y poder ser vista y ver*,
me vio don Juan y le vi, 25
y me solicitó amante,
a cuyo pecho constante
atenta correspondí;
cuando, o por no ser tan llano
como el pleito se juzgó, 30
o lo cierto, porque no
quería irse mi hermano,
porque vive aquí una dama
de perfecciones tan summas
que dicen que faltan plumas 35
para alabarla a la Fama,
de la cual enamorado,
aunque no correspondido,
por conseguirla perdido
en Toledo se ha quedado; 40
y porque yo no estuviese
sola en la Corte sin él,

---

15 *cuidado:* «la atención y el cargo de lo que está a la obligación de cada uno, en que debe desvelarse, porque de salir mal, se le ha de echar la culpa, o le puede venir daño» *(Aut.).* Es una de las palabras claves de la terminología amorosa de la época: se trata de una especialización del sentido básico, «solicitud y advertencia para hacer alguna cosa con la perfección debida» *(Aut.) (infra,* v. 504), llegando a ser equivalente de «amor» *(infra,* vv. 133, 560), de donde derivan las acepciones: «preocupación, temor causado por el amor y dirigido a la persona amada» *(infra,* vv. 402, 472, 552, 1253) y «recelo y temor de lo que puede sobrevenir» *(infra,* v. 116).

*24 En los testimonios «y poder ser vista» que mantengo. OC, teniendo en cuenta el gerundio del verso anterior, edita *pudiendo ser vista.*

25 *le vi:* véase nota al v. 61 de la «Loa».

o porque a su amor crüel
de algún alivio le fuese,
dispuso el que venga aquí   45
a vivir yo, que al instante
di cuenta a don Juan, que amante
vino a Toledo tras mí;
fineza a que agradecida
toda el alma estar debiera,   50
si ya (¡ay de mí!) no estuviera
del empeño arrepentida,
porque el amor, que es villano
en el trato y la bajeza,
se ofende de la fineza.   55
Pero, volviendo a mi hermano,
sábete que él ha [inquirido]*
con obstinada porfía
qué motivo haber podía
para no ser admitido;   60
y hallando que es otro amor,
aunque yo no sé de quién,
sintiendo más que el desdén
que otro gozase el favor,
—que como este fiero engaño   65
es envidioso veneno,
se siente el provecho ajeno
mucho más que el propio daño—,
sobornando (¡oh vil costumbre
que así la razón estraga,   70
que es tan ciego Amor que paga
porque le den pesadumbre!)

---

43 *crüel:* la medida del verso requiere que sea bisílaba.

46 *que* con el sentido «de lo que».

*57 S y otros testimonios «adquirido»; B2, B3 corrigen «inquirido», enmienda que acepto.

71 *ciego Amor:* Cupido, dios pagano del amor, se representaba con una venda en los ojos para significar la ceguera de los amantes, cfr. J. Pérez de Moya, *Philosofía secreta,* pág. 298: «Trae Cupido delante los ojos una venda de paño por significar que Cupido no ve. [...] Tales son los amadores, que aunque tienen ojos no ven».

      una crïada, que era
      de quien ella se fiaba,
      en el estado que estaba   75
      su amor, con el fin que espera
      y con lo demás que pasa,
      supo de la infiel crïada
      que estaba determinada
      a salirse de su casa   80
      esta noche con su amante;
      de que mi hermano furioso,
      como a quien está celoso
      no hay peligro que le espante,
      con unos hombres trató   85
      que fingiéndose Justicia
      (¡mira qué astuta malicia!)
      prendan al que la robó,
      y que al pasar por aquí
      [el] galán y dama bella*,   90
      como en depósito, a ella,
      me la entregasen a mí,
      y que luego al apartarse,
      como que acaso ellos van
      descuidados, [al] galán*   95
      den lugar para escaparse,
      con lo cual claro se arguye
      que él se valdrá de los pies

---

73 A pesar de considerar *crïada* trisílaba, el verso queda corto a no ser que se haga el hiato *que / era*.

86 *Justicia:* con el sentido de «ministros que la ejercen».

*90 «al galán» en los testimonios, excepto MS, que lee «el galán», lección que me parece preferible.

91 *en depósito:* véase *infra,* vv. 186-190 y 538. *Depositar:* «poner en libertad la doncella que ha dado palabra de casamiento, sacándola de casa de sus padres o parientes y entrándola en convento o en otro paraje seguro, donde se la pueda libremente explorar su voluntad, lo que se ejecuta por el Juez Eclesiástico, auxiliado a veces de la Justicia ordinaria» *(Aut.).*

*95 S, B1, M1, M2, MS «del galán»; B2, B3 corrigen «al galán», corrección que siguen las sueltas y que adopto.

98 *se valdrá de los pies:* expresiones como *irse por pies* o *tener pies* significan «andar ligero y veloz».

	huyendo, pues piensa que es	
	la Justicia de quien huye;	100
	y mi hermano con la traza	
	que su amor ha discurrido,	
	sin riesgo habrá conseguido	
	traer su dama a su casa,	
	y en ella es bien fácil cosa	105
	galantearla abrasado	
	sin que él parezca culpado	
	ni ella pueda estar quejosa,	
	porque si tanto despecho	
	ella llegase a entender,	110
	visto es que ha de aborrecer	
	a quien tal daño le ha hecho.	
	Aquesto que te he contado,	
	Celia, tengo que esperar;	
	mira ¿cómo puedo entrar	115
	a acostarme sin cuidado?	
CELIA	Señora, nada me admira;	
	que en amor no es novedad	
	que se vista la verdad	
	del color de la mentira;	120
	ni quién habrá que se espante*	
	si lo que es, llega a entender,	
	temeridad de mujer,	
	ni resolución de amante;	
	ni de traidoras criadas,	125
	que eso en todo el mundo pasa,	

---

104 *traer su dama:* a pesar de que ya en el siglo XVI se había extendido el uso de la preposición *a* ante el acusativo de persona y cosa personificada y de que Valdés reprueba su omisión en «el varón prudente ama la justicia» por la ambigüedad a que da lugar, los autores del siglo XVII la omiten en bastantes ocasiones por razones de métrica, de eufonía, de orden de las palabras, etc. Véase A. Rosenblat, *La lengua del «Quijote»,* págs. 277-278; H. Keniston, *The Syntax of Castilian Prose. The Sixteenth Century,* Chicago, 1937. Véase *infra,* vv. 186, 195, 2806, 2844.
106 *abrasado:* enardecido, enfervorizado.
109 *despecho:* aquí, «burla», «escarnio».
116 *cuidado:* anotado en el v. 15.
*121 B2, B3, T3 «ni quien verá».

137

	y quizá dentro de casa	
	hay algunas calderadas.	
	Sólo admirado me han,	
	por las acciones que has hecho,	130
	los indicios que tu pecho	
	da de olvidar a don Juan*;	
	y no sé por qué el cuidado	
	das en trocar en olvido,	
	cuando ni causa has tenido	135
	tú, ni don Juan te la ha dado.	
Doña Ana	Que él no me la da, es verdad;	
	que no la tengo, es mentira.	
Celia	¿De qué modo?	
Doña Ana	¿Qué te admira?	
	Es ciega la voluntad.	140
	Tras mí, como sabes, vino,	
	amante y fino, don Juan,	
	quitándose de galán	
	lo que se añade de fino,	
	sin dejar a qué aspirar	145
	a la ley del albedrío,	
	porque si él es ya tan mío,	
	¿qué tengo que desear?	
	Pero no es aquesa sola	
	la causa de mi despego,	150
	sino porque ya otro fuego	
	en mi pecho se acrisola.	
	Suelo en esta calle ver	
	pasar a un galán mancebo	
	que, si no es el mismo Febo,	155
	yo no sé quién pueda ser*.	

127-128 Se alude al refrán «en todas partes cuecen habas, y en mi casa a calderadas». Celia se refiere aquí, por adelantado, a su propia traición (vv. 167-168).

*132 B2, B3, T3 «da en olvidar».

133 *cuidado*: véase nota al v. 15.

140 Por segunda vez se hace alusión a la ceguera del amor; la primera, en el v. 71.

155 *Febo*: nombre que se da a Apolo, dios del sol y de la belleza.

*156 B2, B3, T3 «puede ser».

	A este, (¡ay de mí!), Celia mía,
	no sé si es gusto o capricho,
	y... pero ya te lo he dicho,
	sin saber que lo decía.	160
CELIA	¿Lloras?
DOÑA ANA	¿Pues no he de llorar,
	¡ay infeliz de mí!, cuando
	conozco que estoy errando
	y no me puedo enmendar?
CELIA	*(Aparte.)* Qué buenas nuevas me dan	165
	con esto que ahora he oído,
	para tener yo escondido
	en su cuarto al tal don Juan;
	que habiendo notado el modo
	con que le trata enfadada,	170
	quiere hacer la tarquinada
	y dar al traste con todo.
	—¿Y quién, señora, ha logrado
	tu amor?
DOÑA ANA	Solo decir puedo
	que es un don Carlos de Olmedo	175
	el galán. Mas han llamado;
	mira quién es, que después
	te hablaré, Celia.
CELIA	¿Quién llama?

(Dentro.)

	¡La Justicia!
DOÑA ANA	Esta es la dama.
	Abre, Celia.
CELIA	Entre quien es.	180

(Entran EMBOZADOS *y* DOÑA LEONOR.*)*

---

166 *ahora* puede usarse como bisílaba.

171 *tarquinada:* «Violencia torpe contra la honesta resistencia de alguna mujer. Dícese por semejanza a la que ejecutó Tarquino con Lucrecia» *(Aut.)*. Véase *infra,* nota al v. 2804.

EMBOZADO	Señora, aunque yo no ignoro
	el decoro de esta casa,
	pienso que el entrar en ella
	ha sido más venerarla
	que ofenderla; y así, os ruego 185
	que me tengáis esta dama
	depositada, hasta tanto
	que se averigüe la causa
	por qué le dio muerte a un hombre
	otro que la acompañaba. 190
	Y perdonad, que a hacer vuelvo
	diligencias no escusadas
	en tal caso.

(Vanse.)

DOÑA ANA	¿Qué es aquesto?
	Celia, a aquesos hombres llama
	que lleven esta mujer, 195
	que no estoy acostumbrada
	a oír estas liviandades.
CELIA	*(Aparte.)* Bien la deshecha mi ama
	hace de querer tenerla.
DOÑA LEONOR	Señora, en la boca el alma 200
	tengo (¡ay de mí), si piedad
	mis tiernas lágrimas causan
	en tu pecho (hablar no acierto),
	te suplico arrodillada
	que ya que no de mi vida, 205
	tengas piedad de mi fama,

---

182 *decoro:* honra, honor, estimación. *Infra,* vv. 604, 772, 1913; y 287 del *Sarao.*

198 *deshecha:* «la disimulación para encubrir lo hecho» (Cov.); «Disimulo, fingimiento y arte con que se finge y disfraza alguna cosa» *(Aut.).* Cfr. Quevedo, *Buscón:* «Yo conocí la deshecha, y respondile humilde. Dejome fuera, y a los amigos descolgáronlos abajo» *(Quevedo esencial,* ed. C. C. García Valdés, Madrid, Taurus, 1990, pág. 185); «Al fin, me hube de apear; subió el letrado y fuese. Y yo, por hacer la deshecha, quedeme hablando desde la calle con don Diego» *(ibídem,* pág. 204). Véase *infra,* v. 2379.

| | sin permitir, puesto que
ya una vez entré en tu casa,
que a otra me lleven adonde
corra mayores borrascas   210
mi opinión; que a ser mujer,
como imaginas, liviana,
ni a ti te hiciera este ruego,
ni yo tuviera estas ansias.
DOÑA ANA   A lástima me ha movido   215
tu belleza y tu desgracia*.
Bien dice mi hermano, Celia. *[Aparte.]*
CELIA   *[Aparte a* DOÑA ANA.*]*
Es belleza sobrehumana,
y si está así en la tormenta,
¿cómo estará en la bonanza?   220
DOÑA ANA   Alzad del suelo, señora,
y perdonad si turbada
del repentino suceso,
poco atenta y cortesana
me he mostrado, que ignorar   225
quién sois, pudo dar la causa
a la estrañeza; mas ya
vuestra persona gallarda
informa en vuestro favor,
de suerte que toda el alma   230
ofrezco para serviros.
DOÑA LEONOR ¡Déjame besar tus plantas,
bella deidad, cuyo templo,
cuyo culto, cuyas aras,

---

207 *puesto que:* la acentuación de un monosílabo átono, como final agudo de verso, se encuentra en Tirso de Molina, Ruiz de Alarcón, Moreto y Calderón («Pues daréte yo con el / garrote...»); en Sor Juana es bastante frecuente: sólo en el romance «Estos versos, lector mío...», que escribe como prólogo a sus poesías, se encuentran «que ferian al ocio las», «a la luz, tan sólo por», «pues al cabo harás lo que», «y a Dios, que esto no es más de». Véase *infra*, vv. 527, 1251, 2080, 2130, 2650, 2940, 3218, y v. 15 del *Sainete primero*.

211 *opinión:* «reputación, buena fama.»

*216 Mantengo el texto de S y resto de testimonios, y sólo considero como dicho aparte el v. 217. Salceda, en OC, edita como dichos aparte los vv. 215-217 lo que le lleva a efectuar la corrección: «*su* belleza y *su* desgracia».

	de mi deshecha fortuna	235
	son el asilo!	
DOÑA ANA	Levanta,	
	y cuéntame qué sucesos	
	a tal desdicha te arrastran;	
	aunque, si eres tan hermosa,	
	no es mucho ser desdichada.	240
CELIA	*(Aparte.)* De la envidia que le tiene	
	no le arriendo la ganancia.	
DOÑA LEONOR	Señora, aunque la vergüenza	
	me pudiera ser mordaza	
	para callar mis sucesos,	245
	la que como yo se halla	
	en tan infeliz estado,	
	no tiene por qué callarlas*;	
	antes pienso que me abono	
	en hacer lo que me mandas,	250
	pues son tales los indicios	
	que tengo de estar culpada,	
	que por culpables que sean	
	son más decentes sus causas;	
	y así, escúchame.	
DOÑA ANA	El silencio	255
	te responda.	
CELIA	¡Cosa brava!	

239-240 *si eres tan hermosa, /no es mucho ser desdichada:* alusión al refrán «la ventura de la fea la hermosa la desea». Correas, núm. 23488: «La ventura de las feas, ellas se la granjean»; núm. 23489: «La ventura de las feas, la dicha. Hay opinión que son dichosas en maridos». Cfr.: «Eco soy, la más rica / pastora de estos valles; / bella decir pudieran / mis infelicidades», copla de la canción central (Jornada II) de la comedia de Calderón, *Eco y Narciso* y que calca sor Juana en su auto sacramental *El divino Narciso*, vv. 715-718 (OC, III, págs. 44-45); Quevedo, *PO*, núm. 514, vv. 7-8: «yo tuve la ventura de la fea, / como la pronostican los refranes»; Lanini, *Darlo todo*, v. 1330: «Yo más feliz que una fea».

*248 *callarlas:* no concuerda, como debería hacerlo, con *sucesos*. Si se efectúa la corrección *callarlos,* se sacrifica la asonancia *aa*. Salceda, que también respeta el texto en OC, considera que se trata de una distracción de la autora que creyó poner otra palabra en vez de *sucesos*.

249 *abonarse:* aquí con el sentido de «favorecerse».

	¿Relación a media noche	
	y con vela? ¡Que no valga!	
DOÑA LEONOR	Si de mis sucesos quieres	
	escuchar los tristes casos	260

con que ostentan mis desdichas
lo poderoso y lo vario,
escucha, por si consigo
que, divirtiendo tu agrado,
lo que fue trabajo proprio   265
sirva de ajeno descanso,
o porque en el desahogo
hallen mis tristes cuidados
a la pena de sentirlos,
el alivio de contarlos.   270
Yo nací noble; este fue
de mi mal el primer paso,
que no es pequeña desdicha
nacer noble un desdichado;
que aunque la nobleza sea   275
joya de precio tan alto,
es alhaja que en un triste
solo sirve de embarazo;
porque estando en un sujeto
repugnan como contrarios,   280
entre plebeyas desdichas
haber respetos honrados.
Decirte que nací hermosa
presumo que es escusado,
pues lo atestiguan tus ojos   285

---

257 *relación:* «relato». Las «relaciones», como recursos de ilación en la comedia, fueron pródigamente usadas pues sirven para llevar al conocimiento de un personaje elementos que le son desconocidos y de los que, según el caso, es o no es partícipe el espectador. El abuso que se hizo de ellas las convierte en blanco de la crítica dentro de la propia comedia.

264 *divertir:* con el sentido etimológico de «apartar», «alejar». Cfr. «El áncora firme y segura de la castidad es la ocupación; esta divierte los malos pensamientos...» (Cascales, *Cartas Filológicas,* III, pág. 15). *Infra,* vv. 402, 1279, 1281.

271 y ss. Se ha querido ver en el personaje de doña Leonor un trasunto de la propia Sor Juana. Hay con respecto a este considerado «autorretrato» abundante bibliografía. Véase A. Pérez-Amador, 2007, pág. 188.

y lo prueban mis trabajos.
Solo diré... Aquí quisiera
no ser yo quien lo relato,
pues en callarlo o decirlo
dos inconvenientes hallo: 290
porque, si digo que fui
celebrada por milagro
de discreción, me desmiente
la necedad del contarlo;
y, si lo callo, no informo 295
de mí, y en un mismo caso
me desmiento, si lo afirmo,
y lo ignoras, si lo callo.
Pero es preciso al informe
que de mis sucesos hago 300
(aunque pase la modestia
la vergüenza de contarlo),
para que entiendas la historia,
presuponer asentado
que mi discreción la causa 305
fue principal de mi daño.
Inclíneme a los estudios
desde mis primeros años
con tan ardientes desvelos,
con tan ansiosos cuidados, 310
que reduje a tiempo breve
fatigas de mucho espacio.
Conmuté el tiempo, industriosa,
a lo intenso del trabajo,
de modo que en breve tiempo 315
era el admirable blanco
de todas las atenciones,
de tal modo, que llegaron
a venerar como infuso
lo que fue adquirido lauro. 320
Era de mi patria toda
el objeto venerado
de aquellas adoraciones,

---

313 *industriosa:* ingeniosa, sagaz.

>   que forma el común aplauso;
>   y como lo que decía   325
>   (fuese bueno o fuese malo)
>   ni el rostro lo deslucía
>   ni lo desairaba el garbo,
>   llegó la superstición
>   popular a empeño tanto,   330
>   que ya adoraban deidad
>   el ídolo que formaron.
>   Voló la fama parlera,
>   discurrió reinos estraños,
>   y en la distancia segura   335
>   acreditó informes falsos.
>   La pasión se puso antojos
>   de tan engañosos grados,
>   que a mis moderadas prendas
>   agrandaban los tamaños*.   340
>   Víctima en mis aras eran,
>   devotamente postrados,
>   los corazones de todos
>   con tan comprehensivo lazo,
>   que habiendo sido al principio   345
>   aquel culto voluntario,
>   llegó después la costumbre,
>   favorecida de tantos,
>   a hacer como obligatorio
>   el festejo cortesano;   350
>   y, si alguno disentía,
>   paradojo o avisado,
>   no se atrevía a proferirlo
>   temiendo que, por estraño,
>   su dictamen no incurriese,   355
>   siendo de todos contrario,
>   en la nota de grosero
>   o en la censura de vano.

---

337 *antojos:* 'anteojos'. En la suelta O y en OC «anteojos».
*340 «agrandaban» en S; en el resto de testimonios, «agradaban».
344 *comprehensivo:* comprensivo, abarcador.
352 *paradojo:* «extraño o extravagante en su modo de opinar o sentir» *(Aut.). Avisado:* discreto, sabio.

Entre estos aplausos yo,
con la atención zozobrando 360
entre tanta muchedumbre,
sin hallar seguro blanco,
no acertaba a amar a alguno*,
viéndome amada de tantos.
Sin temor en los concursos 365
defendía mi recato
con peligros del peligro*
y con el daño del daño.
Con una afable modestia
igualando el agasajo, 370
quitaba lo general
lo sospechoso al agrado.
Mis padres en mi mesura
vanamente asegurados,
se descuidaron conmigo. 375
¡Qué dictamen tan errado!,
pues fue quitar por de fuera
las guardas y los candados
a una fuerza que en sí propia
encierra tantos contrarios. 380
Y como tan neciamente
conmigo se descuidaron,
fue preciso hallarme el riesgo
donde me perdió el cuidado.
Sucedió, pues, que entre muchos 385
que de mi fama incitados
contextar con mi persona

---

*363 «à amar alguno» B2, B3 y las sueltas O, T3; «a amar ninguno» MS.
*367 «con peligro del peligro» B2, B3 y las sueltas O, T2, T3.
387 *contextar:* 'contestar'. «Decir y declarar lo mismo que otros han dicho, conformándose en todo con ellos en su disposición o declaración», o lo que es «comprobar», «convenir y corresponder una cosa con otra» *(Aut.).* Cfr. «Y para formarlo, / con necia agudeza, / concuerdas palabras, / acciones contestas...» (Sor Juana, OC, I, núm 70, vv. 53-56). En este caso la grafía con *x* no responde a la etimología y no se trata, por consiguiente, de la conservación de un grupo consonántico culto; pudiera deberse a la intención de diferenciar el sentido que el término aquí tiene del habitual. OC moderniza en «contestar».

>   intentaban mis aplausos,
>   llegó acaso a verme (¡Ay cielos!,
>   ¿cómo permitís tiranos   390
>   que un afecto tan preciso
>   se forjase de un acaso?)
>   don Carlos de Olmedo, un joven
>   forastero, mas tan claro
>   por su origen, que en cualquiera   395
>   lugar que llegue a hospedarlo,
>   podrá no ser conocido,
>   pero no ser ignorado.
>   Aquí, que me des te pido
>   licencia para pintarlo,   400
>   por disculpar mis errores,
>   o divertir mis cuidados,
>   o porque al ver de mi amor
>   los estremos temerarios,
>   no te admire que el que fue   405
>   tanto, mereciera tanto.
>   Era su rostro un enigma
>   compuesto de dos contrarios
>   que eran valor y hermosura,
>   tan felizmente hermanados,   410
>   que faltándole a lo hermoso
>   la parte de afeminado,
>   hallaba lo más perfecto

---

389 y 392 *acaso:* se juega con las distintas categorías gramaticales de *acaso.* En el v. 389 como adverbio, «casualmente»; en el v. 392, como sustantivo, «contingencia, casualidad».

394 *claro:* ilustre, insigne, digno de ser estimado y honrado.

395 *cualquiera / lugar:* en su forma plena, como adjetivo, se encuentra a veces delante de nombres femeninos; lo usual es que aparezca en su forma apocopada. Véase *infra,* v. 2580, donde *cualquiera tiempo* puede explicarse por necesidad métrica.

408-410 *dos contrarios /que eran valor y hermosura:* también estos dos «contrarios», valor y hermosura, personificados en Belona y Venus, contienden en la loa que sor Juana dedica «a los felices años del virrey marqués de la Laguna» (OC, III, págs. 404-426), para terminar siendo hermanados en la persona del virrey por medio de la Concordia.

en lo que estaba más falto;
porque ajando las facciones 415
con un varonil desgarro,
no consintió a la hermosura*
tener imperio asentado,
tan remoto a la noticia,
tan ajeno del reparo, 420
que aun no le debió lo bello
la atención de despreciarlo;
que como en un hombre está
lo hermoso como sobrado,
es bueno para tenerlo 425
y malo para ostentarlo.
Era el talle como suyo,
que aquel talle y aquel garbo,
aunque la Naturaleza
a otro dispusiera darlo, 430
solo le asentara bien
al espíritu de Carlos:
que fue de su providencia
esmero bien acertado,
dar un cuerpo tan gentil 435
a espíritu tan gallardo.
Gozaba un entendimiento
tan sutil, tan elevado,
que la edad de lo entendido
era un mentís de sus años. 440

---

*417 «no sintiò a la hermosura» B3.
419 *noticia:* aquí, como «ciencia o conocimiento de las cosas».
420 *reparo:* «advertencia, consideración o reflexión que se pone en lo que se dice o hace» *(Aut.).*
439-440 *que la edad de lo entendido / era un mentís de sus años:* la idea procede del *Libro de la Sabiduría* 4, 7-9 y 13 y ha sido muy utilizada por Sor Juana, que reitera en varios lugares de sus obras la agudeza paradójica entre la poca edad y la mucha sabiduría: en las cinco loas que dedicó al jovencísimo rey Carlos II con motivo de su cumpleaños: «goza juventud florida, / la adorna cana prudencia» (OC, III, pág. 297); en el romance que escribió al virrey marqués de la Laguna: «No en lo diuturno del tiempo / la larga vida consiste; / tal vez las canas del seso / honran años juveniles» (OC, I, pág. 46). Variantes de este

Alma de estas perfecciones
era el gentil desenfado
de un despejo tan airoso,
un gusto tan cortesano,
un recato tan amable,   445
un tan atractivo agrado,
que en el más bajo descuido
se hallaba el primor más alto;
tan humilde en los afectos,
tan tierno en los agasajos,   450
tan fino en las persuasiones,
tan apacible en el trato
y en todo, en fin, tan perfecto,
que ostentaba cortesano
despojos de lo rendido,   455
por galas de lo alentado.
En los desdenes sufrido,
en los favores callado,
en los peligros resuelto,
y prudente en los acasos.   460
Mira si con estas prendas,
con otras más que te callo,
quedaría en la más cuerda
defensa para el recato.
En fin, yo le amé; no quiero   465

---

tema (belleza en lugar de prudencia) se encuentran en la *Loa a los años de la Reina*, a quien se desea: «tenga de edad los siglos / que de belleza» (OC, III, pág. 392, vv. 397-98); en la *Loa al año que cumplió don José de la Cerda:* «es José, que en un año de vida, / de beldades mil siglos contiene» (vv. 195-196); en la *Loa a los años de la Condesa de Galve:* «Años y beldad de Elvira / he de celebrar; y noto / en aquesta muchos siglos, / y en aquellos tiempo corto» (vv. 53-56), que recuerdan los versos gongorinos: «muchos siglos de hermosura / en pocos años de edad», vv. 15-16, del romance «Apeóse el Caballero» (Góngora, *Romances,* ed. A. Carreño, Cátedra, 1982, pág. 331). Para este caso y otros de intertextualidad bíblica en las obras de sor Juana, véase C. C. García Valdés, «La Biblia en la obra literaria de Sor Juana», en *La Biblia en la Literatura del Siglo de Oro.*

443 *despejo:* «donaire y brío» *(Aut.).*

460 *los acasos:* con el significado de «desgracias».

465 y ss. Sobre si Sor Juana tuvo o no relaciones amorosas antes de entrar en el convento, véase la Introducción.

cansar tu atención contando
de mi temerario empeño
la historia caso por caso;
pues tu discreción no ignora
de empeños enamorados, 470
que es su ordinario principio
desasosiego y cuidado;
su medio, lances y riesgos;
su fin, tragedias o agravios.
Creció el amor en los dos 475
recíproco, y deseando
que nuestra feliz unión
lograda en tálamo casto
confirmase de Himeneo
el indisoluble lazo; 480
y porque acaso mi padre,
—que ya para darme estado
andaba entre mis amantes
los méritos regulando—
atento a otras conveniencias 485
no nos fuese de embarazo,
dispusimos esta noche
la fuga, y atropellando
el cariño de mi padre,
y de mi honor el recato, 490
salí a la calle, y apenas
daba los primeros pasos

---

467 *empeño:* este término, además de dar título a la comedia, se encuentra repetido a lo largo de la pieza: vv. 470, 973, 1751, 1899, 1961, 2396, 2437, 2945, 3157, 3175.

471-474 Estas mismas ideas se encuentran en el soneto «Amor empieza por desasosiego...» (OC, I, pág. 297).

478 *tálamo:* cama de los desposados.

479 *Himeneo:* dios que preside el cortejo nupcial.

482 *dar estado:* «dar el padre al hijo en modo firme de vida de casado, religioso o clérigo seglar» *(Aut.).* El padre pretendía casarla.

483 *amantes:* aquí, con el significado de «pretendientes».

484 *los méritos regulando: regular* es «medir y ajustar o computar una cosa con otra» *(Aut.);* aquí, equivale a «sopesar».

486 *embarazo:* obstáculo o impedimento.

                    entre cobardes recelos
                    de mi desdicha, fiando
                    la una mano a las basquiñas					495
                    y a mi manto la otra mano,
                    cuando a [nosotros] resueltos*
                    llegaron dos embozados.
                    —«¿Qué gente?» dicen, y yo
                    con el aliento turbado,					500
                    sin reparar lo que hacía
                    (porque suele en tales casos
                    hacer publicar secretos
                    el cuidado de guardarlos),
                    —«¡Ay, Carlos, perdidos somos!»			505
                    dije, y apenas tocaron
                    mis voces a sus oídos
                    cuando los dos arrancando
                    los aceros, dijo el uno:
                    —«Matadlo, don Juan, matadlo,				510
                    que esa tirana que lleva,
                    es doña Leonor de Castro,
                    mi prima». Sacó mi amante
                    el acero, y alentado,

---

495 *basquiñas:* «ropa o saya que traen las mujeres desde la cintura al suelo, con sus pliegues que, hechos en la parte superior, forman la cintura, y por la parte inferior tiene mucho vuelo...» *(Aut.).*

*497 «nosotras» S, las tres ediciones de Barcelona, M1, M2 y la suelta T3. Sigo la corrección de MS y las sueltas O, T, T2, «nosotros» (Carlos y Leonor).

508-509 *arrancando los aceros:* obviamente, *aceros* es metonimia por espadas. *Arrancar la espada,* «desnudarla o desenvainarla para reñir con otro» *(Aut.).*

510 *Matadlo, don Juan, matadlo:* Salceda considera que se trata de una errata en el nombre o un descuido de la autora, ya que don Juan, según se desprende de los vv. 167-172, se encontraba escondido en el cuarto de doña Ana, y sugiere que se trate de don Pedro. Me parece que podría ser sólo una coincidencia entre el nombre de este amigo de don Diego de Castro y el del caballero enamorado de doña Ana.

512 *Leonor:* se considera siempre bisílaba, por sinéresis.

513-518 Hay en estos versos una serie de oraciones en las que se da un cambio de sujeto, que sólo se percibe semánticamente. «Mi amante» es el sujeto de «sacó» y de «llegó», mientras que el sujeto de «dio en tierra» es «el contrario». Para *sacó el acero,* véase nota a los vv. 508-509.

               apenas con una punta   515
               llegó al pecho del contrario*,
               cuando diciendo: «¡Ay de mí!»
               dio en tierra, y viendo el fracaso
               dio voces el compañero,
               a cuyo estruendo llegaron   520
               algunos; y aunque pudiera
               la fuga salvar a Carlos,
               por no dejarme en el riesgo,
               se detuvo temerario
               de modo que la Justicia,   525
               que acaso andaba rondando,
               llegó a nosotros, y aunque
               segunda vez obstinado
               intentaba defenderse,
               persuadido de mi llanto   530
               rindió la espada a mi ruego,
               mucho más que a sus contrarios.
               Prendiéronle, en fin; y a mí*,
               como a ocasión del estrago,
               viendo que el que queda muerto   535
               era don Diego de Castro,
               mi primo, en tu noble casa,
               señora, depositaron
               mi persona y mis desdichas,
               donde en un punto me hallo   540
               sin crédito, sin honor,
               sin consuelo, sin descanso,
               sin aliento, sin alivio,
               y finalmente esperando
               la ejecución de mi muerte   545
               en la sentencia de Carlos.
DOÑA ANA   *(Aparte.)*
               ¡Cielos! ¿Qué es esto que escucho?

---

*516 «llegó al pecho contrario» B3.
527 *aunqué*: aguda, por necesidad métrica. Véase nota al v. 207.
*533 «prendieranle» B3.
540 *en un punto:* en un instante; ya en latín se decía *punctum temporis.*

| | Al mismo que yo idolatro
| | es el que quiere Leonor*.
| | ¡Oh qué presto que ha vengado 550
| | Amor a don Juan! ¡Ay triste!
| | —Señora, vuestros cuidados
| | siento como es justo. —Celia,
| | lleva esta dama a mi cuarto,
| | mientras yo a mi hermano espero. 555
| CELIA | Venid, señora.
| DOÑA LEONOR | Tus pasos
| | sigo (¡ay de mí!), pues es fuerza
| | obedecer a los hados.

(Vanse CELIA *y* DOÑA LEONOR.*)*

| DOÑA ANA | Si de Carlos la gala y bizarría
| | pudo por sí mover a mi cuidado, 560
| | ¿cómo parecerá, siendo envidiado,
| | lo que solo por sí bien parecía?
| | Si sin triunfo rendirle pretendía,
| | sabiendo ya que vive enamorado
| | ¿qué victoria será verle apartado 565
| | de quien antes por suyo le tenía?
| | Pues perdone don Juan, que aunque
| | [yo quiera
| | pagar su amor, que a olvido ya condeno,
| | ¿cómo podré, si ya en mi pena fiera
| | introducen los celos su veneno? 570
| | Que es Carlos más galán, y aunque
| | [no fuera,
| | tiene de más galán el ser ajeno.

---

*549 Respeto la lección de los textos. Salceda en OC corrige «al que quiere», pero ya se ha visto como es frecuente el uso del complemento directo de persona sin la preposición *a*. Véase nota al v. 104, y el v. 554: «lleva esta dama».

571 *galán*: «el hombre de buena estatura, bien proporcionado de miembros y airoso en el movimiento» *(Aut.).*

(Sale Don Carlos *con la espada desnuda, y* Castaño.*)*

Don Carlos	Señora, si en vuestro amparo
	hallan piedad las desdichas,
	lograd el triunfo mayor 575
	siendo amparo de las mías.
	Siguiendo viene mis pasos
	no menos que la Justicia,
	y como huir de ella es
	generosa cobardía, 580
	al asilo de esos pies
	mi acosado aliento aspira,
	aunque si ya perdí el alma,
	poco me importa la vida.
Castaño	A mí sí me importa mucho; 585
	y así, señora, os suplica
	sin miedo, que me escondáis
	debajo de las basquiñas.
Don Carlos	¡Calla, necio!
Castaño	¿Pues será
	la primer vez, si lo miras*, 590
	esta, que los sacristanes
	a los delincuentes libran?
Doña Ana	*[Aparte.]*
	Carlos es, ¡válgame el cielo!
	La ocasión a la medida
	del deseo se me viene* 595
	de obligar con bizarrías
	su amor, sin hacer ultraje
	a mi presumpción altiva;
	pues amparándole aquí

---

*590 «la primera vez» B3, M2 con lo que al verso le sobra una sílaba.
591-592 *los sacristanes /a los delincuentes libran?:* juego con el doble significado de *sacristán:* «ministro destinado en las iglesias para ayudar al cura» y, como tal, podía facilitar a los delincuentes perseguidos el acogerse a sagrado, y «ropa interior, que usaban las mujeres, con unos aros de hierro pendientes de unas cintas, que se ataban a la cintura; estos venían en aumento hacia abajo, a fin de ahuecar las basquiñas o vestidos que ponían sobre ellos» *(Aut.).*
*595 «de deseo» B3.

	con generosas caricias,	600
	cubriré lo enamorada	
	con visos de compasiva;	
	y sin ajar la altivez	
	que en mi decoro es precisa,	
	podré, sin rendirme yo,	605
	obligarle a que se rinda;	
	que aunque sé que ama a Leonor,	
	¿qué voluntad hay tan fina	
	en los hombres, que si ven	
	que otra ocasión los convida	610
	la dejen por la que quieren?	
	Pues alto, Amor, ¿qué vacilas,	
	si de que puede mudarse	
	tengo el ejemplo en mí misma?	
	—Caballero, las desgracias	615
	suelen del valor ser hijas,	
	y cebo de las piedades;	
	y así, si las vuestras libran	
	en mí su alivio, cobrad	
	la respiración perdida,	620
	y en esta cuadra, que cae	
	a un jardín, entrad aprisa,	
	antes que venga un hermano	
	que tengo, y con la malicia	
	de veros conmigo solo	625
	otro riesgo os aperciba.	
Don Carlos	No quisiera yo, señora,	
	que el amparo de mi vida	
	a vos os costara un susto.	
Castaño	¿Ahora en aqueso miras?	630
	¡Cuerpo de quien me parió!	

---

613 *mudarse:* variar, cambiar de parecer, de opinión, de sentimientos, etc.
621 *cuadra:* «la sala o pieza de la casa, habitación o edificio. Llámase así por ser regularmente cuadrada» *(Aut.). Infra,* v. 633.
631 *¡Cuerpo de quien me parió!:* juramento construido sobre «cuerpo de Cristo», «cuerpo de Dios», «cuerpo de tal».

DOÑA ANA	Nada a mí me desanima.
	Venid, que aquí hay una pieza
	que nunca mi hermano pisa,
	por ser en la que se guardan 635
	alhajas que en las visitas
	de cumplimiento me sirven,
	como son alfombras, sillas
	y otras cosas; y además
	de aqueso, tiene salida 640
	a un jardín, por si algo hubiere;
	y porque nada os aflija,
	venid y os la mostraré*;
	pero antes será precisa
	diligencia el que yo cierre 645
	la puerta, por que advertida
	salga en llamando mi hermano.
CASTAÑO	*[Aparte de* DON CARLOS.]
	Señor, ¡qué casa tan rica
	y qué dama tan bizarra!
	¿No hubieras (¡pese a mis tripas, 650
	que claro es que ha de pesarles,
	pues se han de quedar vacías!)
	enamorado tú a aquesta
	y no a aquella pobrecita
	de Leonor, cuyo caudal 655
	son cuatro bachillerías?

---

*643 Mantengo la lección de S: «os la mostraré» con referencia a la pieza (y no a la cuadra como indica Salceda que queda lejos, en el verso 621); «os lo mostraré» B1, B2, B3, M1, M2, T3, con referencia al jardín.

655-656 *cuyo caudal /son cuatro bachillerías:* cfr. «¿Qué entendimientos tengo yo, qué estudio, qué materiales ni qué noticias para eso, sino cuatro bachillerías superficiales?» *(Respuesta a sor Filotea,* OC, IV, pág. 444); «...el darnos tan malos días, / como venirse al tablado / con cuatro bachillerías / sobre si la Majestad / es más buena que la Vida...» *(Loa a los años del Rey,* OC, III, págs. 303-304). Juan de Valdés aclara en su *Diálogo de la lengua,* pág. 122: «Cuando alguno hace muestras de saber, lo llamamos bachiller, y a las tales muestras llamamos bachillerías».

Don Carlos	¡Vive Dios, villano!
Doña Ana	Vamos.

        Amor, pues que tú me brindas *(Aparte.)*
        con la dicha, no le niegues
        después el logro a la dicha   660

(Vanse.)

(Salen Don Rodrigo *y* Hernando.*)*

Don Rodrigo	¿Qué me dices, Hernando?
Hernando	Lo que pasa:

        que mi señora se salió de casa.

Don Rodrigo	¿Y con quién, no has sabido?
Hernando	¿Cómo puedo,

        si, como sabes tú, todo Toledo*
        y cuantos a él llegaban,   665
        su belleza e ingenio celebraban?
        Con lo cual, conocerse no podía
        cuál festejo era amor, cuál cortesía;
        en que no sé si tú culpado has sido,
        pues festejarla tanto has permitido,   670
        sin advertir que, aunque era recatada,
        es fuerte la ocasión y el verse amada,
        y que es fácil que, amante e importuno,
        entre los otros le agradase alguno.

Don Rodrigo   Hernando, no me apures la paciencia   675
        que aqueste ya no es tiempo de
        [advertencia.
        ¡Oh fiera! ¿Quién diría
        de aquella mesurada hipocresía,
        de aquel punto y recato que mostraba,
        que liviandad tan grande se encerraba   680
        en su pecho alevoso?

---

657 *villano:* aquí, como insulto, «ruin, indigno o indecoroso» *(Aut.)*.
*664 «como sabes ya» B2, B3, T3.
668 *festejo:* galanteo.
679 *punto:* pundonor. Cfr. Agustín Moreto, *Santa Rosa de Lima*, Jornada I: «Que en su pobreza mantienen / tanto punto y honor tanto, / que no viven con más fueros / los caballeros más claros».

|||¡Oh mujeres! ¡Oh monstruo venenoso!
¿Quién en vosotras fía,
si con igual locura y osadía,
con la misma medida 685
se pierde la ignorante y la entendida?
Pensaba yo, hija vil, que tu belleza,
por la incomodidad de mi pobreza,
con tu ingenio sería
lo que más alto dote te daría; 690
y ahora, en lo que has hecho,
conozco que es más daño que provecho;
pues el ser conocida y celebrada
y por nuevo milagro festejada,
me sirve, hecha la cuenta, 695
solo de que se sepa más tu afrenta.
Pero ¿cómo a la queja se abalanza
primero mi valor, que a la venganza?
Pero ¿cómo (¡ay de mí!), si en lo que
[lloro
la afrenta sé y el agresor ignoro? 700
Y así ofendido, sin saber me quedo
ni cómo, ni de quién vengarme puedo.
HERNANDO Señor, aunque no sé con evidencia
quién pudo de Leonor causar la
[ausencia,
por el rumor que había 705
de los muchos festejos que le hacía,
tengo por caso llano
que la llevó don Pedro de Arellano.
DON RODRIGO Pues si don Pedro fuera,
di ¿qué dificultad hallar pudiera 710
en que yo por mujer se la entregara
sin que tan grande afrenta me causara?

---

690 *dote:* «la hacienda que lleva la mujer cuando se casa o entra en religión». Se utiliza como masculino o femenino indistintamente.

704 *la ausencia:* aunque es frecuente el uso de la forma del artículo masculino ante los nombres femeninos que empiezan por vocal átona inicial, como *el ausencia* del v. 722, se usa aquí la forma femenina, quizá por necesidad métrica, pues si no el verso tendría una sílaba más. Véase *infra,* v. 722.

HERNANDO	Señor, como eran tantos los que amaban
	a Leonor, y su mano deseaban,
	y a ti te la han pedido, 715
	temería no ser el elegido;
	que todo enamorado es temeroso,
	y nunca juzga que será el dichoso;
	y aunque usando tal medio
	le alabo yo el temor y no el remedio, 720
	sin duda, por quitar la contingencia,
	se quiso asegurar con el ausencia.
	Y así, señor, si tomas mi consejo
	—tú estás cansado y viejo,
	don Pedro es mozo, rico y alentado, 725
	y, sobre todo, el mal ya está causado—,
	pórtate con él cuerdo, cual conviene,
	y ofrécele lo mismo que él se tiene:
	dile que vuelva a casa a Leonor bella
	y luego al punto cásale con ella, 730
	y él vendrá en ello, pues no habrá [quién huya
	lo que ha de resultar en honra suya;
	y con lo que te ordeno,
	vendrás a hacer antídoto el veneno.
DON RODRIGO	¡Oh Hernando! ¿Qué tesoro es tan [preciado 735
	un fiel amigo, o un leal criado?
	Buscar a mi ofensor aprisa elijo
	por convertirle de enemigo en hijo.

---

721 *contingencia*: «lance, ocasión y caso que puede ser o no ser, según las circunstancias y estado en que se halla alguna cosa» *(Aut.)*. Para *contingente*, véase Baltasar Gracián, *El criticón*, I, pág. 290, nota 11. *Infra*, vv. 1284, 2337, 2932.

722 *el ausencia*: *el* es forma antigua del artículo femenino. La forma latina *illa-ella* se reducía a *el* ante cualquier vocal. En el siglo XVII, *el* como femenino solo queda delante de palabras que empiecen por vocal *a*. El uso de uno u otro artículo, en la escritura en verso, está condicionado por la métrica, véase nota al v. 704.

731 *venir en ello*: «conceder lo que se pretende o pide» *(Aut.)*. *Infra*, vv. 1961, 1963, 2032, 2040.

| HERNANDO | Sí, señor, que el remedio es bien se
[aplique
antes que el mal que pasa se publique. 740 |

(Vanse.)

(Sale DOÑA LEONOR *retirándose de* DON JUAN.*)*

| DON JUAN | Espera, hermosa homicida.
¿De quién huyes? ¿Quién te agravia?
¿Qué harás de quien te aborrece
si así a quien te adora tratas?
Mira que ultrajas huyendo   745
los mismos triunfos que alcanzas,
pues siendo el vencido yo
tú me vuelves las espaldas,
y que haces que se ejerciten
dos acciones encontradas: 750
tú, huyendo de quien te quiere;
yo, siguiendo a quien me mata. |
| DOÑA LEONOR | Caballero, o lo que sois,
si apenas en esta casa
—que aún su dueño ignoro— acabo   755
de poner la infeliz planta,
¿cómo queréis que yo pueda
escuchar vuestras palabras,
si de ellas entiendo solo
el asombro que me causan?   760
Y así, si como sospecho
me juzgáis otra, os engaña
vuestra pasión. Deteneos
y conoced, más cobrada
la atención, que no soy yo   765
la que vos buscáis. |
| DON JUAN | ¡Ah ingrata!
Solo eso falta, que finjas,
para no escuchar mis ansias, |

---

753 *sois:* por «seáis».

	como que mi amor tuviera	
	condición tan poco hidalga,	770
	que en escuchar mis lamentos	
	tu decoro peligrara.	
	Pues bien para asegurarte,	
	las experiencias pasadas	
	bastaban, de nuestro amor,	775
	en que viste veces tantas	
	que las olas de mi amor,	
	cuando más crespas llegaban	
	a querer con los deseos	
	de amor anegar la playa,	780
	era margen tu respeto	
	al mar de mis esperanzas.	
Doña Leonor	Ya he dicho que no soy yo,	
	caballero, y esto basta.	
	Idos, y yo llamaré*	785
	a quien oyendo esas ansias	
	las premie por verdaderas	
	o las castigue por falsas.	
Don Juan	Escucha.	
Doña Leonor	No tengo qué.	
Don Juan	¡Pues vive el cielo, tirana,	790
	que forzada me has de oír	
	si no quieres voluntaria,	
	y ha de escucharme grosero	
	quien de lo atento se cansa!	

(Cógela de un brazo.)

Doña Leonor	¿Qué es esto? ¡Cielos, valedme!	795
Don Juan	En vano a los cielos llamas,	
	que mal puede hallar piedad	
	quien siempre piedad le falta.	
Doña Leonor	¡Ay de mí! ¿No hay quién socorra	
	mi inocencia?	

---

*785 «idos, o yo llamaré» B3, T3, lección que prefiere OC.

(Salen Don Carlos y Doña Ana deteniéndole.)

Doña Ana	Tente, aguarda*,	800
	que yo veré lo que ha sido,	
	sin que tú al peligro salgas	
	si es que mi hermano ha venido.	
Don Carlos	Señora, esta voz el alma	
	me ha atravesado, perdona.	805
Doña Ana	*[Aparte.]*	
	La puerta tengo cerrada;	
	y así, de no ser mi hermano	
	segura estoy; mas me causa	
	inquietud el que no sea	
	que Carlos halle a su dama;	810
	pero si ella está en mi cuarto	
	y Celia fue a acompañarla,	
	¿qué ruido puede ser este?	
	Y a escuras toda la cuadra	
	está. —¿Quién va?	
Don Carlos	Yo, señora;	815
	¿qué me preguntas?	
Don Juan	Doña Ana,	
	mi bien, señora, ¿por qué	
	con tanto rigor me tratas?	
	¿Estas eran las promesas,	
	estas eran las palabras	820
	que me distes en Madrid	

---

800 acot. «*deteniéndolo*» OC.

814 *escuras: escuro, escuras* son formas frecuentes en el español clásico; las palabras que comenzaban por *s*- líquida latina desarrollaron una *e*- como apoyo, y, por analogía, adquirieron la *e*- algunas voces que empezaban por otra vocal átona seguida de *s*. Estas formas hoy se consideran vulgarismos.

821 *distes:* «diste» la persona *vos* del pretérito responde a la desinencia latina *-stis: fuistes, distes,* y así perduró hasta los últimos años del siglo xvii; después se convierte en *fuisteis, disteis.* Con el pronombre *tú* formas como *distes* son hoy consideradas vulgarismos. En el verso, como en este caso, resultan muy convenientes para evitar la sinalefa; en el v. 833, *diste.* Véase R. Lapesa, *Historia de la lengua española,* pág. 252 y nota de las págs. 302-303; Rufino José Cuervo, «Las segundas personas», en *Obras inéditas,* págs. 321-350. Tirso de Molina prodiga a veces este tipo de formas verbales; en *Por el sótano y el torno* encontramos:

	para alentar mi esperanza?	
	Si obediente a tus preceptos,	
	de tus rayos salamandra,	
	girasol de tu semblante,	825
	Clicie de tus luces claras,	
	dejé, solo por servirte,	
	el regalo de mi casa,	
	el respeto de mi padre	
	y el cariño de mi patria;	830
	si tú, si no de amorosa,	
	de atenta y de cortesana,	
	diste con tácito agrado	
	a entender lo que bastaba	
	para que supiese yo	835
	que era ofrenda mi esperanza	
	admitida en el sagrado	
	sacrificio de tus aras,	
	¿cómo ahora tan esquiva	
	con tanto rigor me tratas?	840
DOÑA ANA	*(Aparte.)*	
	¿Qué es esto que escucho, cielos?	
	¿No es éste don Juan de Vargas,	
	que mi ingratitud condena*	

«Llegastes, y su desmayo / de tal modo socorristes, / que, después de Dios volvistes / a su primavera el mayo» (vv. 135-138). Véase nota al v. 1241 de *Amor es más laberinto*.

824 *salamandra:* según Covarrubias era una especie de lagartija fantástica, de la que se decía que era tan fría que necesitaba vivir en el fuego. Cfr. Quevedo, *PO*, núm. 369, vv. 9-11: «Fui salamandra en sustentarme ciego / en las llamas del sol con mi cuidado, / y de mi amor en el ardiente fuego». La metáfora amante = salamandra es un tópico desde la poesía petrarquista. Cfr. Petrarca, *Canzoniere*, CCVII, vv. 40-41: «Di mia morte mi pasco, et vivo in fiamme: / stranio cibo, et mirabil salamandra» *(Canzoniere o Le rime,* ed. N. Zingarelli, Bolonia, Zanichelli, 1964). Para la utilización recurrente de esa metáfora, véase M. P. Manero, *Imágenes petrarquistas en la lírica española del Renacimiento. Repertorio,* Barcelona, PPU, 1990, pág. 291.

826 *Clicie:* ninfa conocida también con el nombre de Clitia. Enamorada de Apolo (Helio, el Sol) y rechazada por este, se convirtió en heliotropo, la flor que busca siempre el sol. Véase Ovidio, *Metamorfosis,* IV, vv. 256-270.

*843 «mi ingratitud ordena» B2, B3, T3.

	y sus finezas ensalza?	
	¿Pues quién aquí le ha traído?	845
Don Carlos	Señora, escucha.	

(Llega Don Carlos *a* Doña Leonor.*)*

Doña Leonor	Hombre, aparta;	
	ya te he dicho que me dejes.	
Don Carlos	Escucha, hermosa doña Ana,	
	mira que don Carlos soy,	
	a quien tu piedad ampara.	850
Doña Leonor	*[Aparte.]*	
	Don Carlos ha dicho. ¡Cielos!,	
	y hasta en el habla jurara	
	que es don Carlos; y es que como	
	tengo a Carlos en el alma,	
	todos Carlos me parecen,	855
	cuando él (¡ay, prenda adorada!)	
	en la prisión estará.	
Don Carlos	¡Señora!	
Doña Leonor	Apartad, que basta	
	deciros que me dejéis.	
Don Carlos	Si acaso estáis enojada	860
	porque hasta aquí os he seguido,	
	perdonad, pues fue la causa	
	solamente el evitar	
	si algún daño os amenaza.	
Doña Leonor	*[Aparte.]*	
	¡Válgame Dios, lo que a Carlos	865
	parece!	
Don Juan	¿Qué, en fin, ingrata,	
	con tal rigor me [desprecias]?*	

(Sale Celia *con luz.)*

---

*867 En S, B1, M1 «desprecia». Aunque también podría tener sentido esta forma, por no dirigirse directamente a doña Ana, prefiero la lección «desprecias» del resto de testimonios, que está en la línea de los vv. 816-840.

CELIA	A ver si está aquí mi ama,
	para sacar a don Juan
	que oculto dejé en su cuadra, 870
	vengo; mas ¿qué es lo que veo?
DOÑA LEONOR	*[Aparte.]*
	¿Qué es esto? ¡El Cielo me valga!
	¿Carlos no es este que miro?
DON CARLOS	*[Aparte.]*
	¿Esta es Leonor, o me engaña
	la aprehensión?
DOÑA ANA	*[Aparte.]*
	¿Don Juan aquí? 875
	Aliento y vida me falta*.
DON JUAN	*[Aparte.]*
	¿Aquí don Carlos de Olmedo?
	Sin duda que de doña Ana
	es amante, y que por él,
	aleve, inconstante y falsa 880
	me trata a mí con desdén.
DOÑA LEONOR	*[Aparte.]*
	¡Cielos! ¿En aquesta casa
	Carlos, cuando amante yo
	en la prisión le lloraba?
	¿En una cuadra escondido, 885
	y a mí, pensando que hablaba
	con otra, decirme amores?
	Sin duda que de esta dama
	es amante. Pero ¿cómo

---

*876 «falta» S y resto de testimonios, excepto MS que lee «faltan»; Salceda hace la enmienda sin explicación porque probablemente le parece obvia. Respeto el texto original ya que se trata de un uso corriente en la lengua clásica el que dos o más sujetos concierten con el verbo en singular. Keniston *(The Syntax of Castilian,* cit., § 36 y ss.), para quien esos dos o más sustantivos representan una sola idea, reúne abundante documentación al respecto; Rodríguez Marín, que justifica a veces esos usos en Cervantes, alega la opinión favorable de gramáticos como Bello quien lo consideraba admisible siempre que no se trate de personas como en «Llegó el gobernador y el alcalde». Véase en Rosenblat, *La lengua del Quijote,* págs. 286 y ss., más detalles y una larga lista de ejemplos en obras de Cervantes.

	(¡si es ilusión lo que pasa	890
	por mí!) si a él llevaron preso
	y quedé depositada?
	Yo toda soy un abismo
	de penas.
DON JUAN	¡Fácil, liviana!
	¿Estos eran los desdenes?	895
	¿Tener dentro de tu casa
	oculto un hombre? ¡Ay de mí!
	¿Por esto me desdeñabas?
	¡Pues, vive el Cielo, traidora,
	que pues no puede mi saña	900
	vengar en ti mi desprecio,
	porque aquella ley tirana
	del respeto a las mujeres
	de mis rigores te salva,
	me he de vengar en tu amante!	905
DOÑA ANA	¡Detente, don Juan, aguarda!
DON CARLOS	*[Aparte.]*
	Son tantas las confusiones
	en que mi pecho batalla,
	que en su varia confusión
	el discurso se embaraza,	910
	y por discurrirlo todo
	acierto a discurrir nada.
	¿Aquí Leonor? ¡Cielos! ¿Cómo?
DOÑA ANA	¡Detente!
DON JUAN	¡Aparta, tirana,
	que a tu amante he de dar muerte!	915
CELIA	Señora, mi señor llama.
DOÑA ANA	¿Qué dices, Celia? ¡Ay de mí!
	—Caballeros, si mi fama
	os mueve, débaos [ahora]*
	el ver que no soy culpada	920

---

*919 «débaos aquí» S, B1, M1, M2, MS y las sueltas O, T, T2. Sigo la lección de B2, B3, T3 «débaos ahora» que evita la repetición con *aquí* del v. 921 y también la sinéresis de *débaos,* ya que *ahora* es frecuentemente bisílaba. Aun así los vv. 919-922 parecen afectados de alguna mala copia.

| | aquí en la entrada de alguno.
| | A esconderos, que palabra
| | os doy de daros lugar
| | de que averigüéis mañana
| | la causa de vuestras dudas;   925
| | pues si aquí mi hermano os halla,
| | mi vida y mi honor peligra*.
| Don Carlos | En mí bien asegurada
| | está la obediencia, puesto
| | que debo estar a tus plantas   930
| | como a amparo de mi vida.
| Don Juan | Y en mí, que no quiero, ingrata,
| | aunque ofendido me tienes,
| | cuando eres tú quién lo manda,
| | que a otro, porque te obedece,   935
| | le quedes más obligada.
| Doña Ana | Yo os estimo la atención.
| | —Celia, tú en distintas cuadras
| | oculta a los dos, supuesto
| | que no es posible que salga,   940
| | hasta la mañana, alguno.
| Celia | Ya poco término falta.
| | —Don Juan, conmigo venid.
| | —Tú, señora, a esa fantasma
| | éntrala donde quisieres.   945

(Vanse Celia *y* Don Juan.*)*

| Doña Ana | Caballero, en esa cuadra
| | os entrad.

---

*927 «peligra» S y resto de testimonios, excepto MS y OC, que corrigen «peligran». Véase nota al v. 876.

944 *esa fantasma:* los neutros griegos en *-ma*, que pasaron al castellano a través del latín o directamente, sufrieron en romance la atracción hacia el femenino por la influencia de la terminación *-a*, y con género femenino se encuentran en español clásico; la tendencia culta trató de imponer el género masculino, aunque algunos presentan vacilación hasta hoy. Véase *Esbozo de una nueva gramática*, pág. 178.

DON CARLOS	Ya te obedezco. ¡Oh, quiera el cielo que salga de tan grande confusión!

(Vase.)

DOÑA ANA	Leonor, también retirada puedes estar.	950
DOÑA LEONOR	Yo, señora, aunque no me lo mandaras me ocultara mi vergüenza.	

(Vase.)

DOÑA ANA	¿Quién vio confusiones tantas como en el breve discurso de tan pocas horas pasan? ¡Apenas estoy en mí!	955

(Sale CELIA.*)*

CELIA	Señora, ya en mi posada está. ¿Qué quieres ahora?	
DOÑA ANA	A abrir a mi hermano baja, que es lo que ahora importa, Celia.	960
CELIA	*[Aparte.]* Ella está tan asustada que se olvida de saber cómo entró don Juan en casa; mas ya pasado el aprieto, no faltará una patraña que decir, y echar la culpa a alguna de las criadas, que es cierto que donde hay muchas se peca de confianza,	965 970

---

958 *posada:* «en palacio y casas de los señores se llaman los cuartos destinados a la habitación de la familia de mujeres» *(Aut.).*

                    pues unas a otras se culpan
                    y unas por otras se salvan.

(Vase.)

DOÑA ANA   ¡Cielos, en qué empeño estoy!
                De Carlos enamorada,
                perseguida de don Juan,   975
                con mi enemiga en mi casa,
                con crïadas, que me venden,
                y mi hermano, que me guarda.
                Pero él llega; disimulo.

(Sale DON PEDRO.*)*

DON PEDRO   Señora, querida hermana,   980
                ¡qué bien tu amor se conoce,
                y qué bien mi afecto pagas,
                pues te halló despierta el sol,
                y te ve vestida el alba!
                ¿Dónde tienes a Leonor?   985
DOÑA ANA   En mi cuadra, retirada
                mandé que estuviese, en tanto,
                hermano, que tú llegabas.
                Mas ¿cómo tan tarde vienes?
DON PEDRO   Porque al salir de su casa   990
                la conoció un deudo suyo,
                a quien con una estocada
                dejó Carlos casi muerto;
                y yo, viendo alborotada
                la calle, aunque no sabían   995
                quién era y quién la llevaba,
                para que aquel alboroto
                no declarara la causa,
                hice que, de los crïados,
                dos al herido cargaran,   1000
                como de piedad movido,
                hasta llevarle a su casa,
                mientras otros a Leonor,

	y a Carlos preso, llevaban	
	para entregártela a ti;	1005
	y hasta dejar sosegada	
	la calle, venir no quise.	
Doña Ana	Fue atención muy bien lograda,	
	pues escusaste mil riesgos	
	sólo con esa tardanza.	1010
Don Pedro	Eres en todo discreta;	
	y pues Leonor sosegada	
	está, si a ti te parece,	
	no será bien inquietarla,	
	que para que oiga mis penas,	1015
	teniéndola yo en mi casa,	
	sobrado tiempo me queda;	
	que no es amante el que trata	
	primero de sus alivios	
	que no del bien de su dama;	1020
	y también para que tú	
	te recojas, que ya basta	
	por aliviar mis desvelos,	
	la mala vida que pasas.	
Doña Ana	Hermano, yo por servirte	1025
	muchos más riesgos pasara,	
	pues somos los dos tan uno	

1027 *somos los dos tan uno:* como *ser para en uno,* «que dos personas son muy conformes y parecidas en las costumbres y modales, y que se convendrán fácilmente en cualquiera especie» *(Aut.).* Cfr. «Que aunque sois tan para en uno, / es mi señor tan atento...» (Sor Juana, OC, I, pág. 88). En ambas ocasiones, equivale a «estar de acuerdo», «estar en perfecta armonía». La expresión era frecuente en canciones de boda y Lope de Vega la utiliza repetidamente en sus obras dramáticas: «Sentaos y alegrad el día / en que sois uno los dos» *(Peribáñez y el Comendador de Ocaña,* ed. Joaquín Saura, Tarragona, 1977, pág. 74); «Y a los nuevos desposados / eche Dios su bendición; / parabién les den los prados, / pues hoy para en uno son» *(ibídem,* pág. 78); «En todo el lugar no hay moza / o mozo en el prado o soto, / que no se afirme diciendo / que ya para en uno somos» *(Fuenteovejuna,* ed. F. López Estrada, Madrid, Clásicos Castalia, 1983, 4.ª ed., pág. 79). «¡Vivan la bella Isabel, / y Fernando de Aragón / pues que para en uno son, / él con ella, ella con él!» *(ibídem,* pág. 154). Sobre esta expresión, véase F. López Estrada, «*Fuente Ovejuna* en el teatro de Lope y de Monroy (Consideración crítica de ambas obras)», págs. 42-45.

	y tan como proprias trata	
	tus penas el alma, que
	imagino al contemplarlas	1030
	que tu desvelo y el mío
	nacen de una misma causa.
Don Pedro	De tu fineza lo creo.
Doña Ana	*[Aparte.]*
	Si entendieras mis palabras...
Don Pedro	Vámonos a recoger,	1035
	si es que quien ama descansa.
Doña Ana	*[Aparte.]*
	Voy a sosegarme un poco,
	si es que sosiega quien ama.
Don Pedro	*[Aparte.]*
	Amor, si industrias alientas,
	anima mis esperanzas.	1040
Doña Ana	*[Aparte.]*
	Amor, si tú eres cautelas,
	a mis cautelas ampara.

(Vanse.)

1039 *industrias:* «ingenio y sutileza, maña o artificio» *(Aut.).*

	...	

Letra*

Bellísima María,
a cuyo Sol radiante,
del otro sol se ocultan
los rayos materiales;
tú, que con dos celestes   5
divinos luminares,
árbitro de las luces,
las cierras, o las abres;
que, porque de ser soles
la virtud no les falte,   10
engendran de tu pelo
los ricos minerales,
cuyo Ofir proceloso,

---

* En todos los testimonios: «Letra por Bellissimo Narciso».

1 María se refiere a la marquesa de la Laguna y condesa de Paredes. Véase nota a los vv. 405-406 de la «Loa» inicial.

1-4 Cfr. «Vos, de quien se tome el Sol / que, cuando su luz envía, / o la encubráis con las alas / o la agotéis con la vista» (Sor Juana, OC, I, pág. 66).

5-8 Se refiere a los ojos como lámparas, antorchas del sol. Cfr.: «Lámparas, tus dos ojos, Febeas / súbitos resplandores arrojan...» (Sor Juana, OC, I, pág. 172).

9-12 Se alude a la creencia antigua de que el oro es engendrado por el Sol.

13 *Ofir:* proverbial región productora de oro, donde lo recogieron los enviados de Salomón. Aquí es metáfora por cabello rubio, del color del oro. *Proceloso:* tempestuoso.

13-16 Cfr. «...cuyo pelo airoso, / que prende sutil / en garzotas de oro / banderas de Ofir, / proceloso y crespo / se atreve a invadir, / con golfos de Tíbar, / reinos de marfil; / de quien aprendió / el Sol a lucir...» (Sor Juana, OC, II, pág. 91).

             al arbitrio del aire,
             forma en ricas tormentas   15
             doradas tempestades,
             sin permitir lo negro:
             que no era bien se hallasen,
             entre copia de luces,
             sobra de obscuridades   20
             dejando a la hermosura
             plebeya el azabache,
             que es lucir con lo opuesto
             de mendigas deidades;
             y al adornar tu frente*,   25
             se mira coronarse
             con arreboles de oro
             montaña de diamante,
             pues dándoles la nieve*
             transparentes pasajes,   30
             lo cándido acredita,
             mas desmiente lo frágil*...
             En fin, Lysi divina,
             perdona si, ignorante,
             a un mar de perfecciones   35
             me engolfé en leño frágil*.

---

19 *copia:* abundancia y muchedumbre de alguna cosa.

21-24 El pelo rubio era consustancial con el ideal de belleza femenina de la época; el color oscuro, propio solamente de «hermosuras plebeyas». Francisco Santos, buen conocedor de los trucajes femeninos, señala como uno de ellos el «enrubiar el cabello» *(Día y noche de Madrid,* Madrid, Instituto de Estudios Madrileños, 1976, pág. 118). Sor Juana sigue el canon de belleza imperante en la literatura, pues, precisamente en México, como hoy, tenían que abundar las bellezas morenas.

*25 «su frente» B2, B3.

*29 «dándole» B2, B3, lección que adopta OC. Ambas lecturas son válidas dependiendo de a quién se considere que da la nieve los «transparentes pasajes».

31 *cándido:* blanco.

*32 «dismiente» B3.

*36 *engolfarse:* «entrar la embarcación muy adentro del mar...» *(Aut.).* «Por translación decimos *engolfarse uno en negocios,* cuando son tantos y tan pesados que no hay hallarles, como dicen, pie» (Cov.). *Leño:* «nave». En B3 «engolfe».

Y pues para tu aplauso
   nunca hay voces capaces,
   tú te alaba, pues sola
   es razón que te alabes.   40

Sainete primero de Palacio

INTERLOCUTORES

El Amor
El Respeto
El Obsequio

La Fineza
La Esperanza
Un Alcalde

(Sale el ALCALDE *cantando.)*

ALCALDE   Alcalde soy del terrero,
                y quiero en esta ocasión,
                de los entes de Palacio
                hacer [entes] de razón*.
                Metafísica es del gusto   5
                sacarlos a plaza hoy,
                que aquí los mejores entes
                los metafísicos son.
                Vayan saliendo a la plaza,
                porque aunque invisibles son,   10
                han de parecer reales,
                aunque le pese a Platón.

---

1 *terrero:* «el sitio o paraje, desde donde cortejaban en Palacio a las damas» *(Aut.).*

3 *ente:* «dícese de todo lo que realmente existe».

*4 «ente» S, B1, B2, M1, M2, OC. Enmiendo, con B3 y todas las sueltas, teniendo en cuenta la concordancia que requiere la sintaxis de los versos siguientes. *Ente de razón:* «se llama el que tiene su ser sólo objetivamente en el entendimiento, a diferencia del ente real que existe independientemente del entendimiento» *(Aut.).* Cfr.: «La negación no da ser, / que sólo el entendimiento / le da al ente de razón / un ser fingido y supuesto...» (Moreto, *El desdén, con el desdén,* ed. Francisco Rico, Madrid, Clásicos Castalia, 1978, 2.ª ed., vv. 2289-2292).

12 *aunque le pese a Platón:* Platón, en el *Fedón,* o *del Alma,* afirma que la esencia de las cosas, es decir, aquello que ellas son en sí mismas, no puede ser conocido por medio de los sentidos, como se conoce la realidad de estas cosas.

             Del desprecio de las damas,
             plenipotenciario soy;
             y del favor no, porque   15
             en Palacio no hay favor.
             El desprecio es aquí el premio,
             y aun eso cuesta sudor;
             pues no lo merece sino
             el que no lo mereció.   20
             ¡Salgan los entes, salgan,
             que se hace tarde,
             y en Palacio se usa
             que espere nadie!

             (Sale el AMOR, *cubierto.)*

AMOR   Yo, señor Alcalde, salgo   25
             a ver si merezco el premio.
ALCALDE   ¿Y quién sois?
AMOR   Soy el Amor.
ALCALDE   ¿Y por qué venís cubierto?
AMOR   Porque, aunque en Palacio asisto,
             soy delincuente.
ALCALDE   Si hay eso,   30
             ¿por qué venís a Palacio?
AMOR   Porque me es preciso hacerlo;
             y tuviera mayor culpa,
             a no tener la que tengo.
ALCALDE   ¿Cómo así?
AMOR   Porque en Palacio,   35
             quien no es amante, es grosero;
             y escoger el menor quise,
             entre dos precisos yerros.

---

15 *porqué:* aguda, por necesidad métrica. Véase nota al v. 207 de la comedia.

19 *sino:* ha de ser palabra grave para que el verso sea octosílabo; esto evita, además, la consonancia de tres versos seguidos.

29 *asistir:* vivir, permanecer, frecuentar. Cfr.: «Que está mi hermano advertid / aquí, y que viene a buscalle, / y importa que esté ignorante / de que en esta corte asisto» (Tirso de Molina, *La villana de Vallecas*, ed. Pilar Palomo, Barcelona, Vergara, 1968, pág. 716). Véase *infra*, v. 200.

ALCALDE	¿Y por eso pretendéis el premio?
AMOR	Sí.
ALCALDE	¡Majadero! 40 ¿Quién os dijo que el Amor es digno ni aun del desprecio?

(Canta:)

> ¡Andad, andad adentro;
> que el que pretende,
> dice que es el desprecio,   45
> y el favor quiere!

(Vase el AMOR, *y sale el* OBSEQUIO.)

OBSEQUIO	Señor Alcalde, de mí no se podrá decir eso.
ALCALDE	¿Quién sois?
OBSEQUIO	El Obsequio soy, debido en el galanteo 50 de las damas de Palacio.
ALCALDE	Bien ¿y por qué queréis premio, si decís que sois debido? ¡Por cierto, sí, que es muy bueno que lo que nos debéis vos, 55 queréis que acá lo paguemos!

(Canta:)

> ¡Andad, andad adentro;
> porque las damas
> llegan hasta las deudas,
> no hasta las pagas!   60

(Vase el OBSEQUIO, *y sale el* RESPETO.)

RESPETO	Yo, que soy el más bien visto ente de Palacio, vengo a que me premiéis, señor.

ALCALDE	¿Y quién sois?
RESPETO	Soy el Respeto.
ALCALDE	Pues yo no os puedo premiar. 65
RESPETO	¿Por qué no?
ALCALDE	Porque si os premio, será vuestra perdición.
RESPETO	¿Cómo así?
ALCALDE	Porque lo esempto de las deidades no admite pretensión; y el pretenderlo 70 y conseguirlo, será perdérseles el respeto.

(Canta:)

¡Andad, andad adentro;
que no es muy bueno
el Respeto que mira   75
varios respetos!

(Vase el RESPETO, *y sale la* FINEZA.)

FINEZA	Yo, señor, [de todos], sola* soy quien el premio merezco.
ALCALDE	¿Quién sois?
FINEZA	La Fineza soy; ved si con razón pretendo. 80
ALCALDE	¿Y en qué el merecer fundáis?
FINEZA	¿En qué? En lo fino, lo atento, en lo humilde, en lo obsequioso, en el cuidado, el desvelo, y en amar por solo amar. 85
ALCALDE	Vos mentís en lo propuesto: que si amarais por amar, aun siendo el premio el desprecio,

---

*77 «de todas, sola» S, B1, B2, M1, M2; «de todas solo» B3. Acepto la enmienda de OC, «todos», pues se refiere también a entes del género masculino como el Amor, el Respeto, el Obsequio.

180

	no lo quisierais, siquiera	
	por tener nombre de premio.	90
	Demás de que yo conozco,	
	y en las señas os lo veo,	
	que no sois vos la Fineza.	
Fineza	¿Pues qué tengo de no serlo?	
Alcalde	Vení acá. ¿Vos no decís*	95
	que sois la Fineza?	
Fineza	Es cierto.	
Alcalde	¿Veis ahí cómo no lo sois?	
Fineza	¿Pues en qué tengo de verlo?	
Alcalde	¿En qué? En que vos lo decís;	
	y el amante verdadero	100
	ha de tener de lo amado	
	tan soberano concepto,	
	que ha de pensar que no alcanza	
	su amor al merecimiento	
	de la beldad a quien sirve;	105
	y aunque la ame con estremo,	
	ha de pensar siempre que es	
	su amor, menor que el objeto,	
	y confesar que no paga	
	con todos los rendimientos;	110
	que lo fino del amor	
	está en no mostrar el serlo.	

(Canta:)

	¡Andad, andad adentro;	
	que la Fineza	
	mayor es, de un amante,	115
	no conocerla!	

---

*95 *vení*: en Gil Vicente ya se encuentran rimas como *verdá* y *acá*, y es que la pérdida de la *-d* final de palabra es común a casi todas las regiones hispánicas; con más frecuencia se suprime la *-d* en los imperativos y en este caso aún perdura el fenómeno cuando sigue el pronombre enclítico: salíos. En M1 «venid».

108 *objecto*: 'objeto', con la conservación del grupo consonántico culto (< *objectum*), «y aunque según este origen debiera escribirse objecto, el uso le ha quitado la c para suavizar la pronunciación» *(Aut.)*.

(Vase la Fineza, *y sale la* Esperanza, *tapada.)*

Esperanza	El haber, señor Alcalde,
	sabido que es el propuesto
	premio el desprecio, me ha dado
	ánimo de pretenderlo. 120
Alcalde	Decid quién sois, y veré
	si lo merecéis.
Esperanza	No puedo;
	que me hicierais desterrar,
	si llegarais a saberlo.
Alcalde	Pues, ¿y cómo puedo yo 125
	premiaros sin conoceros?
Esperanza	¿Pues para aqueso no basta
	el saber que lo merezco?
Alcalde	Pues si yo no sé quién sois,
	ni siquiera lo sospecho, 130
	¿de dónde puedo inferir
	yo vuestro merecimiento?
	Y así, perded el temor,
	que os encubre, del destierro
	que, aunque tengáis mil delitos, 135
	por esta vez os dispenso;
	y descubríos.
Esperanza	La Esperanza
	soy.
Alcalde	¡Qué grande atrevimiento!
	¿Una villana en Palacio?
Esperanza	Sí, ¿pues qué os espantáis de eso 140
	si siempre vivo en Palacio,
	aunque con nombre supuesto?
Alcalde	¿Y cuál es?
Esperanza	Desconfianza
	me llamo entre los discretos,
	y soy Desconfianza fuera* 145
	y Esperanza por de dentro;

---

*145-146 *por de dentro:* uno de los *Sueños* de Quevedo se titula *El mundo por de dentro*. En B2, B3: «Y soy Desconfianza afuera / y Esperanza por adentro».

| | y así, oyendo pregonar
| | el premio, a llevarle vengo:
| | que la Esperanza en Palacio
| | sólo es digna del desprecio.   150
| ALCALDE | Mientes: que el desprecio toma
| | algún género de cuerpo
| | en la boca de las damas,
| | y al decirlo, por lo menos
| | se le detiene en los labios*,   155
| | y se le va con los ecos;
| | y esto basta para hacerse
| | mucho aprecio del desprecio,
| | y sobra para que sea
| | premio para los discretos;   160
| | que no es razón que a una dama
| | le costara tanto un necio.

(Canta:)

¡Andad, andad adentro;
que la Esperanza,
por más que disimule,   165
siempre es villana!
Y pues se han acabado
todos los entes,
sin que ninguno el premio
propuesto lleve,   170

149-150 *la Esperanza, en Palacio, / sólo es digna del desprecio:* cfr.: «En leyes de Palacio, / el delito más grave / es esperar...» (Sor Juana, OC, I, pág. 212). Y en los vv. 1167-1168 de *Amor es más laberinto:* «sin esperanza, / que es lo que corre en palacio».

151-152 *toma / algún género de cuerpo: tomar cuerpo,* «ir aumentándose alguna cosa, de suerte que se deba hacer caso de ella» *(Aut.).*

*155-156 «le detiene... le va» en todos los testimonios; la concordancia exigiría corregir el referente pronominal en «les detiene... les va», pues se refiere a las damas. Sin embargo, mantengo el texto de todas las ediciones antiguas, porque el uso de «le» con valor de «les» es frecuente en la lengua clásica como puede verse en textos de Cervantes, Góngora, Moreto y otros aportados por Méndez Plancarte en su comentario a textos similares de la propia Sor Juana (OC, I, pág. 364, nota a los vv. 143-144 del núm. 2).

                    sépase que en las damas,
                    aun los desdenes,
                    aunque tal vez se alcanzan,
                    no se merecen.
                    Y así, los entes salgan,   175
                    porque confiesen
                    que no merece el premio
                    quien lo pretende.

           (Salen los Entes, y cada uno canta su copla.)

AMOR   Verdad es lo que dices:
               pues aunque amo,   180
               el Amor es obsequio,
               mas no contrato.
OBSEQUIO   Ni tampoco el Obsequio;
               porque en Palacio,
               con que servir lo dejen,   185
               queda pagado.
RESPETO   Ni tampoco el Respeto
               algo merece;
               que a ninguno le pagan
               lo que se debe.   190
FINEZA   La Fineza tampoco;
               porque, bien visto,
               no halla en lo obligatorio
               lugar lo fino.
ESPERANZA   Yo, pues nada merezco   195
               siendo Esperanza,
               de hoy más llamarme quiero
               Desesperada.
ALCALDE   Pues sepan, que en Palacio,
               los que lo asisten,   200
               aun los mismos desprecios
               son imposibles.

---

200 *asistir:* véase nota al v. 29.

Jornada segunda

(Salen Don Carlos *y* Castaño.*)*

Don Carlos	Castaño, yo estoy sin mí.
Castaño	Y yo, que en todo te sigo,
	tan solo he estado conmigo 1045
	aquel rato que dormí.
Don Carlos	¿Sabes lo que me ha pasado?
	Mas juzgo que sueño fue.
Castaño	Si es sueño muy bien lo sé;
	y yo también he soñado 1050
	y dormido como dama,
	pues los vestidos, señor,
	que me dio al salir Leonor,
	son quien me sirvió de cama.
Don Carlos	¿Galas suyas a llevarlas 1055
	anoche Leonor te dio?

1045 El gracioso toma al pie de la letra *estar sin mí,* y juega con *estar conmigo.*

1054 *los vestidos... son quien me sirvió de cama:* 'son los que me sirvieron de cama'; *quien:* en la época clásica se empleaba indiferentemente como relativo de persona y de cosa; hoy sólo se utiliza referido a persona. Además, era invariable en cuanto al número y no se utilizaba el plural antietimológico *quienes.*

1055 *galas suyas a llevarlas:* la preposición *a* seguida del infinitivo equivale a una subordinada final, con el valor de *para.* Véase *Esbozo de una nueva gramática...,* pág. 488. Esto unido al hipérbaton parece complicar la sintaxis, que se aclara si ordenamos '¿Te dio Leonor anoche galas suyas para llevarlas?'.

CASTAÑO	Sí, señor sí las lïó,
	¿no era preciso lïarlas*?
DON CARLOS	¿Dónde las tienes?
CASTAÑO	Allí,
	y en cama quiero rompellas, 1060
	que pues [yo] las cargué a ellas*,
	ellas me carguen a mí.
DON CARLOS	Yo he visto (¡pierdo el sentido!)
	en esta casa a Leonor.
CASTAÑO	Aqueso será, señor, 1065
	que quien bueyes ha perdido...,
	y así tú, que en tus amores
	te desvanece el furor,
	como has perdido a Leonor,
	se te aparecen Leonores. 1070
	Mas dime qué te pasó
	con aquella dama bella,
	que así Dios se duela de ella
	como de mí se dolió;
	porque viendo que contigo 1075

1057-1058 *las lïó, / ...lïarlas:* juego dilógico con los significados de *lïarlas*, «frase vulgar, con que se da a entender que uno se huyó oculta y escondidamente» (*Aut.*), y del verbo *lïar*, «atar, ligar». Para la diéresis, véase nota al v. 14.

*1058 B2, B3, T3 leen «el lïarlas». No es necesario adoptar esta lección, como hace OC, ya que no mejora la métrica ni el sentido.

1060 *rompellas:* «romperlas». Asimilación de la -*r* del infinitivo con la *l* del pronombre enclítico. En el siglo XVII estaba ya en desuso, pero se encuentra con relativa frecuencia, como recurso de consonancia. Sor Juana parece preferir estas formas más arcaicas, ya que las utiliza sin necesidad en interior de verso y en consonantes que lo serían igualmente sin la asimilación, como *leello* y *mordello* o *pintallos* y *colgallos*. Véase Rufino José Cuervo, «Asimilación del infinitivo», en *Disquisiciones sobre filología castellana*, págs. 230-239. Aquí es necesaria la asimilación para la consonancia con «ellas».

*1061 «pues las cargué» S; sigo el texto de B2, B3 que completa la medida del verso.

1066 *quien bueyes ha perdido...:* comienzo del refrán *quien bueyes ha perdido cencerros se le antojan,* «que explica que a quien ama, desea, solicita y apetece alguna cosa, con facilidad le despierta la fantasía aprehensiones en que cebar su esperanza o deleite» (*Aut.*). Juan de Valdés (*Diálogo de la lengua,* pág. 83) cita una variante de este refrán: «Quien asnos ha perdido cencerros se le antojan».

1073 *dolerse:* tener compasión.

| | empezaba a discurrir,
| | me traté yo de dormir
| | por escusar un testigo.
| Don Carlos | Castaño, aquesa es malicia;
| | pero lo que pasó fue   1080
| | que, como sabes, entré
| | huyendo de la Justicia;
| | que ella atenta y cortesana
| | ampararme prometió,
| | y en esta cuadra me entró   1085
| | y me dijo que era hermana
| | de don Pedro de Arellano,
| | y que aquí oculto estaría,
| | porque si acaso venía
| | no me encontrara su hermano;   1090
| | y con tanta bizarría
| | me hizo una y otra promesa,
| | que con ser tal su belleza
| | es mayor su cortesía
| | y, discreta y lisonjera,   1095
| | alabándome, añadió
| | cosas que, a ser vano yo,
| | a otro afecto atribuyera.
| | Pero son quimeras vanas
| | de jóvenes, y altiveces*,   1100
| | que en mirándolas corteses
| | luego las juzgan livianas;
| | y sus malicias erradas
| | en su mismo mal contentas,
| | si no las ven desatentas,   1105

1076 *discurrir:* «hablar, tratar o platicar sobre alguna cosa *(Aut.)*.

*1100 «jóvenes, altiveces» B2, B3, T3, MS. OC adopta esta lección, pero cambia la puntuación en «jóvenes altiveces» con lo que se altera el sentido. *Altivez:* «Un género de elevación u orgullo del ánimo, que se acerca mucho a la soberbia y por lo común se endereza a la estimación propia y desprecio de los demás» *(Aut.)*.

1101-1114 Como ya observó Salceda, son las mismas ideas que expone Sor Juana en las conocidas redondillas «Hombres necios que acusáis / a la mujer sin razón...» (OC, I, págs. 228-229).

no las tienen por honradas;
y a un pensar tan desigual
y [aun] no indigno del desdén*,
nunca ellas obran más bien
que cuando [los] tratan mal*,   1110
pues al que se desvanece
con cualquiera presumpción,
le hace daño la atención,
y es porque no la merece.
Pero, volviendo al suceso   1115
de lo que a mí me pasó,
ella me favoreció,
Castaño, con grande exceso.
Yo mi historia le conté,
y ella con discreto modo   1120
quedó de ajustarlo todo
con tal que yo aquí me esté,
diciendo que no me diese
cuidado, que ella lo hacía
por el riesgo que tenía   1125
si yo en público saliese:
condición, para mí, que
imposible hubiera sido,
a no haberme sucedido
lo que ahora te diré.   1130
Estando de esta manera,
oímos, al parecer,
dar voces una mujer
en otra cuadra de afuera;
y aunque doña Ana impedir   1135

---

*1108 «y à un no indigno» S y demás testimonios, excepto O por cuyo texto enmiendo: «un pensar tan desigual e incluso digno (no indigno) del desdén». *Desigual:* lo que es distinto y no conforme.

*1110 «las tratan mal» S y resto de testimonios. Salceda, que sigue esa lectura, la justifica así: «quiere decirse que nunca las mujeres obran mejor que cuando dan ocasión a que los hombres las traten mal llamándolas desatentas». Sin embargo, creo preferible *los tratan mal,* teniendo en cuenta el contenido de los versos de la redondilla siguiente: 'a los presuntuosos les hacen daño las atenciones'.

| | que yo saliese quería,
| | venciéndola mi porfía
| | por fuerza hube de salir.
| | Sacó una luz al rumor
| | una crïada, y con ella   1140
| | conocer a Leonor bella
| | pude.
CASTAÑO | ¿A quién?
DON CARLOS | A mi Leonor.
CASTAÑO | ¿A Leonor? ¿Haslo soñado?
| | ¿Hay, tan grande bobería?
| | Yo por loco te tenía,   1145
| | pero no tan declarado.
| | De oírlo solo me espanto.
| | Señor, vete poco a poco;
| | mira, muy bueno es ser loco,
| | mas no es bueno serlo tanto.   1150
| | La locura es conveniente
| | por las entradas de mes,
| | como luna, un si es no es,
| | cuanto ayude a ser valiente*;
| | mas no, señor, de manera   1155
| | que oyendo esos desatinos
| | te me atisben los vecinos
| | porque saben la tronera.
DON CARLOS | Pícaro, si no estuviera
| | donde estoy...
CASTAÑO | Tente, señor;   1160
| | que yo también vi a Leonor.

1151-1154 *locura... como luna:* un tipo de locos cuya locura no es continua sino que sufre alteraciones con los cambios de la luna, y que por ello se llaman lunáticos o alunados «cuando está creciente se ponen furiosos y destemplados, y cuando menguante pacíficos y razonables» *(Aut.);* la furia les ayuda a ser valientes.

1153 *un si es no es:* «expresión con que significamos la cortedad, pequeñez o poquedad de alguna cosa, que apenas se conoce, distingue o percibe por los sentidos» *(Aut.).*

*1154 «quando ayude» B1, M1, M2.

1158 *tronera:* «persona desbaratada en sus acciones o palabras y que no lleva método ni orden en ellas» *(Aut.).*

Don Carlos	¿Adónde?
Castaño	En tu faltriquera, pintada con mil primores. Y que era viva entendí, porque luego que la vi 1165 le salieron los colores; y aunque de razón escasa no me resolvió la duda, yo pensé, viéndola muda, que estaba puesta la pasa. 1170
Don Carlos	¡Qué frionera!
Castaño	¿Qué te enfadas* si viva me pareció? Algunas he visto yo que están vivas y pintadas.

1162 *faltriquera:* «bolsa que se trae para guardar algunas cosas, embebida y cosida en las basquiñas y briales de las mujeres, a un lado y a otro, y en los dos lados de los calzones de los hombres...» *(Aut.).* Anota Salceda: «Tener en la faltriquera: tener algo completamente dominado o tener a alguien a su entera disposición. "Lo mismo me acaece con la cuadratura del círculo: que he llegado tan al remate de hallarla, que no sé ni puedo pensar cómo no la tengo ya en la faltriquera" *(Coloquio de los perros)*».

1169 Juego dilógico con los significados de *muda:* «persona que no habla» y «cierta untura que las mujeres se ponen en la cara para quitar de ella las manchas» (Cov.).

1170 *pasa:* «una especie de afeite que usaban las mujeres, llamado así porque se hacía con pasas» *(Aut.);* cfr. Quevedo, *Sueños:* «¡Qué cosa es ver una mujer que ha de salir otro día a que la vean, echarse la noche antes en adobo y verlas acostar las caras hechas cofines de pasas, y a la mañana irse pintando sobre lo vivo como quieren!» (ed. I. Arellano, Madrid, Cátedra, 1991, págs. 303-304).

*1171 «frionera» S, B1, M2; «friolera» resto de testimonios. *Frionera:* como frialdad «un dicho que quiso ser gracioso y no salió con ello su dueño» (Cov.); es decir, «ridiculez que quiere ser graciosa sin serlo». Cfr. *Quijote,* II, 72: «y ese Sancho que vuestra merced dice, señor gentilhombre, debe de ser algún grandísimo bellaco, frión y ladrón juntamente, que el verdadero Sancho Panza soy yo, que tengo más gracias que llovidas». Quevedo emplea *frionera* en la comedia *Cómo ha de ser el privado,* v. 416 acot.

1174 *pintadas:* con el significado de 'mujeres aderezadas con afeites', y también 'mujeres pintadas en un lienzo', como se dice en el v. 1163.

DON CARLOS	Si en belleza es sol Leonor,	1175
	¿para qué afeites quería?	
CASTAÑO	Pues si es sol, ¿cómo podía	
	estar sin el resplandor?	
	Mas si a Leonor viste, di,	
	¿qué determinas hacer?	1180
DON CARLOS	Quiero esperar hasta ver	
	qué causa la trajo aquí;	
	pues si piadosa mi estrella	
	aquí la dejó venir,	
	¿adónde tengo de ir	1185
	si aquí me la dejo a ella?	
	Y así, es mejor esperar	
	de todo resolución,	
	para ver si hay ocasión	
	de volvérmela a llevar.	1190
CASTAÑO	Bien dices; mas hacia acá,	
	señor, viene enderezada	
	una, al parecer crïada	
	de esta casa.	
DON CARLOS	¿Qué querrá?	

(*Sale* CELIA.)

CELIA	Caballero, mi señora	1195
	os ordena que al jardín	
	os retiréis luego, a fin	
	de que ha de salir ahora	

1176 *afeites:* «el aderezo o adobo que se pone a alguna cosa para que parezca bien, y particularmente el que se ponen las mujeres para desmentir sus defectos y parecer hermosas» *(Aut.).*

1178 *resplandor:* juego de palabras con los significados de *resplandor:* «Llaman las mujeres resplandor cierta especie de albayalde con que se afeitan» (Cov.), y «luz muy clara que arroja o despide el Sol». Cfr. Quevedo, *Sueños,* pág. 216: «Y no queráis más de las invenciones de las mujeres —dijo un diablo—, que hasta resplandor tienen, sin ser soles ni estrellas»; Castillo Solórzano: «Sus mejillas, sin el artificio del resplandor, vertían rosa púrpura entre blanca nieve» *(Las Harpías en Madrid,* ed. P. Jauralde, Madrid, Castalia, 1985, pág. 50).

1192 *enderezar:* con el significado de «encaminarse en derechura a un paraje o a una persona» *(DRAE).*

	a esta cuadra mi señor,	
	y no será bien que os vea.	1200
	Aquesto es porque no sea *(Aparte.)*	
	que él desde aquí vea a Leonor.	
DON CARLOS	Decidle que mi obediencia	
	le responde.	

(Vase.)

CELIA	Vuelvo a irme*.	
CASTAÑO	Oye vuesté, ¿y querrá oírme?	1205
CELIA	¿Qué he de oír?	
CASTAÑO	De penitencia.	
CELIA	Por cierto, lindos cuidados	
	se tiene el muy socarrón.	
CASTAÑO	Pues digo, ¿no es confesión	
	el decirle mis pecados?	1210
CELIA	No a mi afecto se abalance,	
	que son lances escusados.	
CASTAÑO	Si nos tienes encerrados,	
	¿no te he de querer de lance?	
CELIA	Ya he dicho que no me quiera.	1215
CASTAÑO	Pues ¿qué quiere tu rigor,	
	si de mi encierro y tu amor	
	no me puedo hacer afuera?	
	Mas ¿siendo criada te engríes?	

---

*1204 «la responde» B3, T3, MS.

1205 *vuesté: usted* y sus variantes aparecen en la lengua de la época puesto en boca de personas de menor cultura, o en estilo completamente familiar. En otras ocasiones usa Sor Juana distintas formas de las incontables metamorfosis —*vuesarcé, usarcé, vuarced, ucé, uscedes, voacedes, vuecé, vuested, vusté, vueced*— por las que el tratamiento «vuestra merced» o «vuestras mercedes» llegó al actual *usted, ustedes*. Para la pérdida de la *-d*, véase nota al v. 95 del *Sainete primero*.

1206 *¿Qué he de oír? De penitencia:* como «oír en confesión, en el sacramento de la Penitencia». Véanse vv. 1209-1210.

1212 *lances:* «En la comedia son los sucesos que se van enlazando en el artificio de esta, y forman el enredo o nudo, que tiene en suspensión al auditorio hasta que se deshace» *(Aut.)*.

1214 *de lance:* «conveniencia y oportunidad en que se compran las cosas por menos de lo que valen» *(Aut.)*. Lo mismo que 'de oferta, de ocasión, rebajado de precio'.

CELIA	¿Criada a mí el muy estropajo?	1220
CASTAÑO	Calla, que aqueste agasajo	
	es porque no te descríes.	
CELIA	Yo me voy, que es fuerza, y luego	
	si no es juego volveré.	
CASTAÑO	Juego es; mas bien sabe usté	1225
	que tiene vueltas el juego.	

(Salen DOÑA LEONOR *y* DOÑA ANA.*)*

DOÑA ANA	¿Cómo la noche has pasado, Leonor?	
DOÑA LEONOR	Decirte, señora, que no me lo preguntaras quisiera.	
DOÑA ANA	¿Por qué?	
	(Aparte.) ¡Ah penosa	1230
	atención, que me precisas	
	a agradar a quien me enoja!	
DOÑA LEONOR	Porque si me lo preguntas,	
	es fuerza que te responda	
	que la pasé bien o mal,	1235
	y en cualquiera de estas cosas	
	encuentro un inconveniente;	
	pues mis penas y tus honras	
	están tan mal avenidas,	
	que si te respondo ahora	1240
	que mal, será grosería,	
	y que bien, será lisonja.	
DOÑA ANA	Leonor, tu ingenio y tu cara	
	el uno a otro se malogra,	

1220 *estropajo:* «desecho, cosa inútil y despreciable» *(Aut.).*

1222 *descriar:* «hacer algo contra sí, con que se desmejore y pierda de lo que tiene adquirido corporalmente, y como criado» *(Aut.).*

1225 *usté:* véase nota al v. 1205. *Tener vueltas:* vale «ser inconstante en sus afectos y favores y mudarse en contrario con facilidad» *(Aut.).*

1231 Aquí *atención* significa 'respeto, consideración, cortesía'.

	que quien es tan entendida	1245
	es lástima que sea hermosa.	
DOÑA LEONOR	Como tú estás tan segura	
	de que aventajas a todas	
	las hermosuras, te muestras*	
	fácilmente cariñosa	1250
	en alabarlas, porque	
	quien no compite no estorba.	
DOÑA ANA	Leonor, y de tus cuidados	
	¿cómo estás?	
DOÑA LEONOR	Como quien toca,	
	náufrago entre la borrasca*	1255
	de las olas procelosas,	
	ya con la quilla el abismo,	
	y ya el cielo con la popa.	
	¿Cómo le preguntaré *(Aparte.)*	
	—pero está el alma medrosa—	1260
	a qué vino anoche Carlos?*	
	Mas ¿qué temo, si me ahoga,	
	después de tantos tormentos,	
	de los celos la ponzoña?	
DOÑA ANA	Leonor, ¿en qué te suspendes?	1265
DOÑA LEONOR	Quisiera saber, perdona,	
	que pues ya mi amor te dije,	
	fuera cautela notoria	
	querer no mostrar cuidado	
	de aquello que tú no ignoras	1270

1245-1246 *que quien es tan entendida / es lástima que sea hermosa:* refiriéndose a la propia Sor Juana, dice su primer biógrafo el padre Calleja: «corría el riesgo de desgraciada por discreta y, con desgracia no menor, de perseguida por hermosa».

*1249 «las hermosas te muestras» B1, M1, M2, MS, con un verso hipométrico.

1251 *porque:* es necesario que sea aguda para la correcta medida del verso. Véase nota al v. 15 del *Sainete primero.*

*1255 «naufragio» B2, B3.

*1261 «a Carlos» B3.

1266 *¿en qué te suspendes?:* '¿por qué te detienes? o ¿por qué te has callado?'. Según la convención del *aparte,* doña Ana no ha oído los versos 1259-1264.

	que es preciso que le tenga;	
	y así pregunto, señora,	
	pues sabes ya que yo quiero	
	a Carlos y que su esposa	
	soy: ¿cómo entró anoche aquí?	1275
Doña Ana	Deja que no te responda	
	a esa pregunta tan presto.	
Doña Leonor	¿Por qué?	
Doña Ana	Porque quiero ahora	
	que te diviertas oyendo	
	cantar.	
Doña Leonor	Mejor mis congojas	1280
	se divirtieran sabiendo	
	esto, que es lo que me importa;	
	y así...	
Doña Ana	Con decirte que	
	fue una contingencia sola,	
	te respondo; mas mi hermano	1285
	viene.	
Doña Leonor	Pues que yo me esconda	
	será preciso.	
Doña Ana	Antes no,	
	que ya yo de tu persona	
	le di cuenta, porque pueda	
	aliviarte en tus congojas;	1290
	que al fin los hombres mejor	

1274-1275 *su esposa / soy:* «el hombre y mujer que se han dado palabra de casamiento sea de presente o de futuro. El uso tiene introducido llamarse *esposo* y *esposa* los casados» *(Aut.)*. Véanse vv. 1342-1343, 1897, 1929, 2006. Las endechas «Agora que conmigo...» (OC, I, págs. 204-206) y las liras «A estos peñascos rudos, / mudos testigos del dolor que siento...» (OC, I, págs. 317-319) suelen llevar como título explicativo «Expresan el sentimiento que padece una mujer amante, de su marido muerto», donde la palabra *marido*, sugiere Salceda, está mal usada por los editores y debería decir *esposo* que es el término usado por Sor Juana en la composición, como sinónimo de «prometido», y que esas liras podrían ser autobiográficas.

1279 *divertir:* «entretener, recrear el ánimo de alguna persona con dicho u hecho que la ocasione gusto...» *(Aut.)*. Véase nota al v. 264; *infra*, v. 1281.

1284 *contingencia:* cosa o hecho casual y no previsto.

	diligencian estas cosas,
	que nosotras.
DOÑA LEONOR	Dices bien;
	mas no sé qué me alborota.
	Mas ¡cielos! ¿Qué es lo que miro? 1295
	¿Este es tu hermano, señora?
DON PEDRO	Yo soy, hermosa Leonor,
	¿qué os admira?
DOÑA LEONOR	*[Aparte.]* ¡Ay de mí! Toda
	soy de mármol. ¡Ah, Fortuna,
	que así mis males dispongas, 1300
	que a la casa de don Pedro
	me traigas!
DON PEDRO	Leonor hermosa,
	segura estáis en mi casa;
	porque aunque sea a la costa
	de mil vidas, de mil almas, 1305
	sabré librar vuestra honra
	del riesgo que os amenaza.
DOÑA LEONOR	Vuestra atención generosa
	estimo, señor don Pedro.
DON PEDRO	Señora, ya que las olas 1310
	de vuestra airada fortuna
	en esta playa os arrojan,
	no habéis de decir que en ella
	os falta quien os socorra.
	Yo, señora, he sido vuestro, 1315

1294 *no sé qué:* expresión que se utiliza cuando no se está muy cierto de las razones. Se trata de una muletilla conversacional. Cfr. Juan de Valdés, *Diálogo de la lengua,* pág. 232: «el no sé qué tiene gracia y muchas veces se dice a tiempo que significa mucho»; *Lazarillo,* pág. 132: «Mas malas lenguas, que nunca faltaron ni faltarán, no nos dejan vivir, diciendo no sé qué y sí sé qué de que ven a mi mujer irle a hacer la cama y guisalle de comer»; Quevedo, *PO,* núm. 854, vv. 53-54: «El no sé qué de su cara / me tiene a mí no sé cómo». Sor Juana, OC, I, pág. 293: «Yo no puedo tenerte ni dejarte, / ni sé por qué, / al dejarte o al tenerte, / se encuentra un no sé qué para quererte / y muchos sí sé qué para olvidarte». Véase A. Porqueras Mayo, «El no sé qué en la literatura española», en *Temas y formas de la literatura española,* Madrid, Gredos, 1972, págs. 11-59.

| | y aunque siempre desdeñosa
me habéis tratado, el desdén
más mi fineza acrisola,
que es muy garboso desaire
el ser fino a toda costa. | 1320 |
| | Ya en mi casa estáis, y así
solo tratamos ahora
de agradaros y serviros,
pues sois dueño de ella toda.
Divierte a Leonor, hermana. | 1325 |
| Doña Ana | ¡Celia! | |
| Celia | ¿Qué mandáis, señora?* | |
| Doña Ana | Di a Clori y Laura que canten.
Y tú, pues ya será hora *(Aparte.)*
de lo que tengo dispuesto
porque mi industria engañosa
se logre, saca a don Carlos
a aquesa reja, de forma
que nos mire y que no todo
lo que conferimos oiga.
De este modo lograré
el que la pasión celosa
empiece a entrar en su pecho;
que aunque los celos blasonan
de que avivan al amor,
es su operación muy otra | 1330

1335

1340 |

1324 *dueño*: «también se llama así a la mujer y a las demás cosas del género femenino que tienen dominio en algo, por no llamarlas dueñas...» *(Aut.)*. Hay que tener en cuenta que dueña fue un término muy usado en la época con otros valores.

*1326 «mandas» B2, B3. Celia, que en este verso se encuentra presente en el diálogo, ha dicho que se iba en el verso 1223, aunque ninguna acotación lo indica; Castaño, que nada ha dicho de irse ni hay acotación que lo indique, aparece en otro lugar según la acotación 1406-1407.

1334 *conferir*: es usado a menudo en la lengua clásica con el valor de «conversar». Cfr. Cervantes, *El coloquio de los perros:* «Son sus pensamientos imaginar cómo han de engañar y dónde han de hurtar; confieren sus hurtos y el modo que tuvieron en hacellos» (en *La novela picaresca española*, ed. Á. Valbuena, Madrid, Aguilar, 1968, pág. 227). Con otro sentido en el v. 2555 de *Amor es más laberinto*.

	en quien se ve como dama,	
	o se mira como esposa,	
	pues en la esposa despecha	
	lo que en la dama enamora.	
	¿No vas a decir que canten?	1345
CELIA	Voy a decir ambas cosas.	
DON PEDRO	Mas con todo, Leonor bella,	
	dadme licencia que rompa	
	las leyes de mi silencio	
	con mis quejas amorosas,	1350
	que no siente los cordeles	
	quien el dolor no pregona.	
	¿Qué defecto en mi amor visteis	
	que siempre tan desdeñosa	
	me tratasteis? ¿Era ofensa	1355
	mi adoración decorosa?	
	Y si amaros fue delito,	
	¿cómo otro la dicha goza,	
	e igualándonos la culpa	
	la pena no nos conforma?	1360
	¿Cómo, si es ley el desdén	
	en vuestra beldad, forzosa,	
	en mí la ley se ejecuta	
	y en el otro se deroga?	
	¿Qué tuvo para con vos	1365
	su pasión de más airosa,	
	de más bien vista su pena,	
	que siendo una misma cosa,	
	en mí os pareció culpable	
	y en el otro meritoria?	1370

1351 *cordeles*: aquí, las cuerdas con que aprietan a los que dan tormento para que confiesen. *Apretar los cordeles:* «semejanza de dar tormento; cuando se aprieta la razón para convencer a otro y apurar la verdad y sacarla en limpio» (Correas, núm. 2789). Cfr. M. Alemán, *Guzmán de Alfarache*, pág. 558: «entre burlas y veras me daban cordelejos, que no aprietan los cordeles en el tormento tanto»; J. Ruiz de Alarcón, *La verdad sospechosa*, vv. 2305-2306: «que para hacer confesar, / no hay cordel como el dinero» (en *Obras completas*, I, pág. 466). Véanse vv. 2073-2074 de *Amor es más laberinto*.

| | Si él os pareció más digno,
| | ¿no supliera en mi persona
| | lo que de galán me falta
| | lo que de amante me sobra?
| | Mas sin duda mi fineza   1375
| | es quien el premio me estorba,
| | que es quien la merece menos
| | quien siempre la dicha logra;
| | mas si yo os he de adorar
| | eternamente, ¿qué importa   1380
| | que vos me neguéis el premio,
| | pues es fuerza que conozca
| | que me concedéis de fino
| | lo que os negáis de piadosa?
| Doña Leonor | Permitid, señor don Pedro,   1385
| | ya que me hacéis tantas honras,
| | que os suplique, por quien sois,
| | me hagáis la mayor de todas;
| | y sea que ya que veis
| | que la fortuna me postra   1390
| | no apuréis más mi dolor,
| | pues me basta a mí por soga
| | el cordel de mi vergüenza
| | y el peso de mis congojas.
| | Y puesto que en el estado   1395
| | que veis que tienen mis cosas,
| | tratarme de vuestro amor
| | es una acción tan impropria,
| | que ni es bien decirlo vos
| | ni justo que yo lo oiga,   1400
| | os suplico que calléis;
| | y si es venganza que toma
| | vuestro amor de mi desdén,
| | elegidla de otra forma,

1383 *fino*: «amoroso, seguro, constante y fiel». Cfr. «Porque en tan heroico intento, / sepan que muero de fino, / y no de infelice muero». Salazar, *También se ama en el abismo*, Jornada I» *(Aut.)*.

| | que para que estéis vengado | 1405 |
| | hay en mí penas que sobran. | |

(Hablan aparte, y salen a una reja DON CARLOS, CELIA *y* CASTAÑO.)

CELIA	Hasta aquí podéis salir,	
	que aunque mandó mi señora	
	que os retirarais, yo quiero	
	haceros esta lisonja	1410
	de que desde aquesta reja	
	oigáis una primorosa	
	música que a cierta dama,	
	a quien mi señor adora,	
	ha dispuesto. Aquí os quedad.	1415
CASTAÑO	Oiga usted.	
CELIA	No puedo ahora.	

(Vase y sale por el otro lado.)

CASTAÑO	Fuese y cerronos la puerta	
	y dejonos como monjas	
	en reja, y sólo nos falta	
	una escucha que nos oiga.	1420

(Llega y mira.)

              Pero, señor, ¡vive Dios!
              que es cosa muy pegajosa
              tu locura, pues a mí
              se me ha pegado.

1420 *una escucha:* «Y estén señaladas algunas monjas por *escuchas,* para que dos, o a lo menos una de ellas, la que la Priora mandare, estén siempre con las [monjas] que allí [al locutorio] fueren a hablar» *(Regla y Constituciones que por autoridad apostólica deben observar las religiosas del Orden del Máximo Doctor S. Jerónimo en esta ciudad de Méjico,* Méjico, 1702, Const. XXXX)», nota de Salceda. Al tratarse de una persona algunos testimonios, como S y M2, lo escriben con mayúscula.

Don Carlos	¿En qué forma?	
Castaño	En que escucho los cencerros,	1425
	y aun los cuernos se me antojan	
	de los bueyes que perdimos.	

(Llega Don Carlos.*)*

Don Carlos	¡Qué miro! ¡Amor me socorra!	
	¡Leonor, doña Ana y don Pedro	
	son! ¿Ves cómo no fue cosa	1430
	de ilusión el que aquí estaba?	
Castaño	¿Y de que esté no te enojas?	
Don Carlos	No, hasta saber cómo vino*;	
	que si yo en la casa propria	
	estoy sin estar culpado,	1435
	¿cómo quieres que suponga	
	culpa en Leonor? Antes juzgo	
	que la fortuna piadosa	
	la condujo adonde estoy.	
Castaño	Muy reposado enamoras,	1440
	pues no sueles ser tan cuerdo;	
	mas, si hallando golpe en bola	
	la ocasión, el tal don Pedro	

1425-1427 Véase nota al v. 1066.
*1433 «no, basta saber» B3, errata evidente.
1434 *en la casa propria:* 'en la misma casa'.
1442 *golpe en bola:* «el acierto y seguridad con que se ejecuta o logra algún dicho u acción, especialmente contra otro» *(Aut.)*. Es expresión propia del juego de la argolla: «el que se da a una bola con otra, dirigiendo por el aire la que lleva el impulso, y sin que ruede ni toque el suelo», darle a la bola del contrario.
1443-1444 Alusión a la expresión *asir la ocasión por la melena o por los cabellos* que «vale usar a su tiempo de la oportunidad que se ofrece delante, para hacer o intentar alguna cosa, de que resulta provecho y utilidad, y de la omisión mucho daño» *(Aut.)*. Explica Covarrubias: «Ocasión, una de las deidades que fingieron los gentiles. Pintábanla de muchas maneras, y particularmente en figura de doncella con sólo un velo, con alas en los talones [...] con un copete de cabellos que le caían encima del rostro, y todo lo demás de la cabeza sin ningún cabello. Dando a entender que si ofrecida la ocasión no le echamos mano de los cabellos con la buena diligencia, se nos pasa en un momento, sin que

	la cogiese por la cola,	
	¿estaríamos muy buenos?	1445
Don Carlos	Calla, Castaño, la boca,	
	que es muy bajo quien sin causa,	
	de la dama a quien adora,	
	se da a entender que [le] ofende*,	
	pues en su aprensión celosa	1450
	¿qué mucho que ella le agravie	
	cuando él a sí se deshonra?	
	Mas escucha, que ya templan.	
Doña Ana	Cantad, pues.	
Celia	Vaya de solfa.	
Música	¿Cuál es la pena más grave	1455
	que en las penas de amor cabe?	
Voz 1.	El carecer del favor	
	será la pena mayor,	
	puesto que es el mayor mal.	
Coro 1	No es tal.	
Voz 1	Sí es tal.	1460
Coro 2	¿Pues cuál es?	

---

más se nos vuelva a ofrecer». Cfr. Quevedo, *La hora de todos*, pág. 66: «...cabeza de contramoño, cholla bañada de calva de espejuelo, y en la cumbre de la frente un solo mechón, en que apenas había pelo para un bigote; era éste más resbaladizo que anguilla, culebreaba deslizándose al resuello de las palabras...».

*1449 «la ofende» S, B1, B2, B3, M1, M2, MS; enmiendo por el texto de las sueltas, ya que se refiere a *él*. OC «le».

*1451 *qué mucho*: construcción interrogativa-ponderativa usual en la época que «denota idea de dificultad o extrañeza» *(DRAE)*. Cfr. Tirso, *Celos con celos se curan*, v. 2908: «Envidiéte; soy mujer, / ¿qué mucho?»; id., *El pretendiente al revés*, vv. 3026-3028: «¿Pero qué mucho si son / veneno, azogue y ladrón / los infiernos de mis celos?»; Lope de Vega, *La dama boba*, vv. 762-764: «Si vos andáis con estrellas, / ¿qué mucho que os traigan ellas / arromadizo ansí?». Otro caso en el v. 2467; también en los vv. 135 y 1381 de *Amor es más laberinto*.

*1453 *templar*: 'poner acordes los instrumentos musicales', acción repetida que causaba molestias. Cfr. Lope, *La Dorotea*, pág. 95: «El que dijo que fuera comodidad hallar a comprar cartas y barbas hechas, ¿por qué no dijo instrumentos templados?», con otras referencias de Morby.

1455 y ss. Sor Juana plantea una cuestión a las que fue tan aficionada. ¿Cuál es la mayor pena del enamorado? Recordamos que otra cuestión (¿cuál es la causa de la dicha?) es el tema de la loa con que se abre este festejo teatral. Véase Introducción.

Voz 2	Son los desvelos
	a que ocasionan los celos,
	que es un dolor sin igual.
Coro 2	No es tal.
Voz 2	Sí es tal.
Coro 1	¡Pues cuál es?
Voz 3	Es la impaciencia 1465
	a que ocasiona la ausencia
	que es un letargo mortal.
Coro 1	No es tal.
Voz 3	Sí es tal.
Coro 2	¿Pues cuál es?
Voz 4	Es el cuidado
	con que se goza lo amado, 1470
	que nunca es dicha cabal.
Coro 2	No es tal.
Voz 4	Sí es tal.
Coro 1	¿Pues cuál es?
Voz 5	Mayor se infiere
	no gozar a quien me quiere
	cuando es el amor igual. 1475
Coro 1	No es tal.
[Voz 5]	Sí es tal*.
Coro 2	Tú que ahora has respondido,
	conozco que solo has sido
	quien las penas de amor sabe.
Coro 1	¿Cuál es la pena más grave 1480
	que en las penas de amor cabe?
Don Pedro	Leonor, la razón primera
	de las que han cantado aquí
	es más fuerte para mí;
	pues si bien se considera 1485
	es la pena más severa
	que puede dar el amor

1466 *la ausencia:* cfr. el soneto en el que Sor Juana «con aguda ingeniosidad esfuerza el dictamen de que sea la ausencia mayor mal que los celos», que termina: «y si es pena de daño, al fin, la ausencia, / luego es mayor tormento que los celos» (OC, I, pág. 293).

*1476 «Voz 1» en los testimonios; acepto la enmienda de OC.

	la carencia del favor,	
	que es su término fatal.	
DOÑA LEONOR	No es tal.	
DON PEDRO	Sí es tal.	1490
DOÑA ANA	Yo, hermano, de otra opinión	

DOÑA ANA   Yo, hermano, de otra opinión
soy, pues si se llega a ver,
el mayor mal viene a ser
una celosa pasión;
pues fuera de la razón   1495
de que del bien se carece,
con la envidia se padece
otra pena más mortal.
DOÑA LEONOR   No es tal.
DOÑA ANA   Sí es tal.
DOÑA LEONOR   Aunque se halla mi sentido   1500
para nada, he imaginado
que el carecer de lo amado
en amor correspondido*;
pues con juzgarse querido
cuando del bien se carece,   1505
el ansia de gozar crece
y con ella crece el mal.
DOÑA ANA   No es tal.
DOÑA LEONOR   Sí es tal.
DON CARLOS   ¡Ay, Castaño! Yo dijera
que de amor en los desvelos   1510
son el mayor mal los celos,
si a tenerlos me atreviera;
mas pues quiere Amor que muera,

1488 *la carencia del favor: favor*, como expresión de amor. Aporta Salceda varios textos de Sor Juana con la misma idea. Cfr. *Carta Atenagórica:* «el amor humano halla en ser correspondido, algo que le faltara si no lo fuera, como el deleite, la utilidad, el aplauso, etc. [...] los hombres quieren la correspondencia porque es bien propio suyo... Acá los amantes recíprocos quieren el bien de su amor para su amado, pero el bien del amor del amado para sí». OC, I, núm. 56: «Que corresponda a mi amor, / nada añade; mas no puedo, / por más que lo solicito, / dejar yo de apetecerlo».

*1503 «es amor correspondido» M1, MS.

	muera de solo temerlos,	
	sin llegar a padecerlos,	1515
	pues este es sobrado mal.	
CASTAÑO	No es tal.	
DON CARLOS	Sí es tal.	
CASTAÑO	Señor, el mayor pesar	
	con que el amor nos baldona,	
	es querer una fregona	1520
	y no tener qué la dar;	
	pues si llego a enamorar	
	corrido y confuso quedo,	
	pues conseguirlo no puedo	
	por la falta de caudal.	1525
MÚSICA	No es tal.	
CASTAÑO	Sí es tal.	
CELIA	El dolor más importuno	
	que da amor en sus ensayos,	
	es tener doce lacayos	
	sin regalarme ninguno,	1530
	y tener perpetuo ayuno,	
	cuando estar harta debiera	
	esperando costurera	
	los alivios del dedal.	
MÚSICA	No es tal.	
CELIA	Sí es tal.	1535
DOÑA ANA	Leonor, si no te divierte	
	la música, al jardín vamos,	

1514-1516 Cfr. Sor Juana, OC, I, núm. 3: «Para tener celos basta / sólo el temor de tenerlos; / que ya está sintiendo el daño / quien está sintiendo el riesgo».

1520 *fregona:* además de su valor corriente, tenía el de «mujer deshonesta». Cfr. Quevedo, *Premática que se ha de guardar para las dádivas a las mujeres:* «Las fregonas en común valen a media libra de turrón en el campo, y pastel de a cuarto de noche y en casa, libra de fruta en el verano y a vez de vino en el invierno; y si las dieren alguna vez dinero, mandamos que sólo sea un real [...] Y advertimos que en verano toda fregona vale de balde, por el trabajo de todo el día y no tener escarpines y sudarle los pies...» *(Prosa festiva completa,* ed. C. C. García Valdés, Madrid, Cátedra, 1993, págs. 304-305).

1521 *qué la dar:* caso de laísmo en la lengua vulgar del gracioso.

1531-1534 Como no podía ser menos, el tono de las respuestas de Celia y Castaño es muy distinto, incluso con alusiones de doble sentido, al de los personajes de rango superior.

	quizá tu fatiga en él	
	se aliviará.	
LEONOR	¿Qué descanso	
	puede tener la que sólo	1540
	tiene por alivio el llanto?	
DON PEDRO	Vamos, divino imposible.	
DOÑA ANA	*[Aparte a* CELIA.]	
	Haz, Celia, lo que he mandado,	
	que yo te mando un vestido	
	si se nos logra el engaño.	1545

(*Vanse* DON PEDRO, DOÑA ANA *y* DOÑA LEONOR.)

CELIA	*[Aparte.]*	
	Eso sí es mandar con modo;	
	aunque esto de «Yo te mando»,	
	cuando los amos lo dicen,	
	no viene a hacer mucho al caso,	
	pues están siempre tan hechos	1550
	que si acaso mandan algo,	
	para dar luego se escusan	
	y dicen a los crïados	
	que lo que mandaron no	
	fue manda, sino mandato.	1555
	Pero vaya de tramoya:	
	yo llego y la puerta abro	
	que puesto que ya don Juan*,	
	que era mi mayor cuidado,	
	con la llave que le di	1560
	estuvo tan avisado	
	que sin que yo le sacase	
	se salió paso entre paso	
	por la puerta del jardín,	

1543-1544 Juego dilógico que se repite en los vv. 1546-1555, con las distintas acepciones de *mandar:* «ofrecer y prometer alguna cosa» y «ordenar».

1555 Continúa el juego de palabras, ahora con los sustantivos. *Manda:* «Oferta que se hace de dar a otro alguna cosa»; *mandato:* «orden o precepto que el superior impone a sus subordinados».

*1558 «presto que» B3.

1563 *paso entre paso:* frase adverbial que significaba «lentamente, poco a poco» *(Aut.)*.

	y mi señora ha tragado	1565
	que fue otra de las crïadas	
	quien le dio entrada en su cuarto,	
	gracias a mi hipocresía	
	y a unos juramentos falsos*	
	que sobre el caso me eché	1570
	con tanto desembarazo,	
	que ella quedó tan segura	
	que ahora me ha encomendado	
	lo que allá dirá el enredo;	
	yo llego.	
	—¿Señor don Carlos?	1575
Don Carlos	¿Qué quieres, Celia? ¡Ay de mí!	
Celia	A ver si habéis escuchado	
	la música, vine.	
Don Carlos	Sí,	
	y te estimo el agasajo.	
	Mas dime, Celia, ¿a qué vino	1580
	aquella dama que ha estado	
	con doña Ana y con don Pedro?	
Celia	*[Aparte.]*	
	Ya picó el pez; largo el trapo.	
	—Aquella dama, señor...	
	Mas yo no puedo contarlo	1585
	si primero no me dais	
	la palabra de callarlo.	
Don Carlos	Yo te la doy. ¿A qué vino?	
Celia	Temo, señor, que es pecado	
	descubrir vidas ajenas;	1590
	mas supuesto que tú has dado	
	en que lo quieres saber	
	y yo en que no he de contarlo,	
	vaya, mas sin que lo sepas:	
	y sabe que aquel milagro	1595
	de belleza es una dama	

---

*1569 «y unos» B2, B3, T3.

1583 *largar el trapo:* como *largar las velas,* metafóricamente «explayarse o engolfarse en el discurso o conversación» *(Aut.).*

			a quien adora mi amo,
			y anoche, yo no sé cómo
			ni cómo no, entró en su cuarto.
			Él la enamora y regala; 1600
			con qué fin, yo no lo alcanzo,
			ni yo en conciencia pudiera
			afirmarte que ello es malo,
			que puede ser que la quiera
			para ser fraile descalzo. 1605
			Y perdona, que no puedo
			decir lo que has preguntado,
			que esas cosas mejor es
			que las sepas de otros labios.

(Vase CELIA.*)*

DON CARLOS	Castaño, ¿no has oído aquesto? 1610
             Cierta es mi muerte y mi agravio.
CASTAÑO	Pues si ella no nos lo ha dicho,
             ¿cómo puedo yo afirmarlo?
DON CARLOS	¡Cielos! ¿Qué es esto que escucho?
             ¿Es ilusión, es encanto 1615
             lo que ha pasado por mí?
             ¿Quién soy yo? ¿Dónde me hallo?
             ¿No soy yo quien de Leonor
             la beldad idolatrando,
             la solicité tan fino, 1620
             la serví tan recatado,
             que en premio de mis finezas
             conseguí favores tantos;
             y, por último, seguro
             de alcanzar su blanca mano 1625
             y de ser solo el dichoso
             entre tantos desdichados,
             no salió anoche conmigo,
             su casa y padre dejando,
             reduciendo a mí la dicha 1630
             que solicitaban tantos?
             ¿No la llevó la Justicia?

                    Pues ¿cómo iay de mí! la hallo
                    tan sosegada en la casa
                    de don Pedro de Arellano,   1635
                    que amante la solicita?
                    Y yo... Mas ¿cómo no abraso*
                    antes mis [labios], que
                    pronunciar yo mis agravios?
                    Mas, cielos, ¿Leonor no pudo   1640
                    venir por algún acaso
                    a esta casa, sin tener
                    culpa de lo que ha pasado,
                    pues prevenirlo no pudo?
                    ¿Y que don Pedro, llevado   1645
                    de la ocasión de tener
                    en su poder el milagro
                    de la perfección, pretenda
                    como mozo y alentado,
                    lograr la ocasión felice   1650
                    que la fortuna le ha dado,
                    sin que Leonor corresponda
                    a sus intentos osados?
                    Bien puede ser que así sea;
                    ¿mas cumplo yo con lo honrado,   1655
                    consintiendo que a mi dama
                    la festeje mi contrario
                    y que, con tanto lugar
                    como tenerla a su lado,
                    la enamore y solicite,   1660
                    y que haya de ser tan bajo
                    yo que lo mire y lo sepa
                    y no intente remediarlo?

---

*1637-1639 En los testimonios «antes mis agravios, que» texto que parece corrupto y repite «agravios» en el verso siguiente. Salceda sugiere la corrección: «...no abraso /primero mis labios, que», que dejaría al verso 1638 con la medida correcta. Enmiendo por el texto de M1: «no abraso / antes mis labios que».

1650 *felice:* estas formas con *-e* paragógica eran de uso general en la lengua clásica. Calderón en *La vida es sueño* pone en labios de Segismundo el conocido verso, «¡Ay mísero de mí! ¡Ay infelice!», como *infra* en el v. 2682. Véase también *felice dueño* (vv. 1917, 3163; y 266 del *Sarao*), *felice competencia* (v. 203 del *Sarao*).

	Eso no, ¡viven los cielos!	
	Sígueme. Vamos, Castaño,	1665
	y saquemos a Leonor	
	a pesar de todos cuantos	
	[lo] quisieren defender*.	
CASTAÑO	Señor, ¿estás dado al diablo?	
	¿No ves que hay en esta casa	1670
	una tropa de lacayos,	
	que sin que nadie lo sepa	
	nos darán un sepancuantos,	
	y andarán descomedidos	
	por andar muy bien crïados?	1675
DON CARLOS	Cobarde, ¿aqueso me dices?	
	Aunque vibre el cielo rayos,	
	aunque iras el cielo esgrima	
	y el abismo aborte espantos,	
	me la tengo de llevar.	1680
CASTAÑO	Ahora, ¡sus! Si ha de ser, vamos.	
	Y luego de aquí a la horca,	
	que [será] el segundo paso*.	

---

*1668 «la quisieren defender» en los testimonios. La preferencia por una u otra forma pronominal viene determinada por el significado de *defender*, que aquí vale como «vedar, prohibir o embarazar el que se diga o ejecute alguna cosa» *(Aut.)*, es decir, «lo quisieren impedir», como enmienda OC.

1673 *sepancuantos:* «Usado como sustantivo, vale lo mismo que golpe recio. Tomose del principio de las escrituras y algunos instrumentos jurídicos» *(Aut.)*. Originalmente se trata de una fórmula de notificación pública que usaban los pregoneros cuando se sacaba a los presos al castigo público: los pregoneros iban delante y anunciaban la sentencia y culpas, detrás venía el sentenciado (con el torso desnudo y en un asno), azotado por el verdugo con un látigo. Cfr. Quevedo, *PO*, núm. 690, vv. 1-4: «Sepan cuantos, sepan cuantas / oyeren aquestas voces, / buscones que arrullan trongas, / trongas que arrullan buscones»; núm. 851, vv. 79-82: «Iba delante el bramón / y detrás el varapalo, / y con su capa y su gorra / hecho novio del "Sepancuantos"»; y en *La hora de todos,* pág. 72: «venía un azotado con la palabra del verdugo delante chillando y con las mariposas del "sepancuantos", detrás».

1681 *¡sus!:* «se usa como interjección para alentar, provocar o mover a otro a ejecutar alguna cosa prontamente» *(Aut.)*. Cfr. Quevedo, *Cuento de cuentos:* «Ello se ha de contar; y si se ha de contar, no hay sino ¡sus!, manos a la obra» *(Prosa festiva completa,* pág. 393).

*1683 «que se á» S y las sueltas O, T, T2; enmiendo por otros testimonios: B1, B2, B3, M1, M2, T3 y OC. *El segundo paso:* se entiende *paso* como «lance o su-

(Salen DON RODRIGO *y* DON JUAN.)

DON RODRIGO	Don Juan, pues vos sois su amigo,	
	reducidle a la razón,	1685
	pues por aquesta ocasión	
	os quise traer conmigo;	
	que pues vos sois el testigo	
	del daño que me causó	
	cuando a Leonor me llevó,	1690
	podréis con desembarazo	
	hablar en aqueste caso	
	con más llaneza que yo.	
	Ya de todo os he informado,	
	y en un caso tan severo	1695
	siempre lo trata el tercero	
	mejor que no el agraviado.	
	Que al que es noble y nació honrado,	
	cuando se le representa	
	la afrenta, por más que sienta,	1700
	le impide, aunque ese es el medio,	
	la vergüenza del remedio	
	el remedio de la afrenta.	
DON JUAN	Señor don Rodrigo, yo	
	por la ley de caballero,	1705
	os prometo reducir	
	a vuestro gusto a don Pedro,	
	a que él juzgo que está llano,	
	porque tampoco no quiero	
	vender por fineza mía	1710
	a lo que es mérito vuestro.	
	Y pues, porque no se niegue	

---

ceso especial y digno de reparo». El primer paso o lance es el recibir el *sepancuantos* anotado en el v. 1673, y a continuación el sentenciado era ahorcado. Quevedo en *El Buscón* cuenta todos los pasos de la ejecución del padre de Pablos *(Quevedo esencial,* págs. 139-140).

1691-1692 Consonancia entre *desembarazo* y *caso.* Véase nota al v. 162 de la «Loa».

                        no le avisamos, entremos
                        a la sala...
                        [Aparte.] Mas ¿qué miro?
                        ¿Aquí don Carlos de Olmedo,   1715
                        con quien anoche reñí?
                        ¡Ah, ingrata doña Ana! ¡Ah, fiero
                        basilisco!

        (Sale CELIA.*)*

CELIA   ¡Jesucristo!
                        Don Juan de Vargas y un viejo,
                        señor, y te han visto ya.   1720
DON CARLOS   No importa, que nada temo.
DON RODRIGO   Aquí don Carlos está,
                        y para lo que traemos
                        que tratar, grande embarazo
                        será.
CASTAÑO   Señor, reza el credo,   1725
                        porque estos pienso que vienen
                        para darnos pan de perro;
                        pues sin duda que ya saben
                        que fuistes quien a don Diego*
                        hirió y se llevó a Leonor.   1730
DON CARLOS   No importa, ya estoy resuelto
                        a cuanto me sucediere.
DON RODRIGO   Mejor es llegar; yo llego.
                        Don Carlos: don Juan y yo
                        cierto negocio traemos   1735
                        que precisamente ahora
                        se ha de tratar a don Pedro;
                        y así, si no es embarazo
                        a lo que venís, os ruego

1727 *dar pan de perro:* «Frase vulgar, con que se da a entender que a alguno lo han maltratado» *(Aut.).* Se llama *pan de perro* el pan que, mezclado con vidrio molido, agujas y sustancias venenosas, se empleaba para matar perros; por extensión, se llama el daño o castigo que se le da a uno.

*1729 Para *fuistes* 'fuiste', véase nota al v. 821. OC enmienda en «fuiste».

	nos deis lugar, perdonando	1740
	el estorbo, que los viejos	
	con los mozos, y más cuando	
	son tan bizarros y atentos	
	como vos, esta licencia	
	nos tomamos.	
Don Carlos	*(Aparte.)* ¡Vive el cielo!,	1745
	que aún ignora don Rodrigo	
	que soy de su agravio el dueño.	
Don Juan	*[Aparte.]*	
	No sé, ¡vive el cielo!, cómo,	
	viendo a don Carlos, contengo	
	la cólera que me incita.	1750
Celia	*[Aparte a* Don Carlos.]	
	Don Carlos, pues el empeño	
	miráis en que está mi ama	
	si llega su hermano a veros,	
	que os escondáis os suplico.	
Don Carlos	*[Aparte.]*	
	Tiene razón, ¡vive el cielo!,	1755
	que si aquí me ve su hermano,	
	la vida a doña Ana arriesgo,	
	y habiéndome ella amparado	
	es infamia; mas ¿qué puedo	
	hacer yo en aqueste caso?	1760
	Ello no hay otro remedio:	
	ocúltome, que el honor	
	de doña Ana es lo primero,	
	y después saldré a vengar	
	mis agravios y mis celos.	1765
Celia	*[Aparte a* Don Carlos.]	
	¡Señor, por Dios, que te escondas	
	antes que salga don Pedro!	
Don Carlos	Señor don Rodrigo, yo	
	estoy —perdonad si os tengo	
	vergüenza, que vuestras canas	1770
	dignas son de este respeto—,	
	sin que don Pedro lo sepa,	
	en su casa; y así, os ruego	

	que me dejéis ocultar
	antes que él salga, que el riesgo	1775
	que un honor puede correr
	me obliga.
DON JUAN	*[Aparte.]* ¡Que esto consiento!
	¿Qué más claro ha de decir
	que aquel basilisco fiero
	de doña Ana aquí le trae?	1780
	¡Oh, pese a mi sufrimiento
	que no le quito la vida!
	Pero ajustar el empeño
	es antes, de don Rodrigo,
	pues le di palabra de ello;	1785
	que después yo volveré,
	puesto que la llave tengo
	del jardín, y tomaré
	la venganza que deseo.
DON RODRIGO	Don Carlos, nada me admira:	1790
	mozo he sido, aunque soy viejo;
	vos sois mozo, y es preciso
	que deis sus frutos al tiempo;
	y supuesto que decís
	que os es preciso esconderos,	1795
	haced vos lo que os convenga,
	que yo la causa no inquiero
	de cosas que no me tocan.
DON CARLOS	Pues adiós.
DON RODRIGO	Guárdeos el Cielo.
CELIA	¡Vamos aprisa!
	[Aparte.] (A Dios gracias	1800
	que se ha escusado este aprieto.)
	—Y vos, señor, esperad
	mientras aviso a mi dueño.
DON CARLOS	*[Aparte.]*
	¡Un Etna llevo en el alma!
DON JUAN	*[Aparte.]*
	¡Un volcán queda en el pecho!	1805

(*Vanse* DON CARLOS, CELIA *y* CASTAÑO.)

DON RODRIGO	Veis aquí cómo es el mundo:
	a mí me agravia don Pedro,
	don Carlos le agravia a él
	y no faltará un tercero*
	también que agravie a don Carlos. 1810
	Y es que lo permite el Cielo
	en castigo de las culpas,
	y dispone que paguemos
	con males que recibimos
	los males que habemos hecho. 1815
DON JUAN	*[Aparte.]*
	Estoy tan fuera de mí
	de haber visto manifiesto
	mi agravio, que no sé cómo
	he de sosegar el pecho
	para hablar en el negocio 1820
	de que he de ser medianero,
	que quien ignora los suyos
	mal hablará en los ajenos.

(Sale DON CARLOS *a la reja.)*

DON CARLOS	Ya que fue fuerza ocultarme
	por el debido respeto 1825
	de doña Ana, como a quien
	el amparo y vida debo,
	desde aquí quiero escuchar,
	pues sin ser yo visto puedo,
	a qué vino don Rodrigo, 1830
	que entre mil dudas el pecho,
	astrólogo de mis males,
	me pronostica los riesgos.

---

*1809 «faltara» B3, T3 y OC.

1815 *habemos hecho: habemos* es forma más arcaica que alterna en la lengua clásica con *hemos*. Cfr. Calderón de la Barca, *La vida es sueño*, vv. 25-30: «que si dos hemos sido / los que de nuestra patria hemos salido / a probar aventuras, / dos los que entre desdichas y locuras / aquí habemos llegado, / y dos los que en el monte hemos rodado» (ed. C. Morón, Madrid, Cátedra, 1978).

(*Sale* DON PEDRO.)

DON PEDRO	Señor don Rodrigo, ¿vos
	en mi casa? Mucho debo 1835
	a la ocasión que aquí os trae,
	pues que por ella merezco
	que vos me hagáis tantas honras.
DON RODRIGO	Yo las recibo, don Pedro,
	de vos; y ved si es verdad, 1840
	pues a vuestra casa vengo
	por la honra que me falta.
DON PEDRO	Don Juan, amigo, no es nuevo
	el que vos honréis mi casa.
	Tomad entrambos asiento 1845
	y decid, ¿cómo venís?
DON JUAN	Yo vengo al servicio vuestro,
	y pues a lo que venimos
	dilación no admite, empiezo.
	Don Pedro, vos no ignoráis, 1850
	como tan gran caballero,
	las muchas obligaciones
	que tenéis de parecerlo;
	esto supuesto, el señor
	don Rodrigo tiene un duelo 1855
	con vos.
DON PEDRO	¿Conmigo, don Juan?
	Holgárame de saberlo*.
	(*Ap.*) ¡Válgame Dios! ¿Qué será?
DON RODRIGO	Don Pedro, ved que no es tiempo
	este de haceros de nuevas, 1860
	y si acaso decís eso
	por la cortés atención
	que debéis a mi respeto,
	yo estimo la cortesía,
	y en la atención os dispenso. 1865
	Vos, amante de Leonor,
	la solicitasteis ciego

---

*1857 «holgareme» B3, O, T, T2.

	pudiendo haberos valido	
	de mí, y con indignos medios	
	la sacasteis de mi casa,	1870
	cosa que... Pero no quiero	
	reñir ahora el delito	
	que ya no tiene remedio;	
	que cuando os busco piadoso	
	no es bien reñiros severo,	1875
	y como lo más se enmiende,	
	yo os perdonaré lo menos.	
	Supuesto esto, ya sabéis	
	vos que no hay sangre en Toledo	
	que pueda exceder la mía;	1880
	y siendo esto todo cierto,	
	¿qué dificultad podéis	
	hallar para ser mi yerno?	
	Y si es falta el estar pobre	
	y vos rico, fuera bueno	1885
	responder eso, si yo	
	os tratara el casamiento	
	con Leonor; mas pues vos fuisteis	
	el que la eligió primero,	
	y os pusisteis en estado	1890
	que ha de ser preciso hacerlo,	
	no he tenido yo la culpa	
	de lo que fue arrojo vuestro.	
	Yo sé que está en vuestra casa,	
	y sabiéndolo, no puedo	1895
	sufrir que esté en ella, sin que	
	le deis de esposo al momento	
	la mano.	
DON PEDRO	*(Aparte.)* ¡Válgame Dios!	
	¿Qué puedo en tan grande empeño	
	responder a don Rodrigo?	1900
	Pues que si la tengo niego,	

1896 *sin que:* fusión de los dos monosílabos finales en un disílabo grave. Véase en OC, II, pág. 135, el verso «que Dios gusta de que». *Supra,* v. 19 del *Sainete primero.*

	es fácil que él lo averigüe,	
	y si la verdad confieso	
	de que la sacó don Carlos,	
	se la dará a él y yo pierdo,	1905
	si pierdo a Leonor, la vida.	
	Pues si el casarme concedo,	
	puede ser que me desaire	
	Leonor. ¡Quién hallara un medio	
	con que poder dilatarlo!	1910
DON JUAN	¿De qué, amigo, estáis suspenso,	
	cuando la proposición	
	resulta en decoro vuestro;	
	cuando el señor don Rodrigo,	
	tan reportado y tan cuerdo,	1915
	os convida con la dicha	
	de haceros felice dueño	
	de la beldad de Leonor?	
DON PEDRO	Lo primero que protesto,	
	señor don Rodrigo, es que	1920
	tanto la beldad venero	
	de Leonor, que puesto que	
	sabéis ya mis galanteos,	
	quiero que estéis persuadido	
	que nunca pudo mi pecho	1925
	mirarla con otros ojos,	
	ni hablarla con otro intento	
	que el de ser feliz con ser	
	su esposo. Y esto supuesto,	
	sabed que Leonor anoche	1930
	supo (aun a fingir no acierto)	
	que estaba mala mi hermana,	
	a quien con cariño tierno	
	estima, y vino a mi casa	
	a verla sólo, creyendo	1935
	que vos os tardarais más	
	con la diversión del juego.	
	Hízose algo tarde, y como	
	temió el que hubieseis ya vuelto,	
	como sin licencia vino,	1940

	despachamos a saberlo	
	un crïado de los míos,	
	y aqueste volvió diciendo	
	que ya estabais vos en casa,	
	y que habíais echado menos	1945
	a Leonor, por cuya causa	
	haciendo justos estremos,	
	la buscabais ofendido.	
	Ella, temerosa, oyendo	
	aquesto, volver no quiso.	1950
	Este es en suma el suceso;	
	que ni yo saqué a Leonor,	
	ni pudiera, pretendiendo	
	para esposa su beldad	
	proceder tan desatento	1955
	que para mirarme en él	
	manchara antes el espejo.	
	Y para que no juzguéis	
	que esta es escusa que invento	
	por no venir en casarme,	1960
	mi fe y palabra os empeño	
	de ser su esposo al instante	
	como Leonor venga en ello;	
	y en esto conoceréis	
	que no tengo impedimento	1965
	para dejar de ser suyo	
	más de que no la merezco.	
Don Carlos	¿No escuchas esto, Castaño?	
	¡La vida y el juicio pierdo!	
Castaño	La vida es la novedad;	1970
	que lo del juicio no es nuevo.	
Don Rodrigo	Don Pedro, a lo que habéis dicho	
	hacer réplica no quiero,	

1956-1957 *que para mirarme en él /manchara antes el espejo:* cfr. Sor Juana, OC, I, núm. 92, vv. 21-24: «¿Qué humor puede ser más raro / que el que, falto de consejo, / él mismo empaña el espejo, / y siente que no esté claro?».

1960 *por no venir en casarme:* en estas construcciones, *venir en,* «conceder lo que se pretende o pide». Véase nota al v. 731; *infra,* vv. 1963, 2032, 2040.

	sobre si pudo o no ser,	
	como decís, el suceso;	1975
	pero siéndole ya a todos	
	notorios vuestros festejos,	
	sabiendo que Leonor falta	
	y yo la busco, y sabiendo	
	que [en vuestra casa la hallé]*,	1980
	nunca queda satisfecho	
	mi honor, si vos no os casáis;	
	y en lo que me habéis propuesto	
	de si Leonor querrá o no,	
	eso no es impedimento,	1985
	pues ella tener no puede	
	más gusto que mi precepto;	
	y así llamadla y veréis	
	cuán presto lo ajusto.	
Don Pedro	Temo,	
	señor, que Leonor se asuste,	1990
	y así os suplico deis tiempo	
	de que antes se lo proponga	
	mi hermana, porque supuesto	
	que yo estoy llano a casarme,	
	y que por dicha lo tengo,	1995
	¿qué importa que se difiera	
	de aquí a mañana, que es tiempo	
	en que les puedo avisar	
	a mis amigos y deudos	
	porque asistan a mis bodas,	2000
	y también porque llevemos	
	a Leonor a vuestra casa,	
	donde se haga el casamiento?	
Don Rodrigo	Bien decís; pero sabed	
	que ya quedamos en eso,	2005

---

*1980 «que la he hallado en vuestra casa» S, B1, M1, M2, O, MS, T, T2, verso mal medido que enmiendo por el texto de B2, B3, T3.

1994 *estoy llano a casarme:* «que no tiene embarazo, dificultad ni impedimento». Véase nota al v. 267 de la «Loa».

	y que es Leonor vuestra esposa.
Don Pedro	Dicha mía es el saberlo.
Don Rodrigo	Pues, hijo, adiós; que también hacer de mi parte quiero las prevenciones.
Don Pedro	Señor, 2010 vamos; os iré sirviendo.
Don Rodrigo	No ha de ser; y así, quedaos, que habéis menester el tiempo.
Don Pedro	Yo tengo de acompañaros.
Don Rodrigo	No haréis tal.
Don Pedro	Pues ya obedezco. 2015
Don Juan	Don Pedro, quedad con Dios.
Don Pedro	Id con Dios, don Juan*.

(Vanse Don Rodrigo *y* Don Juan.)

                            Yo quedo
tan confuso, que no sé
si es pesar o si es contento,
si es fortuna o es desaire   2020
lo que me está sucediendo.
Don Rodrigo con Leonor
me ruega, yo a Leonor tengo;
el caso está en tal estado
que yo escusarme no puedo   2025
de casarme: solamente
es a Leonor a quien temo,
no sea que lo resista;
mas puede ser que ella, viendo
el estado de las cosas   2030
y de su padre el precepto,
venga en ser mía. Yo voy.
¡Amor, ablanda su pecho!

2006 *esposa:* 'prometida'.

*2017 La acotación que sigue figura en los testimonios antes de este verso con lo que don Pedro despide a don Juan después de que éste se haya ido. Parece más adecuado el orden que sigue OC.

(Vanse.)

(Salen Don Carlos *y* Castaño.*)*

Don Carlos	No debo de estar en mí,	
	Castaño, pues no estoy muerto.	2035
	Don Rodrigo, ¡ay de mí!, juzga	
	que a Leonor sacó don Pedro	
	y se la viene a ofrecer;	
	y él, muy falso y placentero,	
	viene en casarse con ella,	2040
	sin ver el impedimento	
	de que se salió con otro.	
Castaño	¿Qué quieres? El tal sujeto	
	es marido convenible	
	y no repara en pucheros:	2045
	él vio volando esta garza	
	y quiso matarla al vuelo;	
	con que, si él ya la cazó,	
	ya para ti *volaverunt*.	
Don Carlos	Yo estoy tan sin mí, Castaño,	2050
	que aun a discurrir no acierto	
	lo que haré en aqueste caso.	
Castaño	Yo te daré un buen remedio	
	para que quedes vengado.	

2034 *estar en mí*: como *estar en sí*: «es estar advertido y con deliberación; y así del que está con plena advertencia en lo que dice, hace, oye o ve, decimos que está muy en sí» *(Aut.)*. *Infra,* v. 2050.

2044 *convenible*: «de buen natural, dócil y blando, y que fácilmente se reduce a la razón» *(Aut.)*. Es un adjetivo ya desusado a principios del siglo XVIII, que prolongó su uso unido a *remedio* en el sentido de «razonable, proporcionado y moderado».

2045 *reparar en pucheros*: como se indica en nota a los vv. 1531-1534 los parlamentos del gracioso Castaño tienen una intencionalidad cómica, con expresiones de doble significado que separan radicalmente su lengua de la del resto de los personajes. Véase P. Alzieu, R. Jammes, Y. Lissorgues, *Poesía erótica del Siglo de Oro,* Barcelona, Crítica, 1983, donde se recoge el término *puchero*: «cunnus», con textos en las págs. 245 y 279.

2049 *volaverunt*: «Voz latina, que en castellano se usa festivamente para significar que alguna cosa faltó del todo o se perdió» *(Aut.)*. Mantiene la rima asonante *e-o*.

	Doña Ana es rica, y yo pienso	2055
	que revienta por ser novia;	
	enamórala, y con eso	
	te vengas de cuatro y ocho:	
	que dejas a aqueste necio	
	mucho peor que endiablado,	2060
	encuñadado *in aeternum*.	
Don Carlos	¡Por cierto, gentil venganza!	
Castaño	¿Mal te parece el consejo?	
	Tú no debes de saber	
	lo que es un cuñado, un suegro,	2065
	una madrastra, una tía,	
	un escribano, un ventero,	
	una mula de alquiler,	
	ni un albacea, que pienso	
	que del Infierno el mejor	2070
	y más bien cobrado censo	
	no llegan a su zapato.	
Don Carlos	¡Ay de mí, infeliz! ¿Qué puedo	
	hacer en aqueste caso?	
	¡Ay, Leonor, si yo te pierdo,	2075
	pierda la vida también!	
Castaño	No pierdas ni aun un cabello,	
	sino vamos a buscarla;	

2056 *novia:* la mujer que está inmediata al matrimonio, y también la mujer recién casada.

2061 *encuñadado:* parece neologismo de Sor Juana creado sobre *endiablado*. *In aeternum:* «para siempre», «por toda la eternidad». Obsérvese que es el criado, el gracioso, quien usa estas expresiones latinas. Cfr. Quevedo, *El sueño del infierno:* «...todos los libreros nos condenamos por las obras malas que hacen los otros, y por lo que hicimos barato de los libros en romance y traducidos de latín, sabiendo ya con ellos los tontos lo que encarecían en otros tiempos los sabios; que ya hasta el lacayo latiniza y hallarán a Horacio en castellano en la caballeriza» *(Sueños,* pág. 186). Otros neologismos en los vv. 2486 y 2507.

2065 y ss. Enumera aquí sor Juana una serie de personas y cosas: cuñado, suegro, madrastra, tía, un escribano, un ventero, una mula de alquiler, un albacea, que son objeto frecuente de vituperio en la literatura satírica de la época.

2078 *vamos* por «vayamos»; es la forma etimológica del *vadamus* latino, muy usual en el español clásico.

	que en el tribunal supremo	
	de su gusto, quizá se	2080
	revocará este decreto.	
DON CARLOS	¿Y si la fuerza su padre?	
CASTAÑO	¿Qué es forzarla? ¿Pues el viejo	
	está ya para Tarquino?	
	Vamos a buscarla luego,	2085
	que como ella diga nones,	
	no hará pares con don Pedro.	
DON CARLOS	Bien dices, Castaño, vamos.	
CASTAÑO	Vamos, y deja lamentos,	
	que se alarga la jornada	2090
	si aquí más nos detenemos.	

2080 Es necesario para la correcta medida del verso que la partícula *se* sea considerada como tónica. Véase nota al v. 207.

2082-2083 Juego dilógico con los significados de *forzar*. Don Carlos lo usa en el sentido de «obligar por la fuerza», y Castaño en el de «conocer una mujer contra su voluntad» (Cov.).

2084 *Tarquino:* se refiere a Sexto Tarquino que violó a Lucrecia, esposa de Colatino. Esta se suicidó para no sobrevivir a su deshonra. Véase nota al v. 171.

2086-2087 *que como ella diga nones, / no hará pares con don Pedro:* Alusión al juego de *pares y nones;* literalmente, se entiende que no hará pareja con don Pedro ya que entre los dos serían un par. Pero Castaño quizá vaya más lejos en sus dobles sentidos: se llama *pares* a «la placenta, en la mujer preñada» *(Aut.).*

2090 *que se alarga la jornada:* guiño al espectador por parte de la autora, con una alusión a la propia representación. La jornada, con 1060 versos, no es excesivamente larga, si atendemos a la media usual de la comedia áurea, pero quizá resultase así para una representación cortesana. MS cambia estos dos versos: «que tengo de renegar / o no ha de dormir con Pedro».

Letra

Tierno pimpollo hermoso,
que a pequeñez reduces
del prado los colores,
y del cielo las luces,
pues en tu rostro bello   5
unidos se confunden
de estrellas y de rosas
centellas y perfumes;
Cupido soberano,
a cuyas flechas dulces,   10
herido el viento silba,
flechado el viento cruje;
astro hermoso, que apenas
das la primera lumbre,
cuando en los pechos todos   15
dulce afición influyes;
bisagra que amorosa
dos corazones unes,
que siendo antes unión,

---

1 La letra está dirigida a José, hijo de los marqueses de la Laguna, nacido en México el 5 de julio de 1683, que tendría tres meses de edad en la fecha de representación del festejo, según los cálculos de Salceda. Véase v. 416 de la «Loa».

17 *bisagra:* cfr. Sor Juana, OC, I, pág. 77: «que le deis a vuestros padres / la felicidad de veros / hecho unión de sus dos almas, / bisagra de sus dos pechos». Llama bisagra al hijo porque aumenta la unión entre sus padres. Góngora llamó bisagra al Estrecho de Magallanes: «cuando halló de fugitiva plata / la bisagra, aunque estrecha, abrazadora / de un Océano y otro...» *(Soledades,* ed. John Beverley, Madrid, Cátedra, 1980, pág. 95, vv. 472-474).

a identidad reduces; 20
oriente de arreboles,
porque sol más ilustre
en tu rostro amanezca
que en el cielo madrugue;
hijo de Marte y Venus, 25
porque uno y otro numen,
te infunde este lo fuerte,
te dé aquella lo dulce;
bello Josef amado,
que dueño te introduces 30
en comunes afectos
de efectos no comunes;
Sol que naces, mudando
del otro la costumbre
en el Ocaso, porque 35
adonde él muere, triunfes:
la cortedad admite,
pues las solicitudes
que aspiran a tu obsequio,
no es razón que se frustren. 40

---

29 *Josef:* el heptasílabo pide conservar la *f* para evitar la sinalefa. La *f* en esta posición antevocálica conservó más tiempo su pleno sonido, mientras se escribió *Joseph*, y luego *Josef.* En los otros casos sonaba muy débil, hasta llegar a ser imperceptible y se suprimió en la ortografía.

31-32 *en comunes afectos / de efectos no comunes:* bella paranomasia y antítesis de conceptos, que parcialmente también se encuentra al final de la *Loa* para el *Auto de San Hermenegildo:* «¡el afecto se admite, / si no el efecto!» (Sor Juana, OC, III, pág. 115).

33-36 Sor Juana se expresa aquí como lo haría un español para el que México es el Ocaso o Poniente, pero no para un mexicano.

Comedia famosa
Los empeños de una Casa
De Dn Nicolas de ...
Personas que ablan en ella

Dn Carlos	Dn Rodrigo	Celia D. de embozo
Dn Juan	Da Leonor	Hernando Dn ...
Dn Pedro	Da Ana	Castaño ... de Musica

Jornada Primera
Salen Da Ana, y Celia

Da An. Hasta que venga mi hermano,
Celia, le hemos de esperar.

Cel. Pues eso sera belar
por que él juzga, que es temprano,
la Luna, hu las dos, y aun voi,
aun que es grande ociosidad,
viene á decir la verdad;
pues biene al amanecer,
Mas porque á hora se vió
esa gana de esperar,
si se entras siempre á acostar
tu, y le espero sola yo?

Da An. Has de saber, Celia mia,
que aquesta noche á paso

Sainete segundo

INTERLOCUTORES

ARIAS   ACEVEDO
MUÑIZ   COMPAÑEROS

(Salen MUÑIZ *y* ARIAS.)

ARIAS   Mientras descansan nuestros camaradas
de andar las dos jornadas,
que, vive Dios, que creo
que no fueran más largas de un correo;
pues si aquesta comedia se repite   5
juzgo que llegaremos a Cavite,
e iremos a un presidio condenados,
cuando han sido los versos los forzados,

1-4 Sor Juana emplea en este sainete la técnica del teatro dentro del teatro. De nuevo se hace alusión a la extensión de las jornadas, enlazando así con el final de la jornada segunda. Insiste en ello en la décima que escribe para enviar la comedia: «Va de exornación escasa / la comedia que he trazado, / aunque para vuestro agrado / no sé si es buena la traza. / Si por larga os embaraza, / sus jornadas dilatadas / van a vos encaminadas; / y no es bien que os cause espanto: / que para caminar tanto, / aun son pocas tres jornadas» (OC, I, pág. 261). Juego con las acepciones de *jornada:* «cada uno de los actos en que se divide la comedia» y «el camino que un correo podía hacer regularmente en un día.»

6 *Cavite:* «puerto de la isla de Luzón, en las Filipinas, terminal de la Nao de China, o de Filipinas, que salía de Acapulco, en donde había una prisión a la que solían enviar condenados de España y de la Nueva España, y en la que, precisamente en ese tiempo, se hallaba preso el famoso «Duende» don Fernando de Valenzuela», nota de Salceda.

8 *forzados:* juego con la polisemia de esta palabra. *Consonantes o pies forzados:* «las dicciones que se dan a alguno, para que con ellas concluya cada verso de los que ha de llevar la composición poética que se le encarga. Es hispanismo, porque los tales pies son los que fuerzan el ingenio». *Forzado,* «se llama también al galeote, que en pena de sus delitos está condenado a servir al remo en las galeras» *(Aut.).*

| | aquí, Muñiz amigo, nos sentemos
y toda la comedia murmuremos.   10
| MUÑIZ | Arias, vos os tenéis buen desenfado;
pues si estáis tan cansado
y yo me hallo molido, de manera
que ya por un tamiz pasar pudiera;
y esto no es embeleco,   15
pues sobre estar molido, estoy tan seco
de aquestas dos jornadas, que he pensado
que en mula de alquiler he caminado.
¿No es mejor acostarnos
y de aquesos cuidados apartarnos?   20
Que yo, más al descanso me abalanzo.
| ARIAS | ¿Y el murmurar, amigo? ¿Hay más descanso?
Por lo menos a mí, me hace provecho,
porque las pudriciones, que en el pecho

---

10 *toda la comedia murmuremos:* el verbo *murmurar* está aquí usado como transitivo.

13-14 *molido:* juego con la dilogía de *molido*, «cansado» y «desmenuzado, hecho polvo».

21-22 Riman en consonante *abalanzo* y *descanso*. Véase nota al v. 162 de la «Loa».

22 Cfr. Sor Juana, OC, I, págs. 3-4: «Di cuanto quisieres de ellos, / que, cuando más inhumano / me los mordieres, entonces / me quedas más obligado, / pues le debes a mi Musa / el más sazonado plato / —que es el murmurar—, según / un adagio cortesano».

24 *pudrición:* metafóricamente vale «consumir, deshacer y molestar a otro [habría que añadir o a sí mismo], haciéndole llevar con impaciencia y demasiado sentimiento alguna cosa» *(Aut.),* significado autorizado con un texto de Rojas, *Lo que son mujeres,* jornada 2.ª: «Vos, señor, aunque os pudráis, / os pudrid hacia allá dentro, / sufrid y disimulad, / por lo que bien os parece, / lo que os pareciere mal». Clarificadores son unos textos del entremés *El hospital de los podridos,* atribuido a Cervantes, aportados por Salceda: «traigo conmigo un recocimiento y una desesperación y rabia intrínseca, y es de suerte que se me hace una postema recocida en el corazón»; y en otro lugar se da el remedio: «no se pudra nadie / de lo que los otros hacen. / ... parezca bien la comedia / o digan que es disparate; / venga o no venga la gente, / oigan con silencio o parlen, / yo no me pienso pudrir / ni que el contento me acabe, / aunque abadejo me digan / y aunque bacalao me llamen».

	guardo como veneno,	25
	salen cuando murmuro, y quedo bueno.	
MUÑIZ	Decís bien. ¿Quién sería*	
	el que al pobre de Deza engañaría	
	con aquesta comedia	
	tan larga y tan sin traza?	30
ARIAS	¿Aqueso, don Andrés, os embaraza?	
	Diósela un estudiante	
	que en las comedias es tan principiante,	
	y en la poesía tan mozo,	
	que le apuntan los versos como el bozo.	35
MUÑIZ	Pues yo quisiera, amigo, ser barbero	
	y raparle los versos por entero,	
	que versos tan barbados	
	es cierto que estuvieran bien, rapados.	
	¿No era mejor, amigo, en mi conciencia,	40
	si quería hacer festejo a Su Excelencia,	
	escoger, sin congojas,	
	una de Calderón, Moreto o Rojas,	
	que en oyendo su nombre	
	no se topa, a fe mía,	45
	silbo que diga: aquesta boca es mía?	

---

*27 «dizes» B1, B2, B3, M1, M2.

28 *Deza:* Sor Juana escribió este festejo teatral por encargo del contador don Fernando de Deza. Véase Introducción.

30 Nuevo guiño metateatral de Sor Juana a los espectadores; opina sobre su propia comedia «tan larga y tan sin traza».

31 *Don Andrés:* sugiere Salceda que este personaje podría ser el alférez Andrés Muñiz, a quien menciona la madre de Sor Juana en su testamento. Véase Guillermo Ramírez España, *La familia de Sor Juana (Documentos inéditos),* México, Imprenta Universitaria, 1947. En cualquier caso, se trata de un actor o aficionado que representaba comedias ocasionalmente, por lo que dice Arias en los vv. 50-51.

46 *No decir esta boca es mía* «es haber callado, sin prorrumpir una palabra, ni desplegar los labios» *(Aut.).* Cfr. Quevedo, *Cuento de cuentos:* «Él no dijo esta boca es mía y tieso que tieso» *(Prosa festiva completa,* pág. 405, nota 97). Como anota Salceda «nadie se atreve a silbar las comedias de Calderón, Moreto o Rojas, por el solo prestigio de estos nombres; y graciosamente se personifica al silbo o silbido como capaz de pensar y hablar».

ARIAS	¿No veis que por ser nueva
	la han echado?
MUÑIZ	¡Gentil prueba*
	de su bondad!
ARIAS	Aquesa es mi mohína:
	¿no era mejor hacer a *Celestina*, 50
	en que vos estuvisteis tan gracioso,
	que aún estoy temeroso
	—y es justo que me asombre—
	de que sois hechicera en traje de hombre?
MUÑIZ	Amigo, mejor era *Celestina*, 55
	en cuanto a ser comedia ultramarina:
	que siempre las de España son mejores,
	y para digerirlas los humores*,
	son ligeras; que nunca son pesadas

---

47 *por ser nueva*: «nueva», «jamás vista», «famosa» eran adjetivaciones aplicadas al título de las comedias que procuraban atraer al público al teatro. Cfr. Quiñones de Benavente, *La muestra de los carros*: «...más deseada que comedia nueva» *(Entremeses*, pág. 116). La coletilla «comedia nueva, jamás vista ni representada» o «comedia nueva, nunca vista ni representada» era usual en los contratos con las compañías, pues la sola novedad de las obras favorecía la asistencia del público y el aprovechamiento de los corrales de comedias. Véanse algunas referencias en J. E. Varey y N. D. Shergold, *Teatros y comedias en Madrid...*, 1971, pág. 37; 1973, págs. 115, 122, 190; 1979, pág. 287.

*48 *la han echado*: mantengo el texto de S y demás testimonios. OC corrige *la echaron*.

49 *mohína*: «enojo, malhumor, enfado». Cfr. Cervantes, *El coloquio de los perros*: «Quedé yo del caso pasmado; el autor, desabrido; los farsantes, alegres, y el poeta, mohíno» *(La novela picaresca española*, pág. 229); *Quijote*, II, 39: «Turbeme, pegóseme la voz a la garganta, quedé mohína en todo estremo»; Monteser, *El caballero de Olmedo*, vv. 587-88: «No estar parecido / crece mi pesar y mi mohína». Es voz frecuente en la lengua clásica. Juan de Valdés procura sustituirla por otras *(Diálogo de la lengua*, págs. 173-174).

50-70 Parece que, según Arias, Muñiz había representado magistralmente el papel de la alcahueta en esa comedia. Véase Introducción.

56 *comedia ultramarina*: *ultramarino*, «lo que está del otro lado o a la otra parte del mar»; Sor Juana se refiere a una comedia procedente de España.

*58 «digerirlas» S y demás testimonios, laísmo que mantengo, de acuerdo con lo anotado al v. 61 de la «Loa». Salceda en OC corrige en «digerirles». En los versos siguientes puede haber alusión a los huevos pasados por agua. Cfr. Quevedo, *Baile de los nadadores*, vv. 57-60: «Los amores, madre, / son como güevos, / los pasados por agua / son los más tiernos». Alatorre, «Fortuna varia de un chiste gongorino», *NRFH*, 15, 1961, págs. 483-504.

	las cosas que por agua están pasadas.	60
	Pero la *Celestina* que esta risa	
	os causó era mestiza	
	y acabada a retazos,	
	y si le faltó traza, tuvo trazos,	
	y con diverso genio	65
	se formó de un trapiche y un ingenio.	
	Y en fin, en su poesía,	
	por lo bueno, lo malo se suplía*;	
	pero aquí, ¡vive Cristo!, que no puedo	
	sufrir los disparates de Acevedo.	70
ARIAS	¿Pues es él el autor?	
MUÑIZ	Así se ha dicho*,	
	que de su mal capricho	
	la comedia y sainetes han salido;	
	aunque es verdad que yo no puedo creello.	
ARIAS	¡Tal le dé Dios la vida, como es ello!	75
MUÑIZ	Ahora bien, ¿qué remedio dar podremos	
	para que esta comedia no acabemos?	
ARIAS	Mirad, ya yo he pensado	
	uno, que pienso que será acertado.	
MUÑIZ	¿Cuál es?	

61-62 Rima consonante entre *risa* y *mestiza*. Véase nota al v. 162 de la «Loa».

*68 «se pulia» B2, B3; «se suplica» M2. *Suplir*: «disimular algún defecto a otro». Anota Salceda que Sor Juana usa con frecuencia el verbo con este sentido, así en los *Ejercicios de la Encarnación*, día séptimo: «pidiendo a los Ángeles, Arcángeles y Virtudes que suplan nuestra ignorancia y tibieza»; y en OC, núm. 64, vv. 135-136: «si ofensa es, por el afecto / puede suplirse la ofensa».

70 Para el bachiller Francisco de Acevedo, véase la Introducción. Como Salceda hace observar, parece estar mal hecha la distribución de los parlamentos entre los personajes, porque Muñiz, que ha confesado en los vv. 27-30 no saber quién es el autor, da aquí el nombre de Acevedo, y Arias, que en los vv. 32-35 habla del autor como si lo conociera, pregunta quién es en el v. 71. Propone atribuir los vv. 40-46 a Arias, y cambiar enseguida alternativamente. Sin embargo, no parece viable esta solución, pues, de hacerlo así, la segunda parte del v. 96 correspondería a Muñiz, y ha de decirla Arias, de acuerdo con la acotación que sigue. Para subsanar esto, habría que considerar el v. 75 parte del parlamento anterior, dicho por Arias en la corrección que propone Salceda.

*71 «Pues es el autor?» B3; OC lee: «Pues él es el autor?».

74 *creello*: en este caso la asimilación está justificada para la consonancia con *ello*. Véase nota al v. 1060 de la comedia.

ARIAS	Que nos finjamos	80

              mosqueteros, y a silbos destruyamos
              esta comedia, o esta patarata,
              que con esto la fiesta se remata;
              y como ellos están tan descuidados,
              en oyendo los silbos, alterados   85
              saldrán, y muy severos
              les diremos que son los mosqueteros.
MUÑIZ   ¡Brava traza, por Dios! Pero me ataja
              que yo no sé silbar.
ARIAS   ¡Gentil alhaja!
              ¿Qué dificultad tiene?
MUÑIZ   El punto es ése,   90
              que yo no acierto a pronunciar la ese.
ARIAS   Pues mirad: yo, que a silbar me allano*,
              que puedo en el Arcadia ser Silvano,

---

   81 *mosquetero:* «en los corrales de comedias es el que las ve en pie en el patio» *(Aut.).* Los mosqueteros eran temidos por los autores de comedias, porque si algo no les gustaba atronaban con sus silbidos hasta conseguir en ocasiones que se interrumpiese la representación. Cfr. Cristóbal Suárez de Figueroa, *El pasajero,* pág. 76: «Dios os libre de la furia mosqueteril, entre quien, si no agrada lo que se representa, no hay cosa segura, sea divina o profana»; Ruiz de Alarcón, *Todo es ventura:* «...si no se remedia / esta nueva introducción / de los silbos, es forzoso / que pierda el más ingenioso / a los versos la afición»; Ruiz de Alarcón, *Mudarse por mejorarse:* «Representante afamado / has visto, por sólo errar / una sílaba, quedar / a silbos mosqueteado»; Moreto, *La fuerza de la ley:* «—Mejor fuera una comedia. / —Sí, mas la suelen silbar.» Los tres últimos textos aportados en nota de Salceda.

   90-91 La consonancia de una palabra consigo misma se permite sobre todo cuando está usada con distintos significados, como en este caso: *Ése,* demostrativo, y *ese,* sustantivo. No es infrecuente en la lengua clásica. Véase Cervantes, *Viaje del Parnaso,* pág. 61, nota al v. 210.

   91 *que yo no acierto a pronunciar la ese:* véase la nota al v. 162 de la «Loa», aunque aquí puede aludir sólo a un defecto de pronunciación personal.

   *92 Respeto el texto, pues la falta de una sílaba se puede suplir con el hiato *que-a silbar.* Salceda enmienda: «yo, que así a silbar».

   93 *puedo en el Arcadia ser Silvano:* Arcadia es una región idílica del Peloponeso donde ocurren los sucesos de las primeras novelas pastoriles que adoptan el nombre como título: *La Arcadia* de Sannazaro, y de Lope de Vega. Los pastores llevan nombres poéticos: Silvano se llama un personaje de *La Diana* de Jorge de Montemayor y de *La Galatea* de Cervantes. Aquí Arias puede ser Silvano por su habilidad para «silbar», no por «silvestre» o «de la selva».

	silbaré por entrambos; mas ¡atento,	
	que es este silbo a vuestro pedimento!	95
MUÑIZ	Bien habéis dicho. ¡Vaya!	
ARIAS	¡Va con brío!	

(Silba ARIAS.)

MUÑIZ Cuenta, señores, que este silbo es mío*.
 ¡Cuerpo de Dios, que aquesto está muy
  [frío!

(Silban otros dentro.)

 Cuenta, señores, que este silbo es mío.
 ¡Vaya de silbos, vaya! 100

(Silban.)

ARIAS Cuenta, señores, que este silbo es mío*.

(Silba.)

(Sale ACEVEDO *y los* COMPAÑEROS.)

ACEVEDO ¿Qué silbos son aquestos tan atroces?
MUÑIZ Aquesto es ¡Cuántos silbos, cuántas
   [voces!

---

*97-100 Omitidos por un salto de igual a igual (los versos 97 y 101 son idénticos) en la edición de OC y en las que siguieron. Repongo estos versos hasta ahora no editados.

*101 acot. «Sale» S y demás testimonios. OC enmienda «salen», enmienda innecesaria, ya que en las acotaciones del teatro áureo es frecuente la forma «sale» para varios personajes.

103 *¡Cuántos silbos, cuántas voces!*: así comienzan dos romances de Góngora: uno que escribió hacia 1613 como «lisonja a doña Elvira de Córdoba, hija del señor de Zuheros», y otro, «al nacimiento de Cristo Nuestro Señor», escrito en 1620. Pueden verse en: Góngora, *Romances,* págs. 361 y 433. Sor Juana se refiere al primero de estos romances: «¡Cuántos silbos, cuántas voces / la nava oyó de Zuheros...», por la referencia que hay a este lugar en el v. 103. *Zuheros* es una población situada al sureste de Córdoba, muy cerca de Luque. Parece que Sor Juana toma *Nava de Zuheros* por nombre propio; en el romance de Góngora, *nava* es nombre común: «tierra baja y llana, a veces pantanosa, situada generalmente entre montañas» *(DRAE).*

235

ACEVEDO	¡Qué se atrevan a tal los mosqueteros!
ARIAS	Y aun a la misma Nava de Zuheros. 105
ACEVEDO	¡Ay, silbado de mí! ¡Ay desdichado!
	¡Que la comedia que hice me han silbado!
	¿Al primer tapón silbos? Muerto quedo.
ARIAS	No os muráis, Acevedo.
ACEVEDO	¡Allá a ahorcarme me meto! 110
MUÑIZ	Mirad que es el ahorcarse mucho aprieto.
ACEVEDO	Un cordel aparejo*.
ARIAS	No os vais, que aquí os daremos cordelejo.
ACEVEDO	¡Dádmelo acá! Veréis cómo me ensogo,
	que con eso saldré de tanto ahogo. 115

(Cantan sus coplas cada uno.)

MUÑIZ	Silbadito del alma,
	no te me ahorques;

---

108 *al primer tapón silbos:* calco paródico del refrán *al primer tapón zurrapas* «con que se reprehende a los que por sus ruines operaciones dan desde luego a conocer su mal modo» *(Aut.).* Según Covarrubias, la expresión proviene de cuando se estrena una cuba, «y a la primera vez que la abren para sacar vino, sale turbio y con estos pelos (zurrapas); aplícase a los que luego al primer toque descubren su bellaquería».

110-115 Francisco Monterde, en *El «Sainete segundo» de Sor Juana y «El pregonero de Dios» de Francisco de Acevedo* (México, 1946), considera que en esta escena Sor Juana pretendió caricaturizar otra de las comedias de Acevedo, en la que uno de los personajes también anuncia que quiere ahorcarse y el gracioso le ofrece una soga para que lo haga. Salceda (OC, IV, pág. xxvi) considera improbable que haya alguna semejanza entre las dos piezas, toda vez que *El pregonero de Dios* se representó un año más tarde que el festejo de Sor Juana (véase Introducción). El mismo Salceda indica un pasaje de *El desdén, con el desdén* de Moreto que bien pudiera ser antecedente del sainete de Sor Juana y de la comedia de Acevedo: «*Polilla:* ¿Cosa de ahorcarte? / Que, si no, poco te ahoga. / *Carlos:* No te burles, que me enfado. / *Polilla:* Pues si estás desesperado, / ¿hago mal en darte soga?» (ed. F. Rico, vv. 28-32).

*112 «un cordel aparejado» B1, M1, M2. *Aparejo:* 'preparo', 'dispongo', del verbo *aparejar:* «apercebir alguna cosa para que esté a punto y a mano» (Cov.).

113 *dar cordelejo:* es dar chasco, tratar a uno en son de chanza; aquí remite también a *cuerda.* Cfr. Cervantes, *Quijote,* I, 20: «Desde hoy en adelante nos hemos de tratar con más respeto, sin darnos cordelejo, porque de cualquiera manera que yo me enoje con vos ha de ser mal para el cántaro». *Vais,* «vayáis», es subjuntivo etimológico (de *vadatis*) usual en la lengua clásica.

	que los silbos se hicieron	
	para los hombres.	
ACEVEDO	Silbadores del diablo,	120
	morir dispongo*;	
	que los silbos se hicieron	
	para los toros.	
COMPAÑERO 1.°	Pues que ahorcarte quieres,	
	toma la soga,	125
	que aqueste cordelejo	
	no es otra cosa.	
ACEVEDO	No me silbéis, demonios,	
	que mi cabeza	
	no recibe los silbos	130
	aunque está hueca.	
ARIAS	¡Vaya de silbos, vaya!	
	Silbad, amigos,	
	que en lo hueco resuenan	
	muy bien los silbos.	135

(Silban todos.)

ACEVEDO	Gachupines parecen	
	recién venidos,	
	porque todo el teatro	
	se hunde a silbos.	
MUÑIZ	¡Vaya de silbos, vaya!	140
	Silbad, amigos,	
	que en lo hueco resuenan	
	muy bien los silbos.	

---

*121 «morir supongo» B3.

136 *gachupines:* nombre que recibían los españoles llegados a México. En un principio, la palabra carecía de cualquier connotación peyorativa; Fernán González de Eslava escribe la *Ensalada del gachopín,* en la que el *gachopín* es nada menos que el Niño Jesús. Más tarde el término, a causa de la rivalidad entre «criollos» y «gachupines», adquirió un sentido injurioso. En los versos que siguen se alude al sonido fuertemente silbante con que pronunciamos la *s* los españoles en oposición a la pronunciación suave que le dan los mexicanos.

COMPAÑERO 2.º	Y los malos poetas	
	tengan sabido,	145
	que si vítores quieren,	
	este es el vítor.	

(Todos cantan.)

	¡Vaya de silbos, vaya!	
	Silbad, amigos,	
	que en lo hueco resuenan	150
	muy bien los silbos.	
ACEVEDO	¡Baste ya, por Dios, baste;	
	no me den soga;	
	que yo les doy palabra	
	de no hacer otra!	155
MUÑIZ	No es aquesto bastante,	
	que es el delito	
	muy criminal, y pide	
	mayor castigo.	

(Todos cantan.)

	¡Vaya de silbos, vaya!	160
	Silbad, amigos,	
	que en lo hueco resuenan	
	muy bien los silbos.	

(Silban.)

ACEVEDO	Pues si aquesto no basta,	
	¿qué me disponen?	165
	Que como no sean silbos,	
	denme garrote.	
ARIAS	Pues de pena te sirva,	
	pues lo has pedido,	
	el que otra vez traslades	170
	lo que has escrito.	

---

146 *vítor:* voz de aplauso.
170 *trasladar:* copiar.

ACEVEDO	Eso no, que es aquese
	tan gran castigo,
	que más quiero atronado
	morir a silbos. 175
MUÑIZ	Pues lo ha pedido, ¡vaya!
	¡Silbad, amigos;
	que en lo hueco resuenan
	muy bien los silbos!

Jornada tercera

(Salen CELIA *y* DOÑA LEONOR.*)*

DOÑA LEONOR	Celia, yo me he de matar
	si tú salir no me dejas
	de esta casa, u de este encanto.
CELIA	Repórtate, Leonor bella, 2095
	y mira por tu opinión.
DOÑA LEONOR	¿Qué opinión quieres que tenga,
	Celia, quien de oír acaba
	unas tan infaustas nuevas,
	como que quiere mi padre, 2100
	porque con engaño piensa
	que don Pedro me sacó,
	que yo (¡ay Dios!) su esposa sea?
	Y esto cae sobre haber
	antes díchome tú mesma 2105
	que Carlos (¡ah falso amante!)
	a doña Ana galantea,
	y que con ella pretende

2096 *opinión:* «buena fama, reputación».
2105 *mesma:* como en los vv. 2117, 2165, 2209, 2621, 2775, por necesidad de la rima; *mesmo,* por la misma causa, en los vv. 2993, 3005, 3215, 3261, 3357; sin embargo, en los vv. 2252, 2526, *misma,* precisamente para evitar la asonancia de tres versos seguidos, y en los vv. 2867 y 2915, *mismo,* por necesidad de la rima, igualmente. Véase nota al v. 462 de *Amor es más laberinto.* Obsérvese el fuerte hipérbaton, que ordenado sería: «esto cae sobre haberme dicho tú mesma antes».

	casarse, que es quien pudiera,	
	como mi esposo, librarme	2110
	del rigor de esta violencia.	
	Con que estando en este estado,	
	no les quedan a mis penas	
	ni asilo que las socorra,	
	ni amparo que las defienda.	2115
Celia	*(Aparte.)*	
	Verdad es que se lo dije,	
	y a don Carlos con la mesma	
	tramoya tengo confuso,	
	porque mi ama me ordena	
	que yo despeche a Leonor	2120
	para que a su hermano quiera	
	y ella se quede con Carlos;	
	y yo viéndola resuelta,	
	por la manda del vestido	
	ando haciendo estas quimeras.	2125
	—Pues, señora, si conoces	
	que, ingrato, Carlos te deja,	
	y mi señor te idolatra,	
	y que tu padre desea	
	hacerte su esposa, y que	2130
	está el caso de manera	
	que, si dejas de casarte,	
	pierdes honra y conveniencia,	
	¿no es mejor pensarlo bien	
	y resolverte discreta	2135
	a lograr aquesta boda,	
	que es lástima que se pierda?	
	Y hallarás, si lo ejecutas,	

2110 *esposo:* con el valor comentado en nota al v. 1274.
2112 En este verso la cacofonía es evidente: *estando en este estado*.
2118 *tramoya:* «metafóricamente vale enredo hecho con ardid y maña o apariencia de bondad» *(Aut.).* Engaño dispuesto con ingenio. Cfr. Calderón, *Céfalo y Pocris,* vv. 835-37: «—Todas mentís, todas. / Yo le vi, conmigo / no ha de haber tramoyas».
2130 *que,* como palabra aguda al final de verso. Véase nota al v. 207.

	más de tres mil congrüencias,	
	pues sueldas con esto solo*	2140
	de tu crédito la quiebra,	
	obedeces a tu padre,	
	das gusto a tu parentela,	
	premias a quien te idolatra,	
	y de don Carlos te vengas.	2145
DOÑA LEONOR	¿Qué dices, Celia? Primero	
	que yo de don Pedro sea,	
	verás de su eterno alcázar	
	fugitivas las estrellas;	
	primero romperá el mar	2150
	la no violada obediencia	
	que a sus desbocadas olas	
	[impone] freno de arena*;	
	primero aquese fogoso	
	corazón de las esferas	2155
	perturbará el orden con que	
	el cuerpo del orbe alienta;	
	primero, trocado el orden	
	que guarda naturaleza,	
	congelará el fuego copos,	2160

2139 *congrüencias,* con diéresis, para que el verso sea octosílabo.
*2140 «con este solo» B2, B3, T3.
2148 *alcázar:* 'cielo, bóveda celeste'. Es metáfora muy usada por Calderón en los autos sacramentales. Cfr. *La hidalga del valle,* 117: «Ya a vista del Mundo estamos, / su fábrica descubrimos, / una emulación hermosa / de este alcázar cristalino»; *¿Quién hallará mujer fuerte?,* 668: «empañando con el humo / la tez de ese azul alcázar, / apaguen la llama al sol»; *La piel de Gedeón,* 519: «Montes que al cielo se encumbran / siendo de ese azul alcázar / sus cimas verdes columnas»; *El árbol del mejor fruto,* 1006: «¿Quién haber hecho pudiera / ese azul alcázar bello, / día y noche presidido / de luna y sol».
*2153 «imponen» S y todos los demás testimonios. Enmienda de OC que sigo, si bien considero que el sujeto es «que» y su antecedente «la no violada obediencia», y no «freno» como propone Salceda.
2155 *corazón de las esferas:* 'el sol', «...dicen los astrólogos que es el más noble de todos los planetas, llamándole Espíritu del Cielo y Gobernador del Mundo, porque por su movimiento son regulados los movimientos de los demás planetas y cielos» (Henrico Martínez, *Reportorio de los tiempos,* Trat. I, cap. XXXII, cit. por Salceda).

	brotará el hielo centellas;	
	primero que yo de Carlos,	
	aunque ingrato me desprecia,	
	deje de ser, de mi vida	
	seré verdugo yo mesma;	2165
	primero que yo de amarle	
	deje...	
Celia	Los primeros deja	
	y vamos a lo segundo:	
	que pues estás tan resuelta,	
	no te quiero aconsejar	2170
	sino saber lo que intentas.	
Doña Leonor	Intento, amiga, que tú,	
	pues te he fiado mis penas,	
	me des lugar para irme	
	de aquí, porque cuando vuelva	2175
	mi padre, aquí no me halle	
	y me haga casar por fuerza;	
	que yo me iré desde aquí	
	a buscar en una celda	
	un rincón que me sepulte,	2180
	donde llorar mis tragedias	
	y donde sentir mis males	
	lo que de vida me resta,	
	que quizás allí escondida	
	no sabrá de mí mi estrella.	2185
Celia	Sí, pero sabrá de mí	
	la mía, y por darte puerta,	

2179 *a buscar en una celda:* Salceda sugiere *(Los amores de Juana Inés)* la posibilidad de que la muerte de un hombre intensamente amado haya sido el motivo que llevó a Sor Juana a entrar en la vida religiosa, pues veía como imposible para ella dar su amor a otro hombre y casarse. A esto se refiere, siempre según Salceda, al hablar en su *Respuesta a Sor Filotea* de la total negación que tenía al matrimonio. Véase Introducción.

2184-2185 *que quizás allí escondida / no sabrá de mí mi estrella:* cfr. «Pensé yo que huía de mí misma; pero ¡miserable de mí!, trájeme a mí conmigo» *(Respuesta a Sor Filotea).*

2187 *dar puerta:* «convenir y consentir en alguna cosa, dando permiso para ejecutarla». Alude Celia, irónicamente, a abrir la puerta y permitir que se fuera.

	vendrá a estrellarse conmigo	
	mi señor cuando lo sepa,	
	y seré yo la estrellada,	2190
	por no ser tú la estrellera.	
DOÑA LEONOR	Amiga, haz esto por mí	
	y seré tu esclava eterna,	
	por ser la primera cosa	
	que te pido.	
CELIA	Aunque lo sea;	2195
	que a la primera que haga	
	pagaré con las setenas.	
DOÑA LEONOR	¡Pues, vive el Cielo, enemiga,	
	que si salir no me dejas,	
	he de matarme y matarte!	2200
CELIA	*[Aparte.]*	
	¡Chispas, y qué rayos echa!	
	¿Mas qué fuera, Jesús mío,	
	que aquí conmigo embistiera?	
	¿Qué haré? Pues si no la dejo	
	ir, y a ser señora llega	2205
	de casa, ¿quién duda que	
	le tengo de pagar esta?	
	Y si la dejo salir,	
	con mi amo habrá la mesma	
	dificultad. Ahora bien,	2210
	mejor es entretenerla	
	y avisar a mi señor	
	de lo que su dama intenta;	

2188 *vendrá a estrellarse conmigo:* estrellarse con uno es decirle «con osadía y ardimiento su parecer, y en cierta manera provocándole e injuriándole usando de palabras mayores y ofensivas» *(Aut.)*. *Estrellada:* 'golpeada, castigada'.

2191 *estrellera:* 'que mira a las estrellas'. No sería estrellera porque no quería mirar a las estrelllas, quería ocultarse de ellas.

2197 *pagaré con las setenas:* 'lo pagaré con creces'. Las *setenas* eran una multa, ya establecida en el Fuero Juzgo con el nombre de *siete duplo*, consistente en el *séptuplo* o *siete tanto*. *Pagar con las setenas*, figuradamente significa «sufrir un castigo superior a la pena cometida». Cfr. Cervantes, *Quijote*, I, IV: «Andrés se partió algo mohíno, jurando de ir a buscar al valeroso don Quijote de la Mancha y contalle punto por punto lo que había pasado, y que se lo había de pagar con las setenas».

	que, sabiéndolo, es preciso	
	que salga él a detenerla,	2215
	y yo quedo bien con ambos,	
	pues con esta estratagema	
	ella no queda ofendida	
	y él obligado me queda.	
	—Señora, si has dado en eso,	2220
	y en hacerlo tan resuelta	
	estás, ve a ponerte el manto,	
	que yo guardaré la puerta.	
Doña Leonor	La vida, Celia, me has dado.	
Celia	Soy de corazón muy tierna,	2225
	y no puedo ver llorar	
	sin hacerme una manteca.	
Doña Leonor	A ponerme el manto voy*.	

(Vase Doña Leonor.)

Celia	Anda, pues, y ven apriesa,	
	que te espero. No haré tal,	2230
	sino cerraré la puerta,	
	e iré a avisar a Marsilio	
	que se le va Melisendra.	

(Vase.)

(Sale Don Juan.)

| Don Juan | Con la llave del jardín, | |
| | que dejó en mi poder Celia | 2235 |

---

*2228 En la mayoría de los testimonios la acotación figura después de este verso. OC la coloca en medio del v. 2230.

2229 *apriesa:* forma que exige la rima, como en los vv. 2625, 2709, 2747, pero *aprisa* en el v. 2365, (rima con *risa),* y en el v. 2340 (sin exigencia métrica). Véase nota al v. 2105.

2232-2233 *e iré a avisar a Marsilio / que se le va Melisendra:* se alude a la leyenda de Melisendra que, cautiva del rey Marsilio, es libertada por su esposo Gaiferos. Véase *Romancero general,* I, núms. 374-381. El tema es tratado por Cervantes en la segunda parte de *El Quijote,* capítulos XXV y XXVI, en la representación de títeres que Maese Pedro hace en la venta.

para ir a lograr mis dichas,
quiero averiguar mis penas.
¡Qué mal dije averiguar,
pues a la que es evidencia
no se puede llamar duda! 2240
¡Pluguiera a Dios estuvieran
mis celos y mis agravios
en estado de sospechas!
Mas ¿cómo me atrevo, cuando
es contra mi honor mi ofensa, 2245
sin ser cierta mi venganza,
hacer mi deshonra cierta?*
Si sólo basta a ofenderme
la presumpción, ¿cómo piensa
mi honor, que puede en mi agravio 2250
la duda ser evidencia,
cuando la evidencia misma
del agravio en la nobleza,
siendo certidumbre falsa
se hace duda verdadera? 2255
Que como al honor le agravia
solamente la sospecha,
hará cierta su deshonra
quien la verdad juzga incierta.
Pues si es así, ¿cómo yo 2260
imagino que hay quien pueda
ofenderme, si aun en duda
no consiento que me ofendan?
Aquí oculto esperaré
a que mi contrario venga; 2265
que ¿quién, del estado en que
está su correspondencia,
duda que vendrá de noche
quien de día sale y entra?
Yo quiero entrar a esperarlo. 2270
¡Honor, mi venganza alienta!

---
*2247 «a hacer mi deshonra» OC.

(Vase.)

(Sale Don Carlos, *y* Castaño *con un envoltorio.)*

Don Carlos	Por más que he andado la casa,
	no he podido dar con ella
	y vengo desesperado.
Castaño	Pues, señor, ¿de ver no echas 2275
	que están las puertas cerradas
	que a esotro cuarto atraviesan,
	por el temor de doña Ana
	de que su hermano te vea,
	o porque a Leonor no atisbes; 2280
	y para haceros por fuerza
	casar, doña Ana y su hermano
	nos han cerrado entre puertas?
Don Carlos	Castaño, yo estoy resuelto
	a que don Rodrigo sepa 2285
	que soy quien sacó a su hija
	y quien ser su esposo espera;
	que pues por pensar que fue
	don Pedro, dársela intenta,
	también me la dará a mí 2290
	cuando la verdad entienda
	de que fui quien la robó.
Castaño	Famosamente lo piensas;
	pero ¿cómo has de salir
	si doña Ana es centinela 2295
	que no se duerme en las pajas?
Don Carlos	Fácil, Castaño, me fuera
	el salir contra su gusto,
	que no estoy yo de manera
	que tengan lugar de ser 2300

2277 *esotro*: «ese otro». Contracción muy frecuente en la lengua clásica; en el v. 2337, *estotro*. Son formas que responden a la lengua rústica de Castaño.

2296 *no dormirse en las pajas*: «frase que se entiende de los que son vigilantes y nada descuidados, que se aprovechan de la ocasión cuando la tienen a mano» *(Aut.)*. Cfr. Quevedo, *Cuento de cuentos*: «El vicario daba gritos que los ponía en el cielo, mas no se durmió en las pajas» *(Prosa festiva completa*, págs. 400-401).

	tan comedidas mis penas.	
	Sólo lo que me embaraza	
	y a mi valor desalienta,	
	es el irme de su casa	
	dejando a Leonor en ella,	2305
	donde a cualquier novedad	
	puede importar mi presencia;	
	y así he pensado que tú	
	salgas, pues aunque te vean,	
	hará ninguno el reparo	2310
	en ti que en mí hacer pudieran,	
	y este papel que ya escrito	
	traigo, con que le doy cuenta	
	a don Rodrigo de todo,	
	le lleves.	
CASTAÑO	¡Ay, santa Tecla!	2315
	¿Pues cómo quieres que vaya,	
	y ves aquí que me pesca	
	en la calle la Justicia	
	por cómplice en la tormenta	
	de la herida de don Diego,	2320
	y aunque tú el agresor seas,	
	porque te ayudé al rüido	
	pago *in solidum* la ofensa?	
DON CARLOS	Este es mi gusto, Castaño.	
CASTAÑO	Sí, mas no es mi conveniencia.	2325
DON CARLOS	¡Vive el Cielo que has de ir!	
CASTAÑO	Señor, ¿y es muy buena cuenta,	
	por cumplir el juramento	
	de que él viva, que yo muera?	
DON CARLOS	¿Ahora burlas, Castaño?	2330

2322 *rüido:* trisílaba, para la correcta medida del verso.

2323 *in solidum:* expresión latina que «se usa para expresar la obligación que tienen dos o más personas que se obligaron juntas, a pagar cada una de ellas el todo de la deuda» *(Aut.)*. El empleo de este lenguaje culto tiene en Castaño una función cómica. Cfr. Moreto, *El lindo don Diego*, vv. 1127-1130: «Y si éste te escarba aún, / ¿hay más de hacer yo el papel /in solidum, sin que en él / entres tú de mancomún?». Estos versos también pertenecen al parlamento de un gracioso. Véase nota al v. 2061.

Castaño	Antes, ahora son veras.
Don Carlos	¿Qué es esto, infame? ¿Tú tratas de apurarme la paciencia? ¡Vive Dios, que has de ir o aquí te he de matar!
Castaño	Señor, suelta; que eso es muy ejecutivo, y en estotro hay contingencia; dame el papel, que yo iré.
Don Carlos	Tómalo y mira que vuelvas apriesa, por el cuidado en que estoy.
Castaño	Dame licencia, señor. De contarte un cuento que viene aquí como piedra en el ojo de un vicario (que deben de ser canteras): Salió un hombre a torear, y a otro un caballo pidió, el cual, aunque lo sintió, no se lo pudo negar. Salió, y el dueño al miralIo, no pudiéndolo sufrir, le envió un recaudo a decir* que le cuidase el caballo,

2335

2340

2345

2350

2336 *ejecutivo*: «cosa que insta, viva y eficazmente, y no da tiempo para dilatar o suspender su operación» *(Aut.)*.

2337 *contingencia*: véase nota al v. 721. Castaño, en su lenguaje cómicamente culto, quiere decir que la amenaza de don Carlos ya se le viene encima, mientras que el peligro que le aguarda en la calle es sólo hipotético. *Estotro*: «este otro». Véase nota al v. 2277.

2343-2344 *como piedra / en el ojo de un vicario*: Correas en *Vocabulario* recoge «encaja como pedrada en ojo de vicario. Vino derecho o vino al justo como pedrada en ojo de vicario». *Aut.* recoge una variante: *como pedrada en ojo de boticario*, «frase vulgar de que se usa para expresar que una cosa viene muy a propósito de lo que se está tratando». El dicho debía de ser muy frecuente, como demuestra la ironía del verso siguiente.

2350 *miralIo*: asimilación exigida por la rima con *caballo*. Véase nota al v. 1060.

*2352 «recado» B2, B3, T3 y OC. *Recaudo* «vale mensaje, porque ha de cobrar respuesta el que le lleva» (Cov.).

	porque valía un tesoro,	
	y el otro muy sosegado	2355
	respondió: «Aquese recado	
	no viene a mí, sino al toro».	
	Tú eres así ahora que	
	me remites a un paseo	
	donde, aunque yo lo deseo,	2360
	no sé yo si volveré.	
	Y lo que me causa risa,	
	aun estando tan penoso,	
	es que, siendo tan dudoso,	
	me mandes que venga aprisa.	2365
	Y así, yo ahora te digo	
	como el otro toreador,	
	que ese recado, señor,	
	lo envíes a don Rodrigo.	

(Sale CELIA.)

CELIA	Señor don Carlos, mi ama	2370
	os suplica vais a verla	
	al jardín luego al instante,	
	que tiene cierta materia	
	que tratar con vos, que importa.	
DON CARLOS	Decid que ya a obedecerla	2375
	voy.	

[*A* CASTAÑO.]

        Haz tú lo que he mandado.

(Vanse DON CARLOS *y* CELIA.)

CASTAÑO	Yo bien no hacerlo quisiera,	
	si me valiera contigo	
	el hacer yo la deshecha.	
	¡Válgame Dios! ¿Con qué traza	2380

2371 *vais:* «vayáis». Véase nota al v. 111 del *Sainete segundo*.
2379 *el hacer yo la deshecha:* véase nota al v. 198.

yo a don Rodrigo le diera
   aqueste papel, sin que él
   ni alguno me conociera?
   ¡Quién fuera aquí Garatusa*,
   de quien en las Indias cuentan   2385
   que hacía muchos prodigios!
   Que yo, como nací en ellas,
   le he sido siempre devoto
   como a santo de mi tierra.
   ¡Oh tú, cualquiera que has sido!;   2390
   ¡oh, tú, cualquiera que seas,
   bien esgrimas [abanico]*,
   o bien arrastres contera,
   inspírame alguna traza

---

*2384 *Garatusa:* así en todos los testimonios; OC lee «Garatuza». «Martín de Villavicencio y Salazar, a quien unos llamaron Martín Lutero, fue el famoso *Garatuza,* pícaro célebre nacido hacia el 1600 en Puebla de los Ángeles; recorrió muchas poblaciones de la Nueva España fingiéndose sacerdote para hacer fraudes, trampas y raterías; fue condenado por el Santo Oficio de Méjico "a salir en forma de penitente, vela verde en las manos, soga a la garganta, coroza blanca en la cabeza, abjuración *de levi,* doscientos azotes y cinco años precisos de galeras de Terrenate, al remo y sin sueldo"; salió en el Auto de Fe del 30 de marzo de 1648» (Guijo, *Diario de sucesos notables,* en «Documentos para la Historia de Méjico», México, 1853, reed. México, Ed. Porrúa, 1953; Julio Jiménez Rueda, *Herejías y supersticiones en la Nueva España,* México, Impr. Universitaria, 1946, cap. XVI, quien cita la *Relación del tercero auto particular de fe... a los treinta del mes de marzo de 1648,* impr. Juan Ruiz, 1648, y el Proceso publicado en el *Boletín del Archivo General de la Nación,* t. IV, núms. 2, 3 y 4). Muy popular se hizo la frase que, se cuenta, decía mientras celebraba sus misas fingidas: «¿En qué pararán estas misas, Martín?», nota de Salceda.

2390-2391 Invocación a un ente capaz de obrar cosas extraordinarias. Cfr. Cervantes, *El retablo de las maravillas:* «¡Oh tú, quien quiera que fuiste, que fabricaste este Retablo con tan maravilloso artificio, que alcanzó renombre de *las maravillas...» (Entremeses,* ed. C. C. García Valdés, Madrid, Santillana, 1997, pág. 93).

*2392-2393 «abaniño» S, B1, M1, M2, MS; «abanillo» O, T, T2; «abanico» B2, B3, T3, lección que sigo; *abanillo:* «es el ventalle con que las damas se hacen aire» (Cov.), también es lección válida. Véase v. 2464. *Contera,* «el hierrezuelo cóncavo o hueco que fenece en punta, y se pone en la extremidad de la vaina de la espada, daga o puñal...» *(Aut.).* La invocación va dirigida a cualquiera, ya sea mujer (use abanico) u hombre (use contera).

2394-2396 Podría tratarse de un homenaje a Calderón, cuya comedia *Los empeños de un acaso* tuvo en cuenta Sor Juana para dar título a la suya. *Traza:* «invención, artimaña, enredo».

>   que de Calderón parezca, 2395
>   con que salir de este empeño!
>   Pero tate, en mi conciencia,
>   que ya he topado el enredo*:
>   Leonor me dio unas polleras
>   y unas joyas que trajese, 2400
>   cuando quiso ser Elena
>   de este Paris boquirrubio,
>   y las tengo aquí bien cerca,
>   que me han servido de cama;
>   pues si yo me visto de ellas, 2405
>   ¿habrá en Toledo tapada
>   que a mi garbo se parezca?
>   Pues ahora bien, yo las saco;
>   vayan estos trapos fuera.

(Quítase capa, espada y sombrero.)

---

*2398 «que ya discurro el enredo» B2, B3, T3.
2399 *pollera:* «falda que las mujeres se ponían sobre el guardainfante y encima de la cual se asentaba la basquiña o la saya» *(DRAE)*. Es un término todavía usual hoy en amplias zonas del español de América con el significado de «falda».
2400 *joyas:* «todos los adornos y vestidos que pertenecen a una mujer, especialmente cuando sale de su casa para casarse» *(Aut.)*. Con este sentido sólo se usa en plural. Véase v. 2423.
2401-2402 Elena, esposa de Menelao, fue raptada por Paris, el hijo de Príamo, hecho que desencadenó la guerra de Troya. *Boquirrubio:* «persona vana, simple y fácil de engañar»; Covarrubias define el vocablo como «galán mozalbete que le empieza a salir el bozo y se precia mucho de su gentileza». Cfr.: «Diez años vivió Belerma / con el corazón difunto / que le dejó en testamento / aquel francés boquirrubio» (Góngora, *Romances*, pág. 106). En su sentido literal, «el que tiene la boca roja», no tiene uso.
2406 *tapada:* la mujer que ocultaba la cara con el manto; también se llamaban *tapadas de medio ojo* porque no descubrían más que un ojo para poder mirar. La costumbre de taparse con el manto favorecía el anónimo en la vida callejera. Véanse los vv. 2456-2463 en los que Castaño declara las «ventajas» de ir tapada. Quizá Sor Juana haga aquí una irónica crítica del abuso que en la comedia de capa y espada se hacía de las *damas tapadas* que, escondidas detrás del manto, podían decir lo que no osarían decir descubiertas. En 1586, las Cortes del Reino prohíben esta costumbre, pero la prohibición debió de servir de muy poco, ya que en 1639 deben repetirla.

Lo primero, aprisionar 2410
me conviene la melena,
porque quitará mil vidas
si le doy tantica suelta.
Con este paño pretendo
abrigarme la mollera; 2415
si como quiero la pongo*,
será gloria ver mi pena.
Ahora entran las basquiñas.
¡Jesús, y qué rica tela!
No hay duda que me esté bien, 2420
porque como soy morena
me está del cielo lo azul.
¿Y esto qué es? Joyas son estas;
no me las quiero poner,
que ahora voy de revuelta. 2425
Un serenero he topado
en aquesta faltriquera;
también me le he de plantar.
Cúbrame esta pechuguera*.
El solimán me hace falta; 2430
pluguiese a Dios, y le hubiera,

---

*2416 Así leen S y resto de testimonios; OC enmienda en «lo» por considerar que se refiere al paño y no a la mollera o a la pena.

2417 *será gloria ver mi pena: pena*, «adorno mujeril». Hay, a la vez, un juego con la conocida expresión «ni pena ni gloria».

2425 *voy de revuelta:* «estar la mujer revuelta: no estar aderezada ni tocada» (Cov.).

2426 *serenero:* prenda que cubre la cabeza y la protege del sereno.

2428 Caso extremo de *leísmo*, como complemento directo de cosa; también en el v. 2455. Salceda corrige el pronombre en ambos casos; he preferido respetar el texto, pues es significativo del habla descuidada de Castaño.

*2429 «cabrame» B3 que sigue OC; «cubrome» MS. *Pechuguera:* se trata, a lo que parece, de una prenda de vestir femenina, pero no aparece recogida en los léxicos que he consultado. Covarrubias s. v. *pechuguera* explica: «la tos que está asentada en el pecho». Puede tratarse de un recurso cómico mostrando una prenda de vestir femenina y diciendo otra cosa.

2430 *solimán:* «azogue sublimado»; se empleaba como cosmético por las mujeres para quitar arrugas o disimular imperfecciones, pero a la larga resultaba perjudicial (vv. 2434-2435). Cfr. Lope de Vega, *La Dorotea*, pág. 421: «Yerran mucho porque más vale ser moza mucho tiempo, que hermosa poco; efecto del solimán que les quita los dientes y les arruga la tez del rostro...».

que una manica de gato
sin duda me la pusiera;
pero no, que es un ingrato,
y luego en cara me diera. 2435
¿La color? No me hace al caso,
que en este empeño, de fuerza
me han de salir mil colores,
por ser dama de vergüenza.
—¡Qué les parece, señoras, 2440
este encaje de ballena?
Ni puesta con sacristanes
pudiera estar más bien puesta.
Es cierto que estoy hermosa.
¡Dios me guarde, que estoy bella! 2445
Cualquier cosa me está bien,
porque el molde es rara pieza.
Quiero acabar de aliñarme*,

2432 *una manica de gato:* «la acción de afeitarse las mujeres. Díjose así por la semejanza de los gatos, que se limpian la cara, humedeciendo la mano con la lengua, y pasándola después por el rostro» *(Aut.).*

2436 *la color:* «Se llama el arrebol con que las mujeres pálidas ponen rojas las mejillas y los labios» *(Aut.).* Cov. s. v. *salsa:* «Salsera, escudilla pequeña o platillo donde se echa la salsa. Salserilla, significa lo mismo; salvo que algunas destas llamamos salserillas de color, con que se arrebolan las mujeres». Cfr. Quevedo, *La Hora de todos,* pág. 84: «Estábase afeitando una mujer casada y rica: cubría con hopalandas de solimán unas arrugas jaspeadas de pecas; [...] iluminábase, con vergüenza postiza, con dedadas de salserilla de color».

2439 *dama de vergüenza,* por oposición a *dama cortesana; vergüenza,* «pundonor o estimación de la propia honra».

2440 Castaño ya no se limita a recitar su monólogo ante el público, sino que rompe la separación entre el escenario y los espectadores y convierte a estos últimos en interlocutores. Se dirige a las damas y al Virrey, marqués de la Laguna, ante quien se representó la obra por primera vez. Véanse los vv. 2476-2477.

2441 *ballena:* «Ajustador que traen las mujeres, que por otro nombre se llama cotilla». Y en *cotilla:* «Jubón sin mangas hecho de dos telas, embutido con barba de ballena y pespuntado...» *(Aut.).*

2441-2442 *puesta... puesta:* parece una falta de concordancia con «encaje de ballena», pero la autora se está refiriendo a «cotilla» que era el nombre usual de esa prenda. Para *sacristanes,* véase nota a los vv. 591-592.

*2448 «acabar de assearme» B2, B3, T3. *Aliñar:* «componer, aderezar, adornar, asear, hermosear...» Salceda sugiere que la corrección de la edición de 1693 se debe al mal sentido que, al parecer, había adquirido la voz *aliñar* en España, como se desprende de la noticia que da *Aut.:* «La malicia o la igno-

255

que aún no estoy dama perfecta.
   Los guantes: aquesto sí, 2450
   porque las manos no vean,
   que han de ser las de Jacob
   con que a Esaú me parezca.
   El manto lo vale todo,
   échomele en la cabeza. 2455
   ¡Válgame Dios! Cuánto encubre
   esta telilla de seda,
   que ni hay foso que así guarde,
   ni muro que así defienda,
   ni ladrón que tanto encubra, 2460
   ni paje que tanto mienta,
   ni gitano que así engañe,
   ni logrero que así venda.
   Un trasumpto el abanillo
   es de mi garbo y belleza, 2465
   pero si me da tanto aire,
   ¿qué mucho a mí se parezca?
   Dama habrá en el auditorio
   que diga a su compañera:
   «Mariquita, aqueste bobo 2470
   al Tapado representa».

---

rancia ha introducido de no muchos años a esta parte usarla en sentido muy impropio de sus significados; pero debe desterrarse este abuso, atendiendo a que la usaron la seriedad de nuestras leyes y la elocuencia de muchos autores, y a que se mantiene en Andalucía y otras partes en todo su verdadero sentido, sin reparo de la urbanidad ni ofensa de la modestia, y a que no será razón privarse de su uso por un capricho voluntario».

2452-2453 *que han de ser las de Jacob / con que a Esaú me parezca:* alusión al episodio del Génesis en que Rebeca viste a Jacob con los vestidos de Esaú y le cubre las manos con pieles de cabrito, a fin de que su padre Isaac, que estaba ciego, creyera que se trataba de su hijo primogénito. «La voz es la voz de Jacob, pero las manos son las manos de Esaú», y no le conoció, porque estaban sus manos velludas como las de Esaú, su hermano, y se dispuso a bendecirle» *(Génesis,* 27, 15-23).

2463 *logrero:* «el que compra o guarda y retiene los frutos, para venderlos después a precio excesivo» *(Aut.).*

2464 *abanillo:* «abanico».

2471 *Tapado:* Don Antonio de Benavides, alias el *Tapado,* fue un aventurero que se hizo pasar por marqués de San Vicente y llegó a México con fal-

>   Pues atención, mis señoras*,
>   que es paso de la comedia;
>   no piensen que son embustes
>   fraguados acá en mi idea,   2475
>   que yo no quiero engañarlas,
>   ni menos a Vue-Excelencia.
>   Ya estoy armado, y ¿quién duda
>   que en el punto que me vean
>   me sigan cuatro mil lindos   2480
>   de aquestos que galantean
>   a salga lo que saliere,
>   y que a bulto se amartelan,
>   no de la belleza que es,
>   sino de la que ellos piensan?   2485
>   Vaya, pues, de damería:
>   menudo el paso, derecha
>   la estatura, airoso el brío,
>   inclinada la cabeza,
>   un [si] es no es, al un lado*,   2490

---

sos nombramientos reales como Visitador de la Nueva España; descubierto y procesado, se le ahorcó el 12 de julio de 1684. Véase J. de J. Núñez y Domínguez, «Don Antonio de Benavides, el incógnito Tapado», en *Vidas mexicanas*, México, Ed. Xóchil, 1945. Sor Juana escribe *Los empeños de una casa* antes de que Benavides fuese condenado a muerte, pues, de lo contrario, no se permitiría bromear con este asunto. Véase Introducción a OC, IV, pág. xix. Con motivo del primer cumpleaños del hijo del Virrey, Sor Juana dirige a este el romance «Gran marqués de la Laguna» (OC, I, págs. 74-79) en el que pide el indulto para Benavides.

*2472 «mis señores» M1, MS.

2480 *lindo*: «hombre afeminado, presumido de hermoso y que cuida demasiado de su compostura y aseo» *(Aut.)*. Agustín Moreto titula una de sus comedias *El lindo don Diego*.

2483 *a bulto*: «por mayor, indistintamente, sin separar una cosa de otra, poco más o menos, y como se suele decir, a ojo y sin formar juicio por menor y con distinción cabal de las cosas» (Cov.).

2486 *damería*: neologismo de Sor Juana, que, con el significado de «el gremio de las damas de Palacio», utiliza también en uno de sus romances (OC, I, pág. 97). Véase nota a los vv. 2061 y 2507.

*2490 «un es, no es» S, B1, M1, M2, T, T2. Enmiendo por B2, B3, O, T3, MS que leen «un si es, no es», pero de todas formas el verso es hipométrico. *Un si es no es:* «cortedad, pequeñez o poquedad de alguna cosa, que apenas se conoce, distingue o percibe por los sentidos» *(Aut.)*. Véase nota al v. 1153.

                        la mano en el manto envuelta;
                        con el un ojo recluso
                        y con el otro de fuera;
                        y vamos ya, que encerrada
                        se malogra mi belleza.   2495
                        Temor llevo de que alguno
                        me enamore.

            (*Va a salir y encuentra a* Don Pedro.)

DON PEDRO   Leonor bella,
            ¿vos con manto y a estas horas?
            ¡Oh qué bien me dijo Celia* *[Aparte.]*
            de que irse a un convento quiere!   2500
            —¿Adónde vais con tal priesa?
CASTAÑO   *(Aparte.)*
            ¡Vive Dios! Que por Leonor
            me tiene; yo la he hecho buena
            si él me quiere descubrir.
DON PEDRO   ¿De qué estás, Leonor, suspensa?   2505
            ¿Adónde vas, Leonor mía?
CASTAÑO   *(Aparte.)*
            ¡Oiga lo que leonorea!
            Mas pues por Leonor me marca*,
            yo quiero fingir ser ella,
            que quizá atiplando el habla   2510
            no me entenderá la letra.

2492-2493 *un ojo recluso... el otro de fuera:* de nuevo se hace alusión a las tapadas. Véase nota al v. 2406.
*2499 En B2, B3 se indica el *Aparte*.
2501 *priesa:* forma que exige la rima. Ver nota al v. 2229.
2507 *leonorea:* neologismo creado sobre el nombre propio. Recurren al mismo procedimiento los graciosos de Calderón y de Moreto. En *La vida es sueño*, «segismundasteis» (v. 2273); en *El desdén, con el desdén* (vv. 2146-2148), «cintiar», «laurear», «fenisar» y «dianar», sobre Cintia, Laura, Fenisa y Diana, respectivamente; ya Lope de Vega en *La Dorotea*, pág. 397, llama a Fernando el Doroteánico «porque ha vencido los desdenes de Dorotea». Otros neologismos en vv. 2061 y 2486. En *Amor es más laberinto*, v. 2434, «lidoree» creada sobre Lidoro.
*2508 «me marco» B3, O.

DON PEDRO	¿Por qué no me habláis, señora?	
	¿Aún no os merece respuesta	
	mi amor? ¿Por qué de mi casa	
	os queréis ir? ¿Es ofensa	2515
	el adoraros tan fino,	
	el amaros tan de veras	
	que, sabiendo que a otro amáis,	
	está mi atención tan cierta	
	de vuestras obligaciones,	2520
	vuestro honor y vuestras prendas,	
	que a casarme determino	
	sin que ningún riesgo tema?	
	Que en vuestra capacidad	
	bien sé que tendrá más fuerza,	2525
	para mirar por vos misma,	
	la obligación, que la estrella.	
	¿Es posible que no os mueve	
	mi afecto ni mi nobleza,	
	mi hacienda, ni mi persona,	2530
	a verme menos severa?	
	¿Tan indigno soy, señora?	
	Y, doy caso que lo sea,	
	¿no me darán algún garbo	
	la gala de mis finezas?	2535
	¿No es mejor para marido,	
	si lo consideráis cuerda,	
	quien no galán os adora	
	que quien galán os desprecia?	
CASTAÑO	*(Aparte.)*	
	¡Gran cosa es el ser rogadas!	2540
	Ya no me admiro que sean	
	tan soberbias las mujeres,	
	porque no hay que ensoberbezca	
	cosa como el ser rogadas.	

2528 La subordinación exige el subjuntivo *mueva*, en cuyo caso tendrían asonancia tres versos seguidos.

2533 *dar caso:* «presuponer». «Vale lo mismo decir *demos caso* que *supongamos*» (*Aut.*).

	Ahora bien, de vuelta y media	2545
	he de poner a este tonto.	
	—Don Pedro, negar quisiera	
	la causa porque me voy,	
	pero ya decirla es fuerza:	
	yo me voy porque me mata	2550
	de hambre aquí vuestra miseria;	
	porque vos sois un cuitado,	
	vuestra hermana es una suegra,	
	las crïadas unas tías,	
	los crïados unas bestias*;	2555
	y yo de aquesto enfadada,	
	en casa una pastelera*	
	a merendar garapiñas	
	voy.	
DON PEDRO	*(Aparte.)*	
	¿Qué palabras son estas,	
	y qué estilo tan ajeno	2560
	del ingenio y la belleza	
	de doña Leonor?	
	—Señora,	
	mucho extraña mi fineza	
	oíros dar de mi familia	
	unas tan indignas quejas,	2565
	que si queréis deslucirme,	
	bien podéis de otra manera,	

---

*2555 «unos bestias» en las ediciones sueltas, O, T, T2.

*2557 «en cas de» B2, B3, T3. La supresión de la preposición de es un rasgo propio del castellano vulgar y de algunas zonas dialectales. Para el asturiano *en ca* (de) y *a ca* (de), véase García Valdés, 1979, pág. 119.

2558 *garapiñas:* «un género de bizcochos largos y angostos de mucha más suavidad y delicadeza que los ordinarios...» *(Aut.).*

2564 *oíros dar de mi familia:* con una fuerte sinéresis *oíros,* bisílaba, para la correcta medida del verso; este violento silabeo podría evitarse suprimiendo *dar,* que no es absolutamente necesario: *oíros de mi familia.* Un silabeo parecido se encuentra en *El cetro de José:* «de Profecía; y porque veas» (OC, III, pág. 238). También Calderón usa a veces estas violentas contracciones: «que si en vuestros oídos suenan» (Loa para *El viático Cordero);* «de oírlos y verlos me espanto» *(Sueños hay que verdades son).*

	y no con tales palabras	
	que a vos misma mal os dejan*.	
CASTAÑO	Digo que me matan de hambre,	2570
	¿es aquesto lengua griega?	
DON PEDRO	No es griega, señora, pero	
	no entiendo en vos esa lengua.	
CASTAÑO	Pues si no entendéis así,	
	entended de esta manera.	2575

(Quiere irse.)

DON PEDRO	Tened, que no habéis de iros,	
	ni es bien que yo lo consienta,	
	porque a vuestro padre he dicho	
	que estáis aquí; y así es fuerza	
	en cualquiera tiempo darle	2580
	de vuestra persona cuenta.	
	Que cuando vos no queráis	
	casaros, haciendo entrega	
	de vos quedaré bien puesto,	
	viendo que la resistencia	2585
	de casarse de mi parte	
	no está, sino de la vuestra.	
CASTAÑO	Don Pedro, vos sois un necio,	
	y esta es ya mucha licencia	
	de querer vos impedir	2590
	a una mujer de mis prendas	
	que salga a matar su hambre.	
DON PEDRO	*(Aparte.)*	
	¿Posible, cielos, que aquestas	
	son palabras de Leonor?	
	¡Vive Dios, que pienso que ella	2595
	se finge necia por ver	
	si con esto me despecha	
	y me dejo de casar!	
	¡Cielos, que así me aborrezca;	

---

*2569 «que mal a vos misma os dejan», B2, B3, T3 y OC.

	y que conociendo aquesto	2600
	esté mi pasión tan ciega	
	que no pueda reducirse!	
	—Bella Leonor, ¿qué aprovecha	
	el fingiros necia, cuando	
	sé yo que sois tan discreta?	2605
	Pues antes, de enamorarme	
	sirve más la diligencia,	
	viendo el primor y cordura	
	de saber fingiros necia.	
Castaño	*(Aparte.)*	
	¡Notable aprieto, por Dios!	2610
	Yo pienso que aquí me fuerza.	
	Mejor es mudar de estilo	
	para ver si así me deja.	
	—Don Pedro, yo soy mujer	
	que sé bien dónde me aprieta	2615
	el zapato, y pues ya he visto	
	que dura vuestra fineza	
	a pesar de mis desaires,	
	yo quiero dar una vuelta	
	y mudarme al otro lado,	2620
	siendo aquesta noche mesma	
	vuestra esposa.	
Don Pedro	¿Qué decís, señora?	
Castaño	Que seré vuestra como dos y dos son cuatro.	
Don Pedro	No lo digáis tan apriesa,	2625
	no me mate la alegría,	
	ya que no pudo la pena*.	
Castaño	Pues no, señor, no os muráis,	
	por amor de Dios, siquiera	
	hasta dejarme un muchacho	2630
	para que herede la hacienda.	
Don Pedro	¿Pues eso miráis, señora?	
	¿No sabéis que es toda vuestra?	

---

*2627 «ya que no puede» B3.

Castaño	¡Válgame Dios, yo me entiendo; bueno será tener prendas! 2635
Don Pedro	Esa será dicha mía; mas, señora, ¿habláis de veras o me entretenéis la vida?
Castaño	¿Pues soy yo farandulera? Palabra os doy de casarme*, 2640 si ya no es que por vos queda.
Don Pedro	¿Por mí? ¿Eso decís, señora?
Castaño	¿Qué apostamos que, si llega el caso, queda por vos?
Don Pedro	No así [agraviéis] la fineza*. 2645
Castaño	Pues dadme palabra aquí de que, si os hacéis afuera, no me habéis de hacer a mí algún daño.
Don Pedro	¿Que os la ofrezca* qué importa, supuesto que 2650 es imposible que pueda desistirse mi cariño? Mas permitid que merezca, de que queréis ser mi esposa, vuestra hermosa mano en prendas. 2655
Castaño	*(Aparte.)* Llegó el caso de Jacob, —Catadla aquí toda entera.
Don Pedro	¿Pues con guante me la dais?
Castaño	Sí, porque la tengo enferma.

2639 *farandulera:* «farsante», «recitante de comedias».

*2640 «palabra doy de casarme» B2, B3, T3.

*2645 «agravies» S, B1, M1, M2, O, T, T2. Enmiendo por B2, B3, T3, MS.

*2649 «la ofrezca» (la palabra) en S y demás testimonios. OC lee «lo ofrezca».

2650 El verso ha de ser oxítono. Véase nota al v. 207.

2656 *el caso de Jacob:* véase nota a los vv. 2452-2453. Las manos, en el hombre disfrazado de mujer, dan lugar a situaciones cómicas. Véase Bravo Villasante, 1988, pág. 78, nota 7. F. Bernardo de Quirós, en *Aventuras de don Fruela*, apura la situación, pues el hombre disfrazado de dama es negro *(Obras,* ed. García Valdés, págs. 28-29).

DON PEDRO	¿Pues qué tenéis en las manos?	2660
CASTAÑO	Hiciéronme mal en ellas	
	en una visita un día,	
	y ni han bastado recetas	
	de hieles ni jaboncillos	
	para que a su albura vuelvan.	2665

(Dentro, DON JUAN.)

DON JUAN   ¡Muere a mis manos, traidor!
DON PEDRO   Oye, ¿qué voz es aquella?

(Dentro, DON CARLOS.)

DON CARLOS	¡Tú morirás a las mías,	
	pues buscas tu muerte en ellas!	
DON PEDRO	¡Vive Dios, que es en mi casa!	2670
CASTAÑO	Ya suena la voz más cerca.	

(Salen riñendo DON CARLOS y DON JUAN, y DOÑA ANA deteniéndolos.)

DOÑA ANA	¡Caballeros, deteneos!	
	Mas ¡mi hermano! ¡Yo estoy muerta!	
CASTAÑO	¿Mas si por mí se acuchillan	
	los que mi beldad festejan?	2675
DON PEDRO	¿En mi casa y a estas horas	
	con tan grande desvergüenza	
	acuchillarse dos hombres?	
	Mas yo vengaré esta ofensa	
	dándoles muerte, y más cuando	2680
	es don Carlos quien pelea.	
DOÑA ANA	*[Aparte.]*	
	¿Quién pensara, ¡ay infelice!,	
	que aquí mi hermano estuviera?	

2682 *infelice:* Sor Juana parece preferir esta forma, que es usada en poesía para ajustar la medida de los versos, pero que aquí no sería necesaria ya que se encuentra en posición final y la misma medida daría *infeliz*. Véase nota al v. 1650.

DON CARLOS	*[Aparte.]*
	¡Don Pedro está aquí, y por él
	a mí nada se me diera, 2685
	pero se arriesga doña Ana
	que es solo por quien me pesa!
CASTAÑO	¡Aquí ha sido la de Orán!
	Mas yo apagaré la vela;
	quizá con eso tendré 2690
	lugar de tomar la puerta,
	que es solo lo que me importa.

(Apaga CASTAÑO *la vela y riñen todos.)*

DON PEDRO	Aunque hayáis muerto la vela
	por libraros de mis iras,
	poco importa que, aunque sea 2695
	a escuras, sabré mataros.
DON CARLOS	Famosa ocasión es esta
	de que yo libre a doña Ana,
	pues por ampararme atenta
	está arriesgada su vida. 2700

(Sale DOÑA LEONOR *con manto.)*

DOÑA LEONOR	¡Ay Dios! Aquí dejé a Celia,
	y ahora sólo escucho espadas
	y voy pisando tinieblas.
	¿Qué será? ¡Válgame Dios!
	Pero lo que fuere sea, 2705
	pues a mí sólo me importa
	ver si topo con la puerta*.

2689 El hecho de apagar la vela es una convención que indica que la acción tiene lugar durante la noche. Los espectadores captan el significado de que los actores están a oscuras y, en consecuencia, no se ven unos a otros: «aunque sea / a oscuras, sabré mataros» (vv. 2695-2696), «y voy pisando tinieblas» (v. 2703). Desde aquí hasta el verso 2754, al que sigue la acotación *Sale Celia con luz*, no es necesario introducir la acotación *Aparte* (como hace Salceda), pues, según la convención, los personajes no se ven y solo hablan para los espectadores.

*2707 «ver si hallo con la puerta» B2, B3, T3; «el encontrar con la puerta» MS.
*2707 acot. «Encuentra a don Carlos» B2, B3, T3, MS.

(*Topa a* Don Carlos)*.

Don Carlos	Esta es sin duda doña Ana.
	—Señora, venid apriesa
	y os sacaré de este riesgo. 2710
Doña Leonor	¿Qué es esto? ¡Un hombre me lleva!
	Mas como de aquí me saque,
	con cualquiera voy contenta,
	que si él me tiene por otra,
	cuando en la calle me vea 2715
	podrá dejarme ir a mí,
	y volver a socorrerla.
Doña Ana	No tengo cuidado yo
	de que sepa la pendencia
	mi hermano, y más cuando ha visto 2720
	que es don Carlos quien pelea,
	y diré que es por Leonor.
	Solamente me atormenta
	el que se arriesgue don Carlos.
	¡Oh, quién toparlo pudiera* 2725
	para volverlo a esconder!
Don Pedro	¡Quien mi honor agravia, muera!
Castaño	¡Que haya yo perdido el tino
	y no tope con la puerta!*
	Mas aquí juzgo que está. 2730
	¡Jesús! ¿Qué es esto? Alhacena
	en que me he hecho los hocicos
	y quebrado diez docenas
	de vidrios y de redomas,
	que envidiando mi belleza 2735
	me han pegado redomazo.

---

*2725 «quien hallarle pudiera» B2, B3, T3, MS.

*2729 «y no halle con la puerta» B2, B3, T3. En todas estas ocasiones, así como en el v. 2398, se ha sustituido el verbo *topar* de la primera edición por un sinónimo apropiado. Sugiere Salceda que posiblemente *topar*, tan usado por los escritores del Siglo de Oro, se hubiera hecho vulgar por esas fechas en España y los editores de 1693 prefirieron enmendar. Véase nota al v. 2448.

2736 *redomazo*: «el golpe injurioso, que se da en la cara, con la redoma llena de tinta, en venganza o satisfacción de algún agravio» *(Aut.)*. Covarrubias

| DOÑA ANA | Ruido he sentido en la puerta;
sin duda alguna se va
don Juan, porque no lo vean,
y lo conozca mi hermano;
y ya dos sólo pelean*.
¿Cuál de ellos será don Carlos? | 2740 |

(Llega DOÑA ANA *a* DON JUAN.)

| DON CARLOS | La puerta, sin duda, es esta.
Vamos, señora, de aquí. | |

(Vase DON CARLOS *con* DOÑA LEONOR.)

| DON PEDRO | ¡Morirás a mi violencia! | 2745 |
| DOÑA ANA | Mi hermano es aquel, y aqueste
sin duda es Carlos.
             ¡Apriesa,
señor, yo os ocultaré! | |
| DON JUAN | Esta es doña Ana e intenta
ocultarme de su hermano;
preciso es obedecerla. | 2750 |

(Vase DOÑA ANA *con* DON JUAN.)

| DON PEDRO | ¿Dónde os ocultáis, traidores,
que mi espada no os encuentra?
¡Hola, traed una luz! | |

(Sale CELIA *con luz.)*

| CELIA | Señor, ¿qué voces son estas? | 2755 |
| DON PEDRO | ¡Qué ha de ser!
   [Aparte.]   ¡Pero qué miro! | |

---

en la voz *almagre* explica que «enalmagrados llamaban los señalados por mal, como los encartados, los notados de infamia; y por tal se tenía en algún tiempo tirar redomazo de almagre o tinta a la puerta de alguno».

*2741 «y yà dos solos pelean» B2, B3, M1, MS y las sueltas.

	Hallando abierta la puerta,	
	se fueron; mas si Leonor	
	—que sin duda entró por ella	
	aquí don Carlos— está	2760
	en casa ¿qué me da pena?	
	Mas, bien será averiguar	
	cómo entró.	
	—Tú, Leonor, entra	
	a recogerte que voy	
	a que aquí tu padre venga,	2765
	porque quiero que esta noche	
	queden nuestras bodas hechas.	
CASTAÑO	Tener hechas las narices	
	es lo que ahora quisiera.	

(Vase CASTAÑO *y cierra* DON PEDRO *la puerta.)*

DON PEDRO	Encerrar quiero a Leonor,	2770
	por si acaso fue cautela	
	haberme favorecido.	
	Yo la encierro por de fuera,	
	porque si acaso lo finge	
	se haga la burla ella mesma.	2775
	Yo me voy a averiguar	
	quién fuese el que por mis puertas	
	le dio entrada a mi enemigo,	
	y por qué era la pendencia	
	con Carlos y el embozado;	2780
	y pues antes que los viera	
	los vio mi hermana y salió	
	con ellos, saber es fuerza	
	cuando a reñir empezaron,	
	dónde o cómo estaba ella.	2785

2768 *tener hechas las narices: hacerse las narices* «es desrostrárselas, que en rigor es deshacérselas» (Cov.). «Por metáfora, vale suceder alguna cosa en contra o perjuicio en lo que se pretende» *(Aut.)*. Aquí se emplea con un sentido literal, pues Castaño se ha dado un fuerte golpe en la cara (v. 2731 y ss.).

(*Vase* Don Pedro.)

(*Salen* Don Rodrigo *y* Hernando.)

Don Rodrigo Aquesto, Hernando, he sabido*:
    que don Diego está herido,
    y que lo hirió quien a Leonor llevaba
    cuando en la calle estaba,
    porque él la conoció y quitarla quiso, 2790
    con que le fue preciso
    reñir; y la pendencia ya trabada,
    el que a Leonor llevaba una estocada
    le dio, de que quedó casi difunto,
    y luego al mismo punto 2795
    cargado hasta su casa le llevaron*,
    donde luego que entraron
    en sí volvió don Diego;
    pero advirtiendo luego
    en los que le llevaron apiadados, 2800
    conoció de don Pedro ser crïados;
    porque sin duda, Hernando, fue el
     [llevalle*
    por escusar el ruido de la calle.
    Mira qué bien viene esto que ha pasado
    con lo que esta mañana me ha
     [afirmado 2805
    de que Leonor fue sólo a ver su
     [hermana,
    y que yo me detenga hasta mañana
    para ver si Leonor casarse quiere;
    de donde bien se infiere
    que de no hacerlo trata, 2810
    y que con estas largas lo dilata;

---

*2786 Todos los testimonios leen *aquesto*. OC enmienda en «esto» para dejar el verso con siete sílabas, pues da comienzo a una silva de pareados.

*2796 «su casa llevaron» B3.

*2802 «llevale» B3; *llevalle*: «llevarle»; asimilación exigida por la consonancia con *calle*. Véase nota al v. 1060.

2806 *a ver su hermana:* complemento directo de persona sin la preposición *a,* como en el v. 2844: *sacar mi dama.* Véase nota al v. 104.

269

	mas yo vengo resuelto,
	que a esto a su casa he vuelto,
	a apretarle de suerte
	que ha de casarse, o le he de dar la [muerte. 2815
HERNANDO	Harás muy bien, señor, que la dolencia
	de honor se ha de curar con diligencia,
	porque el que lo dilata neciamente
	viene a quedarse enfermo eternamente.

(Sale DON CARLOS *con* DOÑA LEONOR *tapada.)*

DON CARLOS	No tenéis ya que temer, 2820
	doña Ana hermosa, el peligro.
DOÑA LEONOR	*[Aparte.]*
	¡Cielos! ¿Que me traiga Carlos
	pensando, ¡ah fiero enemigo!,
	que soy doña Ana? ¿Qué más
	claros busco los indicios 2825
	de que la quiere?
DON CARLOS	*(Aparte.)* ¡En qué empeño
	me he puesto, cielos divinos,
	que por librar a doña Ana
	dejo a Leonor al peligro!
	¿A dónde podré llevarla 2830
	para que pueda mi brío
	volver luego por Leonor?
	Pero hacia aquí un hombre miro.
	—¿Quién va?
DON RODRIGO	¿Es don Carlos?
DON CARLOS	Yo soy.
	(Ap.) ¡Válgame Dios! Don Rodrigo 2835
	es. ¿A quién podré mejor
	encomendar el asilo
	y el amparo de doña Ana?
	Que con su edad y su juicio
	la compondrá con su hermano 2840
	con decencia, y yo me quito
	de aqueste embarazo y vuelvo

| | a ver si puedo atrevido
| | sacar mi dama.
| | —Señor
| | don Rodrigo, en un conflicto   2845
| | estoy, y vos podéis sólo
| | sacarme dél.
DON RODRIGO | ¿En qué os sirvo,
| | don Carlos?
DON CARLOS | Aquesta dama
| | que traigo, señor, conmigo
| | es la hermana de don Pedro,   2850
| | y en un lance fue preciso
| | el salirse de su casa,
| | por correr su honor peligro.
| | Yo, ya veis que no es decente
| | tenerla, y así os suplico   2855
| | la tengáis en vuestra casa,
| | mientras yo a otro empeño asisto.
DON RODRIGO | Don Carlos, yo la tendré.
| | Claro está que no es bien visto
| | tenerla vos, y a su hermano   2860
| | hablaré, si sois servido.
DON CARLOS | Haréisme mucho favor;
| | y así, yo me voy.

(Vase.)

DOÑA LEONOR | *[Aparte.]*   ¿Qué miro?
| | ¡A mi padre me ha entregado!
DON RODRIGO | Hernando, yo he discurrido,   2865
| | pues voy a ver a don Pedro,
| | y Carlos hizo lo mismo
| | que él sacándole a su hermana,
| | que ya por otros indicios
| | sabía yo que la amaba,   2870
| | valerme de este motivo
| | tratando de que la case,
| | porque ya como de hijo
| | debo mirar por su honor;

	y él quizá más reducido,	2875
	viendo a peligro su honor,	
	querrá remediar el mío.	
HERNANDO	Bien has dicho, y me parece	
	buen modo de constreñirlo	
	el no entregarle a su hermana	2880
	hasta que él haya cumplido	
	con lo que te prometió.	
DON RODRIGO	Pues yo entro. Venid conmigo,	
	señora, y nada temáis	
	de riesgo, que yo me obligo	2885
	a sacaros bien de todo.	
DOÑA LEONOR	*(Aparte.)*	
	A casa de mi enemigo	
	me vuelve a meter mi padre;	
	y ya es preciso seguirlo,	
	pues descubrirme no puedo.	2890
DON RODRIGO	Pero allí a don Pedro miro.	
	Vos, señora, con Hernando	
	os quedad en este sitio,	
	mientras hablo a vuestro hermano.	
DOÑA LEONOR	*[Aparte.]*	
	¡Cielos, vuestro influjo impío	2895
	mudad, o dadme la muerte,	
	pues me será más benigno	
	un fin breve, aunque es atroz,	
	que un prolongado martirio!	
DON RODRIGO	Pues yo me quiero llegar.	2900

(Sale DON PEDRO.*)*

DON PEDRO	*[Aparte.]*
	¡Que saber no haya podido
	mi enojo, quién en mi casa
	le dio entrada a mi enemigo,
	ni haya encontrado a mi hermana!

2895 *impío:* «cruel, perverso, injusto».

	Mas buscarla determino	2905
	hacia el jardín, que quizá,	
	temerosa del rüido,	
	se vino hacia aquesta cuadra.	
	Yo voy; pero don Rodrigo	
	está aquí. A buen tiempo viene,	2910
	pues que ya Leonor me ha dicho	
	que gusta de ser mi esposa.	
	—Seáis, señor, bien venido,	
	que a no haber venido vos,	
	en aqueste instante mismo	2915
	había yo de buscaros.	
Don Rodrigo	La diligencia os estimo;	
	sentémonos, que tenemos	
	mucho que hablar.	
Don Pedro	*(Aparte.)* Ya colijo	
	que a lo que podrá venir	2920
	resultará en gusto mío.	
Don Rodrigo	Bien habréis conjeturado	
	que lo que puede, don Pedro,	
	a vuestra casa traerme	
	es el honor, pues le tengo	2925
	fiado a vuestra palabra;	
	que, aunque sois tan caballero,	
	mientras no os casáis está	
	a peligro siempre expuesto;	
	y bien veis que no es alhaja	2930
	que puede en un noble pecho	
	permitir la contingencia;	
	porque es un cristal tan terso,	
	que, si no le quiebra el golpe,	
	le empaña sólo el aliento.	2935
	Esto habréis pensado vos,	
	y haréis bien en pensar esto,	
	pues también esto me trae.	
	Mas no es esto a lo que vengo	

2907 *rüido:* ha de ser trísilaba.

	principalmente; porque	2940
	quiero con vos tan atento	
	proceder, que conozcáis	
	que teniendo de por medio	
	el cuidado de mi hija	
	y de mi honor el empeño,	2945
	con tanta cortesanía	
	procedo con vos, que puedo	
	hacer mi honor accesorio	
	por poner primero el vuestro.	
	Ver si puedo hacer por vos	2950
	más; aunque también concedo	
	que esta es conveniencia mía:	
	que, habiendo de ser mi yerno,	
	el quereros ver honrado	
	resultará en mi provecho.	2955
	Ved vos cuán celoso soy	
	de mi honor, y con qué estremo	
	sabré celar mi opinión	
	cuando así la vuestra celo.	
	Supuesto esto, ya sabéis	2960
	vos que don Carlos de Olmedo,	
	demás del lustre heredado	
	de su noble nacimiento...	
DON PEDRO	*[Aparte.]*	
	A don Carlos me ha nombrado.	
	¿Dónde irá a parar aquesto,	2965
	y el no hablar en que me case?	
	Sin duda, sabe el suceso	
	de que la sacó don Carlos.	
	¡Hoy la vida y honra pierdo!	
DON RODRIGO	El color habéis perdido,	2970
	y no me admiro, que oyendo	
	cosas tocantes a honor,	
	no fuerais noble ni cuerdo,	
	ni honrado si no mostrarais	

2940 Final de verso agudo, por necesidad métrica. Véase nota al v. 207.

	ese noble sentimiento. 2975
Mas pues de lances de amor
tenéis en vos el ejemplo,
y que vuestra propria culpa
honesta el delito ajeno,
no tenéis de qué admiraros 2980
de lo mismo que habéis hecho.

(Sale Doña Ana *al paño.)*

| Doña Ana | Don Rodrigo con mi hermano
está. Desde aquí pretendo
escuchar a lo que vino;
que como a don Carlos tengo 2985
oculto, y lo vio mi hermano,
todo lo dudo y lo temo. |
|---|---|
| Don Rodrigo | Digo, pues, que aunque ya vos
enterado estaréis de esto,
don Carlos a vuestra hermana 2990
hizo lícitos festejos;
correspondiole doña Ana...
No fue mucho, pues lo mesmo
sucedió a Leonor con vos. |
| Don Pedro | ¿Qué es esto? ¡Válgame el Cielo! 2995
¿Don Carlos quiere a mi hermana? |
| Doña Ana | ¿Cómo llegar a saberlo
ha podido don Rodrigo? |
| Don Rodrigo | Digo, por no deteneros
con lo mismo que sabéis, 3000
que viéndose en el aprieto
de haberlo ya visto vos
y de estar con él riñendo,
la sacó de vuestra casa. |
| Don Pedro | ¿Qué es lo que decís? |
| Don Rodrigo | Lo mesmo 3005
que vos sabéis y lo proprio |

2979 *honestar:* «disfrazar o disculpar alguna acción o cosa, de modo que parezca honesta» *(Aut.).*

        que hicistis vos. Pues ¿es bueno
        que me hicierais vos a mí
        la misma ofensa, y que cuerdo
        venga a tratarlo, y que vos, 3010
        sin ver que permite el Cielo
        que veamos por nosotros
        la ofensa que a otros hacemos,
        os mostréis tan alterado?
        Tomad, hijo, mi consejo: 3015
        que en las dolencias de honor
        no todas veces son buenos,
        si bastan sólo suaves,
        los medicamentos recios,
        que antes suelen hacer daño; 3020
        pues cuando está malo un miembro,
        el experto cirujano
        no luego le aplica el hierro
        y corta lo dolorido,
        sino que aplica primero 3025
        los remedios lenitivos;
        que acudir a los cauterios,
        es cuando se reconoce
        que ya no hay otro remedio.
        Hagamos lo mismo acá: 3030
        don Carlos me ha hablado en ello,
        doña Ana se fue con él
        y yo en mi poder la tengo;
        ellos lo han de hacer sin vos...
        ¿Pues no es mejor, si han de hacerlo, 3035

3007 *hicistis:* es una forma verbal arcaica de *hicisteis;* la terminación *-stis* por *-steis* es habitual en el Siglo de Oro; cfr. Monteser, *El caballero de Olmedo,* v. 1537: «¿Cómo al toro no matastis?», y vv. 1707-1708: «¿Vos mismo (aqueste es demonio) / le matastis?». Véase *infra,* v. 3213 y el verso 3071 de *Amor es más laberinto.*

3018 *süaves:* trísilaba, por necesidad métrica.

3026 *remedios lenitivos:* remedios suaves; *lenitivo,* «que tiene virtud de ablandar y suavizar».

3027 *cauterio:* «es el remedio riguroso de que usan los cirujanos, quemando y abriendo las partes apostemadas y otras llagas con hierros ardiendo» (Cov.).

3031 *hablar en:* alternaba su uso en la lengua clásica con *hablar de.*

	que sea con vuestro gusto,
	haciendo, cuerdo y atento,
	voluntario lo preciso?
	Que es industria del ingenio
	vestir la necesidad 3040
	de los visos del afecto.
	Aqueste es mi parecer;
	ahora consultad cuerdo
	a vuestro honor, y veréis
	si os está bien el hacerlo. 3045
	Y en cuanto a lo que a mí toca,
	sabed que vengo resuelto
	a que os caséis esta noche;
	pues no hay por qué deteneros,
	cuando vengo de saber 3050
	que a mi sobrino don Diego
	dejasteis herido anoche,
	porque llegó a conoceros
	y a Leonor quiso quitaros*.
	Ved vos cuán mal viene aquesto 3055
	con que vos no la sacasteis;
	y en suma, este es largo cuento.
	Pues sólo con que os caséis,
	queda todo satisfecho.
Doña Ana	Temblando estoy qué responde 3060
	mi hermano; mas yo no encuentro
	qué razón pueda mover
	a fingir estos enredos
	a don Rodrigo.
Don Pedro	Señor,
	digo, cuanto a lo primero, 3065
	que el decir que no saqué
	a Leonor fue fingimiento,
	que me debió decoroso
	mi honor y vuestro respeto;

3041 *visos:* apariencia, «metafóricamente se toma por la semejanza que una cosa tiene con otra al parecer...» *(Aut.).*

*3054 «y Leonor» B2, B3.

	y pues solo con casarme	3070
	decís que quedo bien puesto,	
	a la beldad de Leonor	
	oculta aquel aposento,	
	y ahora en vuestra presencia	
	le daré de esposo y dueño	3075
	la mano; pero sabed	
	que me habéis de dar primero	
	a doña Ana, para que,	
	siguiendo vuestro consejo,	
	la despose con don Carlos	3080
	al instante.	
	[Aparte.] Pues con esto,	
	seguro de este enemigo	
	de todas maneras quedo.	
Don Rodrigo	¡Oh qué bien que se conoce	
	vuestra nobleza y talento!	3085
	Voy a que entre vuestra hermana	
	y os doy las gracias por ello.	

(Sale Doña Ana.*)*

Doña Ana	No hay para qué, don Rodrigo,	
	pues para dar las que os debo	
	estoy yo muy prevenida.	3090
	Y a ti, hermano, aunque merezco	
	tu indignación, te suplico	
	que examines por tu pecho	
	las violencias del amor,	
	y perdonarás con esto	3095
	mis yerros, si es que lo son,	
	siendo tan dorados yerros.	
Don Pedro	Alza del suelo, doña Ana;	
	que hacerse tu casamiento	

3097 *dorados yerros:* juego con la homofonía yerros / hierros. Cfr. Quevedo, *PO,* núm. 720, vv. 5-8: «Contaros puedo mis culpas, / pero no puedo mis yerros, / que en molde, bolo y cuchillas / a toda Vizcaya tengo», siendo Vizcaya la región productora de hierro por excelencia. El *DRAE* recoge «Llevar hierro a Vizcaya» como sinónimo de cosa absurda, por superflua.

	con más decencia pudiera,	3100
	y no poniendo unos medios	
	tan indecentes.	
Don Rodrigo	Dejad	
	aqueso, que ya no es tiempo*	
	de reprehensión; enviad	
	un criado de los vuestros	3105
	que a buscar vaya a don Carlos.	
Doña Ana	No hay que envïarlo, supuesto	
	que, como a mi esposo, oculto	
	dentro en mi cuarto le tengo.	
Don Pedro	Pues sácale, luego al punto.	3110
Doña Ana	¡Con qué gusto te obedezco;	
	que al fin mi amante porfía	
	ha logrado sus deseos!	

(Vase.)

Don Pedro   ¡Celia!

(Sale Celia, *recibe la llave, y vase.)*

Celia	¿Qué me mandas?	
Don Pedro	Toma*	
	la llave de ese aposento	3115
	y avisa a Leonor que salga.	
	¡Oh amor, que al fin de mi anhelo	
	has dejado que se logren	
	mis amorosos intentos!	
Doña Leonor	*[Aparte.]*	
	Pues me tienen por doña Ana,	3120
	entrarme quiero allá dentro	
	y librarme de mi padre,	
	que es el más próximo riesgo;	
	que después, para librarme	

---

*3103-3104 OC lee «aquesto» y «reprensión»; todos los testimonios «aqueso» y «reprehension».

*3114 acot. En todos los testimonios figura así. OC edita aquí la primera parte: *Sale Celia,* y el resto: *Recibe la llave [Celia] y vase,* después del v. 3119.

                        de la instancia de don Pedro,   3125
                        no faltarán otros modos.
                        Mas subir a un hombre veo
                        la escalera. ¿Quién será?

(Sale DON CARLOS.*)*

DON CARLOS   *[Aparte.]*
                        A todo trance resuelto
                        vengo a sacar a Leonor   3130
                        de este indigno cautiverio;
                        que supuesto que doña Ana
                        está ya libre de riesgo,
                        no hay por qué esconder la cara
                        mi valor; y ¡vive el Cielo,   3135
                        que la tengo de llevar,
                        o he de salir de aquí muerto!

(Pasa DON CARLOS *por junto a* DOÑA LEONOR.*)*

DOÑA LEONOR   *[Aparte.]*
                        Carlos es, ¡válgame Dios!,
                        y de cólera tan ciego
                        va, que no reparó en mí.   3140
                        Pues ¿a qué vendrá, supuesto
                        que me lleva a mí, pensando
                        que era yo doña Ana? ¡Ah, Cielos,
                        que me hayáis puesto en estado
                        que estos ultrajes consiento!   3145
                        Mas ¿si acaso conoció
                        que dejaba en el empeño
                        a su dama, y a librarla
                        viene ahora? Yo me acerco
                        para escuchar lo que dice.   3150
DON CARLOS   Don Pedro, cuando yo entro
                        en casa de mi enemigo,
                        mal puedo usar de lo atento.
                        Vos me tenéis... Mas, ¿qué miro?
                        ¿Don Rodrigo aquí?

DON RODRIGO	Teneos,	3155
	don Carlos y sosegaos,	
	porque ya todo el empeño	
	está ajustado; ya viene	
	en vuestro gusto don Pedro,	
	y pues a él se lo debéis,	3160
	dadle el agradecimiento;	
	que yo el parabién os doy	
	de veros felice dueño	
	de la beldad que adoráis,	
	que gocéis siglos eternos.	3165
DON CARLOS	*[Aparte.]*	
	¿Qué es esto? Sin duda ya	
	se sabe todo el suceso,	
	porque Castaño el papel	
	debió de dar ya, y sabiendo	
	don Rodrigo que fui yo	3170
	quien la sacó, quiere cuerdo	
	portarse y darme a Leonor;	
	y sin duda ya don Pedro	
	viendo tanto desengaño	
	se desiste del empeño.	3175
	—Señor, palabras me faltan	
	para poder responderos;	
	mas válgame lo dichoso	
	para disculpar lo necio,	
	que en tan no esperada dicha	3180
	como la que yo merezco,	
	si no me volviera loco	
	estuviera poco cuerdo.	
DON RODRIGO	Mirad si os lo dije yo:	
	quiérela con gran estremo.	3185
DOÑA LEONOR	*[Aparte.]*	
	¿Qué es esto, Cielos, que escucho?	
	¿Qué parabienes son estos,	
	ni qué dichas de don Carlos?	

3163 *felice:* véase nota al v. 1650.

DON PEDRO	Aunque debierais atento
	haberos de mí valido, 3190
	supuesto que gusta de ello
	don Rodrigo, cuyas canas
	como de padre venero,
	yo me tengo por dichoso
	en que tan gran caballero 3195
	se sirva de honrar mi casa.
DOÑA LEONOR	*[Aparte.]*
	Ya no tengo sufrimiento.
	¡No ha de casarse el traidor!

([Llega] DOÑA LEONOR con manto.)*

DON RODRIGO	Señora, a muy lindo tiempo
	venís; mas ¿por qué os habéis 3200
	otra vez el manto puesto?
	Aquí está ya vuestro esposo.
	Don Carlos, los cumplimientos
	basten ya, dadle la mano
	a doña Ana.
DON CARLOS	¿A quién? ¿Qué es esto? 3205
DON RODRIGO	A doña Ana, vuestra esposa.
	¿De qué os turbáis?
DON CARLOS	¡Vive el Cielo,
	que este es engaño y traición!
	¿Yo a doña Ana?
DOÑA LEONOR	*(Aparte.)* ¡Albricias, Cielos,
	que ya desprecia a doña Ana! 3210
DON PEDRO	Don Rodrigo, ¿qué es aquesto?
	¿Vos, de parte de don Carlos,
	no venistis al concierto
	de mi hermana?

3197 *sufrimiento*: «paciencia, conformidad y tolerancia con que se sufre alguna cosa» *(Aut.)*. Véanse los vv. 3241-3242.

*3198 acot. «sale doña Leonor» S y demás testimonios. OC enmienda en «Llega», que acepto porque Leonor ya estaba en escena, a la vista del espectador, pero no de los otros personajes.

3213 *venistis:* forma verbal usual en la lengua clásica por *venisteis (vinisteis)*. Véase nota al v. 3007.

Don Rodrigo	Claro está;	
	y fue porque Carlos mesmo	3215
	me entregó a mí a vuestra hermana	
	que la llevaba, diciendo	
	que la sacaba porque	
	corría su vida riesgo.	
	Señora, ¿no fue esto así?	3220
Doña Leonor	Sí, señor, y yo confieso	
	que soy esposa de Carlos,	
	como vos vengáis en ello.	
Don Carlos	Muy mal, señora doña Ana,	
	habéis hecho en exponeros	3225
	a tan público desaire	
	como por fuerza he de haceros;	
	pero, pues vos me obligáis	
	a que os hable poco atento,	
	quien me busca exasperado	3230
	me quiere sufrir grosero;	
	si mejor a vos que a alguno	
	os consta que yo no puedo*	
	dejar de ser de Leonor.	
Don Rodrigo	¿De Leonor? ¿Qué? ¿Cómo es eso?	3235
	¿Qué Leonor?	
Don Carlos	De vuestra hija.	
Don Rodrigo	¿De mi hija? ¡Bien, por cierto,	
	cuando es de don Pedro esposa!	
Don Carlos	¡Antes que logre el intento,	
	le quitaré yo la vida!	3240
Don Pedro	¡Ya es mucho mi sufrimiento,	
	pues en mi presencia os sufro	
	que, atrevido y desatento,	
	a mi hermana desairéis	
	y pretendáis a quien quiero!	3245

3218 Verso oxítono, por necesidad métrica. Véase nota al v. 207.
*3233 «que ya no puedo» B2, B3, T3.
3238 *esposa:* véase nota al v. 1274. *Infra*, v. 3246.

(Empuñan las espadas; y sale Doña Ana *y* Don Juan *de la mano, y por la otra puerta* Celia, *y* Castaño *de dama.)*

Doña Ana	A tus pies, mi esposo y yo, hermano...
	[Aparte.] ¿Pero qué veo? A don Juan es a quien traigo*, que, en el rostro el ferreruelo, no le había conocido. 3250
Don Pedro	Doña Ana, ¿pues cómo es esto?
Celia	Señor, aquí está Leonor.
Don Pedro	¡Oh hermoso, divino dueño!
Castaño	*[Aparte.]* Allá veréis la belleza; mas yo no puedo de miedo* 3255 moverme. Pero mi amo está aquí; ya nada temo, pues él me defenderá.
Don Rodrigo	Yo dudo lo que estoy viendo. Don Carlos, ¿pues no es doña Ana 3260 esta dama que vos mesmo me entregasteis y con quien os casáis?
Don Carlos	Es manifiesto engaño, que yo a Leonor solamente es a quien quiero. 3265
Doña Ana	*[Aparte.]* Acabe este desengaño con mi pertinaz intento; y pues el ser de don Juan es ya preciso, yo esfuerzo cuanto puedo, que le estimo*, 3270 que en efecto es ya mi dueño.

---

*3248 «es el que traygo» B2, B3, T3.

3249 *ferreruelo*: especie de capa larga, con cuello y sin capilla; «tomó el nombre de cierta gente de Alemania, que llaman herreruelos, porque fueron los primeros que usaron dellos» (Cov.). Con esa capa se cubría el rostro don Juan.

*3255 «mas ya no puedo» B2, B3, T3.

*3270 «que lo estimo» B2, B3, T3 y OC.

	—Don Rodrigo, ¿qué decís?	
	¿Qué Carlos? Que no lo entiendo;	
	y sólo sé que don Juan,	
	desde Madrid, en mi pecho	3275
	tuvo el dominio absoluto	
	de todos mis pensamientos.	
DON JUAN	Don Pedro, yo a vuestros pies	
	estoy.	
DON PEDRO	Yo soy el que debo	
	alegrarme, pues con vos	3280
	uno la amistad al deudo*;	
	y así, porque nuestras bodas	
	se hagan en un mismo tiempo,	
	dadle la mano a doña Ana*,	
	que yo a Leonor se la ofrezco.	3285

(*Llégase a* CASTAÑO.)

DON CARLOS	¡Antes os daré mil muertes!	
CASTAÑO	*[Aparte.]*	
	Miren aquí si soy bello,	
	pues por mí quieren matarse.	
DON PEDRO	Dadme, soberano objecto	
	de mi rendido albedrío,	3290
	la mano.	
CASTAÑO	Sí, que os la tengo	
	para dárosla más blanda,	
	un año en guantes de perro.	
DON CARLOS	¡Eso no conseguirás!	

(*Descúbrese* DOÑA LEONOR.)

| DOÑA LEONOR | Tente, Carlos, que yo quedo | 3295 |
| | de más, y seré tu esposa | |

---

*3281 «junto la amistad» B2, B3, T3.
*3284 «dadle la mano doña Ana» B1, B2, B3, M1, M2; «la mano a mi hermana» MS.
3289 *objecto:* ya anotada en v. 108 del *Sainete primero*.
3293 *guantes de perro:* véanse vv. 3307-3308.

	que, aunque me hicistes desprecios*,	
	soy yo de tal condición	
	que más te estimo por ellos.	
Don Carlos	Mi bien, Leonor, ¿qué tú eras?	3300
Don Pedro	¿Qué es esto? ¿Por dicha sueño?	
	¿Leonor está aquí y allí?	
Castaño	No, sino que viene a cuento	
	lo de «No sois vos, Leonor...»	
Don Pedro	¿Pues quién eres tú, portento,	3305
	que por Leonor te he tenido?	

(*Descúbrese* Castaño.)

Castaño	No soy sino el perro muerto	
	de que se hicieron los guantes.	
Celia	La risa tener no puedo	
	del embuste de Castaño.	3310
Don Pedro	¡Matarete, vive el Cielo!	
Castaño	¿Por qué? Si cuando te di	
	palabra de casamiento,	
	que ahora estoy llano a cumplirte,	
	quedamos en un concierto	3315
	de que si por ti quedaba	
	no me harías mal; y supuesto	
	que ahora queda por ti	
	y que yo estoy llano a hacerlo,	
	no faltes tú, pues que yo	3320
	no falto a lo que prometo.	
Don Carlos	¿Cómo estás así, Castaño,	
	y en tal traje?	

---

*3297 «hiziste» B2, B3, T3 y OC.

3304 *no sois vos...*: alusión a un cantarcillo popular: «No sois vos para en cámara, Pedro, / no sois vos para en cámara, no». Véase Margit Frenk, 1987, págs. 926-927.

3307-3308 *perro muerto:* 'engaño, estafa'. «Se toma por el engaño o daño que se padece en algún ajuste o contrato [...] y suelen decir dar perro o perro muerto» *(Aut.)*. Cfr. Quevedo, *PO*, núm. 680, vv. 55-56: «y solo tengo de muerto / el perro que queráis darme».

CASTAÑO	Ese es el cuento:
	que por llevar el papel,
	que aún aquí guardado tengo, 3325
	en que a don Rodrigo dabas
	cuenta de todo el enredo
	y de que a Leonor llevaste,
	para llevarlo sin riesgo
	de encontrar a la Justicia 3330
	me puse estos faldamentos;
	y don Pedro enamorado
	de mi talle y de mi aseo,
	de mi gracia y de mi garbo,
	me encerró en este aposento. 3335
DON CARLOS	Mirad, señor don Rodrigo,
	si es verdad que soy el dueño
	de la beldad de Leonor,
	y si ser su esposo debo.
DON RODRIGO	Como se case Leonor 3340
	y quede mi honor sin riesgo,
	lo demás importa nada;
	y así, don Carlos, me alegro
	de haber ganado tal hijo.
DON PEDRO	*[Aparte.]*
	(Tan corrido ¡vive el Cielo! 3345
	de lo que me ha sucedido
	estoy, que ni a hablar acierto*;
	mas disimular importa,
	que ya no tiene remedio
	el caso). Yo doy por bien 3350
	la burla que se me ha hecho,
	porque se case mi hermana
	con don Juan.
DOÑA ANA	La mano ofrezco
	y también con ella el alma.

3333 *aseo:* compostura.
*3347 «que ni hablar» B1, M1, M2, MS.

Don Juan	Y yo, señora, la acepto, porque vivo muy seguro de pagaros con lo mesmo.	3355
Don Carlos	Tú, Leonor mía, la mano me da.	
Doña Leonor	En mí, Carlos, no es nuevo, porque siempre ha sido tuya*.	3360
Castaño	Dime, Celia, algún requiebro, y mira si a mano tienes una mano.	
Celia	No la tengo, que la dejé en la cocina; pero ¿bastarate un dedo?	3365
Castaño	Daca, que es el dedo malo, pues es él con quien encuentro. Y aquí, altísimos señores, y aquí, Senado discreto, *Los empeños de una casa* dan fin. Perdonad sus yerros.	3370

---

*3360 «he sido tuya» B2, B3, O y OC.

3363 *mano*: «majadero o instrumento de madera, hierro u otro metal, que sirve para moler o desmenuzar alguna cosa» *(Aut.)*. Salceda anota que en México es muy usada la *mano* del metate, piedra en la que se muele el maíz.

3366 *el dedo malo*: «frase vulgar que se dice de aquel que ya ha caído en desgracia, y por eso se le atribuye todo lo mal hecho: a imitación del dedo que padece uñero, golpe o herida, que por más que el paciente procure reservarle, todo tropieza en él, para aumentar su dolor» *(Aut.)*.

Sarao de cuatro naciones,

que son: españoles, negros, italianos y mexicanos

(Salen los ESPAÑOLES.)

CORO 1	A la guerra más feliz	
	que el Amor ordena,	
	la caja resuena,	
	retumba el clarín,	
CORO 2	y el pífano suena,	5
	que convoca a la lid;	
	y al hacer	
	la seña a acometer,	
CORO 3	dicen: ¡Guerra, guerra, porque ya el Amor	
	hoy sale al campo armado de furor,	10
	porque espera salir vencedor!	
CORO 1	Su opuesta es la Obligación,	
	que el lauro pretende,	
	porque que es, entiende,	
	quien tiene razón.	15
CORO 2	Y así, la defiende	
	con destreza y corazón;	
	y al salir	
	y hacer seña de embestir,	
CORO 3	dicen: ¡Toca, toca, toca, y sepan que voy	20
	a coronarme de laureles hoy,	
	porque digna de ellos solamente soy!	

Coro 1	De María la beldad	
	el Amor prefiere;	
	y el Respeto quiere,	25
	con más seriedad,	
Coro 2	que más se pondere	
	culto a su deidad.	
	Pero Amor,	
	como es deidad superior,	30
Coro 3	es quien vence, que es fácil vencer	
	aquel que vence solo con querer,	
	pues sobre razón le sobra el poder.	
	¡Victoria, victoria, victoria,	
	y lleve triunfante la palma y la gloria	35
	el que ha sabido salir vencedor!	
	Y así, ¡viva, viva, viva el Amor!	
Coro 1	Hoy la Obligación	
	y el Amor se ven	
	disputar valientes	40
	la lid más cortés.	
Coro 2	Y aunque están unidos,	
	se llegan a ver	
	tal vez hermanados,	
	y opuestos tal vez.	45
Coro 1	De todos los triunfos	
	es este al revés;	
	pues aquí el rendido	
	el vencedor es.	
Coro 2	La cuestión es: cuál	50
	podrá merecer	
	del excelso Cerda	
	los invictos pies.	

---

23 *María:* se refiere a la virreina, María Luisa Manrique de Lara. Véase nota a los vv. 405-406 de la «Loa».

50 De nuevo Sor Juana plantea una cuestión, como en la loa inicial y en los vv. 1455 y ss. de la comedia.

53 *invictos pies:* no vencido, siempre victorioso. En Lope es utilizado a veces con el sentido de «valeroso» en grado superlativo (véase v. 2304 de *Servir a señor discreto*).

Coro 1	Y de su divina consorte, de quien aromas mendiga el florido mes,	55
Coro 2	pues de su beldad pueden aprender candor el jazmín, púrpura el clavel;	60
Coro 1	a quien humilladas llegan a ceder Venus la manzana, Palas el laurel.	65
Coro 2	Y al tierno renuevo, el bello José, que siendo tan grande, espera crecer.	

(Salen los Negros.*)*

Coro 1	Hoy, que los rayos lucientes de uno y otro luminar, a corta esfera conmutan la eclíptica celestial; hoy, que Venus con Adonis, esta bella, aquel galán, a breve plantel reducen de Chipre la amenidad.	70 75
Coro 2	Hoy, que Júpiter y Juno, depuesta la majestad,	

60-61 *candor el jazmín /púrpura el clavel:* véase más adelante nota a los vv. 184-185. *Candor:* blancura.

64-65 Paris adjudicó a Venus la manzana que envió la Discordia «para la más bella de las diosas». El laurel de Palas es símbolo de la victoria.

67 *José:* el hijo de los virreyes. Ver nota al v. 416 de la Loa.

74 *Venus y Adonis:* símbolos del amor y de la belleza. Venus procedía de la isla de Chipre (Ovidio, *Metamorfosis*, Libro X, 4).

78 *Júpiter y Juno:* dos de las más importantes divinidades latinas que, junto con Minerva, constituían la llamada Triada Capitolina (Ovidio, *Metamorfosis*, Libro III).

	a estrecha morada truecan	80
	el alcázar de cristal;	
	hoy que Vertumno y Pomona	
	dejan ya de cultivar	
	los jardines que sus pies	
	bastan a fertilizar.	85
Coro 1	Hoy, en fin, que el alto Cerda	
	y su esposa sin igual,	
	pues solamente sus nombres	
	los pudieron explicar;	
	porque en tanta fabulosa	90
	deidad de la antigüedad,	
	allá se expresa entre sombras	
	lo que entre luces acá.	
Coro 2	Los dos amantes esposos,	
	que en tálamo conyugal*	95
	hacen la igualdad unión	
	y la unión identidad.	
	Tanto que, a faltar María,	
	célibe fuera Tomás,	
	y, a faltar Tomás, María	100
	igual no pudiera hallar.	
Coro 1	Depuesto el solio glorioso,	
	de su grandeza capaz,	
	luces que [envidia] una esfera*,	
	a un estrecho albergue dan.	105
	¡Salga la voz; no el silencio	
	se ocupe todo el lugar:	
	conceda a la voz lo menos,	
	pues se queda con lo más!	
Coro 2	¡Haya un índice en el labio	110
	de lo que en el pecho está,	
	que indique, con lo que explique,	

---

82 *Vertumno y Pomona:* Vertumno, dios itálico de origen etrusco, relacionado con el renacer de la naturaleza, fue amante de Pomona, diosa de los huertos y jardines (Ovidio, *Metamorfosis*, Libro XIV, 3).
*95 «conjugal» en ediciones.
*104 «luzes q. embia» S, B1, M1, M2. Acepto la lección de B2, B3, OC.

lo que no puede explicar!
Y aunque la gratitud sea
imposible de mostrar, 115
¡haya siquiera quien diga
que le queda qué callar!

(Salen los ITALIANOS.)

CORO 1   En el día gozoso y festivo
que humana se muestra la hermosa deidad
de María, y el Cerda glorioso, 120
que triunfe feliz, que viva inmortal;
hoy que, hermosos Cupidos, sus soles,
del bello, celeste, lucido [carcax]*,
flechan veneraciones, y luego
las flechas que tiran vuelven a cobrar; 125
hoy que, enjambre melifluo de Amores,
de su primavera festeja el rosal,
y aunque en torno [susurra] a sus flores*,
se atreve a querer, pero no a llegar;
en el día que sus plantas bellas 130
dichosa esta casa merece besar,
y en las breves estampas que sella,
vincula la dicha a su posteridad;
en el día que el tierno renuevo
de ascendencia clara, de estirpe real, 135
nuevo Sol en los brazos del Alba,
de las aves deja su luz saludar;
en el día que sus damas bellas,
cándidas nereidas del sagrado mar,
nueva Venus cada una se ostenta, 140
mejor Tethis se ve cada cual,

---

*123 «carcaz» S, B1, M1, M2. Enmiendo por B2, B3 (carcax).
*128 «zuzurra» S, B1, M1, M2; enmiendo por B2, B3.
135 *estirpe real:* véase nota al v. 419 de la «Loa».
139 *nereidas:* divinidades marinas hijas de Nereo, dios del mar, y de Dóride, una de las hijas del Océano. Entre todas destacó Tetis, que fue esposa de Peleo, rey de Tesalia, y madre de Aquiles.

            con humildes afectos rendidos,
            venid amorosos a sacrificar
            víctimas a su culto, en que sea
            el alma la ofrenda, y el pecho el altar.   145
            Y pues el que merece sus aras
            excede glorioso la capacidad,
            sude el pecho en afectos sabeos,
            arda el alma en aroma mental.
            Y pues falta la sangre y el fuego,   150
            por uno y por otro sacrificio igual,
            el deseo encendido suponga,
            la víctima supla de la voluntad.
            Y a sus plantas rendidos, pidamos,
            con votos postrados de nuestra humildad,   155
            que se admita por feudo el deseo,
            que supla las faltas de la cortedad.

(Salen los MEXICANOS.)

CORO 2   ¡Venid, Mexicanos;
          alegres venid,
          a ver en un Sol   160
          mil soles lucir!
          Si América, un tiempo
          bárbara y gentil,
          su deidad al Sol
          quiso atribuir,   165
          a un Sol animado
          venid a aplaudir,
          que ilumine hermoso

---

148 *sudar... afectos sabeos: sabeo* es lo proveniente de la región de Saba, en la antigua Arabia, de donde era oriundo el árbol que sudaba incienso. Cfr.: «Ante tu deidad / hónrense mil fuegos / del sudor precioso / del árbol sabeo» (Góngora, *Romances*, pág. 139).

152 *suponga:* latinismo, por «sustituya».

162-165 Los mexicanos se consideraban descendientes del Sol. Cfr. «Nobles Mejicanos, / cuya estirpe antigua, / de las claras luces / del Sol se origina...» (Sor Juana, OC, III, pág. 3). También cabe interpretar que los indígenas tenían al Sol por la mayor divinidad.

su ardiente cenit;
Sol que entre arreboles 170
de nieve y carmín,
dos lucientes mueve
globos de zafir;
Sol que [desde] el uno*
al otro confín, 175
inunda la esfera
con rayos de Ofir;
la excelsa María,
de quien aprendiz
el cielo es de luces, 180
de flores abril;
en cuyas mejillas
se llegan a unir
cándido el clavel,
rojo el carmesí. 185
Y a su invicto esposo,
que supo feliz
tanto merecer
como conseguir.
Y al clavel nevado, 190
purpúreo jazmín,
fruto de una y otra
generosa vid:
José, que su Patria
llegó a producir 195
en él más tesoros

---

*174 «sol, que de el uno» S y resto de testimonios. Acepto la corrección de OC, que completa la medida del verso.
184-185 *cándido el clavel, / rojo el carmesí*: expresiones paralelas con las de los versos 190-191, *clavel nevado / purpúreo jazmín*, aunque aquí parece poco acertado «rojo el carmesí». Sor Juana buscó otras veces el primor paradójico de la mezcla de los colores blanco y rojo. Cfr.: «Y su Soberana / Consorte, en quien beben / carmín los jazmines, / candor los claveles» (OC, III, pág. 356). El procedimiento se encuentra en Góngora: «Purpúreas rosas sobre Galatea / la Alba entre lilios cándidos deshoja: / duda el Amor cuál más su color sea, / o púrpura nevada, o nieve roja» *(Fábula de Polifemo y Galatea,* ed. Alexander A. Parker, Madrid, Cátedra, 1983, pág. 137).

                    que en su Potosí.
                    ¡A estas tres deidades,
                    alegres rendid
                    de América ufana   200
                    la altiva cerviz!

(Júntanse las NACIONES, *y tañen la «reina» y cantan.)*

CORO 3   La Obligación y el Amor,
          en felice competencia,
          si como amigos se ayudan,
          como contrarios pelean.   205
          Cada cual llevar el lauro
          de los aplausos intenta,
          en el obsequio debido
          a los pies del alto Cerda.
          La Obligación, por precisa,   210
          dice que no es bien parezca
          que se ejecuta de gracia
          lo que se tiene [de] deuda*.
          El Amor, más cortesano,
          dice que, cuando así sea,   215
          puede él hacer voluntario
          lo que la Obligación fuerza.
          Replica la Obligación
          que es menester que se entienda
          que se paga por tributo   220

---

197 *Potosí:* región del virreinato del Perú (hoy pertenece a Bolivia), celebre por la abundancia de sus minas de plata.

200-201 *de América ufana / la altiva cerviz:* hace aquí Sor Juana un cambio con los adjetivos que en la loa aplicó a «América» y a «cerviz»: *la cerviz ufana /de América altiva* (vv. 446-447).

201 acot. *Reina:* debe de tratarse de un tono musical que, a diferencia del *turdión* y la *jácara*, sería sólo cantado, pero no he sabido encontrar ninguna referencia.

203 *felice:* véase nota al v. 1650 de la comedia.

*213 «lo que se tiene deuda» S, B1; «lo que se tiene por deuda» B2, B3; «lo que se tiene de deuda» M1, M2, lección que acepto, por su paralelismo con el verso anterior. En OC «por deuda».

y no se da por ofrenda.
Mejor lógico el Amor,
dice que, en una acción mesma,
hace dádiva la paga
el afecto de la entrega.   225
Vence el Amor, y vencida
la Obligación se confiesa
—que rendirse de un cariño,
es muy airosa bajeza—,
bien que, felizmente unidos,   230
con igual correspondencia,
pagan, como que no dan;
dan, como si no debieran.

(Tocan los instrumentos el «turdión» y danzan.)

CORO 4   Al invencible Cerda esclarecido,
         a cuyo sacro culto reverente   235
         rinde Amor las saetas de su aljaba,
         el rayo Jove, y Marte los laureles;
         a la Venus, a quien el Mar erige
         en templos de cristal tronos de nieve,
         vagos altares le dedica el Aire   240
         y aras le da la Tierra consistentes;
         a la deidad divina mantüana,
         de cuyo templo por despojo penden

---

233 acot. *Turdión:* danza que ya se bailaba en el siglo XVI en Italia y Francia. Se usó principalmente en los bailes aristocráticos y Esquivel en su *Arte del danzado* (1642) la cita como danza muy antigua que ya estaba en desuso «excepto en los saraos y máscaras que se hacen a Su Majestad y otros príncipes». Sor Juana escribe la letra de otro turdión en los «Bailes y tonos provinciales de un festejo en San Jerónimo a los Virreyes, condes de Paredes y marqueses de la Laguna» (OC, I, págs. 181-182). Métricamente, en ambas ocasiones se trata de romances reales o endecasílabos. Más noticias sobre el *turdión* en E. Cotarelo, *Colección de entremeses...*, págs. cclxii-cclxiii.

242 *mantüana:* la Virreina, por su padre don Vespasiano Gonzaga, estaba emparentada con la casa de los duques de Mantua. Es necesario hacer diéresis para que el verso sea endecasílabo.

243-245 Era costumbre que los héroes, después de la victoria, colgaran las armas que habían quitado a los vencidos en el templo de la deidad que les ha-

de Venus las manzanas y las conchas,
de Dïana los arcos y las pieles; 245
y al José generoso, que de troncos
reales, siempre ramo floreciente,
es engace glorioso que vincula
los triunfos de Laguna y de Paredes,
¡venid a dedicar, en sacrificios 250
de encendidos afectos obedientes,
la víctima debida a sus altares,
la ofrenda que a su culto se le debe!
Y en la aceptación suplan sus aras,
donde la ejecución llegar no puede, 255
las mentales ofrendas del deseo
que ofrece todo aquello que no ofrece;
pues a lo inmaterial de las deidades,
se tiene por ofrenda más solemne
que la caliente sangre de la fiera, 260
la encendida intención del oferente.
Y escuchen los perdones que pedimos
(pues en su ceño más propicio siempre
a las indignidades humilladas,
que no a las confiadas altiveces), 265
porque el felice dueño de esta casa,
el favor soberano que hoy adquiere,
¡en vividores mármoles lo esculpa;
en estrellas, por cálculos, lo cuente!*

(Tocan los instrumentos la «jácara» y la danzan.)

---

bía favorecido en el combate, porque consideraban que ella era la triunfadora. La Virreina es la deidad triunfadora sobre Venus y Diana. Es necesario que Dïana sea trisílaba.

248 *engace:* 'engarce'; es forma frecuente en la lengua clásica.

269 acot. «la baylan» B2, B3. Se llamaron *jácaras* los romances que cantaban las hazañas de los *jaques* y *marcas* e imitaban el estilo de la gente del hampa. Cotarelo, *Colección de entremeses...*, págs. cclxxiv-ccxc, estudia el desarrollo del vocablo y del género. Aquí se trata de una «jácara de corte» o «jácara de estilo noble», cantada y bailada, con la estructura de un romance. Sor Juana incluye otra jácara del mismo estilo en el festejo que escribió para agasajar a los Virreyes en San Jerónimo (véase *supra*, nota al v. 233). Cultivó también la jácara «a lo divino» en algunos villancicos (OC, II, núms. 222, 230, 239, 248, 256, 282, 299 y 311).

| Coro 3 | Ya que las demonstraciones | 270 |

        de nuestro agradecimiento,
        cuanto han querido ser más,
        tanto se han quedado en menos;
        ya que cuando nuestro amor,
        soberano Cerda excelso,   275
        intentó salir en voces,
        se quedó sólo en los ecos;
        ya que, divina María,
        al aplaudir vuestro cielo,
        porque no bastó la voz,   280
        se atendió sólo [al] silencio*;
        ya que, José generoso,
        a vuestro Oriente primero,
        como al Sol, hicieron salva
        las voces de nuestro afecto;   285
        ya que, bellísimas damas,
        a vuestro decoro atento,
        sólo se atrevió el Amor
        con el traje del Respeto;
        y ya que para estimar,   290
        señor, favor tan inmenso,
        la Obligación tiene por
        estrecho plazo lo eterno,
        vuestra benignidad supla
        la cortedad del festejo: 295
        pues su pequeñez disculpa
        la improporción del objecto,
        y en el ser vuestro también
        asegura los aciertos,
        pues nunca podrá ser corto,   300
        si se mira como vuestro.

---

*281 «solo el silencio» S y resto de testimonios, excepto B3 que enmienda «solo al silencio».

294-301 Estos versos finales, como en la mayoría de las piezas teatrales áureas, tienen por objeto la *captatio benevolentiae* de los espectadores.

Amor es más laberinto
del Fénix de España Señor Conde de Galve,

que para festejar los años de la reina, que es la tapada

INTERLOCUTORES

La Noche (dama)	El Otoño
El Invierno	El Verano
El Estío	Una compañía de música

Loa a los años
del Excelentísimo Señor Conde de Galve,

que parece precedió a la comedia que se le sigue*

INTERLOCUTORES

La Edad (dama)
El Invierno
El Estío

El Otoño
El Verano
Dos coros de música

(Cantan dentro estas coplas; y luego se descubre, en un trono, la EDAD *sentada, muy bizarra, con corona.)*

MÚSICA   A la entrada dichosa
 de aqueste feliz año,
 que consagra la Edad
 a la deidad de Jano,
 vengan todos los tiempos   5
 que, en círculos dorados,
 doctamente regulan
 cálculos de sus manos.
 Vengan todos, y todos,
 unidos y contrarios,   10
 celebren su deidad
 con reverente aplauso.

---

* Título: En las ediciones B2, B3 y ediciones modernas se suprime «parece».
 4 *Jano:* dios romano de origen incierto; se especula que haya sido importado de Etruria. Él es el dios de todo comienzo y se le invoca en primer lugar en las oraciones, al amanecer, al comenzar cualquier trabajo y a él se dedicó el primer mes del año, *Ianuario*. Su culto se instituyó en tiempos de Rómulo o de Numa, pues en los cantos rituales de los Salios, creados por este último, ya figura su nombre (Plutarco, *Vidas paralelas*, I, trad. A. Pérez Jiménez, Madrid, Gredos, 1985).
 5-8 Ordenado el hipérbaton: 'Los cálculos de las manos de Jano regulan doctamente todos los tiempos'. *Regular:* «medir y ajustar o computar una cosa con otra» *(Aut.)*. Véase nota a los vv. 212 y 219-232.

>   Y pues la Edad componen,
>   con movimientos varios,
>   la Primavera, Estío,   15
>   el Invierno y Verano,
>   y en ecos concertados*
>   aplauden al bifronte,
>   excelso Jano...
>
>   *(Descúbrese la* EDAD.)
>
> EDAD   ¡Ah, del supremo dominio   20
>   de la Edad! ¡Ah, de las cuatro
>   partes de mi monarquía,
>   fluxibles reinos del Año!

15-16 En estos versos el Verano se confunde con el Otoño, mientras que en el resto de la Loa representa las características de la Primavera (flores), que era lo usual en la época. Salceda supone que se trata de una errata o de una distracción de la autora y propone corregir el verso 15 poniendo Otoño por Estío. No me parece solución acertada: habría que suprimir Primavera y sustituirla por Otoño, de este modo aparecerían las cuatro estaciones tal como se denominan en la «Loa», pero el verso quedaría con una sílaba menos. Véanse los vv. 32-35.

*17 *ecos concertados:* 'voces acordadas'. Véanse nota al v. 153. OC edita «ya en ecos... aplaudan».

18 *bifronte:* 'que tiene doble faz'. A Jano se le representa con dos caras. Cfr. Ovidio, *Fastos:* «¡Oh bifronte Jano, comienzo del año que silenciosamente se desliza, el único de los dioses que puede contemplar su propia espalda [...] Pero, ¿qué dios diré que eres tú, Jano de doble forma?... Explícame el motivo de por qué entre los dioses eres el único que ve lo que está a tu espalda y lo que tienes delante de ti.» (ed. M. Casquero, Madrid, Editora Nacional, 1984, págs. 104-105). Según Plutarco, Jano que, en tiempos remotos había sido salvaje y cruel, cambió su conducta «y, por esto, le representan con dos caras, porque, a partir de una determinada forma y actitud, adoptó para su vida otra distinta» *(Vidas paralelas,* I, pág. 382).

18-19 OC edita estos versos como uno solo. Mantengo la división en dos versos de todos los testimonios, que, además, evita la asonancia de tres versos seguidos.

23 *fluxibles:* 'que fluyen', 'no permanentes'. Ni el *Tesoro* de Covarrubias ni el *Diccionario de Autoridades* registran este término que es empleado por Sor Juana en varios lugares. Como en este caso y aplicado al Tiempo, se encuentra en la *Loa a los años del Rey* («Escuche mi voz el Orbe»), versos 204-05: «¡Ah, del más voluble curso / de la fluxible cantidad del Tiempo!», que Salceda relaciona con el tecnicismo de la escolástica que llama al Tiempo «continuum fluens»; en otros lugares significa «líquido», como en la *Loa a los años de la Reina Madre* («Al feliz natalicio»), v. 126: «plata fluxible» 'agua', o en el romance «Señor, para responderos», v. 18: «cristales fluxibles» 'fuentes'.

	¡Ah, del invencible giro	
	del Tiempo! ¡Ah, del continuado	25
	sucesivo imperio mío,	
	adonde son los vasallos,	
	siempre errantes, fijos siempre,	
	pues en su proceder hallo	
	que, en reguladas mudanzas,	30
	son constantes en lo vario!	
	¡Ah, en fin, del ardiente Estío!	
	¡Ah, en fin, del Invierno helado!	
	¡Ah, en fin, del fecundo Otoño!	
	¡Ah, del florido Verano!	35
Coro 1	¿Quién ha nombrado al Estío?	
[Coro 2]	¿Quién al Invierno ha llamado?*	
[Coro 1]	¿Quién solicita al Otoño?	
[Coro 2]	¿Quién al Verano ha invocado?	
Edad	¿Quién con tanto imperio	40
	puede convocaros,	
	si no la Edad, como	
	señora del Año?	

(Salen el Invierno, *el* Estío, *el* Otoño *y el* Verano.)

Invierno	Ya el Invierno a tus voces viene obediente,	
	que escusado es llamarle, si está presente.	45
Estío	Y siguiendo sus huellas viene el Estío,	
	para que mis ardores templen sus fríos.	
Verano	Con flores en enero llega el Verano,	
	porque en aqueste día todo es milagro.	
Otoño	Cargado de sus frutos viene el Otoño,	50
	porque al deleite siga lo provechoso.	
Invierno	Que si soy el Invierno, bien acertado	
	será que dé principios a todo el año.	

---

*36-38 Sustituyo «Otro» que figura en S como locutor en estos versos por la alternancia de los dos Coros, que aparecen en la relación inicial de Interlocutores. Es corrección de B2, B3.

45 El Invierno se encuentra presente al celebrarse la fiesta el 11 de enero, fecha del cumpleaños del virrey.

Verano	Que si soy el Verano, mal hecho fuera	
	que a estos años faltara la Primavera.	55
Otoño	Yo, que soy el Otoño, mis frutos traigo,	
	por que en flor no se quede tan feliz año.	
Estío	Yo, que soy el Estío, vengo en sazones,	
	por que perfección tengan frutos y flores.	
Todos	Y a tus pies todos postrados	60
	esperamos ver el fin	
	para qué nos has juntado.	
Edad	¡Venid muy en hora buena!	
	Y supuesto que los cuatro	
	sois las partes integrantes	65
	de que se compone el año,	
	porque, aunque el tiempo es continua	
	cuantidad, que va pasando	
	sin alguna división	
	intrínseca en sus tamaños,	70
	porque como es sucesivo	
	no hay modo de mensurarlo,	
	con todo, el entendimiento,	
	la diferencia observando	
	del movimiento del Sol	75
	que en círculos regulados,	

---

55 *Años*, lo mismo que *año* del v. 57, se refieren al cumpleaños.

57 «por que» con valor final de «para que», al igual que en el v. 59.

67-68 *el tiempo es continua / cuantidad:* además de lo anotado en el v. 22, cfr. Henrico Martínez, *Reportorio de los tiempos, y historia natural desta Nueva España:* «Es el tiempo cantidad continua, mas el hombre, cuya ánima es dotada de razón y entendimiento, considera en él partes discretas, que principalmente son tres, es a saber: tiempo pasado, presente y porvenir» (México, 1606; cito por la edición facsímil de la Biblioteca Virtual Miguel de Cervantes, 2006; la cita en fol. 15). La relación de estos versos de Sor Juana con el texto de *Reportorio* se encuentra en OC, IV, págs. 571 ss.

75 Obsérvese que para definir el día se refiere Sor Juana al «movimiento del Sol» como también hace Martínez en *Reportorio de los tiempos:* «Día natural es el intervalo de tiempo que hay desde que el Sol, por virtud del movimiento del primer móvil, se aparta de algún punto del cielo hasta que torna al mismo lugar» (fol. 17). Según la antigua concepción geocéntrica, «autorizada» por la Biblia (Josué deteniendo el sol, *Josué*, 10, 12-15), el Sol se movía alrededor de la Tierra; cfr. Green, II, 60-64 sobre «El impacto de la ciencia renacentista» de Galileo y Copérnico.

    mientras del diametral eje
    al punto llega contrario,
    deja medio mundo obscuro
    y otro medio tiene claro,   80
    de cuyo curso resultan
    los regulares tamaños
    que tiene el día y la noche;
    y viendo después que vario
    el cielo en sus movimientos,   85
    que en cuatro iguales espacios
    hace cuatro diferencias,
    las cualidades mostrando
    que hay en los cuatro elementos:
    pues en el Invierno helado   90
    demuestra la de la Tierra,
    seca y fría; y en Verano
    la del Agua predomina,
    fría y húmeda; y pasando

88-89 *las cualidades mostrando / que hay en los cuatro elementos:* relaciona Sor Juana los cuatro elementos, Tierra, Agua, Aire y Fuego, con las cuatro estaciones. Cfr. Ripa, *Iconología*, I, pág. 307: «Los Cuatro Elementos, de cuya combinación resultan las naturales generaciones, participan en el más alto grado de las cuatro cualidades primeras, produciendo en el hombre cuatro complexiones, cuatro virtudes, cuatro ciencias principales, cuatro artes [...] cuatro tiempos o estaciones del año...». Hay, además, una estrecha relación, según Ovidio, entre los cuatro elementos y Jano: «A mí me llamaban Caos los antiguos [...] Este aire puro y los tres elementos restantes —el fuego, el agua y la tierra— formaban un solo confuso montón. Pero tan pronto como esta masa se desmembró por el conflicto de sus componentes y, segmentada, marchó hacia moradas nuevas, el fuego tendió hacia las alturas, el aire ocupó el lugar más cercano, y la tierra y el mar se asentaron en el centro. Fue entonces cuando yo, que era una bola y una masa informe, tomé un aspecto y unos miembros dignos de un dios. Todavía hoy... ofrecen el mismo aspecto mis rostros, el anterior y el posterior» *(Fastos,* pág. 106).

91-92 *Tierra, / seca y fría:* al Invierno le corresponde el elemento Tierra. Cfr. Henrico Martínez, *Reportorio de los tiempos:* «El cuarto y último elemento es la Tierra, que en gravedad y corpulencia excede a los demás elementos [...] De su natural calidad es fría y seca, y si en partes la vemos ser húmida, porviénele *(sic)* accidentalmente por virtud del elemento del Agua a quien está conjunta...» (fol. 99).

93-94 *Agua... fría y húmeda:* al Verano (primavera) corresponde el elemento Agua. Cfr. Henrico Martínez, *Reportorio de los tiempos:* «El tercer elemento, según orden natural, es el agua, cuya calidad natural es fría y húmida» (fol. 98).

a Otoño, húmedo y caliente, 95
que es al Viento asemejado;
cálido y seco al Estío
hace, en él representando
las cualidades del Fuego.
Todo lo cual bien mirado 100
hizo que, aunque el tiempo sea
indivisible, el humano
discurso lo subdivida,
llegando a desmenuzarlo
a instantes, de que compone 105
las horas; y estas, llegando
a doce, forman el día;
y estos, también regulados
a lo que tarda en pasar
del Sol el flamante carro 110
por todos los doce signos,
forman al que llaman año.
El año a la Edad compone,
de modo que queda claro
que, aunque los años son tiempo, 115
el tiempo es más que los años.

95-96 *Otoño, húmedo y caliente/ que es al Viento asemejado:* cfr. Henrico Martínez, *Reportorio de los tiempos:* «El segundo elemento en orden natural es el Aire... Sobre la calidad de este elemento ha habido y hay diversas opiniones, por los diversos efectos que suele causar... Dividen los filósofos toda la región del Aire en tres partes según tres distinctas calidades que en ellas predominan [...] La parte ínfima que es la que está junto a la Tierra, dicen que es cálida y húmida... y así, salvo mejor parecer digo el mío amparado con Aristóteles, que dice ser la naturaleza y calidad del aire húmida y cálida...» (fols. 96-97).

97 *cálido y seco al Estío:* al Estío corresponden las cualidades del elemento Fuego. Comp. Henrico Martínez, *Reportorio de los tiempos:* «El primer elemento, según nuestro proceder, y el más alto, es el Fuego, que por su mucha raridad y casi inmaterial substancia, posee entre los elementos el supremo lugar. [...] La naturaleza dél es cálida y seca, predominando siempre la calidad activa que es la calor» (fol. 96).

109-112 *del Sol el flamante carro:* se representa al Sol por un joven con una dorada cabellera que esparce sus rayos por doquier guiando un carro completamente recubierto por una capa de oro; dicho carro tiene cuatro ruedas, por cuanto en el curso de un año produce cuatro mutaciones en sus tiempos, que son las cuatro estaciones. (Ripa, *Iconologia,* I, pág. 167.)

| | Pero por ser la más noble
parte del tiempo, dejando
el que llaman magno, pues
no hace a nuestro intento al caso, | 120 |
|---|---|---|
| | bien será que en su principio,
pues a Jano consagrado
está el año y está el mes,
pues dél se llama Januario,
que su deidad celebremos, | 125 |
| | y en ecos concertados
aplaudáis al bifronte*,
excelso Jano. | |
| INVIERNO | Aunque de tus dulces ecos
venimos, Edad, llamados, | 130 |
| | fue muy distinto el asumpto
que todos conjeturamos
que el que aquí tu voz explica,
pues todos venimos gratos,
creyendo que tus anhelos | 135 |
| | dirigieran sus aplausos | |

---

119 *año magno:* «Tres son los géneros de años. Uno, año lunar, de treinta días; otro, solsticial, que tiene doce meses, y otro, año magno, en el cual todos los planetas vuelven a ocupar conjuntamente su posición primitiva; lo cual tiene lugar después de muchos años solsticiales» (S. Isidoro, *Etimologías,* V, 36). Nota de Salceda. Recoge Covarrubias la definición de San Isidoro *(De natura rerum,* cap. 6 fol. 67): «Annus magnus dicitur, quo omnia sidera certis temporibus numerisque completis, ad suum locum vel ordinem revertuntur».

124 *Januario:* 'enero'. Los meses de enero y febrero fueron añadidos por Numa Pompilio al año establecido por Rómulo que comenzaba en el mes de marzo. Numa dio al primer mes el nombre de *Ianuarius,* consagrándolo al dios Jano «pues así como éste poseía dos caras, así también dicho mes con una de ellas está mirando al pasado, mientras con la otra parece estar observando el principio del año que queda por venir» (Ripa, *Iconología,* II, pág. 78). Plutarco en la *Vida de Numa (Vidas paralelas,* I, págs. 378-382) dedica un capítulo a la reforma del calendario que este rey llevó a cabo poniendo orden en el desajuste existente hasta ese momento. Sobre los problemas que plantean los distintos testimonios acerca del calendario romano, véase A. Ruiz de Elvira, «Problemas del calendario romano», en *Cuadernos de Filología Clásica,* 11, 1970, págs. 9-17.

*127-28 OC edita estos dos versos como uno solo. Véase nota a los vv. 18-19.

130 *venimos:* respeto la lectura de S, lo mismo que en el verso 134. En ambos casos Salceda corrige en *vinimos* «porque está en pretérito».

| | del invictísimo Silva
| | a los venturosos años;
| | pero ahora que nos dices
| | que las primicias del año | 140
| | a Jano deben rendirse,
| | como a quien es dedicado,
| | desistimos del empeño,
| | pues sacrificios pasados
| | no nos obligan ahora | 145
| | para querer celebrarlos.
| Estío | Demás, de que esa deidad*
| | fue del marcial aparato
| | bélica oficina el templo,
| | de tal modo que el cerrarlo | 150
| | era de la paz indicio.
| | Pues ¿a qué fin has juntado
| | los instrumentos acordes,

---

137 *invictísimo Silva:* Don Gaspar de Silva y Mendoza es el nombre completo del virrey Conde de Galve, cuyo cumpleaños se celebra.

144 *sacrificios pasados:* los que se ofrecían a Jano en las Kalendas de enero, principio del mes y del año. Se le ofrecía vino, incienso y, según Ovidio, «unos novillos, a quienes la hierba falisca ha alimentado en sus praderas, ofrecen para ser heridos sus cuellos que no han conocido el trabajo» *(Fastos,* pág. 105), es decir, animales que no hayan sufrido el yugo y que ofrezcan espontáneamente su cuello al sacrificio, condiciones que debían tener las víctimas para ser propicias a los dioses.

*147-148 Salceda en OC, corrige estos versos en «Demás, que de esa deidad / fue, con marcial aparato», corrección que me parece innecesaria.

150-151 *el cerrarlo / era de la paz indicio:* comp. Plutarco, *Vidas paralelas:* «Existe suyo [de Jano] también un templo en Roma de dos puertas, al que llaman «puerta de la guerra». Pues es costumbre que esté abierto siempre que hay guerra y que esté cerrado cuando hay paz» (pág. 382). Se atribuye a Numa la costumbre de que sus puertas permanecieran cerradas en tiempo de paz, quizá porque en los cuarenta y tres años que duró su reinado no hubo ninguna guerra. También permaneció cerrado durante la llamada «paz octaviana». Ovidio pone en boca de Jano la siguiente explicación: «Mi puerta, quitado el cerrojo, se abre de par en par para que el pueblo, que ha partido a la guerra, tenga también abierta la vía del retorno. En tiempos de paz mantengo cerradas las puertas para que la Paz no pueda escaparse» *(Fastos,* págs. 117-118).

153 *instrumentos acordes: acorde:* «Dícese con propiedad o de los instrumentos músicos cuando están bien templados, o de las voces cuando corresponden afinadas y muy unidas al tono que cantan». *(Aut.)*

	si eran más proporcionados	
	las cajas y los clarines?	155
OTOÑO	¿Y a qué fin has renovado	
	sacrificios que en olvido	
	tiene el tiempo sepultados?	
VERANO	¿O a qué efecto desde Roma	
	a América trasladarlos	160
	quieres, o con qué razón?	
EDAD	Tened, que si habéis dudado	
	de la Edad, la misma Edad	
	os irá desengañando.	
	Sois breves tiempos vosotros,	165
	y no es mucho que el engaño	
	se conserve breve tiempo,	
	que no es fácil en el largo.	
	Sabed que este Jano heroico	
	no es aquel de Italia anciano,	170
	prudente rey, aunque fue	
	del que celebro dechado,	
	sino el soberano Silva,	
	cuyo natalicio claro,	
	por haber sido en enero,	175
	con la metáfora aplaudo	
	de Jano. Y porque sepáis	
	cuántas conveniencias hallo	
	entre los dos, atendedme.	
	Jano fue, entre los romanos,	180
	héroe ilustre, altivo y fuerte,	
	prudente, apacible y sabio,	
	de modo que consiguiendo	
	el culto de sus vasallos,	

---

155 *cajas y clarines: cajas* 'tambores'; instrumentos bélicos más adecuados para festejar a un dios guerrero que los *instrumentos acordes*.

172 *dechado:* 'modelo', 'ejemplo'.

174 *claro:* «Vale también ilustre, famoso y digno de ser estimado y honrado» *(Aut.)*.

178 *conveniencias:* 'semejanzas'. «Correlación y conformidad entre dos cosas distintas» *(Aut.)*.

    poniéndole entre sus dioses,   185
como a deidad le adoraron.
Y para significar
su discurso soberano,
le pintaron con dos rostros,
dando a entender que en los sabios   190
no hay espaldas, porque todo
lo penetran avisados,
y que con un rostro atienden
a los ejemplos pasados,
y con otro se previenen   195
a los futuros acasos;
o que con el uno gozan
los lisonjeros halagos
del mando y el señorío,
y con el otro al cuidado   200
atienden del buen gobierno;
o que con el uno, airado,
se previenen a la guerra,
y el otro, apacible, blando,
al político gobierno   205
se reserva sosegado;
o que el uno a la clemencia
inclinaban dulce, manso,
y el otro ostentan severo
al castigo del culpado.   210
Por cuyas prer[r]ogativas,
colocaron en sus manos

---

192 *avisado:* «advertido, discreto, sabio y capaz». Comp. Cervantes, *Don Quijote,* I, XXXVII: «Quedó Luscinda en la opinión de don Fernando por una de las más discretas y avisadas mujeres de su tiempo.»

212 *colocaron en sus manos / los cálculos de la Edad:* Jano es considerado el dios del tiempo y de la edad. Afirma Plinio que el arte de las estatuas en bronce fue muy antiguo en Italia y lo ilustra con las estatuas de Hércules y de Jano bifronte, dedicada esta última al rey Numa y venerada como símbolo de la paz y de la guerra. «...praeterea Ianus geminus a Numa rege dicatus, qui pacis bellique argumento colitur digitis ita figuratis, ut CCCLXV dierum nota per significationem anni temporis et aevi esse deum indicent» *(Historia natural,* V, pág. 148). Macrobio *(Saturnales,* I, 9, 10) no es mucho más explícito: «Se le re-

los cálculos de la Edad,
dando a entender que los años
se sujetan al prudente, 215
pues más consiste el gozarlos
en vivirlos virtüosos
que en lograrlos dilatados.
Y así en su mano siniestra
los dedos medio cerrados 220
denotaban las decenas,
y la palma, que un denario
denotaba, se ajustaban
sesenta, y luego doblado
del todo el dedo cordial, 225
que hace número senario,
eran los sesenta y seis;
y en la diestra numeraron,
con tres dedos circunflejos,

---

presenta teniendo en la mano diestra el número trescientos y en la siniestra el sesenta y cinco, para designar la medida del año». Sor Juana, basándose probablemente en la representación de Jano que se encuentra en la obra de Vincenzo Cartari, *Le imagini de i dei antichi* (Venecia, por Giordano Ziletti e compagni, 1571), da su explicación en los versos siguientes, aunque como ya observó Salceda, se refiere a un año bisiesto, de 366 días.

219-232 Probablemente la estatua presentaba tres dedos de la mano derecha doblados de modo que indicaran tres CCC (trescientos) y la mano izquierda con dos dedos puestos en ángulo recto para significar L (cincuenta) y los otros tres dedos formando tres V (quince). Transcribe Salceda el siguiente texto de H. I. Marrou, *Histoire de l'éducation dans l'antiquité*, pág. 219: «La antigüedad conoció todo un arte, rigurosamente reglamentado, de simbolizar por medio de las dos manos todos los números enteros del 1 al 1.000.000. Con los tres últimos dedos de la mano izquierda, según estuvieran más o menos replegados sobre la palma, se significaban las unidades del 1 al 9; las decenas, por la posición relativa del pulgar y el índice de la misma mano; las centenas y los millares de la misma manera con el pulgar y el índice, por una parte, y los tres últimos dedos, por la otra, de la mano derecha».

225 *dedo cordial:* el tercer dedo de la mano que es el más largo de los cinco. Se le llama cordial o del corazón «por haberse creído que tiene con él una próxima comunicación».

229 *circunflejos:* 'torcidos', 'con la forma del acento circunflejo'. Cfr. Quevedo, *Buscón:* «Preguntóme si iba a Madrid por línea recta, o si iba por camino circunflejo. Yo, aunque no lo entendí, le dije que circunflejo». *(Quevedo esencial,* pág. 143).

	los centenares, quedando	230
	de trescientos y sesenta	
	y seis el año ajustado.	
	Y por ser de Edad aqueste	
	hieroglífico, y retrato	
	de las excelsas virtudes	235
	que en su Excelencia miramos	
	de prudencia y de valor,	
	de majestad y de agrado,	
	y ser este el mismo mes	
	que los romanos juraron	240
	rey del año, así por ser	
	a esta deidad consagrado,	
	como porque en él fue César	
	admitido al Magistrado,	
	con metafórica idea	245
	he querido convocaros	
	debajo de aqueste símil,	
	para que juntos hagamos	
	al glorioso natalicio	
	de nuestro excelso, preclaro	250
	príncipe, el debido obsequio.	
INVIERNO	Bien está, mas en espacio	
	tan corto, ¿qué puede hacerse,	

---

234 *hieroglífico:* 'jeroglífico'. La estatua de Jano, simbolizando por medio de las dos manos los días del año, representa la Edad; por otra parte, el dios es retrato del virrey, ya que ambos practican idénticas virtudes.

242 Para la consagración del mes de enero al dios Jano, véase nota al v. 124.

243-244 *fue César / admitido al Magistrado:* el día 13 de enero del año 27 a.C. Octavio restauró simbólicamente la república, devolviendo al senado y al pueblo sus poderes. Con ese motivo se dio a Octavio el título de Augusto, dignidad máxima, y la fecha se conmemora con fiestas. Cfr. Ovidio, *Fastos:* «A ningún hombre se le confirió nunca un título tan excelso. [...] Augusto comparte con el supremo Júpiter un título en común. Nuestros padres denominaron «augustas» a las cosas sagradas; «augustos» son denominados los templos ritualmente consagrados...» (págs. 141-142). *Magistrado:* «El ministro de justicia superior... y también la misma dignidad o empleo del juez o ministro superior» *(Aut.).*

	siendo tan recién llegado	
	su Excelencia, que aun apenas	255
	a la admiración ha dado	
	lugar de aplaudir sus prendas?	
Verano	Y siendo empeño tan arduo	
	el querer hacer festejo	
	digno a príncipe tan alto,	260
	¿cómo ha de ser tan aprisa?	
Estío	Y más, cuando acostumbrado	
	a las grandezas de Europa,	
	a los célebres saraos,	
	regios festines, discursos	265
	de aquellos ingenios claros,	
	viene, ¿no parecerá	
	nuestro arrojo temerario	
	más desprecio que tributo,	
	más desaire que no aplauso?	270
	Y más cuando hemos venido	
	tan sin prevención, que estamos	
	sin ofrendas que ofrecerle.	
Edad	Yo a todo el empeño salgo.	
	Lo primero, porque ya	275
	cuidado más soberano	
	ha dispuesto la comedia,	
	la cual siendo de su agrado	

---

254 *tan recién llegado:* no hacía ni dos meses que el Conde de Galve había llegado a México. En el *Diario de sucesos notables* de don Antonio de Robles, leemos que don Gaspar de Silva y Mendoza y su esposa doña Elvira de Toledo llegaron a la ciudad de México el 18 de noviembre de 1688; el conde tomó posesión del virreinato el día 20 del mismo mes e hizo su entrada pública el 4 de diciembre. El festejo tuvo lugar el 11 de enero de 1689, fecha de su cumpleaños.

257 *prendas:* «Las buenas partes, cualidades o perfecciones, así del cuerpo como del alma, con que la naturaleza adorna algún sujeto» *(Aut.).*

276-277 *cuidado más sobernao / ha dispuesto la comedia:* se deja entender que el propio virrey habría elegido la comedia y esta era de su agrado. El conde de Galve era más que un aficionado al teatro; en la corte madrileña había intervenido activamente en la organización de comedias y fiestas palaciegas como colaborador de Valenzuela al que secundaba muy diestramente como subdirector de escena. Véase Duque de Maura, *Vida y reinado de Carlos II,* Madrid, Espasa Calpe, 1942, I, pág. 200.

	y soberana elección,	
	los festines de Palacio	280
	no la podrán exceder.	
	Y en el segundo reparo	
	que hacéis, de desprevenidos,	
	presumo que estáis errados:	
	que a quien tiene amor, le sirve	285
	el mismo amor de holocausto.	
	Demás de que, si sois tiempos	
	y hoy es día de dar años,	
	con daros a su Excelencia,	
	muchos años le habréis dado.	290
INVIERNO	Pues siendo así, sólo falta	
	que empieces tú a celebrarlos,	
	para ver cómo tú dices	
	e irte todos imitando.	
EDAD	Por comprehenderos a todos,	295
	con ser la Edad, me adelanto.	
	—Claro Silva, excelso Jano,	
	en cuyas manos la Edad	
	quiere ser eternidad	
	para que excedáis lo humano;	300
	y que en vuestra diestra mano,	
	porque el vivir se os conceda,	
	con tantos cálculos pueda	
	numerar los centenares,	
	que no sólo los millares,	305

---

288 *dar años:* juego de palabras con *dar años* 'felicitar' por ser el día del cumpleaños, y *dar años* como 'concederlos' o 'regalarlos', cosa que podían hacer puesto que se trataba de tiempos: «con daros a su Excelencia, / muchos años le habréis dado».

295 *comprehender:* 'abarcar'; en la Edad, al ser la magnitud de tiempo más grande, están incluidos los años y las estaciones. No conviene modernizar esta forma como hace OC.

298-299 OC corrige estos versos: «en vuestras manos la Edad / quiera ser eternidad», corrección innecesaria.

301 *y que en vuestra diestra mano:* corrige OC: «y que vuestra diestra mano», cambiando el sentido de estos versos, ya que hace a «vuestra diestra mano» sujeto de «pueda numerar».

	pero los cuentos exceda;	
	para que vuestra diestra	
	lleve, preclara,	
	en la mano la Edad	
	y en la palma, la Palma.	310
VERANO	Y yo, gran señor, quisiera,	
	por florecer vuestra edad,	
	daros una eternidad	
	de perpetua Primavera,	
	en cuya apacible esfera	315
	los gozareis tan cumplidos	
	como alegres y escogidos;	
	pero si vos los lográis,	
	sólo con que los viváis	
	serán todos muy floridos.	320
	Que si vuestras acciones	
	los van vistiendo,	
	¿qué más hermosas flores	
	que vuestros hechos?	
OTOÑO	Yo, a vuestras plantas rendido,	325
	todo mi ser os tributo,	
	donde la flor es ya fruto	
	y todo el fruto florido;	
	para que, en lo esclarecido	
	de méritos superiores,	330
	logréis los frutos mejores	
	uniéndose, en vuestra edad,	
	del fruto la utilidad	
	a la beldad de las flores.	
	Porque en vuestras acciones	335

---

306 *cuentos:* 'millones'. «Es un cuento diez veces cien mil» *(Cov.).*

307-310 OC edita estos versos separados del parlamento de la Edad del que sintácticamente forman parte y al que van unidos en todos los testimonios, aunque bien podrían ser acompañados por la música.

316 Corrige OC: «los gozaseis».

321-324 OC edita estos versos separados del parlamento del Verano. Como 307-310.

335-338 OC edita estos versos separados del parlamento del Otoño. Como 307-310.

	admire el mundo,	
	con substanciales flores,	
	floridos frutos.	
ESTÍO	Yo destas ofrendas cresco*	
	la cualidad y el valor,	340
	pues no doy fruto ni flor,	
	mas su perfección ofrezco.	
	Con razón os encarezco	
	el don que os llego a ofrecer,	
	pues yo solo puedo hacer	345
	que lleguen, con mi sazón,	
	a la última perfección	
	vuestra edad y vuestro ser.	
	Que de príncipe tanto	
	los años nobles	350
	no han de ser sólo frutos,	
	sino sazones.	
INVIERNO	Yo el Invierno soy, postrado	
	a los pies de Vuexcelencia,	
	que de estar en tal presencia	355
	juzgo que estoy más helado.	
	Mas, con todo, me ha alentado	
	ver que nacisteis, señor,	
	en mi tiempo, quizá por	
	resguardo de vuestro brío,	360
	pues defendido del frío,	
	no se exhalará el calor.	
	Y porque con más gusto	
	la Edad os sirva,	

---

*339 *cresco:* 'aumento', 'agrando', usando el verbo *crecer* como transitivo; «cresco» en S; el resto de testimonios «crezco».

340 OC corrige «la calidad».

349-352 *príncipe tanto:* usado *tanto* con valor de 'tan grande'. OC edita estos versos separados del parlamento del Estío. Como 307-310.

363-366 OC edita estos versos separados del parlamento del Invierno. Como 307-310.

	si queréis, unos años	365
	de garapiña.	
VERANO	Y así os rinden mis verdores	
	flores.	
OTOÑO	Y yo os rindo por tributo	
	fruto.	370
ESTÍO	Os ofrece mi atención	
	sazón.	
INVIERNO	Sólo os puede dar mi anhelo	
	hielo.	
EDAD	El dulce, aceptad, desvelo	375
	en que, por diversos modos,	
	os vienen a ofrecer todos	
	flores, fruto, sazón, hielo.	
[ESTÍO]	Dándoos, con mi perfección*,	
	sazón,	380
INVIERNO	Y con mi cándido velo,	
	hielo.	
[OTOÑO]	[Y] como a dueño absoluto*,	
	fruto,	
VERANO	nacido de las mejores	385
	flores,	
EDAD	merezcan de los favores	
	vuestros ser favorecidos,	
	los que os ofrecen [rendidos]*	
	sazón, hielo, fruto, flores.	390
ESTÍO	Pues si es mi veneración	
	sazón,	
INVIERNO	y la ofrenda de mi anhelo,	
	hielo,	

---

366 *años de garapiña:* 'años helados' ofrece el Invierno. *Garapiña:* «estado del líquido que se solidifica formando grumos» *(DRAE).*

*379 Aparece en S y en otros testimonios Otoño como locutor, lo que considero un error, pues como se viene repitiendo en la Loa al Otoño corresponde el fruto y no la sazón, que es propia del Estío. Intercambio los locutores de este verso y del verso 383.

*383 «como a dueño» en todos los testimonios. Es enmienda de OC, que acepto por ser necesaria para la correcta medida del verso.

*389 «rencidos» S, que enmiendo.

Verano	y mi pompa con olores, flores,	395
Otoño	siendo mi amante tributo fruto,	
Edad	cuando regulo o computo por los tiempos vuestra edad, benignamente aceptad sazón, hielo, flores, fruto.	400
Verano	Pues os tributa mi amor flor,	
Invierno	y yo, el que en plata encarcelo, hielo,	405
Otoño	yo, el que opimo más reputo, fruto,	
Estío	yo, en últimas perfecciones, sazones,	410
Edad	logre vuestras atenciones quien en serviros se emplea, y a vuestra edad le desea flor, hielo, fruto, sazones.	
Invierno	Gozando en sereno cielo,	415
Todos	flores, fruto, sazón, hielo;	
[Verano]	gozando en glorias mayores*,	
Todos	hielo, sazón, fruto, flores;	
[Otoño]	dándoos el tiempo, en tributo,	
Todos	sazón, hielo, flores, fruto;	420
[Estío]	porque os sirvan de blasones	
Todos	flor, hielo, fruto, sazones.	
Música	Flores, fruto, sazón, hielo; hielo, sazón, fruto, flores; sazón, hielo, flores, fruto; flor, hielo, fruto, sazones.	425

---

407 *opimo:* 'rico o abundante'.

415 OC corrige innecesariamente en «gozad» y también en el v. 417.

*417 En S aparece «Edad» como locutor, al igual que en los vv. 419 y 421, que sustituyo, por las restantes estaciones en simetría con Invierno del v. 415. OC que ya se dio cuenta de esta anomalía hace lo propio, pero atribuye, equivocadamente, el v. 419 a Estío y el verso 421 a Otoño.

EDAD	Las flores os den alfombra;	
	el fruto, dulces sabores;	
	la sazón, colmos opimos;	
	el hielo, cristales dobles.	430
MÚSICA	Flores, fruto, sazón, hielo,	
	todo a vuestros pies se postre.	
EDAD	El hielo el ardor os temple*,	
	la sazón os lo sazone,	
	el fruto el gusto os halague,	435
	las flores os arrebolen.	
MÚSICA	Todo a vuestros pies se rinda*,	
	hielo, sazón, fruto, flores.	
[EDAD]	La sazón os dé sus colmos*,	
	el hielo su escarcha os postre,	440
	las flores os den deleite,	
	el fruto abundante os sobre.	
MÚSICA	[Sazón, hielo], flores, fruto*,	
	todos vuestras dichas colmen.	
[EDAD]	La flor os teja guirnaldas*,	445
	el hielo plata os transforme,	
	el fruto se os multiplique,	
	la sazón os le corone.	

---

*433-450 En el reparto de estos versos sigo la razonable propuesta de OC. Los vv. 433-434 todos los testimonios los atribuyen al parlamento de la Música.

*437-438 Todos los testimonios los atribuyen al parlamento de la Edad; OC los atribuye a Música.

*439-442 Todos los testimonios atribuyen estos versos al parlamento del Invierno; OC los atribuye acertadamente a la Edad, pues habla de las cuatro estaciones. *Colmo:* «Lo que excede en la común medida de alguna cosa, o lo que se llena de más y sube en alto, como en la fanega de algarrobas, el celemín de avellanas u otra cosa semejante» *(Aut.).* Véase v. 444.

*443 Figura en todos los testimonios como «Yelo, sazon, flores, fruto», pero siguiendo la técnica de recopilación en el primer verso de la Música de los cuatro versos anteriores, como en los demás casos, debe ser: «Sazón, hielo, flores, fruto.»

444 *colmar:* «dar y premiar con exceso y abundancia y, como se suele decir, a manos llenas, las honras, los beneficios, los premios...» *(Aut.).*

*445-448 Todos los testimonios los atribuyen a la Música; OC los atribuye a la Edad.

MÚSICA	Todos conformes os sirvan,	
	flor, hielo, fruto, sazones.	450
EDAD	Para que la Edad repita	
	que en todas cuatro mansiones	
	del año tenéis dominio,	
	y que a vuestros pies se ponen	
MÚSICA	flores, [fruto], sazón, hielo*;	455
	fruto, hielo, sazón, flores;	
	sazón, hielo, flores, fruto;	
	flor, hielo, fruto, sazones.	
INVIERNO	Y yo, señor, que del año	
	es bien que rey me corone,	460
	no tanto por dedicado	
	al Jano antiguo, bifronte,	
	cuanto porque mejor Jano	
	en vos, con más altos dotes	
	de prudencia me ennoblece,	465
	me adorna de resplandores;	
	no tanto porque en mis días	
	la púrpura a César honre	
	del supremo magistrado,	
	ni que el laurel le corone,	470
	cuanto porque en ellos vos	
	del Américo horizonte	
	pisáis el solio elevado,	
	empuñáis el bastón noble.	
	¡Oh, en buen hora al Occidente,	475
	para que tal dicha logre,	
	feliz os condujo nave,	
	dichoso os dirigió Norte!	

---

*455 «frutos» en S, que enmiendo por M2 (ed. de 1725).
468 *la púrpura a César honre:* véase nota a los vv. 243-244.
475 *en buen hora:* en el v. 479, «en hora buena».
478 *Norte:* «Metafóricamente, vale guía, tomada la alusión de la estrella del Norte [estrella polar], por la cual se guían los navegantes» *(Aut.).* Muy usado por Calderón en los autos sacramentales. Cfr. *Psiquis y Cupido,* 350: «Y tan castísima Venus, / que nació de las espumas, / porque Estrella del Mar siendo, / nació a ser norte, a ser guía / de perdidos marineros»; *El lirio y la azucena,* 937:

| | ¡Oh, en hora buena las Indias
| | en vuestro gobierno gocen   480
| | de tan felices auspicios
| | las dulces ejecuciones!
| | ¡Oh, en buen hora a la divina
| | beldad, felice consorte
| | vuestra…!
| VERANO | Detente, que a mí   485
| | tocan las aclamaciones
| | de la soberana Elvira,
| | pues a sus pies reconocen
| | las rosas todo su ser,
| | todo su aliento las flores.   490
| | Y así yo, que soy el que
| | más deudor de sus favores,
| | pues me florecen sus huellas
| | y me iluminan sus soles,
| | quiero darla de sus años…   495
| | ¿Sus años, dije? Turbose
| | la lengua; pero prosigo,
| | pues proféticas mis voces,
| | con el equívoco han hecho
| | aciertos de los errores.   500
| | Pues ¿cuáles con más derecho
| | tendrán de vuestros el nombre,
| | señora, que los que vive
| | vuestro dueño? Pues supone

«Pues el Iris de la Paz /nuestro mejor norte es»; *La primer flor del Carmelo*, 650: «Venid, venid sin recelo, / pues es nuestro norte y guía / la madre de la alegría».

480-482 *gocen / de tan felices auspicios / las dulces ejecuciones*: 'ojalá que las obras de vuestro gobierno respondan a los buenos auspicios que se dan en vuestro aniversario'.

484 *felice*: formas con –*e* paragógica que alternaban con las formas sin ella para ajustar la medida de los versos; se repite en el v. 515. Véase nota al v. 1650 de *Los empeños*.

487 *soberana Elvira*: doña Elvira de Toledo, esposa del virrey conde de Galve.

491 «que» ha de ser tónica.

495 *darla*: Véase, para los casos de laísmo y leísmo, nota al v. 61 de la «Loa» de *Los empeños*.

	la justa razón que no	505
	hay, en vuestra unión acorde,	
	diferencia, pues viviendo	
	en un vínculo conformes,	
	más que unión, identidad	
	parece, porque se note	510
	que un cuerpo hospeda dos almas,	
	o un pecho dos corazones.	
	Tantos de vuestro cariño	
	en las dulces posesiones,	
	felice le numeréis,	515
	que los cálculos se agoten,	
	y el Cielo os colme,	
	tanto como [de días]*,	
	de bendiciones.	
Otoño	Y vuestro tálamo casto	520
	dichosamente coronen	
	bellos pimpollos floridos	
	que en tiernos renuevos broten,	
	porque de sus altos, regios,	
	ilustres progenitores,	525
	los claros timbres hereden,	
	imitando los blasones,	
Música	dándole al bronce	
	nuevos, altos asumptos	
	que admire el orbe.	530

517-519 OC los edita separados del parlamento del Verano, como dichos por Música.

*518 «tanto, como dia / de bendiciones» S; prefiero la lección de B2, B3: «os colme / tanto, como de dias, / de bendiciones» con la puntuación que le doy: 'os regale con generosidad tantas bendiciones como días'.

526 *timbre:* «Insignia que se coloca encima del escudo de armas para distinguir los grados de nobleza» *(DRAE).*

527 *blasones:* blasón «es la divisa que un caballero trae en sus armas y escudo», según Covarrubias; es decir, cada una de las figuras o piezas que se ponen en el escudo. Aquí, quizás convenga más el sentido de explicaciones y descripciones «de los escudos de armas que tocan a cada linaje, ciudad o persona» *(Aut.).* Se desea a los virreyes que tengan hijos que hereden sus gloriosos escudos y que imitando las hazañas de sus antepasados den ocasión a que se graben en bronce las suyas propias.

Invierno	Y el nobilísimo, ilustre	
	de Monclova invicto conde,	
	que las palmas de su estirpe	
	son laureles de su nombre;	
	que en el templo de la Fama,	535
	por afrenta de los Doce,	
	sus Césares aventaja	
	y excede sus Escipiones.	
Estío	Con la aragonesa Venus,	
	prodigio hermoso del orbe,	540
	a cuya hermosura vienen	
	cortas las ponderaciones,	
	pues aun no son de sus claros	
	soberanos arreboles	
	las luces del firmamento	545
	osadas emulaciones.	
Verano	Con los que de su nobleza	
	soberanos sucesores	
	de su regio tronco son	
	fecundas propagaciones,	550
	Joaquín, Antonio y Josefa,	
	que a sus invictos mayores	

---

532 *conde de Monclova:* don Melchor Portocarrero Lasso de la Vega, conde de Monclova, fue el virrey a quien sucedió el conde de Galve; aún permanecía en México, pues salió de la ciudad para el Perú el 18 de abril de 1689, según datos que toma Salceda del *Diario de sucesos* de Robles.

533-534 *palmas ... laureles:* la *palma* es «insignia de victoria, y tómase por la victoria y por el premio» *(Cov.);* el *laurel* «ciñe no solamente las sienes de los poetas, pero también las sagradas cabezas de los emperadores en sus triunfos y pompas» (Cov.).

536 *los Doce:* alusión a los Doce Césares, desde Julio César hasta Domiciano, cuyas vidas escribió Suetonio, en el libro titulado precisamente *Vida de los doce césares.*

538 *Escipiones:* nombre de familia de famosos generales romanos, entre ellos, Publio Cornelio Escipión, vencedor de los cartagineses.

539 *aragonesa Venus:* se refiere a doña Antonia Jiménes de Urrea y Clavero, esposa del virrey saliente, don Melchor Portocarrero, Conde de la Monclova.

551 *Joaquín, Antonio y Josefa:* nombres de los tres hijos que en ese momento tenían los Condes de la Monclova. En Lima, siendo ya virreyes del Perú, nació en 1689 un cuarto hijo llamado Francisco Javier, probablemente, en los primeros días de diciembre, pues el 19 de ese mes se celebró en el palacio virreinal el festejo de Lorenzo de las Llamosas *También se vengan los dioses,* en honor del recién nacido.

| | imitando, cumplirán
| | las altas obligaciones.
| Otoño | ¡Vivan para que eternicen, | 555
| | en largas generaciones,
| | las altas glorias de tanto
| | altivo ascendiente heroe!

(Todos con la Música.)

| | Para que doblen,
| | tanto como los triunfos, | 560
| | las sucesiones.
| Invierno | Y el firmamento lucido
| | de las estrellas menores,
| | astros que para lucir
| | no necesitan de noche, | 565
| | las bellas damas, en quien
| | no sé de cuál más me asombre,
| | si sus [sabias] hermosuras*
| | o sus bellas discreciones,
| | ¡vivan, porque a vuestras luces | 570
| | creciendo sus resplandores,
| | le presten luces al día,
| | le den a Amor más arpones,
| | porque el que arroje,

---

558 *heroe* ha de pronunciarse aquí como palabra grave y no esdrújula para la correcta medida del verso, mientras que en el verso 61 de la comedia es esdrújula.
563 *las estrellas menores:* damas del acompañamiento de las virreinas.
564 OC sustituye «lucir» por «salir».
*568 «bellas hermosuras» S, que enmiendo por B2, B3.
573 *le den a Amor más arpones:* a Amor (Cupido), según Pérez de Moya, *Philosofía secreta*, pág. 293, «píntanle mozo o niño, desbarbado, desnudo, con alas, ceñido un aljaba de saetas y un arco...». Con las saetas hiere los corazones, pero el Invierno va más lejos: en vez de saetas desea que proporcionen al dios arpones, que a modo de garfios se hinquen y hieran con más intensidad.
574-576 Figuran en todos los testimonios como parte del parlamento del Invierno; OC los edita como independientes y cantados por Música, y de igual modo separa los tres últimos versos de los parlamentos de Estío (vv. 589-591), Verano (vv. 602-604) y Otoño (vv. 613-615). En todos estos casos respeto el orden de los testimonios.

	yendo con tal hechizo,	575
	nada perdone!	
Estío	Y el venerable senado,	
	cuya autoridad compone	
	de lo piadoso y lo recto	
	las dos contraposiciones,	580
	que en su prudencia pudiera	
	hallar Grecia sus Solones,	
	Lacedemonia, Licurgos	
	y Roma sus Senadores,	
	¡vivan, para que de vos	585
	participen superiores	
	dogmas, con que este hemisferio	
	la paz y justicia logre,	
	en que eslabonen	
	de clemencia y justicia	590
	lo más discorde!	
Verano	Y los altos tribunales,	
	que no sólo de la Corte	
	son adorno, sino a cuyas	
	vigilantes atenciones	595
	del patrimonio real	
	se comete el mejor orden,	
	¡vivan, porque a vuestro ejemplo,	
	imanes de vuestro Norte,	
	las vigilancias aprendan	600
	y los aciertos decoren,	
	para que apoyen	
	de su obrar y su sangre	
	claros blasones!	
Otoño	Y la muy noble ciudad	605
	que imperial corona pone	

---

577 *el venerable senado:* la Real Audiencia.

582-583 *Solones, Licurgos, Senadores:* Solón, famoso legislador ateniense, padre de la llamada Constitución soloniana y considerado uno de los siete sabios de Grecia; *Licurgo,* mítico legislador, padre de la Constitución militarista espartana; los *senadores,* cabezas de las familias patricias, formaban la institución consultiva de la monarquía romana.

	al americano cuello	
	de aqueste Occidental Orbe,	
	con su nobleza y su plebe,	
	ufana con los favores	610
	de vuestro feliz gobierno,	
	eterna esta dicha logre,	
	y en duraciones,	
	pues feliz la posee,	
	feliz la goce.	615
EDAD	Y de vuestro natalicio,	
	en justas aclamaciones,	
	repitan los dulces ecos	
	de las populares voces	
	lo que Roma a sus piadosos	620
	y justos emperadores	
	deseaba, repitiendo	
	el pueblo todo conforme:	

[Todos y la Música.]

¡Quiten los dioses
nuestros años, y   625
los tuyos doblen!*

---

607 *americano cuello:* la estrecha franja, de Panamá a México, que une América del Norte con América del Sur. Hoy llamada por algunos «la cintura de América». Así en K. Kohut y W. Mackenbach (eds.), *Literaturas centroamericanas hoy. Desde la dolorosa cintura de América*, Madrid, Iberoamericana/Vervuert, 2005.

625 *nuestros años, y:* «de nuestros años, y» corrige OC, que hace buen sentido pero destroza la métrica.

*626 *los tuyos doblen:* «los tuyos se doblen» en todos los testimonios. Es enmienda de OC que acepto, ya que regulariza la medida.

Amor es más laberinto*

Comedia, de la cual las Jornadas primera y tercera son de la Madre Juana, y la segunda del Lic. D. Juan de Guevara, ingenio conocido de la Ciudad de México.

---

* «Labyrinto» S, siempre que aparece, que modifico por los testimonios B2, B3.

INTERLOCUTORES

Minos, Rey de Creta
Ariadna, Infanta, su hija
Fedra, Infanta, su hija
Teseo, Príncipe de Atenas
Atún, su criado, gracioso
Baco, Príncipe de Tebas
Racimo, su criado
Lidoro, Príncipe de Epiro
Un Embajador de Atenas
Tebandro, capitán de la Guarda
Laura, criada de Fedra
Cintia, criada de Ariadna
Dos soldados
Música y acompañamiento

[Jornada primera]

(Cantan dentro la siguiente copla, y salen ARIADNA *y* FEDRA, *infantas;* LAURA *y* CINTIA, *criadas.)*

MÚS. CORO 1	En la hermosura de Fedra,
	y en la beldad de Ariadna,
	muestra Amor que hay mayorías
	donde no caben ventajas;
	porque de Amor conozcan, en las [hazañas 5
	que sin dejar despojos, consigue palmas.
ARIADNA	¿Quién esta música ordena, Cintia?
CINTIA	¿Quién puede ordenarla,
	sino el príncipe de Epiro
	y el de Tebas, que con tantas 10
	demonstraciones os sirven,
	y en cuestiones cortesanas
	apurando los discursos,
	por dar a entender sus ansias,
	lo que por sí mismos lloran, 15

1-2 *Fedra, Ariadna:* hijas del rey Minos y de Pasífae. Las dos se enamoran de Teseo. Ariadna dio a Teseo el hilo gracias al cual este pudo encontrar la salida del laberinto, y aunque le muestra agradecimiento, su amor se dirige a Fedra con quien se casa.

9-10 *príncipes de Epiro y Tebas:* Lidoro y Baco, pretendientes de Ariadna y Fedra, respectivamente.

|||por ajenas voces cantan?
Y como sois Fedra y tú,
aún más que en la sangre, hermanas
en la belleza, os festejan
con iguales alabanzas, 20
y no como algunos necios,
cuya adoración cansada
sólo piensa que a una sirve
con lo que a todas agravia.
FEDRA Cortesana es la atención; 25
mas oye, que otra vez cantan.
MÚS. CORO 2 En el príncipe Teseo,
muestra la fortuna varia
que puede haber vencimientos,
sin precederles batalla; 30
porque Fortuna ordena que en sus
                          [hazañas
haber pueda despojos, sin lograr palmas.
ARIADNA ¿Qué es esto? ¿Qué tristes voces,
con cláusulas concertadas,
parece que contradicen 35
lo que las otras cantaban?
CORO 1 Pues cuando forman sus luces
competencias soberanas,
sin quedar una vencida,
quedan victoriosas ambas. 40
FEDRA ¡Oh, qué distintos afectos
explican sus consonancias:

---

27 *el príncipe Teseo*: príncipe de Atenas, hijo del rey ateniense Egeo. Este, desesperado por no tener descendencia, fue a Delfos a consultar el oráculo y no comprendiendo la respuesta, se dirigió a Trecén donde reinaba el rey Piteo, hombre de gran sabiduría. Piteo entendió el mensaje e incitó a Egeo a unirse con su hija Etra. De esta unión nació Teseo. Plutarco, *Vidas paralelas*, I, págs. 156-157.

28 *fortuna varia*: adjetivación tópica; la fortuna nunca permanece en el mismo estado, se mueve de continuo y cambia las suertes, de ahí que se la represente por una mujer con una rueda que gira o con un globo celeste que se encuentra en continuo movimiento. Véase Ripa, *Iconología*, I, pág. 441; Alciato, *Emblemas*, 156.

34 *cláusulas concertadas*: 'acordadas'; véanse notas a los vv. 17 y 153 de la «Loa».

	que aquí cantan lo que penan,	
	y allí penan lo que cantan!	
CORO 2	Tan infelizmente muere,	45
	que aun no merecen sus ansias	
	que otro logre por trofeos	
	el fruto de sus desgracias.	
ARIADNA	¡Qué altivo sentir! ¡Qué bien	
	muestra en tan noble arrogancia,	50
	que no merece ser pena,	
	una pena tan hidalga!	
CORO 1	Porque cuando es el exceso	
	imposible en beldad tanta,	
	recíprocamente vencen	55
	todo aquello en que se igualan.	
FEDRA	Buena letra; y el estudio	
	es imposible que hallara	
	proposición más atenta,	
	ni prueba más ajustada.	60
CORO 2	No siente el héroe la muerte;	
	la afrenta sí, que es infamia	
	que tan bajamente muera	
	quien nació a vida tan alta.	
ARIADNA	Bien dice, porque sin duda	65
	que suele ser en el alma*	
	más sensible que el morir,	
	del morir las circunstancias.	
ELLA Y LA MÚS.	Porque Fortuna ordena que en sus [hazañas,	
	haber pueda despojos, sin lograr palmas.	70
FEDRA Y MÚS.	Porque de Amor conozcan en las [hazañas,	
	que sin dejar despojos, consigue palmas.	

---

64 *vida tan alta*: véase nota al v. 116 *(alta muerte)*.

*66-67 «que suele ser, en el alma, / más sensible que el morir» S y todos los testimonios; OC corrige «suelen... sensibles».

69-70 S escribe estos dos versos como una seguidilla, mientras que en los vv. 5-6 y 31-32 lo hizo como un pareado de dodecasílabos, estructura que mantengo.

ARIADNA	¿Cúyas serán estas voces?
LAURA	Sin duda, como este alcázar,
	empezando en un palacio, 75
	en un laberinto acaba
	de tan intrincadas vueltas
	y entretejidas lazadas
	que el discurso las ignora
	aunque las toque la planta; 80
	pues jamás ha entrado a verlas
	atención tan desvelada
	a quien no turben las señas
	de sus indistintas cuadras,
	porque con tal artificio 85
	las dispuso aquella sabia
	industria de su arquitecto,
	que, unas con otras trabadas,
	son unas, y otras parecen;

---

73 *cúyas*: '¿de quién?'. Hoy no tiene vigencia este valor interrogativo de *cuyo*, usual en la lengua del Siglo de Oro.

75-90 *laberinto*: sigue Sor Juana la descripción de los mitógrafos. Ovidio, *Metamorfosis*, pág. 151: «lugar sombrío y tenebroso, cuyas mil vueltas hacían imposible la salida. Dédalo, el arquitecto más hábil de su época, había de tal forma intrincado unos caminos con otros, que era imposible hallar la salida una vez entrado en él. [...] Dédalo había dotado al laberinto de tan enrevesados caminos que apenas si él mismo podía dar con la salida» (Espasa Calpe, Col. Austral, 1972); Apolodoro, *Biblioteca mitológica*, pág. 208: «...el laberinto, del que nadie que entraba en él, conseguía salir, pues por medio de intrincadas revueltas se obstruía la salida que permanecía secreta»; Pérez de Moya, *Philosofía secreta*, pág. 483: «[Minos] mandó a Dédalo hiciese una casa de madera, de maravillosa grandeza, muy tenebrosa y de muchos apartamientos y enredos, de manera que el que dentro una vez entrase, no supiese por dónde salir. Hizo Dédalo una obra tan intrincada y difícil y llena de tantos embarazos que no le acertando los hombres la salida, andaban en aquel enredo o laberinto metidos hasta que del todo se perdían».

84 *cuadra*: «La sala o pieza de la casa, habitación o edificio. Llámase así por ser regularmente cuadrada» *(Aut.)*.

87 *industria de su arquitecto*: *industria*: 'ingenio'. La construcción del laberinto fue encargada por Minos a Dédalo «pues era un excelente arquitecto y el primer inventor de imágenes» (Apolodoro, *Biblioteca mitológica*, pág. 208); de «singular arquitecto» califica a Dédalo Pérez de Moya, *Philosofía secreta*, pág. 483; y Ovidio, *Metamorfosis*, VIII, 155, «muy afamado por su talento en el arte de la construcción».

    son iguales, y son varias.   90
    Prueba de esta verdad sea
    el que, sirviendo su estancia
    de triste prisión, adonde
    de tu padre la venganza
    a los atenienses pone,   95
    para que de sangre humana
    se alimente el Minotauro,
    monstruo de formas contrarias,
    no tiene más puerta que
    su dificultad por guarda.   100
    Y como [aqueste] año estuvo*
    la fortuna tan airada
    contra Atenas, que dispuso
    que cayese la inhumana
    suerte en su príncipe mismo,   105

---

97 *Minotauro:* monstruo de cabeza de toro y cuerpo humano, nacido de la unión de Pasífae, esposa de Minos, con el toro de Creta enviado por Posidón. Plutarco, citando a Eurípides, lo llama «híbrida especie y malvada criatura» *(Vidas paralelas,* pág. 173). Para encerrar a este monstruo mandó Minos construir el laberinto. «Minos en atención a ciertos oráculos lo encerró dentro del laberinto y lo mantenía bajo custodia» (Apolodoro, *Biblioteca mitológica,* pág. 145). Según Ovidio porque con la vista «del monstruo de dos formas quedaba al descubierto el vergonzoso adulterio de su madre» *(Metamorfosis,* VIII, 155).

*101 *aqueste:* «este año» en todos los testimonios; es enmienda de OC, que acepto porque completa la medida del verso.

101-109 «El rey de Creta había condenado a los atenienses a pagarle el tributo anual de siete varones y otras tantas hembras durante nueve años seguidos, para entregarlos a la crueldad del monstruo. Dos años habían ya pagado los atenienses este tributo. La tercera vez en el número de estas desgraciadas víctimas se encontraba Teseo» (Ovidio, *Metamorfosis,* VIII, 170). Sor Juana sigue la versión según la cual los jóvenes atenienses que debían ser entregados al rey Minos se elegían por sorteo y la mala suerte hizo que esa vez recayese en el príncipe Teseo, pero Plutarco y otros admiten que fue el propio Teseo quien se ofreció voluntariamente *(Vidas paralelas,* págs. 174-175; Apolodoro, pág. 212). Salceda se extraña de que Sor Juana no hubiese preferido esta última versión que enaltece al héroe; la explicación está en las fuentes que sigue la autora, y que es en este caso la *Philosofía secreta,* de Pérez de Moya: «Cuando los atenienses habían de enviar estos hombres, juntábanse a suertes, y a los que les cabía habían de ir; por esta razón, al tercero año cayó la suerte a Theseo, hijo del rey Egeo, mancebo muy esforzado y valiente» (págs. 483-484).

                    Teseo; por cuya causa
                    su dolorosa familia,
                    viendo que tu padre trata*
                    entregarlo al fiero monstruo,
                    y que un joven que de tantas   110
                    prer[r]ogativas el cielo
                    adornó, y cuando esperaban
                    que a sus bélicos alientos,
                    a sus ínclitas hazañas,
                    cuando no dichosa vida,   115
                    alta muerte coronara,
                    hoy es tan triste despojo
                    de la ignominiosa Parca,
                    que el que ayer mandaba un reino
                    sirve a un bruto de vïanda;   120
                    y execrando la injusticia
                    con que Fortuna le trata,
                    dicen que es, en sus desdichas,
                    solo de su muerte causa.
ELLA Y LA MÚS.   Porque Fortuna ordena que en sus
                                                  [hazañas 125
                    haber pueda despojos, sin lograr palmas.
ARIADNA   ¡Oh, qué dolor en mi pecho
                    han causado tus palabras!
                    Que le falta la nobleza

---

*108-109 «trata / entregarlo» en todos los testimonios; OC enmienda, pero no es necesario ya que *tratar* tiene aquí la acepción de 'disponer' y no la de 'intentar', 'tener intención', en cuyo caso sería intransitivo y exigiría la preposición *de* ante el infinitivo que le sigue.

116 *alta muerte:* 'memorable muerte'; aquí *alto* «lo que es de grande aprecio, sumamente estimable y de superior grado y jerarquía, como alta virtud, alta dignidad, alto empleo» *(Aut.)*. B2 y B3, por enmienda o por errata, leen «a la muerte».

121-124 Dos posibles interpretaciones: 'La injusticia o indiferencia con que la Fortuna trata a los hombres es la causa de su muerte'. Comp. Ripa, *Iconología*, pág. 441: «de modo que, según los casos, [la fortuna] tan pronto exalta a los mayores honores a cualquier criminal que antes sería digno del suplicio, como hace caer a los hombres de mérito en las más terribles miserias y calamidades». Pero, de acuerdo con la versión que dice que fue el propio Teseo quien se ofreció (véase nota a los vv. 101-109), se podría interpretar como que aparte de maldecir *(execrar)* la injusticia con que es tratado por la Fortuna, únicamente Teseo es el culpable de su situación.

	a quien la piedad le falta.	130
	No sé qué atractivo tiene	
	lo infeliz para las almas	
	altivas, que sólo el serlo	
	por recomendación basta.	
	¿Qué mucho, si perfecciona	135
	la miseria a la gallarda	
	potencia de la piedad,	
	haciendo que al acto salga?	
	Pues en el más noble pecho,	
	en la condición más blanda,	140
	fuera inútil la piedad	
	si faltara la desgracia.	
	¿Y cuándo, Laura, llegó	
	el príncipe?	
LAURA	Ayer, con tanta	
	majestad, como pudiera	145
	quien a coronarse entrara;	
	pero aún no le ha visto el rey,	
	y así es forzoso que haga	
	el embajador de Atenas	
	la entrega.	
FEDRA	¡Suerte inhumana!	150
CINTIA	Pero ya tu padre, a quien	
	los príncipes acompañan,	
	a recibir al cautivo	
	sale aquí.	
FEDRA	Pues, Arïadna,	
	si tú gustas, esperemos	155
	a ver una tan estraña	
	maravilla.	
ARIADNA	Ya obedezco	
	tu gusto, no por la causa	
	de ver al preso ateniense	
	a quien los hados maltratan,	160
	sino por hablar a Baco,	

---

161 *Baco:* es uno de los nombres con que se conoce a Dioniso, hijo de Júpiter y Semele, según unos; otros dijeron ser Baco hijo de Júpiter y Proserpi-

| | cuya presencia gallarda
va en mi pecho a sus finezas
asegurando la paga. | |
| :------ | :--------------------------------- | --: |
| FEDRA | No diré yo de Lidoro | 165 |
| | eso, pues sus tiernas ansias
tanto más me desobligan,
cuanto obligarme más tratan.
Y tengo en esto razón, | |
| | pues demás de ser cansadas | 170 |
| | finezas, que hace el abuso
[deberlas] sin aceptarlas*,
con tan grande improporción
como querer que en las damas | |
| | sea preciso el deberlas | 175 |
| | y voluntario el pagarlas,
se ofende mi vanidad
de que quiera su ignorancia, | |

---

na; otros lo hacen hijo de Júpiter y Ceres (Pérez de Moya, *Philosofía secreta,* pág. 304). Este, al que se dedican numerosas páginas en los tratados de mitología, se encontraba en Naxos cuando allí arribó Teseo después de haber dado muerte al Minotauro acompañado por Ariadna. Baco o Dioniso se enamoró de Ariadna y tuvo con ella varios hijos. Esta y otras versiones de la historia de Ariadna, Teseo y Baco, posteriores al final de la comedia de Sor Juana, se pueden ver en Plutarco, *Vidas paralelas,* págs. 172-180. Sor Juana prescinde de la ascendencia mítica del personaje y lo incorpora a la comedia como un valiente capitán, príncipe de Tebas, tomando algunos elementos de Ovidio, como la ingratitud de Teseo hacia Ariadna: «[Teseo huyó] con la princesa a la isla de Naxos, donde olvidando toda la gratitud que le debía, tuvo la crueldad de abandonarla. Mientras Ariadna se entregaba a la más profunda desesperación, Baco, para consolarla de la infidelidad de su amante, le ofreció su corazón y su mano» *(Metamorfosis,* pág. 152).

164 *paga*: «correspondencia del amor» *(Aut.)*. Es término, como *pagar:* 'agradar, satisfacer o dar gusto' y también «corresponder al afecto, cariño u otro beneficio» *(Aut.)*, que, del significado común de 'dar uno a otro lo que le debe', pasó a ser propio del amor cortés.

171 *fineza*: «en término cortesano cierta galantería y hecho de hombre de valor y de honrado término», según Covarrubias; *abuso*: 'mal uso'. Entiendo 'cansan las finezas que no son aceptadas aunque sea costumbre escucharlas'.

*172 «de verlas» S, B1, M1, M2, T; «deberlas», es lección de B2 y B3 que sigue OC.

	[forzándome] a ser querida*	
	obligarme a ser ingrata.	180

(Sale el REY MINOS; BACO *y* LIDORO, *príncipes;* RACIMO, *lacayo; y* TEBANDRO, *capitán.)*

REY	¡Hijas!	
PRÍNCIPES	¡Beldades divinas!	
REY	El cariño con que os ama	
	mi amor, no me ha permitido	
	que pueda tener el alma	
	contento, sin que vosotras	185
	lo gocéis.	
LAS DOS	Tus reales plantas	
	besamos por tal favor.	
ARIADNA	Y después de darte gracias,	
	¿cuál es el gusto, señor,	
	a que, con novedad tanta,	190
	nos convida tu cariño,	
	y tu prevención nos llama?	
	Pues es cierto que después	
	que mi hermano, en quien estaban	
	de tu reino y de tu amor	195
	fundadas las esperanzas,	
	murió de los atenienses	
	a las cautelosas armas,	
	nunca oímos en tu voz,	

---

*179 Corrijo «forçandose» de todos los testimonios, como requiere el sentido.

194-198 *mi hermano:* se refiere Ariadna a su hermano Androgeo que, habiendo asistido en Atenas a los juegos panateneos, obtuvo en ellos un gran triunfo y los atenienses lo asesinaron por envidia. Según Apolodoro, Androgeo venció a todos y el rey Egeo lo envió contra el toro de Maratón que lo aniquiló. También recoge Apolodoro la versión que cuenta que, después de haber vencido en las Panateneas, cuando se dirigía hacia Tebas para participar en los juegos fúnebres de Layo, fue asesinado en el Ática. Otras versiones afirman que murió durante la guerra emprendida por su padre Minos contra los atenienses. Véase Apolodoro, *Biblioteca mitológica,* pág. 207 y nota; Plutarco, *Vidas paralelas,* pág. 172 y notas.

	nunca vimos en tu cara	200
	el semblante sin tristezas,	
	ni sin quejas las palabras.	
REY	De lo mismo que refieres,	
	pudieras bien, Ariadna,	
	claramente inferir cuál	205
	es de mi gusto la causa,	
	pues el ofendido, sólo	
	cuando se venga, descansa.	
	Murió en Atenas mi hijo	
	(¡ay, infeliz prenda amada!,	210
	no el referir me avergüence	
	tu muerte, que no desaira	
	su queja el que la pronuncia	
	a vista de la venganza),	
	y aunque mi valor pudiera	215
	haberle dado a mi saña	
	bastante satisfacción,	
	pues ha tres años que, airada,	
	mi justa cólera tuvo	
	a Atenas tan apretada,	220
	que, después de otros partidos,	
	la forcé a que me entregara	
	todos los años por feudo	
	siete doncellas gallardas	
	y siete nobles mancebos,	225
	aquellos a quien tocara	
	la suerte entre todo el reino,	
	sin que de entrar en la infausta	
	suerte tuviese alguno	
	excepción, ni reservada	230
	aun la persona estuviese	

---

215 y ss. El rey Minos, para vengar la muerte de su hijo Androgeo, asaltó a Atenas y la obligó a concederle un tributo anual de siete doncellas y siete jóvenes, que él entregaba al Minotauro en el laberinto. En la tercera entrega quedó incluido el príncipe Teseo, hijo del rey de Atenas.
220 *apretada:* 'acosada', 'oprimida'.
229 OC corrige en «ninguno», que mejora la medida del verso.
230 *reservar:* «exceptuar o privilegiar de alguna ley común» *(Aut.).*

del príncipe y las infantas.
Para cuya ejecución
ministros de confianza
cada año a Atenas envío   235
que echen suertes, y al que salga
fuercen a venir a Creta,
donde tengo en las entrañas
del Minotauro el sepulcro
que mi enojo le señala.   240
Y aunque pudieran templar,
en parte, mi enojo tantas
malogradas juventudes,
cuyas vidas desdichadas,
más que alimento a la fiera,   245
se lo han dado a mi venganza,
he quedado satisfecho
nunca, que no se restaura,
con muchas que no lo son,
una frente coronada;   250
hasta que hoy, que la Fortuna,
para Atenas tan contraria
cuanto favorable a Creta,
hizo que la suerte airada
en el príncipe cayese   255
porque en iguales balanzas,
si fue príncipe el difunto,
lo sea el que satisfaga
también por su infeliz muerte,
y no queda Atenas vana   260
de tener príncipe, cuando
por su causa en Creta falta.

---

236 Para *echar suertes,* véase nota a los vv. 101-109.

247-248 *he quedado satisfecho / nunca:* «no he quedado satisfecho / nunca» B3.

254 *suerte airada:* aquí, mejor que el sentido de 'encolerizada' o 'llena de ira' conviene el de 'libre' que tiene en la expresión *vida airada:* 'la de los que viven disoluta y libremente', pues la suerte como la fortuna es variable e imprevisible. Véase nota al v. 28: *fortuna varia.* B2 y B3 leen «suerte avara».

260 *vana:* «arrogante, presuntuosa o desvanecida» *(Aut.).*

	Muera Teseo y con él	
	mueran de su infame patria	
	las, que en su valor tenían,	265
	bien fundadas esperanzas;	
	que no poco lisonjeo	
	mi enojo, al pensar que acaba	
	toda la vida de un reino	
	reducido a una garganta.	270
ARIADNA	Felices edades vivas	
	porque vean que no empaña	
	en ti el ardor del acero,	
	la prudencia de las canas.	
FEDRA	Y porque conozca el mundo	275
	que vio tu sangre agraviada,	
	que el clamor de aquella sangre,	
	con otra sangre se aplaca.	
BACO	Yo, señor, quedo corrido,	
	pues con victorias tan altas	280
	le dejáis a mi valor	
	que os pueda servir en nada.	
LIDORO	Yo no, pues antes, señor,	
	me dará vuestra enseñanza,	
	para facultad de triunfos	285
	tantas lecciones de hazañas.	
REY	Cuánto, príncipes invictos,	
	esa voluntad el alma	
	os estima; no encarezco	
	hasta que la satisfaga	290

265-266 Fuerte hipérbaton señalado por la puntuación: «las bien fundadas esperanzas que en su valor tenían».

267 *lisonjear:* «Metafóricamente significa deleitar y agradar; y se suele decir de las cosas no materiales» *(Aut.).*

274 *la prudencia de las canas:* en las cinco loas que dedica Sor Juana al rey Carlos II con motivo de su cumpleaños reitera una agudeza paradójica entre la «juventud florida» y la «cana prudencia» que adornan al monarca tomada del *Libro de la Sabiduría;* aquí, por el contrario, la prudencia que le da la edad no ha empañado en el rey Minos la fortaleza y el valor. Véase nota a los vv. 439-440 de *Los empeños de una casa.*

279 *corrido:* 'avergonzado'.

	con debida recompensa,
	que queda muy desairada
	la deuda que no se dice
	con las voces de la paga.
BACO	Gran señor, vuestra promesa	295
	por satisfación me basta;
	pues quien promete ya da
	de contado la esperanza.

(Hablan en secreto.)

REY	Escucha, Tebandro, a solas.
TEBANDRO	¿Qué me ordenas?
LIDORO	Soberana	300
	Fedra, miradme siquiera,
	y no penséis que mis ansias
	os lo piden por alivio,
	que es tan poco interesada
	mi fineza, que aun tan leve	305
	alivio escrupulizara,
	a no saber que tenéis
	gusto en mis penas; y para
	que logréis el gusto, quiero
	que lo tengáis con mirarlas.	310
FEDRA	La intención de darme gusto
	os estimo, mas se engaña
	vuestro discurso, si piensa
	que el veros penar me agrada,
	que bien puede una mujer	315
	que al amor no se avasalla
	hacer alarde de altiva,
	sin hacer gala de ingrata.
[LIDORO]	Según eso, yo, señora*,
	podré tener confianza	320

---

298 *de contado*: «de presente, al instante».
298 acot. OC coloca la acotación en mitad del verso 300.
*319-343 Los locutores del diálogo iniciado en el verso 300 son Lidoro y Fedra, como igualmente se deduce de lo expuesto por esta en los versos 165-180. Corrijo pues, con OC, los nombres de Baco y Ariadna que aparecen en los testimonios.

| | no de merecer, que aquesto
| | fuera presumpción bastarda,
| | sino de saber que puedo
| | servir, sin que en esto haga
| | ofensa a vuestro decoro; 325
| | que es alivio para un alma
| | el saber que los servicios,
| | si no merecen, no cansan.
| [FEDRA] | Valerme, príncipe, quiero
| | de vuestras mismas palabras, 330
| | pues con ellas me escusáis
| | la vergüenza de formarlas;
| | de donde sacar podréis
| | la consecuencia bien clara
| | de que, quien no ofende amando, 335
| | en amar no desagrada.
| [LIDORO] | Según aqueso, señora,
| | bien pudiera mi esperanza...
| [FEDRA] | ¿Qué?
| [LIDORO] | Alentarse a vuestras luces
| | feliz...
| [FEDRA] | No prosigáis, basta, 340
| | que una cosa es permitirla
| | y otra cosa es alentarla.
| [LIDORO] | Grosero anduve; perdón
| | os pide mi voz que, errada,
| | esperanza dijo, donde 345
| | aun no es lícito nombrarla;
| | pero advertid que si tengo
| | alguna, no es tan villana,
| | que atenta a sus conveniencias
| | sólo siga lo que alcanza, 350
| | sino otra que, negativa,
| | alcanzar espera nada;

---

324 *servir*: «cortejar o festejar a alguna dama, solicitando su favor» *(Aut.)*.
345-347 *esperanza dijo, donde / aun no es lícito nombrarla*: Véanse los vv. 137-150 del *Sainete primero de Palacio* del festejo *Los empeños de una casa*.

	que hay esperanza que vive	
	de no tener esperanza.	
Rey	Tebandro, haz que venga luego	355
	el príncipe.	

(Llégase TEBANDRO *al paño y salen* TESEO, LICAS, *embajador, y* ATÚN, *criado de* TESEO.*)*

Embajador	Ya a tus plantas	
	tienes al Embajador	
	de Atenas, cuya desgracia	
	le dio tan infausto cargo	
	y comisión tan estraña,	360
	como que por feudo tuyo	
	su mismo príncipe traiga;	
	acción de tanto dolor,	
	que, a haber sido voluntaria,	
	hubiera antes escogido	365
	la muerte, que la embajada.	
Rey	Alza del suelo, que quiero	
	guardarte en todo las sacras	
	esempciones que se deben	
	a embajador.	
Embajador	Escusadas	370
	son tus mercedes, señor,	
	con quien no puede aceptarlas;	
	que estando el príncipe aquí,	
	no era razón que gozara	
	honores en su presencia	375
	un vasallo, y más con tanta	
	desgracia, como estar él	
	en una suerte tan baja,	
	como la de prisionero,	
	y yo gozando las altas	380
	preeminencias de mi cargo.	

---

368 *sacras esempciones:* 'sagradas libertades', 'estar libre de cumplir con determinadas obligaciones'.

REY	Discretamente reparas,
	mas haz que llegue Teseo,
	que aunque de verle la cara
	tuve nunca la intención, 385
	porque es en los reyes gracia
	dejarse ver, y los reos
	no es bien lleguen a lograrla,
	con todo quiero esta vez,
	incitado de su fama, 390
	ver al príncipe y saber
	de su boca sus hazañas,
	para que mejor se temple
	lo ardiente de mi venganza,
	viendo cuán grande es la ofrenda 395
	que sacrifico a sus aras.
ATÚN	Por cierto, que es el favor
	como de su buena cara.
EMBAJADOR	Llegue, señor, Vuestra Alteza,
	que el rey espera.
TESEO	¡Ah, tirana 400
	Fortuna! Aquí está, señor,
	tu prisionero.
REY	Repara
	que, aunque vienes como reo,
	mi benignidad te trata
	este rato como a libre. 405
ATÚN	Y también besa tus patas
	un Atún que a ser comido
	viene por concomitancia,
	si no [mandas] otra cosa*.

---

408 *concomitancia:* «se dice de las cosas que vienen o están unidas y acompañadas con otras». Es idea que repiten los graciosos en algunas comedias de Calderón. Comp. *El escondido y la tapada:* «*César:* ¿Luego los dos somos locos? / *Mosquito*: Concedo la consecuencia, / mas con una distinción. / *César:* ¿Cuál? *Mosquito:* Tú por naturaleza / y yo por concomitancia, / que es por lo que se me pega / de andar contigo» (vv. 15-21).

*409 «mandais» S y otros testimonios, excepto B2, B3, que leen «mandas», más de acuerdo con «tus patas».

Ariadna	*[Ap.]* ¡Qué presencia tan gallarda! ¡Ay, infeliz! ¡Quién pudiera darle libertad!	410
Fedra	*[Ap.]* El alma se me ha enternecido al verle. ¡Quién su libertad comprara, aunque costara mi vida!	415
Rey	Haz, Teseo, de las altas proezas tuyas la summa.	
Teseo	La summa de mis desgracias pudieras decir más bien; mas, pues gustas de escucharlas, atiende.	420
Rey	Prosigue.	
Fedra	*[Ap.]* ¡El cielo te libre!	
Ariadna	*[Ap.]* ¡El cielo te valga!	
Teseo	Atiende para que sepas, en dos acciones contrarias, en lo vario de una suerte, lo que pierdo y lo que ganas. Generoso rey de Creta, a cuyos gloriosos hechos sirven de cortos archivos las bibliotecas del tiempo; glorioso legislador, cuyo acertado gobierno, como da leyes al orbe, dará al abismo preceptos,	425 430

417-418 *summa:* 'recopilación', 'relación'.

433-434 *como da leyes al orbe / dará al abismo preceptos:* Minos y su hermano Radamantis, ambos eran hijos de Júpiter y Europa, fueron legisladores y cuando pasaron a la otra vida administraron justicia en el Hades o infierno mitológico (Apolodoro, *Biblioteca mitológica*, pág. 144). Y Plutarco, basándose en Platón, Hesíodo y Homero, afirma: «Minos fue rey y legislador, y Radamantis, su juez y guardián de las normas fijadas por aquél» *(Vidas paralelas,* pág. 174). *Abismo:* Hades o lugar de los muertos. Sor Juana menciona estos dos jueces, junto con Eaco, su medio hermano, pues era hijo de Júpiter y Egina, como ejemplo de jueces incorruptibles en los romances «¡Válgame Dios! ¿Quién pensara?» y «Señor Don Diego Valverde» (OC, I, núms. 38 y 39).

> porque podrá tu justicia, 435
> valor, rectitud y celo,
> introducir la concordia
> en el mismo desconcierto;
> cuyas veneradas leyes*
> tendrán padrón tan eterno 440
> que estés en su ejecución
> reinando después de muerto.
> Yo, aunque ya sabes quién soy,
> referir de nuevo quiero
> mi nombre, por si el olvido 445
> le sepulta, que es muy cierto
> que nadie conoce al que
> ve en baja fortuna puesto.
> Yo, pues, el príncipe soy,
> que de Atenas heredero, 450
> antes pago sus pensiones
> que gozo de sus imperios.
> Poco te he dicho en decir
> que soy príncipe, pues pienso
> que es más que decir monarca 455
> decirte que soy Teseo.
> Y con razón, pues haber
> nacido príncipe excelso,
> se lo deberé a la sangre*
> y no a mis merecimientos; 460
> y no he de estimar yo más,
> aun siendo mi padre mesmo,

---

*439 «cuyas veneradas luzes» leen erróneamente B2, B3, R, R1, R2.

447 «que» ha de ser tónica, por necesidad métrica.

451 *pensión:* 'impuesto', 'tributo'; «carga anual que perpetua o temporalmente se impone sobre alguna cosa» *(Aut.)*.

458-522 Idea de la aristocracia ganada por méritos propios y no por herencia.

*459 «deberá» edita OC.

462 *mesmo:* es forma etimológica de «mismo» (<**metipsum)* que alterna con ella; ambas formas son habituales en la lengua del Siglo de Oro. La alternancia entre las formas «mismo» y «mesmo» son abundantes en el texto base utilizado (S). En el resto de testimonios también hay, variando la frecuencia, al-

aquello que debo a otro,
que no lo que a mí me debo.
Que entre ser príncipe y ser 465
soldado, aunque a todos menos
les parezca lo segundo,
ä lo segundo me atengo;
que de un valiente soldado
puede hacerse un rey supremo, 470
y de un rey, por serlo, no
hacerse un soldado bueno.
Lo cual consiste, señor,
si a buena luz lo atendemos,
en que no puede adquirirse 475
el valor, como los reinos.
Pruébase aquesta verdad
con decir que los primeros,
que impusieron en el mundo
dominio, fueron los hechos; 480
pues siendo todos los hombres
iguales, no hubiera medio
que pudiera introducir
la desigualdad que vemos,
como entre rey y vasallo, 485
como entre noble y plebeyo.
Porque pensar que por sí
los hombres se sometieron
a llevar ajeno yugo
y a sufrir estraño freno, 490
si hay causas para pensarlo
no hay razón para creerlo;
porque como nació el hombre
naturalmente propenso
a mandar, sólo forzado 495

---

ternancia de ambas formas. En todos los casos respetamos las peculiaridades de S. Véase la relevancia de la forma «mesmo» para la rima, como ocurre en los vv. 514, 676. Cuando no hay exigencias de asonancia aparece la forma «mismo» o cuando la asonancia es *i-o*, como en los vv. 2094, 2294, 2360, 2664, 2712, 2728. Véase nota al v. 2105 de *Los empeños de una casa*.

        se reduce a estar sujeto;
        y haber de vivir en un
        voluntario captiverio
        ni el cuerdo lo necesita,
        ni quiere sufrirlo el necio: 500
        aquel, porque en su cordura
        halla de vivir preceptos,
        y aqueste, porque le tiene
        su necedad satisfecho;
        pues no verás ignorante,   505
        en quien el humor soberbio
        no llene de presumpción
        los vacíos del talento.
        De donde infiero, que solo
        fue poderoso el esfuerzo   510
        a diferenciar los hombres,
        que tan iguales nacieron,
        con tan grande distinción
        como hacer, siendo unos mesmos,
        que unos sirvan como esclavos   515
        y otros manden como dueños.
        Luego no será altivez
        que, cuando le debo al cielo
        de nacimiento y valor
        tan conformes privilegios,   520
        me precie de mi valor
        más que de mi nacimiento.
        Y porque veas con cuánto
        fundamento hacerlo puedo,
        escucha: Apenas había   525
        en mi rostro el primer vello
        dado las honrosas señas

522-528 Teseo no conoció a su padre el rey Egeo hasta que ya adulto se presentó en Atenas. Egeo, que había engendrado a Teseo en Etra, hija de Piteo, rey de Trecén, había vuelto a Atenas sin que hubiera nacido dejando bajo una roca su espada y unas sandalias a fin de que el hijo, cuando tuviera fuerza suficiente para mover la roca (al alcanzar la edad del hombre, «el primer vello») las cogiera y se presentara ante él para ser reconocido (Plutarco, *Vidas paralelas,* pág. 156).

>   del corazón y del seso,
>   cuando en vez de acompañarme
>   de los pulidos mancebos 530
>   que en la juventud de Atenas
>   eran de la gala espejos,
>   de Hércules me acompañé,
>   que más quiso mi ardimiento,
>   que preceptores de galas, 535
>   tener de hazañas maestros.
>   Alcancé en su compañía,
>   entre otros muchos trofeos,
>   el vencer las Amazonas;
>   y no sin causa el primero 540
>   de todos mis triunfos llamo
>   este, señor, porque creo
>   que el vencer a una mujer
>   es el mayor vencimiento;
>   porque ¿cómo [vencer a]* 545
>   un enemigo que a un tiempo
>   aprisiona con la vista
>   y lidia con el acero?
>   Y cuando hermosa no sea,
>   basta ser mujer, que el serlo 550
>   es suficiente ventaja,

---

533 *de Hércules me acompañé:* la admiración que siente Teseo por Hércules es referida por Plutarco: «A éste, desde hacía tiempo, al parecer, le quemaba en secreto la fama de la virtud de Heracles. Casi siempre estaba hablando de aquél y era el más entusiasta oyente de quienes contaban de él cómo era; pero, en especial, de quienes le habían visto y había tenido la suerte de asistir a sus hechos [...] En su admiración por la virtud de Heracles, de noche su sueño eran las hazañas... pensando solamente en realizar las mismas gestas» (*Vidas paralelas,* pág. 162).

539 *el vencer las Amazonas:* legendario pueblo de mujeres guerreras hijas de Ares, cuyo reino estaba situado a las orillas del Termodonte y se gobernaban sin intervención de hombres con una reina a su frente. Heracles (Hércules) debió luchar con ellas para cumplir con el noveno trabajo ordenado por Euristeo; en la lucha le acompañó, entre otros, Teseo. Hubo más ocasiones en que pelearon con ellas juntos o aislados, según las distintas versiones. Véase Plutarco, *Vidas paralelas,* págs. 188-193; Apolodoro, *Biblioteca mitológi*ca, págs. 214-215.

*545 «vencerá» S y resto de testimonios, que OC corrige acertadamente.

            pues demás de sus alientos,
            pelean de parte suya
            mi lástima y mi respeto.
            Demás de que es muy difícil,   555
            alcanzado ya el trofeo*,
            saber lograrlo con aire,
            porque es menester un pecho
            para conseguir, altivo,
            y para gozar, modesto;   560
            que desluce la victoria
            el que quiere, desatento,
            que lo que costó un peligro
            se logre con un desprecio.
            Yo en Epidauro privé   565
            de la vida al hijo fiero
            de Vulcano, a quien el vulgo
            apellidó Corineto.
            Yo di muerte en Maratón
            al toro, que de tu reino   570
            siendo destruición, pasó
            a ser de Atenas incendio.
            A la gran Tebas libré
            de la opresión de aquel fiero

---

*556 «alcançando» en otros testimonios.

557 *lograrlo con aire:* 'con gentileza', 'con la actitud adecuada'.

565-568 *Yo en Epidauro... Corineto:* aquí comienza Teseo a enumerar los episodios en que se vio involucrado en su camino de Trecén a Atenas, pues, como escribe Plutarco «partió, decidido a no hacer daño a nadie, pero a defenderse de quienes emprendieran actos de violencia» *(Vidas paralelas,* pág. 163). *Corineto* (Corinetes en las fuentes) es el sobrenombre dado a Peripetes, hijo de Vulcano, porque portaba una maza *(koryne)* de hierro con que mataba a los viandantes. Teseo se la quitó y le dio muerte (Apolodoro, *Biblioteca mitológica,* pág. 209; Plutarco, *Vidas paralelas,* pág. 163).

569-572 *di muerte en Maratón /al toro...:* se trata del toro de Creta que Hércules llevó a Euristeo, quien lo dejó libre por lo que asolaba los campos de Maratón hasta que Teseo le dio muerte. Tanto Plutarco como Apolodoro sitúan esta hazaña más tarde, después del encuentro de Teseo con Egeo. Según esta versión, Teseo, tras reducir al toro, lo llevó vivo a Atenas y lo sacrificó a Apolo Delfinio.

Creonte, cuya impiedad, 575
   opuesta a todos los fueros
   humanos, no consentía
   dar sepultura a los muertos.
   Maté también a [Escirón]*
   y a [Procrustes], bandoleros* 580
   tan sin piedad, que el segundo
   en un inhumano lecho,
   en que astuto recibía
   los incautos pasajeros,
   el que era lecho de alivio 585
   hizo potro de tormento;
   pues, al que grande venía,
   cortar mandaba al momento
   toda la cantidad que

575-578 *Creonte:* cuando Creonte asumió el poder en Tebas, habiendo derrotado a los argivos que defendían la causa de Polinices como hijo de Edipo, abandonó insepultos los cadáveres y prohibió que nadie los enterrara. Pero Antígona robó y dio sepultura al cuerpo de Polinices, su hermano; fue descubierta y encerrada viva en una tumba. Los atenienses, con Teseo a la cabeza, marchan contra Tebas, la conquistan y entregan los cadáveres a sus familiares para que los entierren. Apolodoro, *Biblioteca mitológica*, págs. 166-167, sigue en esto la versión que ofrece Sófocles en su tragedia *Antígona*.

*579 *Escirón:* «Chyron» S. En este y otros nombres que siguen adopto las formas correctas según la tradición mitológica. Bandido de la región de Mégara a quien mató Teseo despeñándolo por los acantilados. Sus huesos, rechazados por la tierra y el mar, fueron transformados en las rocas llamadas Escirónidas. Escirón, según la versión más general, atacaba a los transeúntes, les obligaba a que le lavasen los pies y cuando lo estaban haciendo les daba un puntapié y los arrojaba al mar como pasto de una descomunal tortuga (Plutarco, págs. 165-166; Apolodoro, pág. 211).

*580-599 *Procrustes:* Teseo dio muerte a Damastes Procrustes, célebre bandolero, obligándole a igualarse con su cama, lo mismo que hacía él a los caminantes. Este bandido tenía dos camas, una larga y otra corta, y obligaba a sus víctimas a tumbarse en ellas: a los altos en la cama corta y a los de baja estatura en la cama larga. Entonces igualaba su estatura a la medida de las camas cortando lo que sobraba a los altos y golpeando con un martillo (de ahí el nombre Procrustes, de *prokroúo* «golpear») para estirar a los bajos con el fin de que se igualasen con la cama. Esta es la versión que sigue Sor Juana (Apolodoro, *Biblioteca mitológica*, págs. 211-212). Plutarco (pág. 167), siguiendo a Diodoro, habla solamente de una cama. Esta fechoría ha dado lugar al llamado «lecho de Procrusto», con mala utilización del nombre (Ruiz de Elvira, *Mitología clásica*, Madrid, Gredos, 1975, pág. 359).

le sobraba, y al pequeño, 590
con no menor tiranía,
mandaba estender los miembros,
hasta que los nervios rotos,
o descompuestos los huesos,
ajustaban la medida, 595
que aquel tirano había hecho
determinada mensura
al tamaño de los cuerpos.
No era de [Sinis] menor*
la crueldad, con que sangriento 600
bárbaramente abusando
de las fuerzas, de que el cielo
liberal quiso dotarle,
hizo de ellas instrumento
para su ofensa mayor, 605
(¡oh, humano discurso ciego,
qué no intentará tu error!);
pues obligando violento
a dos árboles distantes,
a que besasen el suelo 610
con las superiores ramas,
y atando después en ellos
al peregrino, soltaba
los árboles, y ellos luego,
por cobrar su rectitud, 615
se apartaban con tan presto
movimiento, que quedando

---

597 *mensura:* Cultismo por «medida».
*599-620 *Sinis:* «Schino» en los testimonios. Sinis, hijo de Posidón o, según Apolodoro, de una nieta de Posidón, estaba dotado de una fuerza descomunal que empleaba para matar a los caminantes y le valió el sobrenombre de Pitiocamptes («doblador de pinos»). Sor Juana sigue aquí la versión que aparece por primera vez en Diodoro, según la cual ataba a sus víctimas a dos árboles previamente doblados por él, y después los soltaba muriendo así los infelices descuartizados. Tanto en Apolodoro *(Biblioteca mitológica,* pág. 209) como en Ovidio *(Metamorfosis,* VII, 440) se encuentra la versión que cuenta que los ataba a la copa de un solo árbol doblado que, una vez suelto, disparaba por el aire el cuerpo del desgraciado.

dividido por el medio
el cuerpo, ignoraba el alma
por algún rato el suceso.   620
Mas diole el Cielo el castigo
en mi brazo, para ejemplo
de que el que sufre remiso
también castiga severo.
De las victorias y triunfos   625
que alcancé en el casamiento
de mi amigo Pirítoo,
cuando los centauros fieros,
o pervertidos del vino,
o incitados del deseo,   630
quisieron robar su esposa,
no me alabo, porque siendo

621-624 *diole el Cielo el castigo:* cfr. Plutarco, *Vidas paralelas,* págs. 163-164: «En el Istmo, a Sinis Pitiocamptes, en la forma como él mataba a muchos, así lo mató; y no porque personalmente lo hubiera practicado o tuviera costumbre, sino dando prueba de que la virtud está por encima de cualquier clase de técnica y ejercitación».

623 *remiso:* 'pacientemente', 'con mansedumbre'. Anota Salceda: «Dios, que tolera, sin castigarlas de inmediato, muchas injusticias».

627 *Pirítoo:* «Pyrithoo» en los testimonios; OC lo edita como paroxítona y así conviene métricamente, aunque en las traducciones de las fuentes clásicas es siempre palabra proparoxítona. Pirítoo, rey de los lapitas, fue muy amigo de Teseo; Cfr. Apolodoro: «Teseo combatió junto a Pirítoo cuando levantó guerra contra los centauros: Pirítoo los había invitado a sus bodas con Hipodamía, pues eran parientes de ella y, como no estaban acostumbrados al vino, trasegaron sin tasa y se embriagaron; y, cuando fue presentada la novia, intentaron violentarla, pero Pirítoo tomó sus armas junto con Teseo y trabó combate, dando muerte Teseo a muchos de ellos» *(Biblioteca mitológica,* pág. 216).

628 *los centauros:* seres monstruosos mezcla de hombre y caballo que pasaban por ser muy rudos y de costumbres brutales que ya aparecen en Píndaro y Homero. El centauro Éurito fue quien desencadenó con su inadecuada actitud en la boda de Pirítoo la memorable lucha entre los centauros y los lapitas que Ovidio *(Metamorfosis,* XII, 210 y ss.) relata con gran detalle; se encuentra también en Plutarco, *Vidas paralelas,* págs. 194-195. Apolodoro, sin embargo, concede sólo unas líneas al mito de la centauromaquia.

629-630 *pervertidos del vino, / o incitados del deseo:* insiste Ovidio en la «doble pasión»: «Pues a ti Éurito, el más cruel de los crueles Centauros, se te inflama el corazón tanto por ver a la doncella como por el vino, y la embriaguez domina por la doble pasión» *(Metamorfosis,* XII, 220).

       el que es verdadero amigo
       yo, y no *otro yo*, porque temo
       que es llegar a decir *otro* 635
       suponer otro sujeto,
       y siendo suyo el agravio,
       es evidente argumento
       de que también era mío,
       y que yo reñí con ellos 640
       como ofendido y celoso;
       luego la acción de vencerlos
       no fue prueba del valor,
       tanto como del despecho
       celoso, que no hay alguno 645
       cobarde, si tiene celos.
       Por darle gusto a este mismo
       amigo, que con imperio
       gobernaba mis acciones
       tanto como mis afectos, 650
       bajando al abismo, quise,

633-641 *el que es verdadero amigo:* es proverbial la amistad entre Teseo y Pirítoo y de ella se hacen eco todas las fuentes. Cfr. Ovidio: «¿Qué insensatez te empuja, Éurito, cómo estando yo vivo, acosas a Pirítoo y sin saberlo deshonras a dos en uno?» *(Metamorfosis,* XII, 225); véase también en VIII, 405, en boca de Pirítoo, cuando este y Teseo persiguen al jabalí de Calidonia, expresiones que indican la estrecha amistad entre ambos: «¡Detente lejos, oh tú, arte de mi alma más querida para mí que yo!». El origen de esa entrañable amistad lo cuenta Plutarco *(Vidas paralelas,* págs. 194-195) y ha sido estudiado por Ruiz de Elvira, *Mitología clásica,* págs. 383-386.

651-653 *bajando al abismo... robar a Plutón su esposa:* Teseo, acompañado por Pirítoo bajó a los infiernos (al *abismo)* a robar a Perséfone (Proserpina en la mitología romana), esposa de Plutón. No lo consiguieron; según Plutarco, «los prendió, y a Pirítoo lo hizo desaparecer al punto por medio del perro, mientras que a Teseo lo guardaba encerrado» *(Vidas paralelas,* pág. 198). Apolodoro cuenta que los dos amigos cayeron en la trampa que les tendió Plutón invitándoles «a sentarse en el trono del olvido, en el cual permanecieron sólidamente atados por las espirales de unas serpientes. Así Pirítoo quedó amarrado a perpetuidad, mientras que a Teseo lo subió Heracles y lo envió a Atenas» *(Biblioteca mitológica,* pág. 217; en pág. 123 detalla, dentro de los trabajos de Heracles, la liberación de Teseo.). Cfr. Sor Juana: «Intentar de Proserpina / el audaz insigne robo, / aun sin conseguirlo, es triunfo / de Teseo y Pirítoo. / No conseguir lo imposible, / no desluce lo brioso, / si la dificultad misma / está honestando el mal logro» *(Encomiástico poema a los años de la Excma. Condesa de Galve,* vv. 41-48).

       a pesar del can Cerbero,
       robar a Plutón su esposa,
       que, aunque no logré el intento,
       no perdí por eso el lauro;   655
       que en los casos tan inciertos,
       conseguir toca a la dicha,
       pero intentar, al esfuerzo.
       Pero la mayor victoria
       fue, señor, que amante tierno   660
       de la belleza de Elena
       la robé. No estuvo en esto
       el valor, aunque el robarla
       me costó infinitos riesgos,
       sino en que cuando ya estaban   665
       a mi voluntad sujetos
       el premio de su hermosura
       y el logro de mis deseos,
       de sus lágrimas movido,
       y obligado de sus ruegos,   670
       la volví a restituir
       a su patria y a sus deudos,
       dejando a mi amor llorando,
       y a mi valor consiguiendo
       la más difícil victoria,   675
       que fue vencerme a mí mesmo.

---

652 *el can Cerbero:* perro monstruoso, hijo de Tifón y Equidna, colocado por Plutón a la entrada del reino de los muertos. «Tenía éste tres cabezas de perro, la cola de dragón, y en su lomo tenía cabezas de toda clase de serpientes» (Apolodoro, *Biblioteca mitológica,* pág. 122). Sor Juana acentúa la palabra como paroxítona, así se desprende de la medida del verso, aunque en los tratados de mitología se acentúa como proparoxítona (Cérbero).

661 *el robo de Elena:* Plutarco *(Vidas paralelas,* págs. 196-197), después de mencionar otras versiones, narra la que cree «más verosímil y que cuenta con más partidarios» que coincide con la versión de Apolodoro: «Teseo, puesto de acuerdo con Pirítoo para desposar a hijas de Zeus, se reservó para sí a Helena, a la que raptó en Esparta acompañado por él, cuando ella contaba doce años de edad...» *(Biblioteca,* págs. 216-217). Después fue cuando bajaron al Hades a solicitar la mano de Perséfone, según unos autores, o a raptarla, según otros, para Pirítoo. Véase nota a los vv. 651-653.

675-676 *la más difícil victoria, / que fue vencerme a mí mesmo:* cfr. Sor Juana, *Neptuno alegórico:* «...en Neptuno fue hazaña y no cobardía el ser vencido:

>   Aquestos, señor, han sido
>   los prodigios, los portentos
>   que de mí canta la Fama,
>   sin otros que no refiero   680
>   o porque son muy sabidos
>   o porque yo no me acuerdo;
>   porque como no pensé
>   jamás hacer lista de ellos,
>   nunca tuve de contarlos   685
>   cuidado, sino de hacerlos.
>   Este he sido, gran señor;
>   pero ya a tu saña expuesto,
>   sólo me acuerdo de que

---

pues no era otra cosa Minerva, que su propio entendimiento, a quien sujetaba todas sus acciones para conseguir doblada victoria; pues, según Séneca, *bis vincit, qui se in victoria vincit*» (OC, IV, pág. 391); «*Venus:* Gracias te doy, pues debo / a tu voz elocuente / los más felices medios / que tendré de vencer, que son vencerme. / *Belona:* Ya, Concordia, tu voz / sabiamente me advierte / que, de vencerse, el triunfo / deja atrás el valor de los laureles» (*Loa a los felices años del señor virrey Marqués de la Laguna,* vv. 402-409); Ruiz de Alarcón, *Los pechos privilegiados:* «Perdiendo pues, corazón, / ganemos la mayor gloria; / que es la más alta vitoria / vencer la propia pasión» *(Obras completas,* II, Jornada I, vv. 323-326).

678-679 *los prodigios, los portentos / que de mí canta la Fama:* recoge Ovidio las hazañas que llevó a cabo Teseo como un canto con que los atenienses festejaron el reconocimiento del héroe por su padre Egeo: «Se dice que ningún día brilló más famoso que aquel... Los nobles y el pueblo llano celebran festines e incluso cantan canciones gracias al vino que aguza el ingenio: «A ti, gran Teseo, te admiró Maratón por la sangre del toro de Creta [...]; el territorio de Epidauro vio sucumbir gracias a ti al vástago de Vulcano portador de una clava, también vio sucumbir al cruel Procrustes [...] Si quisiéramos enumerar tus triunfos y tus años, tus hazañas superarían tus años»» *(Metamorfosis,* VII, 435-450).

685-686 *nunca tuve de contarlos / cuidado, sino de hacerlos:* idea que se recoge en varios refranes como «Cuando anda la lengua, paran las manos», «A mucho hablar poco obrar», «De lengua largo, corto de manos», «Poco hablar y mucho obrar, mucho te ha de aprovechar», etc. (Martínez Kleiser, *Refranero general,* s. v.). Cfr. Tirso, *El vergonzoso en palacio,* pág. 40: «De lengua al agraviado caballero / ha de servir la espada, no la pluma, / que muda dice a voces vuestra mengua»; y en *Las quinas de Portugal,* vv. 1072 y ss.: «Las manos y no las lenguas, / amigos, en la ocasión / precisa consiguen triunfos / y dan aliento al valor; de lengua es forma la espada...» (ed. García Valdés, Pamplona, Instituto de Estudios Tirsianos, 2003).

	no soy más de un prisionero.	690
	Sirva mi altivez, mi sangre,	
	mis blasones, mis trofeos,	
	de que quedes de tu enojo	
	dignamente satisfecho,	
	y quede libre mi patria	695
	de tan doloroso peso	
	como este infeliz tributo;	
	que yo moriré contento,	
	si con mi muerte la libro	
	de tan inhumano feudo.	700
Rey	Admirado me ha dejado,	
	mas no me podrá ablandar.	
	Haz, Tebandro, ejecutar	
	lo que te tengo mandado.	
	Venid, príncipes.	
Embajador	Atienda,	705
	señor, Vuestra Majestad,	
	que no es bien que una crueldad	
	tan alto decoro ofenda.	
	Y advierta, si de Androgeo	
	quiere la sangre vengar,	710
	que no ha de resucitar	
	con la muerte de Teseo.	
	Cuando la condición fiera	
	admitió el reino al rendirse,	
	¿quién pudiera persuadirse	715
	que en el príncipe cayera?	
	Cayó en él, ¡fiero rigor!,	
	y él, sin hacer resistencia,	
	fió de vuestra clemencia	
	lo que pudo en su valor.	720
	Pues si en armas se pusiera,	

---

700 *feudo*: 'tributo'.

713 *la condición fiera*: 'condición cruel e inhumana'. Se refiere a la condición de mandar durante nueve años como tributo siete jóvenes y otras tantas doncellas.

719 *fió* ha de ser bisílaba.

| | ¿quién dudará que constantes
muriéramos todos antes
que el príncipe se rindiera?
Pero si tan comedida   725
su atención, quiso mostrar
que estima en más conservar
la palabra que la vida,
¿por qué por una venganza
quiere Vuestra Majestad   730
pagar con una crueldad,
debiendo una confianza?
Perdón os pido postrado,
señor, pues si perdonáis,
con perdonarle, quedáis   735
más noblemente vengado;
y no sin satisfación,
porque antes la tendréis doble,
que no hay, para un hombre noble,
castigo como el perdón;   740
pues, de su error convencido,
vive siempre avergonzado
de verse beneficiado
de aquel a quien ha ofendido.
Haced, pues, señor, de modo   745
que vida al príncipe deis,
que como a él le perdonéis,
disponed del reino todo.
FEDRA   *[Ap.]* Quizá le perdonará
mi padre, con lo que ha oído.   750
ARIADNA *[Ap.]* Quizá escogerá un partido
de los muchos que le da.
ATÚN   *[Ap.]* ¡Qué este viejo, por capricho,
se muestre tan enemigo!
REY   Príncipes, venid conmigo.   755
Tebandro, lo dicho, dicho.

---

756 *lo dicho, dicho:* «Frase con que alguna persona se afirma y ratifica en lo que ha dicho y proferido una vez, con la cual se da a entender se mantiene en ello, sin querer retractarse» *(Aut.).*

BACO	Ya yo voy. (¡Condición fiera!)
LIDORO	Ya te sigo. (¡Rigor grave!)

(Vanse.)

ARIADNA	¡Oh, acabe yo y él no acabe!	
FEDRA	¡Oh, muera yo, y él no muera!	760
RACIMO	Yo me voy a desquitar	
	de lo mucho que he callado,	
	pues he salido al tablado	
	a solamente callar.	

(Vase.)

TEBANDRO	Príncipe, afuera a esperaros	765
	voy, que querréis con suspiros	
	de los vuestros despediros	
	y no quiero embarazaros.	

(Vase.)

EMBAJADOR	Esperad, señor. Apenas	
	puedo razones formar.	770
	¿Así se ha de despreciar	
	a un heredero de Atenas?	
	¿Con el príncipe y conmigo	
	se ha de usar tal tiranía?	
	¡Mal haya aquel que confía	775
	en piedad del enemigo!	
	Mas ¿qué me quejo, si medio	
	no hay en penas tan atroces,	
	ni qué me canso en dar voces,	
	cuando no le doy remedio?*.	780

---

763 *he salido al tablado:* suele poner Sor Juana en boca de los graciosos estas reflexiones en torno a la propia representación.

769-793 Estos versos son una especie de monólogo imprecatorio, pues se dirigen al rey y a Tebandro cuando ya no se encuentran en escena.

*780 Así en todos los testimonios; OC corrige «les».

	Mas, ¡vive Dios!, rey injusto,	
	que pues eres su homicida,	
	has de pagar con la vida	
	haber tenido este gusto.	
	Pues a Atenas mi coraje	785
	va, y mi venganza, a alistar	
	soldados, para vengar	
	de su príncipe el ultraje.	
	Yo voy a que Atenas fuerte	
	castigue a Creta atrevida,	790
	y pues no le doy la vida,	
	al menos vengue su muerte.	
	—Príncipe, si a dilatarse	
	llega del rey la venganza,	
	y os libro, la confianza	795
	con vos ha de coronarse. *[Vase.]*	
ATÚN	Gentil alivio, señor,	
	te quiere aqueste hombre dar:	
	déjese usted ahorcar,	
	que yo quedo por fiador*.	800

(Quedan TESEO, FEDRA *y* ATÚN *[y* LAURA] *solos;* ARIADNA *y* CINTIA, *al paño.)*

FEDRA	Solo el príncipe ha quedado.	
TESEO	¡Ay infelice de mí!	
FEDRA	Si podré hablarle.	
TESEO	¡Que aquí	
	haya mi valor llegado!	
FEDRA	Yo llego (¡pena mortal!)	805
	mas pues es fuerza que muera,	
	dele mi piedad siquiera,	
	el pésame de su mal;	
	que cuando está desvalido,	
	y sujeto a una inclemencia,	810

---
*800 acot. Falta Laura en todos los testimonios.

| | no se opone a la decencia |
| | consolar a un afligido. |

(Llégase.)

	Príncipe, si en un estraño
	pecho, piedad puede haber,
	bien podéis en mí creer,	815
	que me duele vuestro daño.
	Infanta de Creta soy,
	y aunque mi sangre ofendéis,
	más a mi piedad debéis
	aun de las señas que os doy.	820
	Y me holgara hallar un medio
	para poderos librar,
	que yo no os quisiera dar
	pésame, sino remedio.
ARIADNA	Con Teseo (¡qué dolor!)	825
	allí, Cintia, Fedra está;
	escuchemos, que quizá
	será piedad y no amor.
TESEO	Yo, señora, la piedad
	os estimo del consuelo,	830
	que mal pudiera en un cielo
	faltar la benignidad,
	y de modo, infanta bella,
	mi fe os queda agradecida,
	que quisiera tener vida	835
	para serviros con ella.
	Mas pues no tengo, al deberos
	para tanta recompensa,
	recibid vos la vergüenza
	de no tener qué ofreceros.	840
FEDRA	No os quite la confianza,
	príncipe, esta desventura,

---

812 acot. *Llégase:* 'acércase'.
820 Mi piedad es más grande de lo que da a entender esto que estoy haciendo: decíroslo.

	que mientras la vida dura,
	tiene lugar la esperanza.
	Nunca la Fortuna queda 845
	se está, y si abatido os veis,
	antes que vos acabéis
	podrá volverse la rueda.
	Y así, pensad que habrá medio
	de remediar pena tanta, 850
	que entre el hierro y la garganta,
	puede caber el remedio.
ARIADNA	Que quiere librarlo infiero,
	mas yo se lo estorbaré.
CINTIA	¿Por qué, señora?
ARIADNA	Porque 855
	lo libraré yo primero.
TESEO	¿Con qué pagaré el cuidado
	de favor tan desmedido,
	si aun queda lo agradecido,
	por lo corto, desairado? 860
	¡Oh! ¡Quién con vida se hallara
	y a vuestros pies la pusiera,
	que yo por vos me muriera,
	aunque nadie me matara!
	Mas siempre os lleváis la palma 865
	de ser mi dulce homicida,
	pues ha de quitar la vida
	por fuerza, quien roba el alma.
ARIADNA	¿Ves, Cintia, cómo rendido
	enamorándola está? 870
CINTIA	Calla, señora, que hará
	aquello de agradecido.

845-848 De nuevo se hace alusión a la inestabilidad con que la Fortuna reparte sus dones, ya comentada en nota a los vv. 28, 121-124, 254.

851 *entre el hierro y la garganta:* aquí hierro como 'instrumento con que se va a dar la muerte' y equivale a la soga en el caso de los ahorcados. Quiere decir que aunque se esté en los momentos más duros de algún peligro, con la soga en la garganta, no hay que perder la esperanza de que en el último instante cambie la situación.

855 *porque* ha de leerse como palabra oxítona.

ATÚN	Una muerte muy galana
	es la que escoges, señor,
	que por las muertes de amor	875
	nunca se dobló campana.
	Y digo, si permitir
	quieres tan dichosa suerte,
	que de esas que llamas muerte*,
	también me quiero morir,	880
	y aun quiero que se dé prisa
	ese inhumano rigor;
	porque es morirse de amor,
	como morirse de risa.

(Vuelto a LAURA.)

	Y más cuando en vos he hallado	885
	quien la muerte me dará.
LAURA	El Toro le quitará
	a vuested de ese cuidado,
	y verá cómo le saca
	el alma con gran decoro.	890
ATÚN	¿Para qué quiero yo toro,
	si tú puedes estar vaca?
LAURA	¿Y el nombre?

873-884 La intervención de Atún desdramatiza la tensa situación.

*879 B2, B3 y OC corrigen «de esa», corrección innecesaria pues se refiere a «las muertes de amor».

887 *el Toro:* Minotauro; Atún como criado de Teseo moriría con él.

888 *vuested:* como *vusted,* de otros testimonios, son distintas formas de las incontables metamorfosis —*vuesarced, vuesarcé, usarcé, vuarced, ucé, uscedes, voacedes, vuecé, vuested, vusté, vueced*— por las que el tratamiento de «vuestra merced» o «vuestras mercedes» llegó al actual *usted, ustedes. Usted* y sus variantes aparecen en la lengua de la época puestos en boca de personas de menor cultura, o en estilo completamente familiar.

889-890 *cómo le saca / el alma:* 'cómo le mata'. *Sacar el alma:* «amenazar a alguno con la muerte o algún grave daño» *(Aut.).*

892 Juego de palabras con *vaca* 'hembra del toro', y *vaca:* 'estar desocupada', en este caso se entiende que no tiene enamorado.

ATÚN	Atún me han llamado.	
LAURA	El Toro dará dél cuenta,	
	que de carne se sustenta.	895
ATÚN	A bien que yo soy pescado.	
LAURA	En ser carnicero emplea	
	todo su conato fiero.	
ATÚN	Mas que sea carnicero,	
	como pescador no sea.	900
FEDRA	Príncipe, puesto que vos	
	el postrero habéis de ser	
	de los siete del tributo,	
	que aqueste monstruo crüel*,	
	por mandado de mi padre	905
	se dan, no desconfiéis,	
	que en este tiempo se puede	
	algún camino ofrecer	
	para salvar vuestra vida,	
	y yo lo procuraré	910
	por cuantos caminos haya	
	de conseguirlo, y creed	
	que me importa que viváis,	

---

896 *a bien que:* 'por suerte', 'afortunadamente'.

898 *conato:* «Esfuerzo, empeño, aplicación y cuidado grande en la ejecución de alguna cosa» *(Aut.).*

899 *Mas que sea carnicero: mas que* seguido de subjuntivo equivale a *ya puede* seguido de infinitivo: *ya puede ser carnicero, / como pescador no sea,* puesto que el gracioso tiene nombre de pez. Cfr. Lope de Vega, *La Dorotea,* pág. 487: «Bueno, bueno, deja el arpa y dame parte de tu alegría; que como tú estás contenta, mas que se ahorque don Bela». En otros contextos *mas que* adquiere el sentido del *a que* moderno, como anota Morby en estos textos de *La Dorotea:* «¿Mas que piensas que te he burlado?» (pág. 110), o «¡Qué presto dejarán en cueros a mi amo estas bellacas! ¿Mas que volvemos a las Indias en calzas y en jubón, como el hijo pródigo?» (pág. 142). OC acentúa *Más* con lo que desvirtúa la expresión.

*904 *que aqueste:* OC corrige «que a aqueste», corrección innecesaria, pues la ausencia de la preposición *a* se debe a lo que se llama «a embebida», es decir, que se encuentra incluida en la *a-* por que empieza la palabra siguiente (A. Rosenblat, *La lengua del Quijote,* págs. 277-278). *Crüel,* ha de ser bisílaba para la correcta medida del verso, como también en el verso 928.

908 *camino:* como *caminos* del v. 911, «metafóricamente se toma por el medio, motivo, causa o modo que se halla para hacer alguna cosa» *(Aut.).*

	más de lo que vos podéis	
	pensar.	
Teseo	Pues ¿por qué, señora?	915
Fedra	No me preguntéis por qué,	
	que lo que yo no declaro,	
	no es bien que vos procuréis	
	descifrarlo; y si allá a solas,	
	de las premisas que veis,	920
	sacáis alguna ilación	
	que juzguéis que os está bien,	
	sacadla allá en hora buena,	
	mas no me la consultéis.	
Atún	Enamórala, señor,	925
	pues tan rendida la ves,	
	que podrá ser que te saque	
	de peligro tan crüel.	
Teseo	¡Ay, Atún, que no me atrevo!	
Atún	¿Melindres gastas también?	930
	No pensé que eras tan dama,	
	pero déjate querer	
	al menos, y hazte de cuenta	
	que [ella] el príncipe Fedro es*,	
	y tú la infanta Tesea.	935
Teseo	¿Quieres dejarme?	
Atún	Sí haré,	
	que no soy la infanta yo	
	para quererte tener.	
Teseo	Según aqueso, señora,	
	¿lícitamente podré	940
	soltar a mi pensamiento	
	las riendas?	

925-938 Este diálogo entre Atún y Teseo ha de tener lugar en un aparte, al margen de Fedra.

*934 Adición de OC, que completa la medida del verso y aclara el sentido. Se podría respetar el texto de la *princeps* con el hiato «Fedro / es».

940-942 Aunque no figura signo de interrogación en ningún testimonio, la respuesta de Fedra aclara que ha sido consultada.

FEDRA	Eso no sé,
	porque ya eso es consultar,
	y fue lo que os ordené
	no hacer conmigo.
TESEO	Pues yo 945
	el secreto guardaré
	de los discursos que hiciere,
	con tanto cuidado, que
	lo sienta el corazón, sin que
	lo llegue el labio a saber. 950
FEDRA	Pues en aquesto quedamos,
	y adiós, porque sentiré
	mucho que hablando con vos,
	alguno me llegue a ver.
TESEO	Pues adiós, señora.
FEDRA	Adiós. 955
TESEO	Pero escuchad.
FEDRA	¿Qué queréis?
TESEO	Que, pues me habéis dado vos
	licencia para que dé
	libertad al pensamiento,
	también al vuestro soltéis 960
	las riendas, para que ya
	que yo, por obedecer,
	no os puedo decir mi pena,
	de vos misma la escuchéis.
FEDRA	Príncipe, adiós.
TESEO	Pues, señora, 965
	¿por qué no me respondéis?
FEDRA	Porque os está bien a vos.
TESEO	No responder, ¿me está bien?
FEDRA	Sí, porque si yo respondo,

948-949 En estos dos versos el metro y la rima requieren que la partícula *que* sea tónica.

951 *aquesto:* coexisten en la lengua clásica las formas de demostrativo *este, ese* y sus derivados con *aqueste, aquese,* etc., formas alargadas que ayudan en ocasiones a regularizar la medida del verso. Véase nota al v. 157 de la «Loa» de *Los empeños de una casa.*

	precisamente ha de ser	970
	que no, y solo con callar	
	os escuso este desdén;	
	porque es el no repugnar	
	un tácito conceder.	
TESEO	Pues adiós, señora.	
FEDRA	Adiós.	975
TESEO	¡Qué divina!	
FEDRA	¡Qué cortés!	

Vanse.

ATÚN	¿Oyes, Laura?	
LAURA	¿Qué querrá	
	el señor Atún?	
ATÚN	Querré	
	que este escabeche de atún	
	lo aderece tu laurel.	980
LAURA	Nos veremos más despacio.	
ATÚN	Pues ¿por qué no puede ser	
	luego?	
LAURA	¿Por qué me pregunta?	
	¿No sabe que es menester	
	mil años de rendimiento	985
	para obligar mi altivez?	
ATÚN	¿Mil años menester son?	

---

973 *es el no repugnar / un tácito conceder:* Nótese, como más arriba *premisas, ilación* (vv. 920-21), el uso de la terminología de la lógica escolástica; *repugnar:* 'negar'; *conceder:* «dar y otorgar alguna cosa, y lo contrario de negar» *(Aut.).* Es rasgo típico del lenguaje poético calderoniano: véase Á. Cilveti, «Silogismo, correlación e imagen poética en el teatro de Calderón», *Romanische Forschungen,* LXXX (1968), págs. 459-497.

979-980 *este escabeche de atún / lo aderece tu laurel:* explica Covarrubias *escabeche* como «comida o guisado del pescado aleche, del cual se hace una salsa para conservar los demás, dicha muria o sal muria, y en castellano salmuera. Los escabeches delicados se hacen con vino blanco, limones cortados, hojas de laurel, etc.». Hay un juego de palabras con el nombre de *Laura* y *laurel.* Comp. Agustín Moreto, *El desdén con el desdén:* «Laura, en rigor, es laurel; / y pues Laura a mí me plugo, / yo tengo de ser besugo, / por escabecharme en él» (Jornada tercera, vv. 2175-2178).

983 *luego:* 'Inmediatamente, enseguida'. Es un sentido que aún se conserva en zonas dialectales del astur-leonés. Véase C. C. García Valdés, 1979, pág. 222.

| | Pues perdóneme vuested,
porque no puedo ser yo
amante Matusalén. | 990 |
| LAURA | ¿Luego quieres desistirte
de mi amor? | |
| ATÚN | Sí. | |
| LAURA | ¿Pues no ves,
que todo aqueste rigor
no ha sido más que querer
probar la fe de un lacayo,
si es que en lacayos hay fe? | 995 |
| ATÚN | Está muy bien, pero mira
no te acontezca otra vez
quererte fingir señora,
porque no se avienen bien
la tizne del estropajo
y el humo del altivez*. | 1000 |
| LAURA | Pues adiós, picaril brío. | |
| ATÚN | Adiós, fregatriz desdén. | |

(Vanse, y salen ARIADNA *y* CINTIA.*)*

---

990 *Matusalén:* personaje bíblico *(Génesis* 5, 27: «Fueron todos los días de Matusalén novecientos sesenta y nueve años») cuya extraordinaria longevidad se usa como punto de comparación para ponderar las cosas muy duraderas. Aquí está empleado como adjetivo.

993 *rigor:* 'severidad'; también significó 'condena, castigo'. Los dos valores aparecen con frecuencia fundidos en el uso. Véanse los vv. 717, 758, 882, 993, 1287, 1957, 2357, 3254, 3262, 3290, 3477, 3480.

*1002 *el altivez:* OC corrige innecesariamente «la altivez». *El* es forma antigua del artículo femenino. La forma latina *illa-ella* se reducía a *el* ante cualquier vocal. En el siglo XVII, *el* como femenino sólo queda delante de palabras que empiecen por vocal *a*. El uso de uno u otro artículo, en la escritura en verso, está condicionado por la métrica, como puede verse en los vv. 704 y 722 de *Los empeños de una casa. Altivez:* «orgullo del ánimo, que se acerca mucho a la soberbia, y por lo común se endereza a la estimación propia y desprecio de los demás» *(Aut.).*

1003 *picaril brío:* 'donaire y desembarazo propio del pícaro'.

1004 *fregatriz:* «lo mismo que fregona, pero más culto», según *Autoridades,* pero fregona tiene, además, el valor de 'mujer deshonesta'. Véase nota a *fregona,* v. 1520 de *Los empeños de una casa.*

ARIADNA ¿Qué es aquesto, cielo injusto? 1005
 ¿Qué es lo que pasa por mí,
 que lo acierto a padecer
 y no lo sé difinir?*.
 ¡Ay de mí!
 ¡Qué mal sabe hablar quien sabe
  [sentir! 1010
 Apenas, Amor tirano,
 de tus flechas conocí
 que las hace más agudas
 quien las quiere resistir,
 cuando vi 1015
 que sabes hacer más daño que herir.
 No siento, no, que pasaras
 mi corazón varonil,
 ni que del alado arpón,
 que vibra tu aljaba vil, 1020
 el sutil
 oro de mi sangre esmalte el carmín.
 Ni que pudiese tu engaño
 a mi altivez persuadir
 que consistía el vencer 1025
 en dejarse antes rendir;

---

*1008 *difinir:* no es necesaria la enmienda «definir» de OC porque «difinir» de S, con la vacilación propia del vocalismo átono, es forma de la época. Las vacilaciones de timbre del vocalismo átono penetraron hasta muy avanzado el periodo clásico y aún perviven hoy en la fonética vulgar. Véase nota al v. 1287.

1012-1020 *flechas, alado arpón, aljaba:* atributos tópicos del Amor. Cfr. Alciato, *Emblemas,* pág. 149: «En general [los poetas] lo presentaron como niño ciego, desnudo, con alas, dotado de arco con aljaba y flechas de fuego, que encienden el deseo». Véase nota al v. 573 de la Loa. Una explicación detallada de la iconografía de Amor-Cupido en Pérez de Moya, *Philosofía secreta,* págs. 294 y ss.

1018 *varonil:* 'valeroso y fuerte'.

1019-1022 Ordenamos el fuerte hipérbaton de estos versos: 'ni [siento] que el carmín de mi sangre esmalte el sutil oro del alado arpón...' Cupido lleva en su aljaba flechas (o arpones, que hieren con más intensidad) de dos tipos: unas con las puntas de oro para mover a amar; otras, de plomo, para el desamor. Véase Pérez de Moya, *Philosofía secreta,* pág. 295.

1025-1026 *que consistía el vencer / en dejarse antes rendir:* véase nota a los vv. 675-676.

	que el servil	
	fuera, sin celos, estado feliz.	
	Lo que sí siento es que, cuando	
	al ateniense gentil	1030
	del reino de mi albedrío	
	la investidura le di,	
	hallo aquí	
	que muero por quien no muere	
	[por mí.	
CINTIA	¿Qué es lo que dices, señora?	1035
	Recóbrate y vuelve en ti,	
	que se niega al remediar	
	quien se da toda al sentir.	
ARIADNA	Yo he de librarlo, pues tengo	
	para que se libre ardid;	1040
	que, aunque de Fedra sea amante,	
	mi amor no ha de permitir	
	que para mí,	
	si le adoro, sea amante infeliz.	
CINTIA	¿Cuál es el medio que tienes	1045
	para librarlo?	
ARIADNA	Es sutil,	
	porque con un hilo solo	

1027 *el [estado] servil:* la situación de siervo, de esclavo, siempre dentro del léxico amoroso.

1047 *un hilo solo:* coinciden los mitógrafos en la argucia del hilo, no así en el desenlace posterior de la historia de Ariadna y Teseo. Comp. Plutarco: «Una vez que [Teseo] arribó a Creta, de acuerdo con los escritos y cantos de la mayoría, recibió de la enamorada Ariadna el hilo e, informado de cómo pueden recorrerse las espirales del Laberinto, mató al Minotauro y se hizo a la mar llevándose a Ariadna...» *(Vidas paralelas,* págs. 176-177); en Apolodoro: «Cuando [Teseo] llegó a Creta, Ariadna, hija de Minos, se enamoró de él y le promete su colaboración, con la condición de que la lleve a Atenas y la tome por esposa. Accedió Teseo mediante juramentos y ella pide a Dédalo que le delate la salida del laberinto. Por indicación suya, le da un hilo a Teseo en el momento de entrar. Teseo, tras atarlo a la puerta, entra y lo va soltando. Halló al Minotauro en la parte más recóndita del laberinto, lo mató luchando a puñetazos y salió recogiendo el hilo. Durante la noche arriba a Naxos con Ariadna y sus muchachos. Allí Dioniso, enamorado de Ariadna, la secuestró y la condujo a Lemnos [...] Teseo, entristecido por la pérdida de Ariadna...» *(Biblioteca mitológica,* pág. 213); Ovidio es muy breve en el tema del amor de

| | ha de triunfar y vivir;
pues en la lid,
sabrá al fiero monstruo soberbio
[rendir. | 1050 |

(Sale BACO *y quédase al paño.)*

| BACO | Si no me miente el deseo,
la voz de Arïadna oí,
que triste se lamentaba.
Quiero escuchar desde aquí,
puesto que no me ha sentido, | 1055 |
| | que quizá podré inferir
de sus voces su dolor. | |
| CINTIA | Señora, no estés así,
que aunque sea de tu hermana
amante, al que tú a rendir | 1060 |
| | has llegado tu albedrío,
no faltará algún ardid
para que atento a tu amor
la deje, y te quiera a ti. | |
| BACO | ¿Al amante de su hermana? | 1065 |
| | ¿Qué es esto? ¡Triste de mí!
Que lo quisiera saber
y no lo quisiera oír. | |
| CINTIA | Mas di, ¿no quieres a Baco? | |
| ARIADNA | ¿Tal llegas a proferir, | 1070 |
| | cuando me ves abrasar,
cuando me miras morir,
y cuando al galán de Fedra | |

Ariadna a Teseo, su ayuda, su salida de Creta y su ulterior abandono en la isla de Naxos: «Después de que... al monstruo lo venció... y, cuando, con la ayuda de una joven, la difícil puerta no atravesada por ninguno de los anteriores fue encontrada recogiendo el hilo, al punto el Egida [Teseo], tras raptar a la Minoide [hija de Minos], desplegó velas en dirección a Día [nombre mítico de Naxos] y cruel abandonó a su compañera en aquella playa» *(Metamorfosis,* VIII, 175-180).

1060-1061 *al que tú a rendir / has llegado tu albedrío:* 'a quien tú has llegado a rendir tu albedrío'. Ver la misma idea un poco más adelante en los vv. 1074-1076.

	de manera me rendí,	
	que aun libre no me quedó	1075
	la parte de discurrir?	
	Y así deja los consejos,	
	si es darme gusto tu fin,	
	(que en un amor obstinado	
	es ofender, advertir),	1080
	y [ve] que quiero buscar*	
	medios para conseguir	
	mi intento.	
CINTIA	Vamos, señora,	
	que razón es preferir	
	al que tú tienes amor,	1085
	al que te le tiene a ti.	

(Vanse, y salen BACO y RACIMO.)

BACO	¿Tal agravio llego a ver	
	y persevero en vivir?	
	Sin duda es por carecer,	
	u de alma con que sentir,	1090
	u de vida que perder.	
	Cuando a esta injusta tirana	
	con mayor fineza adoro,	
	hallo que quiere, liviana,	
	al amante de su hermana,	1095
	que claro está que es Lidoro.	
	¿Que este ultraje sufra aquí	
	mi dolor? ¡Ah, ingrata fiera!	

1076 *discurrir:* «Pensar y conferir las razones que hay en favor o en contra de alguna cosa» *(Aut.)*.

*1081 «y ver» S; acertada enmienda de OC que acepto. Según algunos tratados de mitología Ariadna pidió ayuda a Dédalo, que le dio la idea del hilo. Véase nota al v. 1047.

1085-1086 Según estos versos es preferible amar que ser amado, mientras que en los vv. 1100-1101, por boca de Baco, se dice lo contrario.

1090-1091 La *u* se emplea en la lengua clásica como partícula disyuntiva cuando la palabra anterior acaba en *o*, o la siguiente empieza por ella, para evitar la cacofonía, «o cuando la dicción siguiente empieza con *d*, para quitar la mal sonancia» *(Aut.)*. OC corrige «o ... o».

| | Ya que me dejas así,
            ¿no me dejaras, siquiera,   1100
            por quien te quisiera a ti?
            Que aunque tan ingrata estás,
            es tan noble mi despecho,
            que juzgo que siento más
            que los celos que me das,   1105
            la ofensa que a ti te has hecho.
| Racimo | Bien lo has gritado, señor,
            sosiégate y ten cordura.
            Mas no es culpable el furor,
            que si amor solo es locura,   1110
            ¿qué serán vino y amor?
            Y aunque es tan grande insolencia,
            si la consecuencia saco,
            no te ofendo que, en conciencia,
            no es mucha la diferencia   1115
            entre ser toro y ser Baco.
            Aunque también te confieso
            que es cosa muy enfadosa
            que te carguen, con exceso,
            en la cabeza otra cosa   1120
            sobre su ordinario peso.
| Baco | ¡Loco, atrevido, villano!
            ¿Cómo mis ansias reprimo?
| Racimo | Detente, señor, que es llano
            que si tú aprietas la mano,   1125
            corre peligro el Racimo.
            Mas un remedio he pensado
            con que tendrá linda medra
            tu amor.

1116 *entre ser toro y ser Baco:* no ve Racimo ninguna diferencia porque ambos tienen cuernos, como explicita versos más adelante.

1120 Nueva alusión a los cuernos.

1125-1126 *si tú aprietas la mano, / corre peligro el Racimo:* doble sentido de *apretar la mano:* 'añadir rigor a un castigo' y el sentido literal de 'estrujar', en este caso, un *racimo.*

1128 *linda medra: medra* es el «aumento, mejora, adelantamiento o progreso de alguna cosa», mejoría intensificada con el adjetivo *linda:* 'cabal, perfecta'.

BACO	Pues di, ¿qué has hallado?	
RACIMO	Que tú enamores a Fedra,	1130
	con que quedarás vengado.	
BACO	Como tuya es la locura.	
RACIMO	¿Pues qué te parece malo?	
	Requiebra tú su hermosura	
	y taparás la rotura	1135
	con cuña del mismo palo.	
BACO	Hacerlo quiero al instante,	
	que aunque tus locuras toco,	
	no es razón que a nadie espante	
	el ver que apetezca un loco	1140
	consejos de un ignorante.	
	Ven, pues, para que advertido,	
	si mi dicha a Fedra topa,	
	le diga mi amor fingido.	
RACIMO	Ella viene allí, que ha sido	1145
	caer en la miel la sopa.	

(Sale FEDRA.*)*

FEDRA	Por si acaso se quedó	
	de Teseo algún crïado	
	en esta cuadra, de quien	
	tenga noticia... Mas Baco	1150
	está aquí; volverme quiero.	
RACIMO	Señor, acude al reclamo,	
	y mira no se te vuele	
	el pájaro de la mano.	

Comp. Lope de Vega, *El castigo sin venganza,* vv. 1-3: «*Ricardo:* ¡Linda burla! / *Febo:* Por extremo, / pero ¿quién imaginara / que era el duque de Ferrara?» (ed. F. B. Pedraza, Barcelona, Octaedro, 1999).

1143 *topa:* 'halla', 'encuentra'. Véase nota al v. 2729 de *Los empeños de una casa*.

1146 *caer en la miel la sopa:* parece alteración de algún refrán o frase proverbial. Indica la oportunidad de la llegada de Fedra. Aquí *sopa:* 'pan cortado o desmenuzado'.

1149 *cuadra:* véase nota al v. 84.

BACO	Temo no acertar, Racimo.	1155
RACIMO	¿Qué importa? Llégate errando,	
	que repite para amante	
	quien cursa de mentecato.	
	Haz cuenta que eres poeta	
	y que te hallas en un paso	1160
	de comedia, donde es fuerza,	
	sin estar tú enamorado,	
	fingir otro, que lo esté,	
	y dile soles y rayos,	
	ansias, desvelos, respetos,	1165
	temor, silencio y cuidado,	
	y atención sin esperanza,	
	que es lo que corre en palacio,	
	y verás cómo lo aciertas.	
BACO	Yo llego. —Hermoso milagro,	1170
	en cuyas aras divinas	
	sirve el mismo amor postrado	
	de víctima a vuestro culto,	
	porque fuera desacato	
	que ardiera a incendio tan puro	1175
	menos divino holocausto.	
FEDRA	Agradecida a la sangre	
	estoy, príncipe, pues hallo,	
	que por serlo de Ariadna	
	merezco favores tantos.	1180

1157 *repetir* ... *cursar:* términos propios de las escuelas.
1160-1161 *paso de comedia:* es «el lance o suceso que se introduce en ella para tejer la representación. Por extensión se dice de cualquier cosa que mueve a risa o hace armonía o extrañeza» *(Aut.).*
1164-1167 El gracioso enumera términos propios del lenguaje de los galanes de comedias.
1167-1168 *sin esperanza, / que es lo que corre en palacio:* idea ya expuesta por Sor Juana en otros lugares. Comp. «... la Esperanza, en palacio, / sólo es digna del desprecio» (vv. 149-150 del *Sainete primero de Palacio*); «En leyes de Palacio, / el delito más grave / es esperar» (OC, I, pág. 212, vv. 13-15).
1170-1176 Obsérvese el empleo de tópicos tomados de la poesía petrarquista de la que se nutre el lenguaje amoroso de la comedia áurea.
1179 *por serlo de Ariadna:* 'merezco esas atenciones (favores) por ser de la misma sangre que Ariadna, por ser su hermana'.

(Sale Lidoro *y quédase al paño.)*

Lidoro	Buscando el desdén de Fedra
	vengo siguiendo sus pasos,
	que siempre son los desdenes
	imán de los desdichados.
	Mas con el príncipe allí 1185
	de Tebas la miro hablando;
	no quiero salir tan presto,
	que es exponerme a que airado
	me desprecie su desdén,
	y a mí me basta el trabajo 1190
	de sentirlo, sin que sepa
	otro que estoy desairado.
Baco	No dudéis de la fineza
	con que os adoro, si acaso,
	por estimar a Lidoro, 1195
	me desdeñáis.
Fedra	¿[Desde] cuándo*
	he querido yo a Lidoro?
Lidoro	¿Qué es esto? ¡Celos, a espacio
	no deis crédito al veneno,
	hasta que apuréis el vaso! 1200
Fedra	Pues vos, príncipe, ¿a Ariadna
	no servís?
Baco	No vuestro labio
	la nombre, porque es hacer,
	contra las leyes de urbano,

---

*1196 «Pues quando» S. La enmienda salva la medida del verso.

1198 *a espacio:* cfr. Lope de Vega: «Riñó a espacio y murió a prisa» *(Sin secreto no hay amor,* 32, ed. Hugo A. Rennert, Baltimore, 1894); «Allá quiero, Bruneto, que te partas / y lleves unas cartas a mi esposa, / y le pidas dineros, que sospecho / que caminan a espacio estos negocios» *(El genovés liberal,* 127, en *Obras dramáticas,* Real Academia, 1916-1930, tomo VI): «No pases adelante; / dame la cicuta o hierba, / Guillermo, en taza penada, / muera a espacio» *(Alejandro el Segundo,* 587, en *Obras dramáticas,* Real Academia, 1916-1930, tomo I). Del *Vocabulario de Lope de Vega.*

1202 *servir:* «cortejar o festejar a alguna dama, solicitando su favor» *(Aut.).*

1204 *las leyes de urbano:* normas de cortesía, propias de la urbanidad.

	que yo quebrante grosero	1205
	los términos cortesanos.	
	Verdad es que, a los principios,	
	por congrüencias de Estado,	
	publiqué su galanteo;	
	pero después de miraros	1210
	(¡ay, cielos, que mal me animo!)	
	¿quién es de juicio tan falto	
	(¡que así ofenda lo que adoro!)	
	que no se os rinda?	

(Sale LIDORO *y saca la espada.)*

LIDORO	A un agravio	
	tan grande, solo el acero	1215
	reconviene.	
BACO	De mi brazo	
	tendrás el justo castigo.	
FEDRA	¡Qué empeño tan apretado!	
	¡Ah de la guarda! ¿Qué es esto?	
RACIMO	¡Por Dios, que tienen entrambos	1220
	lindos filos de reñir!	
	Mas si rompen a mi amo	
	la cabeza, será bueno	
	ver, una vez en el año,	
	que tenga los cascos rotos	1225
	quien tiene tan buenos cascos.	

1211, 1213 Figuran entre paréntesis los pensamientos de Baco que debería decir entrecortadamente en dirección opuesta a su interlocutora.

1216 *reconvenir:* «Hacer cargo o convencer a alguno con su propio hecho o palabra» *(Aut.).*

1218 *empeño apretado:* situación confusa y difícil.

1221 *filos de reñir:* 'espadas'. Se llama *filo* al corte de la espada, cuchillo u otro instrumento cortante.

1225-1226 Juego de palabras. Si le rompen la cabeza, le rompen el *casco*: «El hueso cóncavo que cubre la cabeza y contiene dentro de sí los sesos y celebro» *(Aut.); cascos:* «figuradamente hablando de los del hombre, significan el juicio que tiene, y regularmente suele ser en mala parte» *(Aut.),* tanto da decir de alguien que tiene buenos o malos cascos, en los dos casos es decir que tiene poco juicio.

(Sale el Rey, *y envainan las espadas.)*

Rey	¿Qué es esto?
Los dos	Nada, señor.
Rey	¿Qué fue, Fedra?
Fedra	Que indignados

    (aquí es forzoso fingir)
    por una cuestión, que acaso   1230
    se excitó, sin intención,
    estando los dos hablando,
    cada uno de las grandezas
    y blasones de su Estado,
    paró en porfía, porque   1235
    cada uno intentaba el lauro
    para su patria, lo cual
    ocasionó que, empeñados
    de argumento en argumento,
    se encolerizasen tanto   1240
    que..., pero ya tú los vistes.

Rey   Puesto que no ha habido agravio
    de por medio, yo os suplico
    depongáis el temerario
    ímpetu que aquí os incita.   1245

Lidoro   Por mí, señor, acabado
    está, pues vos lo mandáis.

Baco   Yo en obedecer no os hago
    servicio, señor, alguno,
    pues que no estoy enojado   1250
    con Lidoro, ni ofendido.

Rey   Pues vamos, príncipes.
Baco   Vamos.
Fedra   Mucho llevo que temer.

1235 *porque:* ha de ser aguda por exigencias de la métrica. *Porfía:* 'contienda', 'disputa'.

1236 *lauro:* 'premio, triunfo'.

1241 *vistes:* 'viste', con una *-s* analógica con la desinencia de segunda persona en otros tiempos; la forma *vistes* hoy se considera un vulgarismo. Véase nota al v. 821 de *Los empeños de una casa*. OC corrige «viste».

1253-1268 Estas intervenciones han de considerarse como apartes.

Rey	Mucha sospecha me han dado.	
Lidoro	De celos y agravios muero.	1255
Baco	De cólera y celos rabio.	
Racimo	Y yo me muero de risa, de ver tan grandes menguados.	
Lidoro	Mucho temo que reviente el volcán en que me abraso.	1260
Baco	Mucho temo que se asome esta pasión a los labios.	
Rey	Mucho sentiré que pase el empeño a mayor daño.	
Fedra	Mucho sentiré que sirva Baco a mi amor de embarazo.	1265
Racimo	Mucho temo que de sed he de beberme a mi amo.	

1258 *grandes menguados:* juego de palabras con la dilogía de *menguado,* que, por una parte, es antítesis de *grande* y, por otra, significa 'cobarde', 'tonto'.

1268 *he de beberme a mi amo:* porque decir Baco es como decir vino; así afirma Covarrubias: «todos los epítetos que hemos dado a Baco y sus nombres le competen al vino, por los efetos que hace en el que le bebe».

Jornada segunda

(Salen el REY *y* TEBANDRO.*)*

REY	En esta del horror caverna obscura	
	mi venganza insaciable hallar procura	1270
	modo con que templar el dolor fiero	
	del tormento mayor, del más severo	
	linaje de pesar y alevosía,	
	que pudo fabricar la tiranía.	
TEBANDRO	Ya Vuestra Majestad tiene en Teseo	1275
	satisfecho el desastre de Androgeo,	
	puesto que al Minotauro ya entregado,	
	pasto suyo, su fin habrá alcanzado,	
	donde pagado habrá su adversa suerte	
	réditos de una vida con su muerte.	1280
REY	Aunque es verdad que es príncipe de [Atenas,	
	tan crecido es el golfo de mis penas,	
	que en ondas de congoja fluctüando,	
	mi triste vida miro zozobrando	
	en un mar de tormentos repetido,	1285
	donde estoy de congojas sumergido.	
TEBANDRO	Si opuesto siempre, el hado rigoroso	
	dispuso que en el Príncipe, costoso	
	fuese el fin de sus prendas un violento,	

1282 *golfo:* tópico poético para indicar abundancia.
1287 *rigoroso:* con la vacilación propia del vocalismo átono. Véanse notas al v. 1008, y al v. 245 de la «Loa» de *Los empeños de una casa*. En OC *riguroso*.

	trágico estrago, fúnebre lamento,	1290
	siendo los juegos en que se excedía,	
	tragedia de su misma gallardía;	
	pues con primor de partes las más diestras,	
	era rayo galán de las palestras,	
	en cuyas lides fue, sin desvarío,	1295
	el que daba lección al mismo brío.	
REY	¿Qué importa el que gallardo, osado lidia,	
	si feroz contra él tiene la envidia,	
	enemigo tan fiero e inhumano	
	que se precia de aleve y de tirano?	1300
	Pues contra el que feliz más se previene,	
	tiene sed de lo mismo que no tiene,	
	cuya injuria de locas esperanzas	
	hidrópica de horror bebe venganza.	
	Pero con el tributo,	1305
	manjar viviente de un hambriento bruto	
	que habita el laberinto obscuro tanto,	
	que es eco del pavor, voz del espanto,	
	han de acabar mis iras repetidas	
	tantas infames temerosas vidas.	1310
TEBANDRO	Dé Vuestra Majestad a pena tanta	
	treguas de alivio hoy.	
REY	¡Tebandro, cuánta	
	fuera mi dicha, si aliviar pudiera	
	esta batalla de mi enojo fiera!	

(Asómase ATÚN *al paño.)*

ATÚN	Por sacar la cabeza, a lo que infiero,	1315
	soy atún, y galápago ser quiero.	
REY	¡Muera Teseo!	
ATÚN	¡Horrendo disparate!	
	Este, no hay que dudar que es fiero mate.	

1316 Alusión chistosa al gesto de sacar la cabeza (asomarse al escenario) como una tortuga. Las intervenciones de Atún desde aquí hasta el v. 1332 se entienden como apartes, no oídas por el Rey ni por Tebandro.

1318 *mate:* alusión al último lance del ajedrez, aunque aquí no es el rey sino un príncipe el que está en peligro de muerte.

Rey	De cólera en mi enojo no sosiego;
	todo soy iras, todo rayos.
Atún	¡Fuego! 1320
Tebandro	Tu Majestad procure divertirse.
Atún	Déjelo, y más que llegue a consumirse,
	que con aqueste rey tan aturdido,
	el secreto sabré del consumido*.
Tebandro	Las infantas, señor, tienen dispuesta 1325
	hacer a Vuestra Majestad gran fiesta
	de un sarao en el alcázar de Diana.
	Témplese una congoja tan tirana,
	y opóngase lo cuerdo al accidente;
	porque un sentir, si es cuerdo, menos [siente. 1330
Rey	Por si puedo aliviar tanto tormento,
	iré, Tebandro.

(Vanse Tebandro *y el* Rey, *y sale* Atún.)

Atún	Cierto, que es contento
	el ir a ver el Rey, sin más andanzas,
	en dos infantas suyas las mudanzas.

1322 *consumirse:* «Deshacerse, apurarse, afligirse uno por no poder ejecutar lo que quiere, por algún respeto que le embaraza» *(Aut.).*

*1324 *el secreto sabré del consumido:* en S y otros testimonios «sabré dèl consumido». *Consumido:* «algunas veces se entiende por el miserable, mezquino y desdichado» *(Aut.).* Parece mucho atrevimiento por parte de Atún, quizá aluda a algún dicho o facecia del tipo «el secreto de Anchuelos» que explica Covarrubias como la noticia que nos dan pidiendo que se guarde el secreto cuando ya es un asunto público; pero aún el gracioso puede ir más lejos y el secreto (con la forma «de él» se alude a un secreto del Rey) se refiera al vergonzoso adulterio de su esposa Pasifae con el toro de Creta, fruto del cual nació el monstruo Minotauro (véase nota al v. 97). Para esta interpretación mejor lección sería «del consentido» como alusión al marido paciente tan satirizado en la literatura áurea del que es prototipo el personaje folclórico y literario de Diego Moreno.

1329-1330 *opóngase lo cuerdo al accidente:* 'opóngase lo sensato, lo prudente al impulso de la pasión'; *accidente:* «pasión o movimiento de ánimo» *(DRAE). Un sentir:* 'cualquier sentimiento'; *sentir,* como sustantivo equivale a sentimiento.

1334 *mudanzas:* juego con la dilogía de *mudanza:* 'los distintos movimientos que se hacen en los bailes y danzas según la música' y 'la inconstancia en

	Salgamos a ver el día,	1335
	[pues un laberinto grande*,	
	es este en que estoy metido],	
	¡plegue a Dios que ello en bien pare!	
	Salgamos a ver el día,	
	que en esta horrorosa cárcel	1340
	donde se estudian tinieblas,	
	se ignoran las claridades.	
	Cierto, que estoy a mi amo	
	dispuesto en aquesta parte,	
	casi casi, por no verlo,	1345
	por liarlas casi, casi.	

(Sale TESEO *del laberinto.)*

TESEO	¡Atún!	
ATÚN	Señor, oye al punto	
	con qué modo, con qué arte	
	podemos a Ariadna y Fedra	
	verlas en danza esta tarde.	1350
	Dame albricias, y sean luego;	
	acaba ya, no te tardes.	

---

los afectos', considerada esta última muy propia de las mujeres («que hay de mujer a mudanza / lo que de hacer a decir», Lope de Vega, *El caballero de Olmedo*, vv. 1233-1234).

*1336-1337 «Que ay vn Labyrinto grande, / En este, en que estoy metido» S y otros testimonios; mejor lección la de B2, B3, que acepto «Pues un laberinto grande / es este, en que estoy metido», ya que Atún habla así cuando sale del laberinto y quiere ver la luz.

1345-1346 *casi casi:* expresión que denota perplejidad; ha de escribirse sin coma entre los dos términos. Cfr. Cervantes, *Don Quijote*, I, XXXV: «Con tan desdichadas nuevas casi casi llegó a términos Anselmo, no sólo de perder el juicio, sino de acabar la vida». *Liarlas:* «Frase vulgar con que se da a entender que uno se huyó oculta y escondidamente» *(Aut.)*. Atún se encontraba medio escondido, al paño, como se dice en la acotación al verso 1314, con la intención de no ver a su amo e incluso de escapar.

1351 *albricias:* 'Recompensa o premio que se da al portador de buenas noticias'. Este mismo significado tiene en los vv. 2178, 2439, 2466, 2477 y 3588 de esta comedia. Para otros significados, véase nota al verso 342 de la «Loa» de *Los empeños de una casa.*

	Dame lo que tú quisieres,
	y no lo que tú mandares.
TESEO	¿En danza?
ATÚN	Sí, porque tienen 1355

dispuesto un sarao muy grande,
donde príncipes y nobles
entran con bravos disfraces
de galas y mascarillas,
porque los conozca nadie.   1360
No de príncipe papel harás,
sino de danzante;
haz, por Dios, lo que te ruego,
aunque es forzoso que saltes.

TESEO   Infeliz soy y dichoso   1365
en un tiempo, pues combaten
a mi pecho, entre imposibles,
amantes neutralidades.
Fedra, a quien mi amor erige
rendimientos por altares,   1370
adoraciones me intima,
afectos me persüade.
Ariadna, a quien no le debo
menos que la vida, amante,
si no me rindo a su cielo,   1375
de ingrato he de hacer alarde;
porque si fue el instrumento
para que yo me librase
dando muerte al Minotauro,
¿en qué pecho noble cabe   1380
recibir el beneficio,
para no saber pagarle?
Pues en este laberinto

1354 *lo que tú quisieres, no lo que tú mandares:* véanse los vv. 1546-1555 de *Los empeños de una casa.*

1358 *bravos disfraces: Bravo:* «se toma también por magnífico, ostentoso, suntuoso, excelente y excelso» *(Aut.).*

1377-1379 Véase nota al v. 1047.

        donde vivo, ni aun señales
        deja la duda al recelo,   1385
        para que riesgos me asalten;
        pues con el hilo piadoso
        que su amor supo fiarle
        sólo a mi valor, mi vida
        tuvo en su piedad rescate.   1390
        Por cuya fineza quiso,
        para que yo me librase,
        Fedra que yo de Arïadna
        me mostrase fino amante;
        acción de amor generosa,   1395
        de tan subidos quilates,
        que sólo para mis bienes
        de sus injurias se vale,
        solicitando su ofensa
        tan agente, al resguardarme,   1400
        que a Arïadna le permite
        lo que nunca es dispensable.
        Su mal es grande estadista,
        porque estudia infatigable,
        en escuelas de tormentos,   1405
        políticas de pesares.
        Pues cuando firme pretende
        que por quererla a otra ame,
        cobra sueldos de fineza,
        sin tirar de amante gajes.   1410

ATÚN   Aunque pudiera la muerte
        hoy por el hilo sacarte
        del bruto, tan bien la hicistes,
        que el Rey de ella está ignorante.
TESEO   Pero di, el sarao que dices,   1415
        Atún, ¿de dónde lo sabes?
ATÚN   Selo, porque al Rey, Tebandro
        avisó, que festejarle
        querían Ariadna y Fedra

1413 *hicistes:* 'hiciste'. Véase nota al v. 1241.

	por divertir sus pesares,	1420
	y que habían dispuesto un	
	festín de aquellos que hacen,	
	con cortesanos adornos,	
	las palaciegas deidades.	
Teseo	Yo danzara, si tuviera	1425
	decente forma.	
Atún	Millares	
	de príncipes has de ver,	
	que en forma y figura salen.	
Teseo	Para el caso galas tengo,	
	como tú sabes, bastantes;	1430
	pues por príncipe, aunque preso,	
	traje muy rico homenaje.	
Atún	Que no las tienes, presumo,	
	según es fuerza empeñarte.	
Teseo	¡Qué sería que con Fedra	1435
	danzara!	
Atún	Siendo el *tuautem*	
	de que tú salgas, espero	
	te baile el agua delante.	

1420 *divertir*: 'apartar', 'alejar'. Comp. Lope de Vega, *El villano en su rincón*, vv. 2061-2064: «*Costanza:* Ya te entiendo; pero advierte / que el bien que no ha de venir / es discreción divertir. / *Lisarda:* Antes el mal se divierte» (ed. A. Zamora Vicente, 1970).

1426-1428 *en forma y figura: figuras*: «Los personajes que representan los comediantes, fingiendo la persona del rey, del pastor, de la dama y de la criada, del señor y del siervo, y los demás» *(Cov.)*. *Salir en figura*: 'con disfraz'. *Salir en forma*: 'con orden y formalidad'. El sentido es 'millares has de ver que salen en forma y figura de príncipes', sentido que cambia la puntuación de Salceda: «Millares, / de príncipes, has de ver, / que...».

1432 *homenaje* que OC considera un error por *menaje*.

1436 *tuautem:* persona o cosa que se considera precisa e indispensable para conseguir algún fin. Es expresión tomada de las palabras latinas con que terminan las lecciones del Breviario eclesiástico: *Tu autem, Domine, miserere nobis.* Cfr. Quevedo, *Cuento de cuentos*: «Padre nuestro, ese belitre que se hace el tuautem del negocio tiene muy malas manchas... *(Prosa festiva completa,* pág. 406).

1438 *bailar el agua delante:* critica Quevedo en *Cuento de cuentos* esta expresión como incoherente: «Y *hacer bailar el agua delante,* ¿es a propósito?» *(Prosa festiva completa,* pág. 390). En el mismo sentido se expresa Quiñones de Bena-

Teseo	¿En qué lo fundas?
Atún	¡Qué lindo!
	En lo que llego a fundarme 1440
	es que se paga del viento,
	y tienes [tú] muy lindo aire*.

(Sale Laura *con manto, tapada.)*

Laura	Buscando vengo a Teseo;
	mas, si no llego a engañarme,
	este que miro es Atún. 1445
	¡Ce, galán!
Atún	Anzuelo trae
	para pescarme, sin duda,
	este fregatriz donaire.
Teseo	Mira que te busca; llega.

---

vente, Entremés de *Las civilidades*, vv. 200-201: «Bailar el agua delante, / yo no sé cómo se entienda» *(Entremesistas y entremeses barrocos*, pág. 205). Covarrubias explica: «es servir con gran diligencia y prontitud; está tomada esta manera de hablar de las criadas que en tiempo de verano, cuando sus amos vienen de fuera, refrescan las piezas y los patines con mucha presteza, y el agua va saltando por los ladrillos y azulejos, que parece baila».

1439 *¡Qué lindo!*: exclamación con que se pondera la extrañeza ante algún dicho o hecho. Cfr. Lope de Vega, *El villano en su rincón*, vv. 1963-1964: «*Rey:* Descalzadme vos. / *Belisa:* ¡Qué lindo! / Duerma una noche calzado» (ed. J. A. Zamora Vicente, Madrid, Espasa-Calpe, 1970).

1441 *se paga del viento:* 'le agrada el viento' a Fedra y como Teseo tiene buen aire, ella le bailará el agua delante. Frases hechas y juegos de palabras muy propios del gracioso de comedia.

*1442 «tienes muy» S y demás testimonios. Es enmienda de OC que acepto para completar la medida del verso. *Tener lindo aire:* como *tener buen aire*, «se dice de aquel que se maneja con brío, garbo y gentileza, y que en los movimientos del cuerpo tiene proporción y gravedad» *(Aut.)*.

1446 *¡Ce!:* voz con que se llama a alguna persona, se la hace detener o se pide atención. Forma de llamar probablemente conservada en el *che* de valencianos y sudamericanos.

1448 Para *fregatriz*, véase nota al v. 1004; aquí está utilizado como adjetivo.

1449-1451 *llegar:* 'acercarse'. Juego de palabras con las acepciones de *buscar:* el literal de 'procurar hallar una persona o cosa' y el que tiene en lenguaje de germanía 'hurtar rateramente o con industria'. Cfr. Quevedo, *Buscón:* «Preguntó por los amigos, y respondió, con un chillido crespo, que habían ido a buscar» *(Quevedo esencial*, pág. 172). *Buscona:* 'pedigüeña'.

ATÚN	¿Buscona, y que llegue? ¡Tate!	1450
	Pero llego. ¿Qué me quiere,	
	mi reina?	
LAURA	Que a su amo llame.	
ATÚN	Es enfadoso, y conmigo	
	puede usted desenfadarse.	
LAURA	Mire que vengo de priesa.	1455
ATÚN	Despacio es razón que me hable.	
LAURA	No es fácil, señor galán.	
ATÚN	Si es vuesarced, es muy fácil.	
LAURA	¡Ce, Teseo!	
ATÚN	Oigan las cees,	
	las quees, las erres, las haches,	1460
	con el etcétera de otras	
	letras, para que yo cante.	
TESEO	Ordéneme vuestro gusto,	
	señora, lo que mandareis	
	que a obedeceros me obligo.	1465
LAURA	Pues lo que os pido al instante	
	es que admitáis esta banda,	
	seña que será bastante	
	de la que, por conoceros,	
	aquesta súplica os hace.	1470
TESEO	¿Cómo?	
LAURA	Entrando en un sarao,	
	a que os cita.	
TESEO	¿A mí, citarme?	
ATÚN	Sí, señor, y es muy bien hecho	
	que te cite de remate.	

1455 *priesa:* 'prisa'. Ambas formas alternan en estos textos; en ocasiones, por necesidad de mantener la rima, como en los versos 881, 2558 o 3592, y otras veces sin exigencia métrica (vv. 261 de la loa, 1897, 2285 y 3221).

1458 *fácil:* en el doble sentido, el literal, y el de 'mujer deshonesta'. Para *vuesarced,* véase nota al v. 888.

1469 *por conoceros: por* con valor de *para.*

1474 *citar de remate:* es una frase forense que significa «hacer saber, notificar al deudor ejecutado el remate de sus bienes». El gracioso, como suele, juega con los dobles sentidos; aquí entre la cita para un remate judicial y «loco de remate».

Teseo	La duda que aquí padezco,	1475
	sin repugnar al dictamen,	
	es el que los presos tengan	
	esempción de libertades*.	
Atún	Su esclavo he de ser muy libre.	
Laura	¿Él, mi esclavo?	
Atún	No se enfade,	1480
	que pienso, si no lo acierto,	
	que por su esclavo he de herrarme.	
Laura	Adiós, porque ya no puedo detenerme.	
Atún	Aquí ha de estarse	
	conmigo, como usted guste,	1485
	que no por banda ha de echarme.	
Laura	No gaste flores conmigo.	

---

*1478 *esempción:* «libertad que uno goza para no ser comprehendido en alguna carga u obligación» *(Aut.).* Covarrubias explica que este vocablo y otros de la familia «se habían de escribir con *x*, pero el uso los ha ablandado, poniendo en su lugar la *s*». Conserva el grupo consonántico culto. OC, en contra de todos los testimonios, edita «excepción».

1480 *Él,* pronombre de tratamiento en lugar de usted, usual aún en algunas zonas dialectales de Asturias y León. Huellas de este empleo de «él» se encuentran, con diversos matices, en el español americano.

1481-1482 *si no lo acierto, / que por su esclavo he de herrarme:* juego de palabras entre *errar*: 'no acertar' y *herrar* 'marcar a los esclavos con una señal'. Cfr. Lope de Vega, *La Dorotea*, pág. 116: «Si querías herrarme para que supiesen que era esclava tuya, ¿de dónde has imaginado que yo reparo en que todos lo sepan?»

1486 *echar por banda:* «regañar, mandar a freír espárragos» *(Diccionario castellano e inglés de argot,* de Delfín Carbonell, Ediciones del Serbal, 1997).

1487 *flores:* «Todas las razones agudas que deleitan y alegran» *(Cov.).* En este sentido de requiebros o galanterías emplea el término Laura, pero Atún en su intervención juega con la dilogía de «trampas de fullero, engaños» que tiene en lengua de germanía para significar cualquier tipo de artimaña (casi siempre en el juego) que permite ganar con facilidad despojando a los demás. Juego dilógico que se continúa en el verso siguiente. *Azares:* 'flores de azahar' y 'lances malos en el juego'. Cfr. Quevedo, *El Buscón:* «como yo tenía ya mis principios de fullero, y llevaba dados cargados [...] Dejo de referir otras muchas flores, porque, a decirlas todas, me tuvieran más por ramillete que por hombre... Guarda el naipe de tocamientos, raspados o bruñidos, cosa con que se conocen los azares. Y por si fueres pícaro, lector, advierte que, en cocinas y caballerizas, pican con alfiler u doblan los azares, para conocerlos por lo hendido» *(Quevedo esencial,* págs. 220-221).

ATÚN	Aunque lo sean y las gaste,
	para las damas mis flores
	jamás han sido de azares*. 1490
TESEO	¿Pues no sabré a quién le debo
	tanto favor?
LAURA	Sólo baste
	deciros que es a una infanta.
ATÚN	Si es infanta, a mí me cabe.
	Venga la banda.
TESEO	¿Hay tal loco? 1495
ATÚN	Con ella pueden atarme.
TESEO	¿De qué infanta?
LAURA	Oídme en secreto.
	De Fedra. Y a Dios, que os guarde.
	Si vais al sarao, después
	por el cuarto que cae al parque 1500
	y corre hasta el laberinto
	saldrá a veros.

(Vase.)

TESEO	¡Suerte grande!
ATÚN	Una exhalación con manto
	es la mozuela picante,
	si a cuartos no me condena, 1505
	la dicha, mas que me arrastre.

---

*1490 «azares» en los testimonios; «azahares» en OC. Las flores de azahar son propias de las bodas. Atún no se compromete, de acuerdo con la tradición de la comedia por la que los graciosos reniegan del matrimonio especialmente en el teatro calderoniano. Véase a este respecto H. W. Hilborn, «The calderonian *gracioso* and marriage, *BCo,* 3/1, 1951, págs. 2-3.

1494 Se llama *infante* «el niño pequeño que no tiene edad para hablar; algunos lo extienden hasta la edad juvenil» *(Aut.).* Véanse más adelante los vv. 1536-1538

1505-1506 *si a cuartos no me condena:* los delincuentes ejecutados eran cortados en pedazos *(cuartos)* que se colocaban por los caminos, como advertencia y escarmiento. En el *Buscón (Quevedo esencial,* pág. 140) el tío de Pablos cuenta cómo tuvo que ahorcar al padre del pícaro, y hacerlo luego cuartos: «Hícele cuartos y dile por sepoltura los caminos. Dios sabe lo que a mí me pesa de verle en ellos, haciendo mesa franca a los grajos.» Para la expresión *mas que me arrastre* con el sentido de «ya puede arrastrarme», véase nota al v. 903. OC acentúa «más».

(*Sale* CINTIA *tapada con manto.*)

CINTIA	¡Ce, galán!
ATÚN	¿Qué es lo que miro?
	Aquesta es segunda parte
	de la comedia de amor,
	donde hay bellezas a pares. 1510
CINTIA	Llame a su amo, que le importa.
ATÚN	¿Y eso a mí puede importarme?
TESEO	Atento estaré, señora,
	a lo que vos me ordenareis;
	y así, si he de obedeceros, 1515
	no dilatéis el mandarme.
CINTIA	De vos una dama quiere
	que, con esta pluma, alarde
	hagáis de lo que os estima.
ATÚN	Hombre de pluma lo hace. 1520
CINTIA	Pues para un sarao os convida.
TESEO	La máscara he de quitarme,
	aunque la lleve, sirviendo
	a quien tanto favor me hace.
	Mas, ¿no me diréis quién es 1525
	la que quiere hacer examen
	ahora de mi obediencia,
	sin embozarme su imagen?
CINTIA	Basta deciros que es quien
	os lo ruega.

1509 *la comedia de amor:* tanto puede referirse a la propia representación que, efectivamente, está en la segunda jornada como al subgénero, en general, de las comedias de amor. Cfr. Pedro Lanini, *La entrada de la comedia,* vv. 54-57: «*Arrend.:* ¿Luego por tonto ha de entrar? / *Hombre:* Sí, señor, que en la comedia / del amor quien se hace tonto / al pedir, de balde entra» (*Ramillete de entremeses y bailes,* ed. H. E. Bergman, Madrid, Castalia, 1970).

1518 *hacer alarde:* 'hacer ostentación, jactancia o vanagloria de alguna cosa'.

1520 *hombre de pluma:* como *gente de pluma,* 'la que tiene por ejercicio escribir', en general, 'escribano', ya que se escribía con plumas de ave; ahora le ofrece una pluma como adorno.

ATÚN	No es bastante;	1530

                 que puede ser fea, y los ruegos
                 de las feas son en balde.
TESEO   Si no cabe en lo soberbio
                 tal favor, ¿cómo en mí cabe?
CINTIA   Sólo digo que una infanta   1535
                 os lo pide.
ATÚN   Si el que nace
                 varón, infante se llama,
                 y ella es infanta, yo infante.
TESEO   Necedades deja, loco.
ATÚN   ¿Estas llamas necedades,   1540
                 pretender, sea como fuere,
                 desde lacayo infantarme?
CINTIA   Adiós, no me detengáis,
                 que es tarde ya; y perdonadme,
                 que me espera.
TESEO   ¿Quién?
CINTIA   La infanta   1545
                 Ariadna.
ATÚN   Clara es el ángel.
CINTIA   El cuarto que corresponde,
                 aunque está un poco distante
                 de este laberinto, tiene
                 dispuesto para que os hable.   1550
                 Y adiós.
TESEO   Esperad un poco.
CINTIA   Adiós, adiós, que es muy tarde.

(Vase.)

TESEO   Atún, ¿qué dices de aquesto?

1532 *los ruegos / de las feas son en balde:* no interesan, no se toman en consideración. Cfr. *El premio de la hermosura,* vv. 157-60: «Quien a las feas se inclina / se califica de orate, / porque solamente un loco / puede apoyar fealdades» *(Comedias burlescas,* IV, ed. A. Rodríguez, BAH, Iberoamericana, 2003).

1542 *infantarme:* neologismo del autor para indicar la ascensión en la clase social, de lacayo a infante.

Atún	Lo que digo es que te apartes, que entre tanta infantería, es forzoso que dispares.	1555
Teseo	Las dos a una parte misma me llaman.	
Atún	Para este lance, no de una, lo mejor fuera ser hombre de muchas partes.	1560
Teseo	La banda es un fuerte empeño.	
Atún	La pluma es para cortarse.	
Teseo	La banda he de llevar sola.	
Atún	Plumas se las lleva el aire.	
Teseo	¿Pero si soy conocido?	1565
Atún	¿Pero si damos al traste?	
Teseo	Mi vida arriesgo, mas muera.	
Atún	¿Morir? ¡Muérase un alarbe!	
Teseo	Pero un medio se me ofrece.	
Atún	Ni aun un real es bastante.	1570
Teseo	¿Con máscara no se ha de ir?	
Atún	La fiesta es el descararse.	
Teseo	Pues tú has de ir de aventurero.	
Atún	¡Hay desventura más grande!	

1555-1556 Juego de palabras con la acepción usual de *infantería* como 'parte del ejército que va a pie', y el que le da el gracioso como 'conjunto de infantas'. *Disparar* es acción propia de la infantería y también «hacer o decir cosas fuera de propósito y razón» *(Aut.)*.

1560 *de muchas partes:* juego de palabras con las acepciones de *parte:* el sentido literal de 'sitio' o 'lugar' que tiene en el verso 1557, y el de *partes:* «prendas y dotes naturales que adornan a una persona» *(Aut.)* del verso 1560.

1562 *la pluma es para cortarse: cortar la pluma,* en el doble sentido de cortar, tajar la pluma para escribir con ella, y el metafórico de escribir con elegancia y primor.

1564 Variación sobre el refrán «Palabras y plumas el viento las lleva».

1568 *alarbe:* árabe, moro.

1569-1570 *un medio ... un real:* juego de palabras con las acepciones de *medio:* 'acción conveniente para conseguir alguna cosa' y abreviatura de 'medio real'; *real:* «moneda de plata que vale treinta y cuatro maravedís, [llámase así] por tener las armas reales» *(Cov.)*.

1573 *aventurero:* «Es el que voluntariamente se introduce en cualquier acción sin ser del número de los destinados y llamados a ella con ánimo de ver, saber o por otro fin» *(Aut.)*.

Teseo	Yo la banda he de ponerme,	1575
	tú la pluma, y muy iguales	
	en la gala y bizarría,	
	hemos de ir a este certamen.	
Atún	¿Tengo cara de hechicero?	
	No por cierto, luego es fraude,	1580
	sólo porque se te antoja,	
	el querer hoy emplumarme.	
Teseo	Quien ama no teme riesgos.	
Atún	Quien sirve, los teme tales.	
Teseo	Yo he de salir con la mía.	1585
Atún	Otros con la mía salen*.	
Teseo	¿Pero si lo sabe el Rey?	
Atún	Luego al punto, si lo sabe...	
Teseo	¿Qué ha de hacer?	
Atún	¡Por Dios que es lindo!:	
	que otra vez nos minotaure.	1590
Teseo	Las infantas son hermosas.	
Atún	Sí, pero el viejo es matante.	
Teseo	¡Oh si logro la ocasión!	
Atún	¡Oh si me quieren de balde!	
Teseo	¡Oh si mereciese a Fedra!	1595
Atún	¡Oh si Ariadna me rogase!	

(Vanse, y sale Racimo.)

1582 *emplumar:* «Castigar a uno y afrentarle por haber sido alcahuete, lo que se ejecuta por mano del verdugo desnudándole de medio cuerpo arriba, untándole con miel y después cubriéndole con pluma menuda» *(Aut.)*. Castigo que también se aplicaba a los hechiceros. Juego de palabras con este significado y el literal de *emplumarse* 'adornarse con una pluma'.

*1586 «con la mia se salen» S. Sigo la lección de B2, B3 que deja la correcta medida del verso, además de atender al juego de «salir con la mía», «salir con la suya», etc. Frases que valen «conseguir uno su intento cuando tiene contradicción para lograrlo».

1589 *¡Por Dios, que es lindo!:* expresión de extrañeza ante lo que se acaba de decir. Véase v. 1439. *Minotaure:* neologismo creado sobre Minotauro, para decir que otra vez nos entregue al monstruo.

1592 *matante*: cfr. Quevedo, *Premática del Tiempo:* «Item, porque sabemos que cierto linaje de valentones matantes, que sólo matan a quien se deja matar, mandamos...» *(Prosa festiva completa,* pág. 220).

RACIMO Yo tengo un amo, señores,
que con él, por mis pecados,
en buena filosofía
he de conceder que hay Baco. 1600
Yo no sé por qué ocasión,
saliendo aquí en un sarao
solicita ser de fiesta
hombre de tanto trabajo.
De aquí para allí corriendo, 1605
por estar enamorado,
aunque me trae bien vestido
me trae siempre hecho pedazos.
Su amor no le da lugar
a mi amor, y es fuerte caso 1610
el que se lo quiera todo
sin dejarme querer algo.
Por ser de Laura cautivo
me trata como un esclavo,
y quisiera algunas veces 1615
ser con ella un libertado.
De este palacio, mondonga,
según los pies y las manos,
me ha parecido, porque
de mondonga tiene callos. 1620
Ya se va haciendo la hora

1607-1608 Aunque el texto lee «trae» ha de pronunciarse con diptongo «trai» para la correcta medida del verso. *Hecho pedazos*, se opone por una parte a *bien vestido* y por otra indica que le trae muy cansado y fatigado.

1616 *libertado:* Juego de palabras con las acepciones de *libertado:* «sacado de la esclavitud» y «osado, atrevido, sin freno ni vergüenza».

1617 *mondonga:* «Nombre que daban en palacio a las criadas de las damas de la reina» *(Aut.)*. Cfr. Lope de Vega, *El ingrato arrepentido:* «Si eres mondonga, bobilla, / aprende a dar perfección / a la goma y almidón / de la toca y lechuguilla. / Sabe prender la valona / con trenta mil alfileres: / mezcla bien lo azul, pues eres / un dedo más que fregona». En el verso 1620 hay que tener presente el sentido literal de 'mujer que vende y guisa mondongos', que son «Los intestinos y panza del animal (especialmente el carnero) dispuesto, rellenas las tripas de la sangre, y cortados en trozos el vientre, que llaman callos y así se guisa para la gente pobre» *(Aut.)*. En *tiene callos* se juega con los significados de 'tripas guisadas' y 'durezas de los pies y manos'.

                    de la fiesta; ahora veamos
                    el cómo se han de ir siguiendo
                    los que han de salir bailando

(Tocan instrumentos y cantan dentro.)

MÚSICA   Del cielo lucida envidia,   1625
                    gallarda afrenta del Alba,
                    el hermoso sol de Fedra
                    sale con el de Arïadna;
                    porque firme la dicha
                    de sus mudanzas,   1630
                    hace con sus bellezas,
                    de airosa, gala*.

(Salen el REY, TEBANDRO *y acompañamiento, al son de músicos instrumentos;* FEDRA *y* ARIADNA, CINTIA *y* LAURA *con mascarillas y sombreros con plumas;* TESEO, LIDORO, [BACO] *y* ATÚN; *a un lado las damas y al otro los galanes, y sentado el rey, y los demás en pie, dicen.)*

REY   Hermosamente lucido,
                    a contiendas de buen garbo,
                    el buen donaire y buen brío   1635
                    se retan y eligen campo.
MÚSICA   Cuando la confianza
                    vive segura,
                    hace aplauso, industriosa,
                    de su fortuna;   1640
                    que fortuna que elige
                    la dicha, siempre
                    afianzada, acredita
                    su buena suerte.

---

*1632 acot. Baco omitido en los testimonios. Comp. *Diablo Cojuelo*, págs. 146-147: «Venían las damas en jamugas, con bohemios sombreros con plumas y mascarillas en los rostros».

1636 *se retan y eligen campo:* léxico de los desafíos trasladado al hecho de enfrentarse dos grupos en la danza. *Campo:* «el sitio que se destina y escoge para salir a reñir algún desafío entre dos o más personas»

FEDRA	Vuestra Majestad dispense	1645
	el embozo, que el recato	
	hará que tenga el festejo	
	más libre el desembarazo.	
ARIADNA	Ceremonia es, más que adorno,	
	este disfraz tan usado,	1650
	vinculado a los festines	
	cortesanos de palacio.	
REY	Atender a vuestro gusto	
	será mi mayor agrado.	
TESEO	El mérito desta dicha	1655
	lo hace grande vuestro aplauso.	
BACO	Mi obsequio, tendrá, rendido,	
	su obligación por resguardo.	
LIDORO	El velo de mi temor	
	correré con vos muy vano.	1660
ATÚN	Señora, a vos me rindiera	
	pero un rendido es cansado.	
MÚSICA	Aunque el favor se emboce,	
	si la dicha se alcanza	
	sin afán de mudanza,	1665
	porque feliz la goce,	
	sólo la logra aquel que la conoce.	
FEDRA	A la banda he de ponerme	
	del más diestro aquí danzando.	
TESEO	¿A la banda? Aquesta es Fedra.	1670
	¿Voy a lograr lance tanto?	

(*Llégase* TESEO *a* FEDRA *y sácala de la mano, y bailan hasta la punta del tablado, y se harán la reverencia los dos en llegando, y dirán.*)

1646 *embozo:* mascarilla con que se oculta el rostro. La fiesta es una especie de máscara: «la invención que se saca en algún festín, regocijo o sarao de personas que se disfrazan con máscaras» *(Aut.)*.

1662 Juego de palabras con las acepciones de *rendido:* 'sometido a la voluntad o dominio de otro' y 'fatigado', 'cansado'.

1668 *a la banda:* al lado o al costado.

1671 *lance tanto:* usado *tanto* con valor de 'tan grande', como en los vv. 1886, 3348, 3372, 3382. Véase nota al v. 349 de la «Loa».

TESEO	Mis confianzas resueltas,	
	sin hallar neutralidades	
	de presas, al verse sueltas,	
	truecan en felicidades	1675
	de mi fortuna las vueltas.	
FEDRA	Vuestro crédito afianza	
	darme lección entendido,	
	que estudio en vuestra importancia,	
	pues dichosa he conseguido	1680
	de vos tan feliz mudanza.	
MÚSICA	Las que Venus procura	
	imitar, soberanas,	
	gallardamente ufanas,	
	su primor asegura	1685
	que salgan por milagros de hermosura.	
BACO	Por las señas del vestido	
	esta es Ariadna. ¿Qué aguardo?	
	Sácola, porque con ella	
	mi fortuna airosa saco.	1690

(Saca BACO de la mano a ARIADNA, y bailan con el mismo orden.)

BACO	Si atiendo a vuestra decencia	
	a quien estoy venerando,	
	por cortesana advertencia	
	me toca, con vos danzando,	
	sólo a mí la reverencia.	1695
ARIADNA	Libre a los desembarazos	
	y a los compases sujeta,	
	con primores nunca escasos,	
	me acreditaré discreta	
	sólo en seguir vuestros pasos.	1700

1676 *de mi fortuna las vueltas:* ya comentado en nota a los vv. 28, 121, 254, 845. Aquí *vueltas* también se refiere a pasos de la danza, como *mudanza* del v. 1681.

1687 OC lee «Por señas del vestido», que deja el verso con una sílaba menos.

MÚSICA	Si se logra oportuna la ocasión, afianza con segura esperanza, por ser como ninguna, hacer de sus mudanzas su fortuna.	1705
LIDORO	¿Si será tanta mi suerte que este aire y este buen garbo sea de Fedra? No lo dudo. A sacarla me adelanto.	

(Saca LIDORO *a* LAURA, *y danzan con el mismo orden.)*

LIDORO	Luces que ignoran ocasos en sus gloriosos empleos, sin que puedan ser acasos, ser estudian sus paseos de mi libertad los lazos.	1710
LAURA	Mi afecto, que os satisface, cuando danzar consiguió con vos, hizo que mirase cortés, cuando me sacó, que por vuestra me quedase.	1715
MÚSICA	Mérito, que ha de serlo porque quiso la suerte, si el peligro lo advierte, sin llegar a temerlo, riesgo fue que estudió cómo no serlo.	1720
ATÚN	Danzando con esta dama, por Dios que he de echar el trapo, que es muy sobrado de bueno mi vestido por lo largo.	1725

(Saca ATÚN *a* CINTIA *de la mano y bailan como los demás.)*

ATÚN	Si en danza meterme trato, mirando vuestro donaire,	1730

1726 *echar el trapo:* «hacer todo esfuerzo para lograr lo que se pretende, o para salir de algún riesgo»; se juega con el sentido de los versos siguientes: un vestido tan largo tiene mucho 'trapo'.

	sin que sea desacato,	
	a mí todo (es poco) al aire	
	lo metéis en un zapato.	
CINTIA	Como vuestro esmero es	
	tan atento y cortesano,	1735
	diestro el garbo mas cortés,	
	aunque os gane por la mano,	
	no os [he] de ganar por pies*.	

(Tocan, y van danzando todos, y cáesele la pluma a ATÚN *y cógela* BACO.*)*

BACO	Esta pluma que a mis pies	
	se ha venido, la levanto.	1740
	Con ella rabio de celos,	
	porque puesta en el tocado	
	presumo que se la he visto	
	a Ariadna. Indeterminado	
	estoy; ponérmela quiero,	1745
	y buscar el desengaño	
	si acaso es que por favor	
	la trajo Lidoro. Vamos	
	un poco despacio, celos,	
	y averigüemos mi agravio.	1750

(Pónese la pluma en el sombrero.)

FEDRA	Conocido he por la banda
	al Príncipe; hablarle trato.

(Háblale en secreto.)

    Teseo, esta noche espero.

1737-1738 *ganar por la mano*: «anticiparse a otro en hacer alguna cosa o lograr alguna utilidad»; *ganar por pies*: «escapar de algún riesgo o peligro gracias a su ligereza», con el doble sentido de que no le gana en el baile.

*1738 S y resto de testimonios leen «No os ha de ganar», excepto la edición de Madrid, 1725 (M2) que corrige: «no os he de ganar».

1747 *favor*: «se llama regularmente la cinta, flor u otra cosa semejante que da una dama a alguno, que le suele poner en el sombrero o el brazo» *(Aut.)*, como señal de correspondencia amorosa.

TESEO	¿Quién mereció bien tan alto?	
ARIADNA.	Según la pluma, es Teseo.	1755

(Háblale en secreto.)

	Príncipe, esta noche aguardo.	
BACO	¿Hay más dicha?	
ARIADNA	Sí, por señas de esta pluma.	
BACO	Declarado ya con esto, está el enigma. En llamas de celos ardo, este favor fue a Lidoro.	1760
ATÚN	¡Vive Dios, que estoy cansado!	
LIDORO	Sin duda, que Baco y Fedra son los que allí se hablaron. ¿Cómo, sabiendo sufrirlo, ignoro cómo vengarlo?	1765
TESEO	Aunque culto, el bello idioma de Fedra es tan colocado, que con lenguaje de luces dicta palabras de rayos.	1770
BACO	Nunca aspire a ser dichoso el que nació desdichado, que es desaire a las estrellas querer violentar los astros.	

1755 acot. OC añade «a Baco». Ariadna habla con Baco pero cree que se dirige a Teseo.

1767-1768 *el bello idioma ... es tan colocado:* «lo asentado o puesto en su propio lugar» *(Aut.).* Cfr. Cervantes *Don Quijote,* II, XII: «Aunque los daños que nacen de los bien colocados pensamientos antes se deben tener por gracias que por desdichas».

1773-1774 *es desaire a las estrellas / querer violentar los astros:* son muchos los textos que se refieren a la fuerza de los astros sobre la vida y hechos de los humanos. Cfr. Calderón, *La vida es sueño,* vv. 3236-3238: «Sentencia del cielo fue; / por más que quiso estorbarla / él, no pudo» (ed. C. Morón, Madrid, Cátedra, 1978); Francisco del Castillo, *El redentor no nacido, mártir, confesor y virgen: San Ramón,* vv. 3249-3254: «Mas si yo nací infelice / muera quien así nació, / porque ¿cómo podré yo / de mis peligros huir / si en mí es vano resistir / lo que el hado decretó?» (ed. C. Reverte, Barcelona, ETD-Micropublicaciones, 1988); García de la

Rey	Permitidos galanteos	1775
	son siempre los de palacio,	
	haciendo los rendimientos	
	gala del desembarazo.	
	A las aras del respeto	
	llega el deseo tan sagrado,	1780
	que en veneración del culto	
	humos gasta el holocausto.	
	Discretos Baco y Lidoro,	
	como príncipes tan altos,	
	son los que a la vista tengo;	1785
	esto es cierto, no hay dudarlo.	
	Sin adularos, bien puedo	
	deciros lo que me he holgado,	
	que mi pesar divertido	
	templará mal tan tirano*.	1790
Teseo	Señor, del festejo es dicha	
	haber sabido aliviaros.	
Rey	Grosero fuera el tormento	
	no admitiendo este agasajo.	
Música	En todo lo que no creo	1795
	finjo a veces confianza,	
	por ver si saco esperanza	
	de las fuerzas del deseo.	

(Repite Teseo *la copla.)*

[En todo lo que no creo*
finjo a veces confianza,

Huerta, *La Raquel:* «¿Si el cielo, si la fuerza de los astros / le inclinan a mi amor, en su influencia / debo culpada ser? ¿Puede el humano / albedrío mandar en las estrellas?» (ed. E. Ochoa, *Tesoro del teatro español*, París, Baudry, 1838, pág. 479).

1775-1776 *Permitidos galanteos / son siempre los de palacio:* acerca de los galanteos de palacio, véase la Introducción de Salceda al tomo IV de OC, págs. XXIII-XXVI, donde reproduce un largo texto del Duque de Maura *(Vida y reinado de Carlos II)* sobre los galanteos de la corte madrileña.

1789 *divertido:* 'apartado', 'alejado'. Véase nota al v. 1420.

*1790 «templara» S, B1; enmiendo por el resto de testimonios.

* Estos versos no figuran en el original, y no los he tenido en cuenta en la numeración.

	por ver si saco esperanza
	de las fuerzas del deseo.]
Teseo	Buena es la copla; el sentido
	de ella me toca explicarlo. 1800
Baco	Es de mi asumpto tan mía,
	que para mí la cantaron.
Lidoro	Certamen será ingenioso.
Atún	Pues si ha de serlo, veamos
	a los cuatro discurrir, 1805
	porque nos la dan de cuatro*.
Teseo	*En todo lo que no creo,*
	finjo a veces confianza,
	por ver si saco esperanza
	de las fuerzas del deseo. 1810
	Aunque alivie mi dolor,
	vuestro favor contradice,
	que jamás un infelice
	algo alcanza en su favor.
	Presumirlo será error 1815
	o engaño de mi deseo;
	pero a vista de mi empleo,
	oponiéndome a mi daño,
	pienso que padezco engaño
	en todo lo que no creo. 1820
Fedra	Por el bien que no malogro,
	es contra un recelo injusto
	recomendación del gusto
	la solicitud del logro.
	Feliz sin dudarlo cobro 1825
	fiel y segura esperanza,
	porque de vuestra mudanza,
	que mi voluntad aprecia,

1800 *me toca explicarlo:* me corresponde explicar el sentido de la copla, es decir, glosarlo.

1801 *asumpto:* 'asunto', con la conservación del grupo consonántico culto. Véase v. 1855.

*1806 «Por què» S. *Dar de cuatro: cuatro:* «la composición que se canta a cuatro voces». Cada uno de ellos —Teseo, Fedra, Baco y Ariadna— glosa en dos quintillas un verso de la copla.

	con fe amante y nunca necia,	
	finjo a veces confianza.	1830
BACO	Mi desdicha al declararse	
	es tal sin desvanecerse	
	que hubo menester perderse	
	un favor para encontrarse.	
	Por el modo de alcanzarse,	1835
	jamás mi pecho descansa,	
	mas si aliento confianza	
	será contra un fin sin medio,	
	por ver si encuentro remedio,	
	por ver si saco esperanza.	1840
ARIADNA	Si es forzoso despedirlo	
	la voz cuando sale al labio,	
	lo difícil de un agravio	
	es no saber reprimirlo.	
	No os combata resistirlo,	1845
	pues yo, que el bien no poseo,	
	valiéndome de otro empleo	
	cuando a mi defensa salgo,	
	en esta ocasión me valgo	
	de las fuerzas del deseo.	1850
REY	Cortesanos los conceptos,	
	con estilo más que urbano,	
	en lo que se han excedido	
	discretos se han igualado.	
	A repetir este asumpto	1855
	vuelva la música, cuando	
	no es razón que falten dél*	
	los que en nada aquí han faltado.	
MÚSICA	*En todo lo que no creo,*	
	finjo a veces confianza,	1860
	por ver si saco esperanza	
	de las fuerzas del deseo.	
LIDORO	Si es gloria de mi trofeo	
	el bien que no merecí,	

---

*1857 «del S». Los cuatro restantes —Lidoro, Laura, Atún y Cintia— harán lo mismo en una quintilla sola.

	y es engaño del deseo,	1865
	andaré discreto aquí	
	en todo lo que no creo.	
LAURA	Porque sosiego no alcanza	
	mi ciega seguridad	
	fundada en vana esperanza,	1870
	sin hacerla realidad,	
	finjo a veces confianza.	
ATÚN	Mi fortuna la afianza	
	sola la imaginación;	
	porque mi deseo la alcanza,	1875
	no por sacar posesión,	
	por ver si saco esperanza.	
CINTIA	Cuando vuestra razón veo	
	que agradecerla es razón,	
	se valdrá siempre mi empleo,	1880
	si no de la ejecución,	
	de las fuerzas del deseo.	
REY	Vamos, porque ya es forzoso	
	pedir treguas de descanso,	
	por lo grande de su esmero,	1885
	festejo que ha sido tanto.	
TESEO	Muy de Vuestra Majestad,	
	señor, ha sido el reparo;	
	porque ya va descogiendo	
	la noche su negro manto.	1890
FEDRA	*[Ap.]* Amor, busquemos alivios	
	para la dicha que aguardo.	
ARIADNA	*[Ap.]* Vamos a pensar, tormentos,	
	el modo de remediaros.	
LIDORO	*[Ap.]* Vamos a morir tan luego,	1895
	males, que no me deis plazo.	

1886 *tanto:* 'tan grande'. Véase nota al v. 349 de la «Loa» y v. 1671.

1888 *reparo:* «advertencia, consideración o reflexión».

1889 *descogiendo:* 'desplegando', 'extendiendo'. Cfr. Ercilla, *Araucana*, canto 4, octava 84: «Cañones reforzados apuntaban, / al viento las banderas descogían». *Manto:* «Se suele llamar metafóricamente todo aquello que cubre y oculta alguna cosa, como el manto de la noche» *(Aut.)*; cfr. Lope de Vega: «Sale la estrella de Venus / al tiempo que el sol se pone, / y la enemiga del día / su negro manto descoge» (Durán, núm. 33).

TESEO	*[Ap.]* Fortuna, vamos apriesa
	a gozar el bien despacio.

(Vanse, y quedan ATÚN *y* RACIMO.*)*

ATÚN	Solo he quedado; mas miento,	
	porque según este trasto	1900
	de media tijera, juzgo,	
	y juzgo bien, que es lacayo.	
	Quiero saber su intención,	
	pues solo aquí se ha quedado.	
	Oye; si sirve, me tenga	1905
	usted por su menor amo.	

(Quítase el sombrero y conoce que perdió la pluma.)

	¿Pero qué es esto? La pluma,	
	¡vive Dios! que me han hurtado	
	y que el galán que la lleva	
	tiene gentil garabato.	1910
RACIMO	Yo tengo amo a quien servir.	
ATÚN	Dígame quién es.	
RACIMO	Es Baco.	
ATÚN	Servirle no puede ser,	
	si no es estando borracho.	
RACIMO	¿Cómo habla de esa manera?	1915
ATÚN	Estilo mejor no gasto.	
	Pero ¿cómo no está en cueros	

1901 *de media tijera:* como «de medio pelo», expresión con que se zahiere a las personas que quieren aparentar más de lo que son o a cosa de poco mérito o importancia» *(DRAE)*.

1910 *garabato:* «Un cierto aire, garbo, brío y gentileza, que suelen tener las mujeres, que aunque no sean hermosas les sirve de atractivo» *(Aut.)*. Cfr. Calderón, *Mañana será otro día*, Jornada III: «En fin es una buscona, / cuyo gran desembarazo, / bien puede ser que sea feo, / pero tiene garabato». Aquí el gracioso aplica el término a un hombre.

1914 Baco es el dios del vino.

1917 *estar en cueros:* juego con la expresión *en cueros:* «estar desnudo» y estar como el vino en *cueros:* «pellejos».

	quien en Baco se ha empleado,	
	cuando se quejan los montes	
	de que los va despoblando?	1920
Racimo	Los montes, ¿por qué ocasión?	
Atún	Por los lobos que ha tomado.	
	Mas la noche llega, y quiero	
	dejar este mentecato.	
	Adiós.	
Racimo	Os iré sirviendo.	1925
Atún	Si es de balde, sea volando.	
Racimo	Fuerza es que de balde sea,	
	porque de vos no me pago.	
	Voy.	
Atún	Exceso es terrible.	
Racimo	Forzoso es ir.	
Atún	Será en vano.	1930
Racimo	Baste ya de cumplimientos.	
Atún	¿Cumplimientos? ¿Pues son años?	
Racimo	Usted no pase de aquí.	
Atún	¿Qué es de aquí? No he de dar paso.	
Racimo	Yo he de quedarme.	
Atún	Ha de irse	1935
	usted con todos los diablos.	

[Vanse.]

(Salen Fedra *y* Ariadna, *cada una por su puerta.)*

Fedra	Si encuentro sombras y la luz no veo
	de un bien que se dilata, por ser mío,

1922 *lobos:* 'borracheras'. Cfr. P. Lanini, *Darlo todo y no dar nada*, vv. 1152-1155: «A caza habemos salido / de lobos por una tema / y antes que al monte, el buscarlos / es mejor en la taberna» (en *Comedias burlescas del Siglo de Oro*, ed. I. Arellano y otros, Madrid, Espasa Calpe, 1999).

1928 *pagarse:* juego de palabras con la dilogía de *pagar* 'dar uno a otro' y 'agradar, gustar'.

1932 *cumplimientos:* juego dilógico basado en *cumplimientos* como 'frases de cortesía' (v. 1931) y como 'celebración de cumpleaños' (v. 1932).

              cuando más cerca [está], más me
                                  [desvío*
              de un peligro que toco y que no creo.   1940
              Si es cobarde, y se alienta mi deseo
              teniendo por razón mi desvarío,
              y de la noche mi ventura fío,
              lóbrego ensayo de medroso empleo,
              quien está, como yo, tan asistida   1945
              de un mal tan firme y un penar tan vario,
              solo espera una muerte repetida;
              que el esperar, que es muerte de ordinario,
              siendo el mayor contrario de mi vida,
              más allá de la muerte es mi contrario.   1950
ARIADNA   El manto de la noche, en sombras tinto,
              que medroso vistió de mis temores
              tupido laberinto de pavores,
              no es mayor que mi obscuro laberinto.
              Parecido a mi suerte, no es distinto   1955
              el color de sus trágicos horrores,
              porque sin luz me pinta los rigores
              que yo sin descansar hago y me pinto.
              Sin que haga intermisión, mi amor
                                  [constante
              de alivio, mi tormento, que es la herida   1960
              que apetezco más viva y penetrante,
              me lisonjea, cuanto más sentida;
              pues por vivir muriendo, tengo amante
              mi tormento por alma de mi vida.
FEDRA   ¡Qué largas que son las horas   1965
              de la esperanza, y qué fijos
              en el alma los tormentos
              de un mal, cuando está remiso!

---

  *1939 «estàs» S. Corregido en MS y OC.
  1953-1954 *laberinto:* con el sentido de confusión personal. Cfr. Quevedo, *Política de Dios:* «Véase aquí un ñudo, en nuestra vista, ciego; un laberinto, en nuestro entendimiento, confuso» (BAE, XXIII, pág. 47a).
  1968 *remiso*: 'sin resolver', 'sin determinar'.

ARIADNA	La noche con los horrores	
	y las sombras que ha tejido	1970
	de miedos y confusiones,	
	de mi muerte es vaticinio.	
FEDRA	Si llego a vivir y muero	
	triunfando de lo que vivo,	
	nunca mejor vence amando	1975
	un corazón, que vencido.	
ARIADNA	Mi fortuna es un achaque	
	tan de gusto, en asistirlo,	
	que el remedio de mi daño	
	es de mi daño incentivo.	1980
FEDRA	Tanto apetezco mis males,	
	que hidrópicamente aspiro	
	a sed de nuevos tormentos	
	que bebo y no desperdicio.	
ARIADNA	Tanto me hallo con la pena	1985
	del dolor que no mitigo,	
	que imaginando el descanso,	
	me cansa lo que imagino.	
FEDRA	No hallo a mi mal bien que pueda	
	tan feliz sustituïrlo;	1990
	lo que necesito es solo	
	del bien que no necesito.	
ARIADNA	Esperar quiero a Teseo.	
FEDRA	Con Teseo determino	
	que en él y en mi amor se logren	1995
	recíprocos los cariños.	
ARIADNA	Hora será de que venga.	
FEDRA	¿Si a esta cuadra habrá salido?	
	Porque en esta cuadra es donde	
	con maña y con artificio	2000
	cae de su prisión la puerta,	
	donde logrará propicio	
	mi amor la dicha de verlo,	
	sin mostrarse el hado esquivo.	
ARIADNA	Descuidada dejé a Fedra;	2005
	que no quiero más testigos	

	de mi pasión amorosa
	que mis amantes suspiros.
FEDRA	Temiendo estoy que Ariadna
	me eche menos, porque libro	2010
	en su descuido el descanso
	que sin ella solicito.

(Sale TESEO.)

TESEO	Hora será de que salga
	el sol de Fedra divino,
	que salir el sol de noche,	2015
	es gala de su prodigio.
	En esta parte pretendo
	aguardarla, pues me dijo
	que me esperaba esta noche.
	¡Oh, llegue ya, porque vivo	2020
	no tengo más que el tormento
	que por ella paso esquivo!
	Pero hacia aquí me parece
	que he sentido de su aliño
	pasado un crujir de seda*.	2025
ARIADNA	Un bulto hacia aquí percibo.
TESEO	O es que hago con el deseo
	verdad lo que aun no averiguo,
	o siento ruido.
ARIADNA	¡Oh, si fuera!
	Que asusta el bien por temido.	2030
TESEO	Llego a hablarla*.

2010 *librar:* «Poner al cargo y confianza de otro la ejecución o consecución de alguna cosa» *(Aut.).*

2024 *aliño:* «composición, aderezo, adorno, aseo» *(Aut.).* Cfr. Lope de Vega, *La Dorotea,* págs. 130-131: «Pero en llegando a esto, tómense nuestros aliños, nuestros rizos, nuestros moldes y nuestros espejos.»

*2025 «passado» leen S y resto de testimonios, que respeto. OC enmienda equivocadamente «pasar», ya que Teseo con «aliño pasado» se refiere al disfraz o traje que llevaba Ariadna en la fiesta.

*2031 «à hablarla» en todos los testimonios; «a hablarle» OC. Véase, para los casos de laísmo y leísmo, nota al v. 61 de la «Loa» de *Los empeños de una casa.*

ARIADNA	A hablarle llego.	
FEDRA	A aquella parte he sentido	
	pasos. ¿Si será Teseo?	
ARIADNA	Mi bien es, o yo lo finjo.	
TESEO	Un infeliz, que cobarde	2035
	contra la razón de tibio,	
	teme, si aspira a dichoso,	
	riesgos de su precipicio.	
ARIADNA	Amor, ¿en qué me detengo?	
TESEO	Llego ciego al sol que miro.	2040
	Hermoso sol, a quien hace,	
	con mucho aplauso festivo,	
	apagados rendimientos	
	de la noche el negro abismo.	
	Mariposa enamorada,	2045
	a tornos de vuestros giros	
	libando ardores, que bebo,	
	¡qué dulce pira me erijo,	
	Ícaro de vuestros rayos,	
	si tan feliz me derrito!	2050
	¡Oh qué gallarda es la muerte,	
	de un peligro tan altivo!	
ARIADNA	Cortesanías amorosas,	
	que al silencio las remito,	

2045 y ss. *mariposa enamorada:* el tópico de la mariposa que da vueltas cerca de la llama hasta quemarse en ella es muy repetido en la literatura del Siglo de Oro. Cfr. Calderón, *El diablo mudo,* vv. 504-510: «que todo el aire se puebla / no solo de luces, pero / de aladas inteligencias, / que, mariposas del sol, / batiendo las alas bellas, / al mismo fuego que avivan, / se abrasan y no se queman» (ed. García Valdés, Kassel, Reichenberger, 1999). Aquí, como en la poesía petrarquista se aplica al tema amoroso (el amante se quema en el resplandor de la amada). Véase Rafael García Mahiques, *Empresas sacras de Núñez de Cepeda,* págs. 39-41, para más documentación del tópico.

2049 *Ícaro de vuestros rayos:* Ícaro, hijo de Dédalo, fue encerrado en el laberinto junto con su padre, irritado el rey Minos contra Dédalo por haber dado la idea del hilo a Ariadna. Pero Dédalo fabricó unas alas de cera con las que poder escapar. Ícaro, sin atender los consejos de su padre, se elevó orgulloso y el sol derritió sus alas, por lo que pereció ahogado al caer al mar (Ovidio, *Metamorfosis,* VIII, 185-235).

	las habla mejor callando*	2055
	siempre un corazón ladino.	
TESEO	Si calláis a mis congojas,	
	que no pongáis, os suplico,	
	a los oídos candados,	
	poniendo a las almas grillos.	2060
ARIADNA	Dar crédito a la fineza	
	es interés, con motivo	
	de logro, porque afianza	
	la aceptación de bien quisto.	
FEDRA	Si son Teseo y Ariadna,	2065
	Amor, ¿qué fiero cuchillo	
	a la garganta me has puesto	
	para morir a sus filos?	
TESEO	Tormenta corre anegado	
	mi pecho, infeliz navío	2070
	con lastre de pensamientos	
	y velas de mis suspiros,	
	que al pecho, el cordel más flojo	
	le da, apretando nocivo,	
	cuando galantea su muerte,	2075
	razones de bien herido.	
FEDRA	Desdoro es de mi pasión	
	ser mi pesar tan sufrido;	
	pero vamos poco a poco, *(Ap.)*	
	tormentos, que es requisito	2080
	saber resistir amando,	
	el pesar que no resisto;	
	pues si arriesgo lo que quiero,	

---

*2055 Tanto S como la suelta T leen «las habla»; el resto de testimonios y OC «las halla». Prefiero la lección de la príncipe que respeta el oxímoron «hablar callando» de gran importancia en Calderón y seguidores. Véase Marie-Françoise Déodat-Kessedjian, *El silencio en el teatro de Calderón de la Barca*, Vervuert-Iberoamericana, BAH, 1999.

2056 *ladino:* «el que con viveza o propiedad se explica en alguna lengua o idioma» *(Aut.).* Un corazón ladino es capaz de expresarse con el silencio.

2064 *quisto:* 'querido'; forma arcaica del participio de pretérito de *querer.* Aparece generalmente acompañada de los adverbios *bien o mal.*

2073-2074 Para *apretar el cordel,* véase nota al v. 1351 de *Los empeños de una casa.*

	peligro lo que he querido.	
	Mas contra mi pundonor	2085
	este desaire es indigno	
	de mi amor; pues ¡ea, pesares,	
	mirad que os desacredito!	
	¡Vierta la ponzoña el labio!	
	Pero ¿tal pronuncio y digo?	2090
	¿Yo aventurar lo que quiero?	
	No, Amor. ¿Pues qué haré? Sufrirlo.	
TESEO	Mi corazón hace alarde	
	de que se ve a un tiempo mismo,	
	tan avaro de placeres	2095
	como de pesares rico.	
	Baste ya, divina Fedra.	
ARIADNA	¿Qué escucho? ¡Ah ingrato! El juicio	
	pierdo con desdén tan fiero.	
TESEO	¿No respondéis?	
ARIADNA	¿Quién se ha visto	2100
	en lance tan apretado?	
	Pero fingir determino	
	que soy Fedra. ¡Oh qué costoso	
	examen el de un martirio!	
FEDRA	¿No me nombraron? Sí, pienso,	2105
	sí, que el eco bien distinto	
	de mi desgraciado nombre	
	me trajo este infausto aviso.	
	Yo no me engaño. Ariadna	
	es la que, según colijo	2110
	por los ecos, con Teseo	
	logra el bien de que me privo.	
ARIADNA	Cuando llego a responderos,	
	de vuestro amor no me obligo,	
	porque os hallo para amante	2115
	con señas de poco fino.	
TESEO	Quien por culto os rinde un alma	
	tan postrada, el sacrificio,	

2084 *peligro:* 'pongo en peligro'.

	que se acredita de vuestro,	
	admitidlo, no por mío.	2120
ARIADNA	Agravio es, más que fineza	
	el vuestro, que si lo admito,	
	con lo mismo que obligarme	
	intentáis, me desobligo.	
TESEO	No os entiendo.	
ARIADNA	Si más cuerdo	2125
	no lo miráis, y preciso	
	estudiáis, como ignorante	
	aprended mejor estilo.	
TESEO	¿Qué es esto que me sucede,	
	señora? Si en el bajío	2130
	de lo infeliz dio mi nave,	
	mi suerte lo habrá querido.	
	Aunque por amaros sea	
	como descollado pino	
	que, verde gigante, un rayo	2135
	su vana pompa deshizo;	
	como la flor, que a la Aurora	
	le bebió el blanco rocío,	
	para morir a la tarde	
	de achaque de haber nacido;	2140
	como en cuna azul el Sol,	
	purpúreo rubí encendido,	
	que después en el ocaso,	
	topacio agoniza tibio;	
	como la menuda grama,	2145
	cuyo verde, hermoso aliño	
	en seco polvo convierte	
	el brasero del estío;	
	como cristal que, en verano	
	corriendo, armónico vidrio,	2150

2130 *bajío:* «El banco de arena o paraje peligroso que suele haber en algunas partes del mar por mucha arena y poca agua» *(Aut.).*

2140 *de achaque:* 'a causa de' o 'por causa de'. Cfr. Quevedo, *El Buscón*: «Dijimos, al fin, que nos dolían las tripas, y que estábamos muy malos de achaque de no haber hecho de nuestras personas en tres días» *(Quevedo esencial,* pág. 118).

> comprimido en el invierno
> suspende lo fugitivo;
> así seré. Porque yo,
> nave en golfos de peligros,
> pino mi altivez errada, 2155
> flor mi amor, mi daño estío,
> rayo el incendio del pecho,
> cristal el mar de suspiros,
> si encuentro por mis desgracias,
> entre males tan nocivos 2160
> para mi cristal, invierno;
> para mi escollo, desvíos;
> para mi sol, triste ocaso;
> para mi nave, bajíos;
> para mi flor, desalientos; 2165
> para mi verdor, olvidos;
> todos aquestos contrarios
> de mi amor fieros ministros,
> me parecerán lisonja
> cuando los logre castigo. 2170

(Asómase LAURA *con* BACO *al paño.)*

LAURA	Bien podéis entrar, que aqueste
	es el señalado sitio.
BACO	Lo que aquí os debo, no dudo
	satisfaré agradecido.
LAURA	Entrad, que ya voy volando 2175
	a darle a mi ama aviso
	de que aquí estáis. Con Teseo *(Ap.)*
	a su amor albricias pido.

(Sale BACO.)

BACO	Por ver si me dan las sombras
	la luz, que águila registro, 2180
	vengo; pues de Ariadna hermosa
	citado esta noche he sido.
ARIADNA	Hacia allí he sentido pasos.
TESEO	Hacia aquí siento rüido.
ARIADNA	Si me ven, perdida soy. 2185

TESEO	Mucho pierdo si soy visto.
BACO	Llego, que según las señas,
	presumo, sin ser delirio,
	que me alumbra a ser dichoso
	la estrella de quien me fío. 2190
	Llego, pues que Ariadna es esta.
	—Permitid, sol más divino,
	que no os oculten las sombras,
	porque del sol siempre han sido
	unos bastardos borrones 2195
	que se pierden desmentidos.

(Llégase a FEDRA.)

	A obedeceros dichoso
	vengo; porque han sido siglos
	los que he tardado, viniendo
	esclavo, solo a serviros. 2200
FEDRA	¿Si es este Teseo? Pues antes,
	averiguarlo es preciso.
	Estraño vuestra venida.
BACO	¿Qué decís?
FEDRA	Lo que yo os digo
	es que la venida estraño. 2205
BACO	Ya sé, a costa de suspiros,
	que es Lidoro solamente
	de vuestros favores digno.
FEDRA	(Teseo ha sabido, sin duda, *[Ap.]*
	que me pretende.) Atrevido, 2210
	sobre hallaros desatento,
	estáis.
ARIADNA	[Yo] cierro el postigo*
	de esta puerta, que mi padre
	sé que no está recogido.
	Dejaros quiero.

(Vase.)

---

*2212 «Cierro» S. Es adición de OC que completa la medida del verso.

TESEO	¿Qué escucho?	2215
	¿Cómo este pesar recibo?	
	¿Os vais? Pero me parece	
	que ha venido gente. Indicio	
	de su afrenta y de su agravio	
	es, y vengar determino,	2220
	a despecho de mis celos,	
	esta injuria. Aquí escondido	
	he de examinar mi daño.	

(Escóndese TESEO.)

FEDRA	Con desdenes, con desvíos	
	he de probar su fineza.	2225
	Idos luego.	
BACO	Resistiros	
	mal podré.	
TESEO	Sin duda es Fedra,	
	que sintió que había venido	
	quien con otro hilo pendiente	
	tiene mi vida en un hilo.	2230
	¿Para qué fue el de Arïadna?	
	¡Oh, engañoso basilisco,	
	que disfrazando los ojos,	
	me has muerto por el oído!	
FEDRA	Si a mi vista os he encontrado	2235
	tan amante y tan rendido	
	como os he atendido, en vano	
	será el que os escuche. Idos.	
BACO	No entiendo lo que decís.	

2230 *tener la vida en un hilo:* estar en grave peligro. Ariadna le ha sacado de un riesgo grave por medio de un hilo y ahora le tiene en una situación de gran angustia.

2232 *basilisco:* animal fabuloso, especie de serpiente, muy citado en la literatura áurea por su capacidad de matar con la vista: «Críase en los desiertos de África, tiene en la cabeza cierta crestilla con tres puntas en forma de diadema y algunas manchas blancas sembradas por el cuerpo; no es mayor que un palmo, con su silbo ahuyenta las demás serpientes y con su vista y resuello mata» *(Cov.).* Le dio muerte por el oído con las palabras que le dijo.

(Sale ARIADNA.)

ARIADNA	Vengo, por ver si consigo	2240
	despacio hablar con Teseo.	
BACO	Para este empeño es preciso	
	el valerme de una industria.	
	Aquel favor, si fue mío,	
	de enviarme vos una pluma,	2245
	decidme, ¿qué fue el motivo?	
ARIADNA	Peor es esto; esta es sin duda	
	Fedra, y Teseo el atrevido	
	que con ella aquí está hablando.	
	Erré en irme; pero libro	2250
	mi defensa en mi venganza.	
	Pensando que habla conmigo,	
	es Teseo; no hay dudarlo.	
	¿Cómo rayos no fulmino,	
	pues yo la pluma le envié?	2255
FEDRA	¿Yo, pluma? Ese es desvarío.	
	¿Banda es lo mismo que pluma?	
TESEO	¿Banda escuché? ¿Esto es fingido?	
	¿Si es Fedra pensando que	
	soy yo? Claro es el indicio.	2260
ARIADNA	Con la pluma solamente	
	tengo mi engaño entendido.	
	¡Oh falso! ¡Oh aleve amante!	
FEDRA	Quiero estorbar un peligro	
	aquí, para que se vaya	2265
	con solo mudar de estilo.	
	Esto no ha sido otra cosa,	
	que examinaros de fino.	

(Sale CINTIA.)

2243 *industria:* «Se toma también por ingenio y sutileza, maña u artificio» *(Aut.).* Cfr. Quevedo, *El Buscón:* «Grandes gracias di a Dios, viendo cuánto dio a los hombres en darles industria» *(Quevedo esencial,* pág. 173).

CINTIA	Señora, mira que es Fedra.
ARIADNA	¿Qué dices?
TESEO	Que es Fedra ha dicho *(Ap.)* 2270
esta voz. Pues ¿a qué aguardo?
¡Muera el traidor enemigo!

(Sale ATÚN *al paño.)*

ATÚN	Poco a poco abro la puerta
de este que parece el limbo,
porque ya tarda mi amo. 2275
BACO	Tan vuestro me sacrifico,
que nadie podrá estorbarlo.

(Sale TESEO *al paño con la espada desnuda, y riñen.)*

TESEO	Si no es yo.
FEDRA	Hombre atrevido,
¿quién eres que desta suerte
haces gala de un delito? 2280
BACO	Yo sabré aquí castigarlo.
TESEO	Verás cómo vengativo,
con esta lengua de acero
mi ofensa esta vez te digo.
FEDRA	¡Laura!
ARIADNA	¡Cintia, ven apriesa! 2285
FEDRA	¡Luces!
TESEO	Si no me retiro,
dama y vida arriesgo a un tiempo.

(Sale LIDORO *al paño.)*

LIDORO	Asaltado de improviso
rondando la luz de Fedra,
hacia esta parte he sentido 2290

2283 *lengua de acero:* 'espada'. Cfr. Tirso de Molina, *Las quinas de Portugal*, v. 1073: «De lengua es forma la espada»; véase nota a los versos 685-686.

                    ruido de espadas; ya es fuerza
                    salir.

        (Sale, y riñe con BACO.)

                    ¿Qué es esto?
ATÚN   En conflicto
        está mi amo. ¡Señor!
TESEO   ¿Eres Atún?
ATÚN   Soy el mismo.
TESEO   Pues por sagrado nos valga,   2295
        esta vez, el laberinto.
        Entrémonos, que las luces
        sacan ya.
ATÚN   ¡Por Dios, que es lindo!
        Acaba que si nos miran,
        hemos de ser muy mal vistos.   2300

(Éntranse ATÚN y TESEO en el laberinto, y salen LAURA y CINTIA con luces.)

LAURA   Señora, aquí están las luces.
CINTIA   ¿Qué mandas?
BACO   ¿Pero qué miro?
            ¿No es Lidoro el que aquí veo?
LIDORO   ¿No es Baco este? El enemigo
            con quien él se acuchillaba,   2305
            ¿adónde está? Encanto ha sido.
FEDRA   Valdreme de mi respeto
            en empeño tan crecido.
ARIADNA   De mi decoro me valgo,
            que este es remedio preciso.   2310
FEDRA   ¡Fuerte lance es, si lo vieron!
ARIADNA   Teseo no ha sido visto
            de alguno. ¡Fue suerte grande
            con que él aquí está escondido!

2295 *sagrado:* «Metafóricamente significa cualquiera recurso o sitio que asegura de algún peligro, aunque no sea lugar sagrado» *(Aut.).*
2298 *¡Por Dios, que es lindo!:* véase nota al v. 1589.

FEDRA	Este aprieto, con mi enojo	2315
	aquí alentar determino.	
	¿Vos, Lidoro, desta suerte?	
ARIADNA	¿Vos, príncipe, desmedido	
	profanando este sagrado?	
BACO	Yo, señora, solo digo...	2320
LIDORO	Yo, señora, a vuestra voz...	
BACO	Atento siempre y rendido,	
	he venido.	
LIDORO	No he faltado.	
ARIADNA	Mi padre, con el castigo	
	de atrevimiento tan grande,	2325
	satisfará este delito.	
LIDORO	¿Qué es lo que a mí me sucede?	
BACO	¿Qué es lo que me ha sucedido?	
	(En Lidoro he de vengar *(Ap.)*	
	los celos que aquí averiguo.)	2330
	Por darle a su Majestad	
	una nueva, había venido,	
	que me escribieron de Atenas.	
LIDORO	La misma a mí me han escrito.	
LAURA	Esto entre los dos se llama	2335
	herir por los mismos filos.	
BACO	¡Que de mi industria se valga!	
LIDORO	Su disculpa me ha valido.	
FEDRA	¿Pues qué hace a lo descompuesto,	
	la nueva?	
BACO	Haber presumido	2340
	algún rüido en palacio.	
LIDORO	Este alboroto fue el mismo	
	que me trajo desta suerte.	

[Apartes de cada uno hasta el final de la jornada.]

2336 *herir por los mismos filos*: «Frase de la esgrima que vale herir al contrario siguiendo el mismo filo de la espada... metafóricamente se toma por valerse uno de las mismas razones o acciones de otro para impugnarle o mortificarle» *(Aut.)*. B1, M1, M2 leen «herir con los mismos filos».

2339-2340 *qué hace a lo descompuesto / la nueva?*: es decir, ¿qué relación tiene esa noticia con la actitud descompuesa que mostráis?

BACO	Lidoro ha perdido el juicio;	
	pero de celos reviento.	2345
LIDORO	¿Quién sería el escondido	
	que reñía aquí con Baco?	
	¿Es soñado lo que miro?	
FEDRA	Sólo en librarse Teseo	
	toda mi fortuna libro.	2350
ARIADNA	Estando Teseo sin riesgo,	
	ya no temo algún peligro.	
LIDORO	Vamos a pensar, venganzas,	
	el modo de concluiros.	
BACO	Busquemos breve, tormentos,	2355
	remedio para el alivio.	
FEDRA	Adelantemos, rigores,	
	memorias contra el olvido.	
LIDORO	Pues amante contra el riesgo...	
BACO	Resuelto contra mí mismo...	2360
FEDRA	Opuesta contra mi estrella...	
ARIADNA	Determinada me alisto...	
BACO	Yo a morir...	
LIDORO	Yo a padecer...	
BACO	Por amante...	
LIDORO	Por rendido...	
FEDRA	Pero sabrá mi congoja...	2365
ARIADNA	Pero sabrá mi delirio...	
FEDRA	Sentir que en mis confusiones	
	amor es más laberinto.	

2350 *librar:* en el sentido de 'ponerse a salvo' y el que tiene en el v. 2010; 'mi suerte está fundada en que se ponga a salvo Teseo'.

2367 loc. En todos los testimonios figura Fedra como locutor; OC pone estos versos en boca de «Las dos».

Jornada tercera

(Sale Racimo *con un papel.)*

RACIMO
¡Cielos, que tenga yo un amo
de tan estraño caletre, 2370
que siendo único señor
de Tebas, adonde tiene
tabernas y bodegones
adonde a sus anchos puede
comer a qué quieres boca, 2375
beber a tente bonete,
a Creta se haya venido
a campar de pretendiente,
y con el vino y amor
ande obligando a que piensen, 2380
viéndole Baco y amante,
que asomado está dos veces!
Y ahora, porque Lidoro

2374 *a sus anchos:* vivir, andar a su placer y regalo y libre voluntad. Es más usada «a sus anchas».

2375 *a qué quieres boca:* 'en abundancia y a medida de lo que pudiera desear'. Explica Covarrubias «regalar a uno a qué quieres boca es darle todo cuanto quiere y cuanto pidiere por la boca».

2376 *a tente bonete:* 'con abundancia, excesivamente'. Cfr. Quevedo, *Cuento de cuentos:* «Juró que lo había de dejar en porreta si no se casaba, y sobre esto porfiaron hasta tente bonete» *(Prosa festiva completa,* pág. 407).

2382 *asomado:* «Algunas veces significa el que no está muy en sí, o por haber bebido demasiado vino o por otro accidente» *(Cov.).*

	le ha causado celos, quiere	
	que este maldito papel	2385
	de desafío le lleve	
	al dicho príncipe yo;	
	pero mi miedo, que tiene	
	su poco de zahorí,	
	sin haber nacido en viernes,	2390
	temiendo que el tal Lidoro	
	quiera, por el porte, hacerme	
	merced de ensayar conmigo	
	la pendencia, me parece	
	que es mejor buscar algún	2395
	paje que el papel le lleve,	
	y antes que él me dé los tajos,	
	darle yo con los reveses.	

(Sale Atún.)

ATÚN	A darle un recaudo a Fedra	
	vengo, y temo que me encuentre	2400
	alguno; pero no importa,	
	pues conocerme no puede	

2389-90 *zahorí*: 'adivino'; «Llaman a la persona que vulgar y falsamente dicen ve lo que está oculto, aunque sea debajo de la tierra, como no lo cubra paño azul» *(Aut.)*; una de las supersticiones acerca de los zahoríes era la de que los nacidos en Viernes Santo tenían esta habilidad: «La fábula de los que llamamos zahoríes está en primer grado de parentesco con la vara adivinatoria [...]. Dase el nombre de zahoríes a una especie de hombres de quienes se dice que con la perspicacia de su vista penetran los cuerpos opacos, haciéndose de este modo patente cuanto a algunas brazas debajo de la tierra está oculto [...]. El vulgo está en la simple aprehensión de que Dios dispensa esta gracia a los que nacen el día de Viernes Santo [...]. Algunos la limitan a la circunstancia de nacer en aquel tiempo preciso en que se está cantando la Pasión ese día» (Feijoo, *Teatro crítico universal*, ed. A. Millares, Madrid, Espasa Calpe, Clásicos Castellanos, II, 1968, págs. 39-42). Recuérdese el título que da Quevedo a uno de sus opúsculos políticos: *Lince de Italia u zahorí español*.

2397-98 *tajos y reveses*: términos técnicos de la esgrima; *tajo*, «es el corte que se da con la espada u otra arma cortante llevando el brazo desde la mano derecha a la izquierda, y se dice así a distinción del que llaman revés, que va al contrario, desde la izquierda a la derecha» *(Aut.)*.

2399 *recaudo*: OC corrige en «recado».

	alguno, porque en palacio
	es la cosa más corriente
	que se están viendo las caras 2405
	y no pueden conocerse.
	Y si acaso me preguntan,
	fácil será responderles
	que soy uno de los que
	son entrantes y salientes, 2410
	sin que sepan ellos mismos
	por qué van ni por qué vienen;
	a los cuales, un autor
	de chistes y de sainetes,
	no halló más definición, 2415
	que llamarles mequetrefes.
RACIMO	Hacia acá viene un lacayo.
	¡Oh, quiera el cielo que acierte
	a urdir bien esta tramoya!
	¿Oye, hidalgo?
ATÚN	¿Qué me quiere? 2420
RACIMO	¿Quién es?
ATÚN	Mequetrefe soy.
RACIMO	¿Y a quién sirve?
ATÚN	A Mequetrefe.
RACIMO	¿Quién es Mequetrefe?
ATÚN	Yo.
RACIMO	Miente.
ATÚN	No miento.
RACIMO	Sí miente.
ATÚN	¿Qué haces, hombre? Mira que 2425
	ofendes a mucha gente;

2409 «que» ha de ser tónica para la correcta medida del verso.

2416 *mequetrefe:* «hombre entremetido, bullicioso y de poco provecho» *(Aut.).* Cfr. *La vida y hechos de Estebanillo González,* I, pág. 131: «Llegó mi amo a esta ocasión, halló al pobre dando sollozos, la casa llena de vecinos y la puerta de mequetrefes»; y en II, pág. 190: «Apenas había mi amo salido de casa, cuando se conjuraron contra mí todos los criados della, por haber sido mequetrefe, metiéndome en aquello que no me tocaba ni era perteneciente a mi oficio» (ed. A. Carreira y J. A. Cid, Madrid, Cátedra, 1990).

2419 *tramoya:* 'enredo'. Véase nota al v. 2118 de *Los empeños de una casa.*

	porque es muy largo el linaje	
	de los Meques y los Trefes.	
Racimo	Yo sé que sirve a Lidoro.	
	Así le obligo a que lleve *(Ap.)*	2430
	el papel.	
Atún	Así es verdad,	
	que le sirvo; no se altere.	
	¿Qué mal puede estarme a mí *[Ap.]*	
	que aqueste me lidoree?	
Racimo	En fin, ¿le sirve a Lidoro?	2435
Atún	Como cuatro y tres son siete.	
Racimo	Pues llévele este papel;	
	que yo sé que por él lleve	
	unas famosas albricias.	
Atún	¿Albricias? Pues que me tuesten,	2440
	si este no es de alguna infanta.	
Racimo	(Inclinación de alcahuete	
	tiene.) Claro está, y no menos	
	que de Fedra. (Así, al pobrete	
	le obligo a la diligencia.)	2445
	Adiós.	

(Vase.)

Atún   Adiós. Lindamente
me ha sucedido este caso;
mas ¿qué fuera que me diese
cualque cadena o diamante,
por el porte del billete?   2450
Que a los príncipes de Epiro,
alguno quitar no puede
que, al uso de los de España,

2434 *lidoree:* neologismo creado sobre el nombre de Lidoro. Véase nota al v. 2507 de *Los empeños de una casa*.

2439 *albricias:* recompensa o premio que se daba al portador de buenas noticias. Véase nota a los vv. 342-343 de la «Loa» de *Los empeños de una casa*.

2449 *cualque:* «Lo mismo que alguno. Es voz antigua que ya solo se usa en estilo familiar» *(Aut.)*.

| | ensortijen y encadenen.
Voy a buscar a Lidoro. | 2455 |

(Sale Teseo.)

| Teseo | Atún, ¿qué papel es ese?
¿Viste a Fedra? ¿Es suyo acaso? | |
| Atún | Es del diablo que me lleve, *[Ap.]*
pues tan desgraciado soy.
Mas, puesto que ya no tiene
remedio, diré que sí,
y que escrito para él viene. | 2460 |
| Teseo | ¿De qué te turbas, Atún? | |
| Atún | Estoy pensando si tienes*
alguna joya que darme
de albricias, que las merece
el papel. | 2465 |
| Teseo | Dame. La nema
está tan fresca, que puede
abrirse el billete, sin que
llegue el papel a ofenderse. | 2470 |

(Lee:)

«Príncipe, descubiertos ya
los engaños, con que sirviendo
a las dos infantas me ofendéis,

2454 *ensortijen y encadenen:* regalen sortijas y cadenas. ¿Podría hacer aquí Sor Juana alguna sutil alusión a prácticas poco humanas por parte de mandatarios españoles? *Ensortijar* también «vale atravesar un cerquillo o sortija grande de hierro por las narices a los animales... para gobernarlos y guiarlos, o ponerles el mismo sortijón alrededor de la boca u hocico para que no puedan pacer...» *(Aut.).* Sería poco probable si se tienen en cuenta las circunstancias de la representación, pero no deja de ser chocante la referencia a los príncipes de España, en un contexto de personajes mitológicos.

*2464 OC edita «tienes» como una corrección de «tiene» que aparece en los testimonios; sin embargo, en todos los testimonios consta «tienes».

2467 *nema:* la cerradura de la carta. Es término griego que significa hilo, porque los antiguos cerraban las cartas con hilo y después las sellaban *(Cov.).*

>   con una en el gusto y con otra*
>   en el pundonor, no me queda a qué
>   apelar, sino a la venganza. En el
>   parque os espero. Baco.»
>
>   ¿Qué es esto que escucho?
>   ¿Pues así, infame, tú te atreves
>   a burlarme?

(Dale.)

ATÚN	¡Ay de mis cascos!
	Espera, señor, advierte
	que soy Atún y no pulpo, 2475
	que con golpes se enternece.
	¿Aquestas son las albricias?
TESEO	Las que tu traición merece
	son, villano. Pero, ¿cómo
	mi cólera se detiene, 2480
	que no voy a castigar
	al que atrevido me ofende?

(Vase.)

ATÚN	Allá vas, y nunca tornes.
	¿A quién, cielos, le sucede
	buscar vueltas de cadena 2485
	y encontrarlas de puñetes?
	Pues sin duda alguna,
	Fedra expresaba claramente,
	en él, de Lidoro el nombre,
	y con favores corteses 2490
	le trataba; por lo cual

---

* Prosa OC lee «con la una... con la otra».

2475-2476 *pulpo, / que con golpes...:* una vez sacados los pulpos del agua, los pescadores los golpean contra las rocas para ablandar su carne. Para que no le golpee, el gracioso aclara que es atún y no pulpo.

2483 *Allá vas, y nunca tornes:* deformación del refrán «Ida vayas que nunca vuelvas, si no las nuevas».

	mi amo, vuelto una sierpe,
	quiere que le pague yo
	lo que Lidoro le debe.
	Pero el papel está aquí, 2495
	que al querer darme impaciente
	se le debió de caer.
	¡Oh quién ahora supiese
	leer, para saber todas
	las locuras que contiene! 2500
	Pero pues él a Lidoro
	se escribió y está de suerte
	que puede otra vez cerrarse
	sin que llegue a conocerse,
	¡vive Dios! que he de llevarlo 2505
	a Lidoro, que no siempre
	tengo de ser desgraciado;
	que bien puede sucederme
	que, pues del pan y del palo
	todos participar suelen, 2510
	y aquí encontré con el palo,
	allá con el pan encuentre.

(Vase.)

(Salen Baco *y el* Rey.*)*

Baco	¿Qué es, señor, lo que mandáis?
Rey	Conozco vuestra prudencia,
	y un cuidado fiaros quiero. 2515
Baco	¡Cielos, que ahora me venga *(Ap.)*
	el rey a estorbar que vaya

2509 *del pan y del palo:* conceptos opuestos pan/palo que significan premio /castigo. Cfr. *La vida y hechos de Estebanillo González,* II, pág. 90: «Hermano Esteban, el oficio del gracioso tiene del pan y del palo, de la miel y la hiel, y del gusto y susto.» Es frase que se recoge en los refraneros con numerosas variantes: «Al hijo y al criado, del pan y del palo», «Al hijo más amado, del pan y del palo», «Al hijo malo, del pan y del palo», etc. Lope de Vega tituló uno de sus autos sacramentales *Del pan y del palo.*

	donde Lidoro me espera!	
	¿Qué manda tu Majestad?*	
	Pues sabe que es la respuesta	2520
	de la voz de su precepto,	
	el eco de mi obediencia.	
	¡Quién pudiera despedirse! *(Ap.)*	
REY	Sabed, príncipe, que apenas	
	tuve el gusto de pensar	2525
	que quedaba satisfecha,	
	en la muerte de Teseo,	
	con mi venganza, mi ofensa,	
	cuando un confidente mío	
	que tengo dentro de Atenas,	2530
	me avisa que así que supo	
	de su príncipe la nueva,	
	se alteró el reino, de modo	
	que no hubo persona esempta	
	que no se alistase, haciendo	2535
	homenajes y promesas	
	de no volver a la patria	
	sin dejar antes a Creta,	
	o convertida en cenizas	
	o reducida a pavesas.	2540
	Y en fin, que embarcados todos	
	en una armada tan gruesa,	
	que quedando el mar poblado,	
	queda desierta la tierra,	
	navegan ya; pero yo	2545
	prevenirme, de manera	
	que la prevención, cordura,	
	y no recelo parezca,	
	quisiera; porque los míos,	
	viéndome temer, no entiendan	2550

---

*2519-2522 Aunque S y otros testimonios tengan el signo de interrogación al final del v. 2522, creo que únicamente es interrogativo este primero y aseverativos los tres siguientes.

2534 *esempta:* 'exenta', «eximida, exceptuada». Para la grafía, véase nota al v. 1478.

	que ya empieza a ser vencido	
	quien a recelarse empieza.	
	Mas venid, veréis las cartas,	
	para que mejor con ellas	
	confiramos lo que hacerse	2555
	debe, que aquestas materias	
	se han de resolver despacio,	
	y ejecutarse de priesa.	
BACO	Vamos. ¿Qué dirá Lidoro *(Ap.)*	
	de mi tardanza? Mas fuerza	2560
	es seguir al Rey ahora;	
	pues aunque quede mal puesta	
	mi opinión, sabrá después	
	volver mi valor por ella.	

(Vanse.)

(Sale TESEO.*)*

TESEO	Cansado estoy de esperar	2565
	a que venga mi enemigo,	
	que de esperar me fatigo	
	aun más que de pelear.	
	¡Válgame Dios! ¿Quién diría	
	a Baco cuanto pasó;	2570
	que Arïadna me libró	
	y que Fedra me quería?	
	Pues... Pero acá un caballero,	
	si no me engaño, llegar	
	veo; justo es aguardar,	2575
	por si no fuere el que espero.	

(Sale LIDORO *con un papel.)*

2555 *confiramos:* de conferir, «tratar, comunicar y consultar algún negocio o materia con otro, examinando las razones que hay en pro y en contra, para asegurar el acierto en la resolución» *(Aut.).* Con otro sentido en el v. 1334 de *Los empeños de una casa.*

2562-2564 Su reputación queda en entredicho por no presentarse a la hora convenida a reñir con Lidoro; *opinión:* «reputación, buena fama».

| LIDORO | Ahora, de recibir
acabo aqueste papel,
y a dar la respuesta dél
quiere mi valor salir. | 2580 |
| | Porque sin duda, pretende
Baco mi juicio trocar,
pues me llega a mí a acusar
de lo mismo en que él me ofende;
porque cuando él, inconstante, | 2585 |
| | con Fedra ofende mi amor,
me acusa de que, traidor,
de Arïadna soy amante.
Sin duda, su engaño piensa,
fingiendo que le compito, | 2590 |
| | hacer común el delito
por hacer menor la ofensa.
Mas pues yo no se la hice,
y él a mí sí, morirá
por la causa que me da, | 2595 |
| | y no por la que me dice.
Pero mi vista previene
hacia allí un bulto. | |
TESEO	¿Quién va?	
LIDORO	Sin duda es Baco el que está.	
TESEO	Sin duda es Baco el que viene.	2600
LIDORO	Príncipe.	
TESEO	¡Acabad, por Dios,
de llegar! Reñir podéis,
que en ver que quien soy sabéis,
conozco yo quien sois vos.	

(Riñen los dos.)

LIDORO	¡Qué valor!	
TESEO	¡Destreza rara!	2605
LIDORO	Valiente sois.	
TESEO	Tengo honor.	
LIDORO	A no tener mi valor,
pienso que el vuestro envidiara.	

TESEO	No tenéis que envidiar, cierto;	
	que un Hércules en vos veo.	2610
LIDORO	Cumplir con quien soy deseo.	
	Mas, ¡ay de mí!, que me has muerto.	

(Cae.)

TESEO	¡Cielos, mi peligro es fuerte	
	si hallan que fui su homicida,	
	pues sobre deber mi vida,	2615
	he cometido otra muerte!	
	Mas pienso que el mejor modo	
	de enmendarlo, es apartarme;	
	pues con solo retirarme	
	queda remediado todo.	2620

(Vase.)

(Sale BACO.)

BACO	¡Qué cansado ha estado el Rey!	
	No sé cómo lo he sufrido;	
	porque, como eran tan otros	
	sus cuidados de los míos	
	por más que me consultaba	2625
	sus políticos disignios,	
	no pasaban sus razones	
	de aquel exterior rüido	
	que no pasa a la atención	
	aunque llega a los oídos.	2630
	¿Pero qué quietud es esta?	
	A nadie en el Parque miro.	
	¿Qué fuera, de cansado	
	de esperarme, se haya ido	
	Lidoro? Pero ¿qué es esto?	2635

2615 El rey Minos condenó a Teseo a morir en el laberinto, pero este se salvó y Minos aún no lo sabe.
2624 *cuidados:* 'preocupaciones'. Para los distintos sentidos de este término en Sor Juana, véase nota al v. 15 de *Los empeños de una casa*.

>   A los rayos mal distintos
>   de la luna, miro un hombre
>   que en mortales parasismos,
>   da entre las muestras de muerto,
>   escasas señas de vivo.   2640
>   ¿Quién será? ¡Válgame el Cielo!

(Dentro.)

>   Hacia el parque fue el rüido.

(Salen TEBANDRO *y guardas.)*

TEBANDRO	Hacia aquí dicen las voces;
	y no mal, cuando distingo
	un hombre embozado, y otro 2645
	a sus pies, muerto o herido.
	Llegad a reconocerlos.
TODOS	Daos a prisión.
BACO	Mal reprimo*
	la cólera.

(Descúbrese.)

>   Ved, Tebandro,
>   que soy yo, y que a aqueste sitio   2650
>   llegué apenas, cuando en él
>   vi lo que vos habéis visto.

TEBANDRO	Que vos lo digáis, señor,
	me basta; pero es preciso
	reconocerlo.
BACO	Llegad. 2655
TEBANDRO	¿Qué es esto, cielos divinos?
	¿Qué es lo que miran mis ojos?

2636 *mal distintos:* 'poco claros'; *distinto* «se toma también por claro, inteligible y sin confusión» *(Aut.)*.

2638 *parasismos:* «accidente peligroso, o casi mortal, en que el paciente pierde el sentido y la acción por largo tiempo» *(Aut.)*. OC edita «paroxismos».

*2648 Es lección de S, la suelta T y el manuscrito; el resto de testimonios leen «mas».

	¿No es el príncipe de Epiro	
	Lidoro, el que casi ya	
	en los últimos suspiros,	2660
	está haciendo de su sangre	
	infelices desperdicios?	
BACO	Cielos, ¿cómo pudo ser?	
TEBANDRO	Señor, pues cuando vos mismo	
	habéis sido el agresor,	2665
	¿os admiráis?	
BACO	Pues me admiro,	
	claro está que no fui yo;	
	que mal pudiera mi brío	
	querer, con negar la culpa,	
	hacer bajeza el delito.	2670
TEBANDRO	Ved, príncipe, que en palacio	
	estaban ya muy sabidos	
	los disgustos de los dos,	
	por causas que no averiguo.	
	Y a un hombre como Lidoro,	2675
	¿quién hubiera que, atrevido,	
	osara darle la muerte,	
	sino vos?	

(Llega uno de los guardas con el papel.)

GUARDA	Allí caído	
	estaba aqueste papel,	
	que es factible que haya sido	2680
	de Lidoro, y que por él	
	saques algo.	
TEBANDRO	Bien has dicho.	
	Quiero ver lo que contiene.	
	Llega la luz.	
GUARDA	Ya te sirvo.	

2668 *brío*: «Ánimo, esfuerzo, valor, coraje y grandeza de espíritu» *(Aut.)*. Véase *supra*, v. 1296.

2680 Se usa *factible* «que se puede hacer» con el sentido de «posible». Véase *infra*, v. 2928.

TEBANDRO   *(Lee:)*
«Príncipe, descubiertos ya
los engaños, con que sirviendo
a las dos Infantas me ofendéis,
con la una en el gusto y con la otra*
en el pundonor, no me queda a qué
apelar, sino a la venganza. En el
parque os espero. Baco.»

Veis, príncipe, cómo para   2685
sustanciar este delito,
ya sobran las evidencias
si faltaban los indicios.
Mas, supuesto que no soy
aquí yo más que un ministro,   2690
que en vos no puedo tener
jurisdición ni dominio,
sólo me toca dar cuenta
al rey de lo sucedido,
y si por vos me pregunta,   2695
decirle que no os he visto;
que aun bien que vos no sois hombre*
que puede estar escondido.
Vosotros ese cadáver
llevad.

(Vanse y queda BACO.*)*

BACO   ¿Habrá sucedido   2700
a alguno tal confusión,
como hallarse de improviso,

---

* Prosa El mismo texto tiene lecciones diferentes. Ahora dice: «con la una... con la otra» en todos los testimonios.

2686 *sustanciar:* «Comprobar o averiguar enteramente la verdad o realidad de alguna cosa» *(Aut.).*

*2697 *que aun bien que vos no sois hombre:* el *que* inicial tiene el valor de «porque»; *aun bien que* como *a bien que (supra,* v. 896) significa «por fortuna». «Aun bien que» es lección de todos los testimonios, excepto la impresión suelta T que lee «á bien que»; OC lee «aun bien, que» suprimiendo el valor causal e introduciendo una coma que rompe la expresión.

       sin haber tenido culpa,
       convencido de un delito?
       El papel, que yo a Lidoro   2705
       escribí del desafío,
       es el que más me condena.
       ¿Quién creerá, cielos divinos,
       que la culpa no es verdad
       y que es verdad el indicio?   2710
       ¿Hase visto igual aprieto
       como estar a un tiempo mismo,
       por una parte inocente,
       por otra parte convicto
       del delito que no tengo?   2715
       Decir que yo vengativo
       le di la muerte, demás
       de dar fuerzas al peligro,
       es mentira y es bajeza;
       y es de mi valor indigno,   2720
       que una bajeza cometa
       por complacer un delirio.
       Si digo que no, el papel
       es tan terrible testigo,
       que aunque yo escribirle pude,   2725
       nunca podré desmentirlo.
       Demás de que no he de hacerme
       tanto desaire yo mismo,
       como decir la verdad
       donde no he de ser creído.   2730
       Pues ya que no tengo medio
       ni puede hallar el jüicio,
       ni pruebas para negarlo
       ni razón para decirlo,
       irme de Creta es mejor,   2735
       puesto que tengo navíos
       en que poder embarcarme,
       antes que corra peligro
       en reino estraño mi vida,

2725 OC edita «escribirlo».

<pre>
                    o sabiendo los de Epiro   2740
                    de su príncipe la muerte,
                    hallando desprevenidos
                    a mis estados, en ellos
                    se venguen. Adiós, hechizo
                    de Creta, que en este alcázar   2745
                    no hay un solo laberinto.
</pre>

(Vase.)

(Salen ARIADNA *y* ATÚN.*)*

ATÚN	Lo que te digo ha pasado,
	señora, y tengo por cierto,
	que Lidoro queda muerto
	y el palacio alborotado. 2750
ARIADNA	¿Y es Teseo quien le ha dado
	la muerte?
ATÚN	No hay que dudar,
	porque yo al verle bajar
	al parque, armado y crüel,
	bajé escondido tras él 2755
	y se lo vide matar.
	Demás, que él ahora ha entrado
	mostrando indicios no escasos:
	con apresurados pasos
	y con aliento turbado, 2760
	el acero ensangrentado,
	el rostro pálido y fiero,
	el labio mudo, parlero,
	el color tal, que pensara
	cualquiera que de la cara 2765

2746 En el palacio no hay solamente un laberinto (el del Minotauro, por antonomasia); al rey se le presenta ahora un problema de difícil solución que él considera como un laberinto.

2756 *lo vide:* forma arcaica por «lo vi».

2763 *el labio mudo, parlero:* aparente oxímoron, pues aquí *parlero* está con el sentido de «cosa que da a entender, de alguna manera, los afectos del ánimo o descubre lo que se ignoraba» *(Aut.).*

	se fue la sangre al acero;	
	que desta manera ahora	
	allá dentro lo dejé.	
ARIADNA	¿Y sabes tú, por qué fue	
	la pendencia?	
ATÚN	No, señora.	2770
ARIADNA	¡Ay de aquella que le adora,	
	y una vida que advertida	
	guardó, ve casi perdida!	
	Pues si le prenden, no queda	
	hilo ya con que se pueda	2775
	restaurar el de su vida.	
	Temo le prendan; porque	
	entonces el duro filo	
	cortará a su vida el hilo	
	que yo con otro anudé;	2780
	y porque mi industria fue	
	Laquesis, en mal tan fuerte,	
	¿qué razón hay, si se advierte,	
	que al mirarla combatida,	
	la Laquesis de su vida	2785
	sea Átropos de su muerte?	
	Cuánto es mejor el crüel	
	lance huir, pues con huir	
	a él le libro de morir,	
	y a mí de morir con él;	2790
	de manera, que fiel	
	a los dos soy este día,	
	pues de su nobleza fía	
	mi amor que me restituya,	
	viendo que libro la suya,	2795

2777 La métrica y la rima requieren que «porque» sea palabra aguda: «porqué».

2782 *Laquesis:* una de las tres Parcas, la que hila el hilo de la vida. Las Parcas, diosas del destino, son tres hermanas hilanderas de nombre Cloto, Laquesis y Átropos. Esta última es la que corta el hilo de la vida. Ariadna fue para Teseo Laquesis que le prolongó el hilo de la vida con otro hilo.

2789 *le libro:* «lo libro» OC.

	en él la suya y la mía.	

	en él la suya y la mía.	
	Parte, Atún, y di a Teseo	
	que venga a verme al momento.	
ATÚN	Será con mi movimiento	
	un tullido tu deseo;	2800
	pues sólo tu ingenio, creo,	
	que nos podrá dar favor,	
	sacando de tu labor	
	vida que darnos y, agudo,	
	darla en un dedal, quien pudo	2805
	darla en un devanador.	
	Pero si acaso ha salido	
	mi amo fuera, ¿qué haré?	
ARIADNA	Dile que no entre, porque	
	puede de lo sucedido	2810
	resultar algún rüido,	
	y en todo caso será	
	bien que esté fuera; pues ya	
	no es segura la prisión,	
	que yo estaré en el balcón,	2815
	que cae al parque.	
ATÚN	Bien está*.	

(Vase.)

ARIADNA	Amo a Teseo, y temo de manera	
	su muerte, que me fuera más ligero	
	tormento si, muriendo yo primero,	
	los riesgos de su vida no temiera.	2820

2803 *labor:* «Toda obra de aguja en que se ocupan las mujeres» *(Aut.);* se entiende labor de costura, en alusión al hilo salvador.

2804 *agudo:* se refiere a *ingenio,* que se encuentra tres versos más arriba. Según Atún, el agudo ingenio de Ariadna será capaz de salvarlos con un objeto tan pequeño como un dedal como antes lo hizo con un devanador en el que estaba enrollado el hilo que salvó a Teseo.

2809 La métrica y la rima requieren que «porque» sea palabra aguda: «porqué», como en el v. 2777.

*2816 «que al parque cae» en B2, B3, MS, OC.

2817 *de manera:* 'de tal modo'.

>   Mil veces mi temor lo considera
>   blandido sobre el cuello el duro acero,
>   y tantas veces yo del susto muero
>   cuantas presumo que él morir pudiera.
>   Y no es el mayor daño, si se advierte,   2825
>   estar de tantos riesgos combatida,
>   que otro mal tengo que temer más fuerte,
>   que es pensar que con alma fementida,
>   en algún tiempo puede darme muerte,
>   a quien yo tantas veces doy la vida.   2830

(Vase.)

(Salen TESEO *y* FEDRA.*)*

FEDRA   ¿Qué dices? ¿La muerte a Baco
        le diste tú?
TESEO   Sí, señora,
        que lo que atestigua el brazo,
        mal lo negará la boca.
        Recibí un billete suyo,   2835
        en que su pasión celosa
        brevemente se explicaba,
        por querer presumptüosa
        remitir la explicación
        de su cólera a las obras;   2840
        bien, que expresaba que yo,
        por gusto o por vanagloria,
        a las dos os sirvo, y que
        le ofendo en entrambas cosas:
        en la opinión con la una,   2845
        y en el gusto con la otra.
        El cómo llegar pudiese
        él a saber nuestra historia,
        no me toca averiguarlo,

2828 *fementida:* 'traidora', «falta de fe y palabra» *(Aut.).*
2838 *presumptüosa:* mantiene, como en otras ocasiones, el grupo consonántico culto; es necesario hacer el hiato marcado con la diéresis.

aunque sentirlo me toca. 2850
Salí, en fin, al desafío,
fue mi espada más dichosa,
di la muerte; ya lo sabes
todo. Pues escucha ahora
a lo que vengo. Bien sabes, 2855
adorada Fedra hermosa,
que, desde el primer instante
que te vi, te entregué toda
el alma, tan sin reservas,
que aun mis ansias amorosas 2860
no fueron mías, ni pude
merecer en las congojas;
porque a ninguno le pueden
dar mérito ajenas obras,
y siendo tuyas las mías 2865
pareciera acción impropria
si quisiera mi cariño
que te obligaras de cosa
que era tuya; de manera,
que incapaz la vanagloria 2870
quedó de poder servirte,
pues reducida a una sola
acción, la mayor fineza
fue no poder hacer otra.
También sabes que Arïadna, 2875
o por noble o por piadosa,
hizo empeño de librarme
con finezas tan heroicas,
con industrias tan agudas
y acciones tan generosas 2880
que, a hallarme con alma,
fuera darle el alma paga corta;
pues cuando tan soberanas
son las prendas que la adornan,
obró tan fina conmigo 2885

2879 *industrias agudas:* véase nota al v. 2804.

como si no fuera hermosa;
pues bien sabes que en los duelos,
que allá disputáis vosotras,
ofende a su punto quien
con finezas enamora.   2890
Y aun juzgo que esta es la causa
por que de ingratas blasonan
todas las hermosas, dando
a entender presumptüosas,
que a quien la beldad no falta,   2895
todo lo demás le sobra.
Y siendo... Pero, ¿qué es esto,
que parece que te enojas
porque alabo su hermosura?
La desatención perdona,   2900
y no tengas por delito,
cuando el alma le es deudora,
que pues no puede en afectos,
en aprecios corresponda;
que muy bien puede un amante   2905
que en esta duda zozobra,
ser fino con la que quiere,
sin ser grosero con otra.
Y si todo esto no basta,
baste el ver que vengo ahora   2910
a rogarte que, supuesto
que ya la traza ingeniosa
que conservaba mi vida
se acabó, pues tú no ignoras
que quien se lo dijo a Baco   2915
se lo dirá a otras personas,
y añadiéndose a este riesgo
el que es muy factible cosa
que sepan que fui yo quien
le maté, con que se dobla   2920
el riesgo; pues quien le dio

2889 *punto:* 'pundonor, honra'.

       a él de mis acciones todas
       cuenta, no es mucho que dél
       supiese que con celosa
       resolución me retó,   2925
       y de aquí infiera con poca
       dificultad el suceso,
       sin quedar a mis congojas,
       ni consuelo que las temple
       ni asilo que las socorra.   2930
       Y no pienses que es el riesgo
       de mi vida quien me asombra,
       pues me llamara feliz
       a peligrar ella sola;
       pero bien ves que Ariadna   2935
       y tú, en las inquietas olas
       zozobráis de los peligros
       de la vida y de la honra;
       y por evitar tan grande
       riesgo, discurro, señora,   2940
       que sólo puede la fuga
       libertar nuestras personas.
       Si es verdad, hermosa Fedra,
       el amor de que blasonas,
       si no te ofenden mis ruegos,   2945
       si te mueven mis congojas,
       vamos a Atenas, que allá
       puestos, no es dificultosa
       empresa alcanzar perdón
       de tu padre, que aunque ahora   2950
       se muestra tan enemigo,
       si una vez las armas toma
       mi valor, yo sé que es fácil
       conseguirlo; porque hay cosas
       que se niegan en la paz   2955
       y que en la guerra se otorgan.
       Pues yéndote tú conmigo,

2932 *asombrar:* «Vale también atemorizar, espantar, infundir terror y miedo» *(Aut.).* Uso de «quien» con antecedente de cosa.

	pensarán que tú, amorosa,	
	me distes la libertad,	
	y con eso de la sombra	2960
	de la sospecha Ariadna	
	queda libre, y la corona	
	ceñirá a solas de Creta,	
	y tú, de Atenas señora	
	serás, y del alma, que es	2965
	posesión más generosa.	
	¿Qué dices?	
FEDRA	Digo, Teseo,	
	que mi vergüenza deudora	
	te queda de la atención;	
	pues cuando son tan notorias	2970
	las razones que me obligan	
	a que la fuga disponga,	
	y que casi me forzaran	
	a decírtelo animosa,	
	con decirlo tú me escusas	2975
	el que yo te lo proponga;	
	porque no sé qué se tiene	
	el disponer [amorosas]*	
	resoluciones, que suena	
	siempre mejor en la boca	2980
	del galán que de la dama,	
	pues para obstentar heroica	
	de amante conceder basta,	
	porque proponer es cosa	
	en que se aja la hermosura	2985
	o el respeto se abandona.	
	Y la que a su amante ruega,	
	aunque sepa que él la adora,	
	sí no queda desairada	

2959 *distes:* 'diste'. Véase nota al v. 1241. OC corrige en «diste».

*2978 «amorosa resoluciones» S, B1, M1, M2; «amorosas resoluciones» es lección de B2, B3 que sigo. Se podría mantener la lección de S puntuando: «el disponer, amorosa, resoluciones», pero parece muy forzada.

2982 *heroica de amante:* algo así como «nombramiento de amante», según se desprende del verso 2996.

	no quedará muy airosa;	2990
	que el decoro de las damas	
	tiene tantas ceremonias,	
	que para cumplir con ellas	
	sin agraviarse a sí propria,	
	ha menester una dama,	2995
	aun cuando amante se nombra,	
	dar a entender que se vence,	
	mas no mostrar que se postra.	
	Esto supuesto, dispón	
	de mi vida y mi persona,	3000
	que a quien dice que te quiere,	
	todo lo demás le sobra.	
TESEO	Dulce imán de mis sentidos,	
	deja que a tus plantas ponga	
	mis labios.	
FEDRA	Alza del suelo	3005
	que no es razón, cuando gozas	
	todo el dominio del alma,	
	que así estés.	
TESEO	Si generosa	
	doblas los favores tú,	
	¿por qué te admira si dobla	3010
	la recompensa mi amor?	
	Adiós, mi bien, que ya es hora	
	de disponerme.	
FEDRA	Ven luego	
	que alguna nave dispongas,	
	en que nos podamos ir,	3015
	supuesto que hay tanta copia	
	en el puerto siempre de ellas,	
	y no dudo que entre todas,	
	haya alguna de tu reino,	
	la cual podrás con mis joyas	3020
	fletar; pues con el disfraz	
	no es fácil que te conozcan.	

3016 *copia:* 'abundancia', 'gran cantidad'.

TESEO	Pues yo voy.
FEDRA	Y cuando vuelvas

no entres, que yo cuidadosa
te esperaré en esa puerta 3025
del parque, que así se logra
mejor el no ser sentido.

TESEO   Pues adiós, mi prenda hermosa;
y pues eres deidad, manda
que se anticipen las horas 3030
que voy a estar sin tu vista.

FEDRA   Diligencia fuera ociosa,
a poder ser, pues sin ti,
aunque a un solo instante todas
se redujesen, sería 3035
eternidad de congojas.

(Vanse.)

(Sale BACO *embozado.)*

BACO   Que cuando de un delito convencido
me miro, sin haberlo cometido,
y cuando en la desdicha de Lidoro
la muerte sé y el agresor ignoro 3040
que en el parque matándolo primero,
impidió la venganza de mi acero,
y cuando por librarme
del riesgo, determino el ausentarme
de Creta, a cuyo efecto prevenida 3045
dejo una nave en que salvar mi vida,
pueda tanto el amor de aquesta ingrata
que con desdenes y belleza mata,
que, cuando a más no verla me resuelvo,
segunda vez a su palacio vuelvo 3050
a despedirme de sus duras rejas,
que quizá más piadosas a mis quejas,
sus hierros dar podrán, enternecidos,
a yerros de mi amor gratos oídos.

(Sale ARIADNA *abriendo un balcón.)*

ARIADNA	Mientras más tarda Teseo,	3055
	más en mí crece la angustia,	
	que si esperar sólo, mata,	
	¿qué hará quien espera y duda?	
	Mas si la vista no miente	
	o me engaña la confusa	3060
	sombra, hacia acá viene un hombre.	
BACO	Hacia allí han abierto una	
	ventana, llegarme quiero.	
ARIADNA	Pues se llega, él es sin duda.	
	¿Sois vos, señor?	
BACO	Fingir quiero *[Ap.]*	3065
	[que soy por el que] preguntan*.	
	Yo soy.	
ARIADNA	¿Pues cómo tan tarde	
	venís, señor, cuando turban	
	tantos temores mi pecho,	
	después que supe la injusta	3070
	muerte que a Lidoro distis?*	
BACO	¡Cielos! ¿Qué es esto que escuchan	
	mis oídos? La que habla	
	me conoce, pues pronuncia	
	esto. ¿Quién será?	
ARIADNA	Y aunque	3075
	no sé la causa, quién duda	
	que por el amor de Fedra	
	mi hermana, cuya hermosura,	
	en agravio de mi amor,	
	solicitáis, y en injuria	3080
	de mi fe.	
BACO	¡Viven los cielos!,	
	que es Arïadna, y me acusa	

---

*3066 «que yo soy el que preguntan» S y otros testimonios; corrección de B2, B3, que sigue OC.

*3071 Mantengo la lección de S: «distis»; B2, B3, M1, MS leen «disteis» que sigue OC. Para la forma verbal arcaica «distis», véanse notas a los vv 3007 y 3213 de *Los empeños de una casa*.

3075 El metro y la rima requieren que «aunque» sea palabra aguda: «aunqué».

| | de falso, porque quizá supo
| | aquella necia industria
| | de solicitar a Fedra.   3085
| | Mas ¿cómo, cuando sañuda,
| | por la muerte de su amante
| | Lidoro, mi amor la juzga,
| | sin lamentar su desdicha,
| | celosamente me culpa?   3090
| Ariadna | Mas supuesto que no es tiempo
| | de celosas conjecturas,
| | sino sólo del remedio
| | de los riesgos que me asustan,
| | pues veis que muerto Lidoro,   3095
| | ninguna industria asegura
| | vuestra vida, ni mi honor
| | que ondas de riesgos fluctúa,
| | hurtémonos a este riesgo,
| | huyamos aquesta furia,   3100
| | y lo que el valor no puede
| | salvar, sálvelo la fuga.
| | Naves hay siempre en el puerto;
| | prevenid, príncipe, alguna,
| | en que nos podamos ir.   3105
| Baco | Cielos, ¿tan grande ventura *[Ap.]*
| | es posible que yo [tenga]?*
| | ¿Ariadna, que tan dura
| | fue, se muestra tan amante
| | que a seguirme se aventura?   3110
| | ¿Pues yo de su misma boca
| | no escuché que amaba (¡oh, nunca
| | me acordara!) a mi enemigo?
| | ¿Pues cómo ahora asegura,
| | que me tiene amor a mí?   3115
| | Mas ¿qué es lo que dificulta

3098 *fluctuar:* «Metafóricamente significa estar a riesgo de perderse y arruinarse alguna cosa» *(Aut.)*. Aquí está en peligro el honor de Ariadna.

*3107 «que yo tengo» S y otros testimonios (B1, M1, M2, T, MS); corrección de B2, B3, que sigue OC.

	mi dolor? ¿A los principios	
	no me trató con blandura,	
	y aun dio indicios de quererme?	
	¿Pues no puede ser que alguna	3120
	ocasión la motivase	
	a lo que vi; pues hay muchas,	
	que en el crisol de los celos,	
	el oro de amor apuran?	
	Y en fin, aunque esto no sea,	3125
	¿qué indicio quedó de culpa	
	que darle, a quien a seguirme	
	se resuelve? Y aunque turba	
	mi corazón el pensar	
	que lo quiso, es conjetura	3130
	necia; pues aunque así sea,	
	galanterías tan justas	
	desazonan, mas no ofenden,	
	lastiman, mas no deslustran.	
	Yo me resuelvo a llevar	3135
	todo el cielo en su hermosura;	
	pues que ya muerto Lidoro,	
	ningún recelo me asusta.	
ARIADNA	¿Qué piensas, que no respondes?	
BACO	Señora, en el puerto hay surtas	3140
	naves (la que yo previne	
	servirá); la coyuntura	
	logremos, que prevenirla	
	no es menester, que antes muchas	
	quieren ya hacerse a la vela;	3145
	y si tú ahora aventuras	
	el poder salir, después	

3124 *apurar:* «Purificar y limpiar de excrementos y de materia crasa alguna cosa, como la plata, oro y otros metales, acrisolándolos y purgándolos de las heces que tienen, para que queden acendrados» *(Aut.).*

3130 «lo quiso»; «le quiso» en OC.

3140 *surtas:* «fondeadas». Es participio del verbo *surgir* «dar fondo la nave».

3146 *aventurar:* «Arriesgar, poner o exponer a la casualidad, riesgo y contingencia o a sí mismo o alguna otra cosa» *(Aut.).*

	se puede ofrecer alguna
	dificultad.
ARIADNA	Pues espera,
	que ya bajo. ¡Noche obscura, 3150
	ampara mi amor, pues siempre
	empeños de amor ayudas!

(Vase, y BACO se llega a la puerta por donde sale FEDRA.)

FEDRA	¡Válgame Dios, qué resuelto
	y valiente es el amor,
	pues a una mujer obliga 3155
	a tan temeraria acción,
	como que deje a su patria
	y que abandone su honor
	por seguir a un hombre!
	Pero ya imagino que llegó 3160
	Teseo, pues hacia acá
	se llega un hombre. ¿Sois vos,
	señor?
BACO	Pues ¿quién puede ser
	si no aquel, que girasol
	tan fino es de vuestros rayos, 3165
	que aun cuando su resplandor
	con las sombras se disfraza,
	conoce [en] la noche al sol?*
FEDRA	Pues vamos, antes que sepa
	mi padre que fuisteis vos 3170
	el autor del homicidio.
BACO	Seguidme, pues.

(Vanse apartando, y sale TESEO, llegándose a la puerta.)

TESEO	Ya quedó
	en el puerto prevenida
	la nave, porque el amor

---

*3168 «conoce la noche al Sol» S y todos los testimonios. Acepto la enmienda de OC.

455

	es agente tan activo	3175
	que no sufre dilación.	
	En esta puerta me dijo	
	Fedra que esperaba; yo	
	quiero llegar.	

(Sale ARIADNA *por la misma puerta que salió* FEDRA.*)*

ARIADNA	¡Qué turbados	
	pasos da mi confusión!	3180
	¡Qué mucho, si va en mi culpa	
	tropezando mi temor!	
	Pero acá se acerca un bulto,	
	si no me engaña el horror	
	de la noche; hablarle quiero.	3185
	Mas, ¡ay!, que la turbación	
	me ha dejado el sobresalto,	
	y se ha llevado la voz.	
TESEO	¡Vive Dios, que está esperando *[Ap.]*	
	a la puerta! ¿Qué valor	3190
	al suyo iguala? Señora.	
ARIADNA	¿Quién es? (¡Ay de mí!)	
TESEO	Yo soy	
	el que soy porque soy vuestro,	
	porque mi ser de mi amor	
	depende y, a no ser vuestro,	3195
	pienso que no fuera yo.	
ARIADNA	Pues vamos, porque he sentido	
	en el palacio rumor,	
	y dudo qué pueda ser.	
TESEO	Vamos.	

(Sale ATÚN.*)*

ATÚN	La respiración	3200
	me falta ya de cansado	
	de buscar a mi señor,	
	aqueste príncipe duende,	
	que cuando lo buscan no	

	parece, y cuando se [enfada]*	3205
	se aparece cual visión.	
	Avisaré del suceso	
	a Arïadna, que al balcón	
	puesta está al sereno; pienso	
	que por templar el calor	3210
	que él le causa. Pero allí	
	va un hombre; no, sino dos,	
	y muy cabales por cierto,	
	pues por ir con perfección,	
	cada uno de su costilla	3215
	lleva la transformación.	
BACO	Hacia nosotros dos bultos	
	vienen, señora; mejor	
	es retirarnos aquí	
	mientras pasan.	
FEDRA	Sin mí voy.	3220

(Lléganse a un lado BACO y FEDRA, y pasan por delante de ellos ARIADNA y TESEO, y llégase ATÚN a TESEO.)

ARIADNA	Camina apriesa, Teseo.	
ATÚN	Teseo dijo esta voz.	
	¿Mas si este fuese mi amo,	
	que llegando antes que yo	
	haya sacado a la infanta?	3225
	Que como la descarnó	
	ya de su padre, no es mucho	

---

*3205 «se enfadan» S y todos los testimonios. Enmiendo en «se enfada»; también podría ser «le enfadan» o «lo enfadan» por simetría con «lo buscan».

3215-3216 *la transformación de su costilla:* su compañera, según *Génesis 2*, 18-23: «Y se dijo Yavé Dios: "No es bueno que el hombre esté solo, voy a hacerle una ayuda semejante a él" [...] Hizo, pues, Yavé Dios caer sobre el hombre un profundo sopor; y dormido, tomó una de sus costillas, cerrando en su lugar con carne, y de la costilla que del hombre tomara, formó Yavé Dios a la mujer, y se la presentó al hombre.

3221 *apriesa:* así en todos los testimonios; «aprisa» OC.

3226 *descarnar:* «Metafóricamente vale quitar parte de alguna cosa» *(Aut.)*; aquí separar a la infanta de su padre.

	que sirva de sacador.	
	Quiero llegarme con tiento.	
	¿Oyes? ¿Eres tú, señor?	3230
TESEO	Este es Atún. ¿Qué me quieres?	
ATÚN	Di si eres tú, que el temor,	
	hasta ver si tú eres tú,	
	no [dirá] si yo soy yo*.	
TESEO	Teseo soy. ¿Quieres más?	3235
FEDRA	Teseo dijo. ¿Pues no	
	es Teseo quien me lleva?	
ATÚN	Pues dime, señor, por Dios,	
	¿dónde has estado esta noche,	
	que Arïadna me envió	3240
	a buscarte, y no te hallé?	
BACO	¿Quién a Arïadna nombró?	
TESEO	A solicitar si había	
	alguna navegación	
	a Atenas, al puerto fui;	3245
	porque deje mi valor	
	a Creta en tinieblas, pues	
	en Fedra le llevo el sol.	
ATÚN	¿Luego es Fedra y no Arïadna	
	la que llevas?	
ARIADNA	¡Ah, traidor!	3250
	¿Así te equivocas? Bien	
	se ve que en el corazón	
	tiene a Fedra, pues a mí	
	me dice Fedra. ¡Ah, rigor!	
	¡Qué presto empiezo a pagar	3255
	mi ciega resolución!	
BACO	Que si es Fedra, y no Arïadna	
	preguntan. ¡Qué confusión!	
FEDRA	Si es Fedra o es Arïadna	
	la que llevan, preguntó.	3260
	¿Quién será quien esto dice?	

3228 *sacador:* ya que saca a la infanta de su casa.

*3234 «no diré» S y todos los testimonios, excepto MS que lee acertadamente «no dirá» pues el sujeto es «el temor», enmienda que acepto. OC, sin haber conocido el texto del manuscrito, llegó a la misma corrección.

ARIADNA	Vamos, antes que el rigor
	del Rey mi padre nos busque.
TESEO	Ven, hermosa Fedra.
ARIADNA	Yo
	Arïadna soy, no Fedra. 3265
	No segunda vez tu voz
	mi nombre equivoque, ingrato.
BACO	¿Qué es esto, cielos? Ya no
	puedo dejar de saberlo.
	Tú, Ariadna, mientras voy 3270
	a reconocer quién pasa
	espera.
TESEO	Válgame Dios,
	¿cómo puede aqueso ser?
	¿Que no eres Fedra?
ARIADNA	No soy,
	sino Arïadna.
BACO	¿Qué escucho? 3275
	¡Válgame el cielo!
FEDRA	Ni yo
	Arïadna, sino Fedra,
	y pues engañada voy
	con este, que no sé quién
	es, y con el mismo error 3280
	lleva Teseo a mi hermana,
	déle voces mi dolor.
	¡Teseo, señor, esposo,
	mira que aqueste traidor
	robada te lleva a Fedra! 3285
TESEO	Pues, ¿qué espera mi valor?
	¡Muere, atrevido, a mis manos!
BACO	Muere tú, pues escuchó
	mi honor, que engañada llevas
	a Arïadna.

3283 *esposo:* con el valor de 'prometido'; «el hombre y mujer que se han dado palabra de casamiento sea de presente o de futuro *(Aut.)*.

ARIADNA	¿Qué rigor de mi estrella es este?	3290
FEDRA	Pues aquel es Teseo, yo quiero ponerme a su lado.	
ARIADNA	¡Ay de mí! Con el horror de la noche, no sé cuál es Teseo de los dos.	3295

(Truécanse las damas, y sale RACIMO *huyendo.)*

RACIMO	¿Adónde podré esconderme? Que por crïado de Baco corre esta vez el Racimo peligro de ser colgado.	3300

(Salen TEBANDRO *y soldados.)*

TEBANDRO	Matadlo si se resiste, que este orden el rey ha dado*.	
RACIMO	¿Quién dice que es resistirse el correr más que de paso?	
TEBANDRO	Pero ¿qué es esto? En el parque, resueltos y temerarios dos hombres están riñendo. ¿Quién sois vosotros que, osados, os atrevéis de este sitio a quebrantar el sagrado? Daos a prisión.	3305 3310
TESEO	Mal conoces mi valor.	

3299 Juego de palabras con *Baco,* dios del vino, *racimo* y la dilogía de *colgado:* suspendido de la rama como un racimo, o ahorcado.

*3302 «este orden» S y todos los testimonios, excepto MS. En la lengua clásica *orden* concuerda indistintamente con masculino y femenino sin que varíe el significado dependiendo del género como en el español actual. OC enmienda en «esta orden».

3310 *sagrado:* ya anotado en el v. 2295.

BACO	Qué mal mis manos conocéis.
TEBANDRO	Pues mueran luego. ¿Qué esperáis?
TESEO	Si aquí alentado no me resisto, la vida y a Fedra pierdo.
BACO	Si osado no me defiendo, a Ariadna pierdo, y la vida.

(Riñen.)

FEDRA	¡Tirano cielo!, acaba, con mi muerte, vida que te ofende tanto.
ARIADNA	Si blanco infeliz mi vida es de tus tiros airados, y es el blanco el que te ofende, acaba de herir el blanco.
SOLDADO 1	¡Resistencia a la justicia!

(Sale el REY, *y acompañamiento.)*

REY	¿Qué es esto? ¿En todo el palacio, sólo se escuchan pendencias? ¿Sólo se miran estragos?
TEBANDRO	Señor, aquestos dos hombres son, que intentan obstinados resistirse a la justicia.
REY	Pues prendedlos o matadlos.
TEBANDRO	Con estas damas, por quien se estaban acuchillando, según juzgo.
REY	¿Por mujeres? Prendedlas.
TESEO	Ya es el librarnos imposible; pues nos vemos por todas partes cercados.

3315

3320

3325

3330

3335

Rey	Descubrid esas mujeres.	
Ariadna	¡Cielos, hoy la vida acabo!	3340
Fedra	¡Adiós, infelice vida!	

(Descúbrelas Tebandro.)

Rey	¿Qué es esto que estoy mirando?	
	¿Mis hijas? Mas no lo son,	
	pues obran (¡todo me abraso!)	
	tan bajamente. Pues, ¿cómo...	3345
	(¡Volcanes del pecho exhalo!	
	¡Oh, si al pronunciar mi afrenta!	
	¡Oh, si al decir dolor tanto,	
	lo articularan los ojos	
	y lo ignoraran los labios!)	3350
	Pues, ¿cómo, vuelvo a decir,	
	aleves monstruos, ingratos	
	instrumentos de mi afrenta,	
	imágines de mi agravio,	
	en tal sitio (¡qué tormento!)	3355
	a las dos (¡qué desacato!)	
	disfrazadas (¡qué indecencia!)	
	solas con dos hombres hallo?	
	Hablad. ¿No me respondéis?	
	Decid, ¿quién son los villanos	3360
	que dejándome la vida	
	todo el honor me han robado?	
	Hablad, aleves; no os sirva	
	la vergüenza de embarazo,	
	que a quien le faltó al hacerlo,	3365
	no ha de tenerla al contarlo.	
Ariadna	Señor... (El temor, de hielo	
	me ha vuelto.)	
Fedra	Señor... (En mármol	
	me ha transformado el temor.)	
Ariadna	Si por mi culpa...	

3360 *quien* con valor de *quienes*.

| BACO | ¿Qué aguardo, | 3370 |

que no me descubro, viendo
a Arïadna en riesgo tanto?

(Descúbrese.)

Señor, justo es que castigues
sólo al que hallares culpado,
que soy yo; pues Arïadna, 3375
vencida de mis halagos,
convencida de mis ruegos
y obligada de mi llanto,
me sigue.

| ARIADNA | ¿Qué es lo que escucho? *[Ap.]* |

¿Yo, divinos cielos, cuándo 3380
a Baco seguí? Mas quiero
callar, por si en riesgo tanto
su industria salvarme puede.

TESEO	¿Qué es esto? ¿Cómo está Baco *[Ap.]*
	vivo, si yo le di muerte?	3385
FEDRA	De verle vivo me espanto.
REY	Luego, príncipe, juzgué

que tú eras el inhumano
autor de la ofensa mía;
¿pues quién se atreviera osado 3390
a mi honor, si no tú solo,
que de lo grande ha buscado,
para volar bajamente,
las alas de ser tan alto?
Mas yo dejaré, en tu muerte, 3395
ejemplo a los temerarios,
vengando al muerto Lidoro,
y mi honor desagraviando.

| TESEO | Cuando a la muerte se entrega |

él por su dama, arrojado, 3400
no será bien que se piense
de mi ardimiento bizarro,
que cuando él se llega al riesgo,
yo del peligro me aparto.

463

(Descúbrese.)

	Señor, si por Ariadna	3405
	se entrega a la muerte Baco,
	no será bien que Teseo
	no haga por Fedra otro tanto.
FEDRA	¡Ay de mí! ¿Qué es lo que has hecho?
ARIADNA	¿Qué miro? ¿Por Fedra, osado,	3410
	se entrega a la muerte?
	Muera, que mi amor desengañado
	de su ingratitud, convierte
	en odio todo el agrado.
BACO	¡Cielos! ¿Con vida Teseo,	3415
	y de Fedra amante, cuando
	le juzgué muerto? Sin duda
	es ella quien lo ha librado.
TEBANDRO	¿Es sueño lo que estoy viendo?
ATÚN	Todos se han quedado helados,	3420
	y más que pudiera muerto,
	espanta resucitado.
RACIMO	¿Qué fuera que con Lidoro
	nos sucediera otro tanto,
	y tuviéramos en Creta	3425
	el día de los finados?
REY	De suerte me ha suspendido
	caso tan inopinado,
	que me usurpa lo admirado
	las acciones de ofendido.	3430
	¿Que estás con vida? ¿Que ha habido
	tan villana compasión
	que libertó tu traición?
	En vano el pecho respira,
	si cuando busco la ira,	3435

3426 *el día de los finados:* el día de los difuntos (2 de noviembre). Cfr. Fray Toribio de Motolinía, *Historia de los indios de la Nueva España*, pág. 185: «El día de los Apóstoles celebran con alegría, y el día de los finados casi por todos los pueblos de los indios dan muchas ofrendas por sus difuntos» (ed. G. Baudot, Madrid, Castalia, 1985).

      topo con la admiración.
      Hidra, que mi enojo incitas,
      pues cuando mi enojo piensa
      matar contigo una ofensa,
      con tantas me resucitas.   3440
      ¿Por qué mi cólera irritas?
      ¿No te bastaba, traidor,
      para agravar mi dolor,
      cuando tu industria me engaña,
      haber burlado mi saña,   3445
      sin haber muerto mi honor?
      ¿Qué más agravios intentas
      a la sangre hacer que infamas,
      si en Atenas la derramas,
      y en Creta osado la afrentas?   3450
      ¿Qué engaños nuevos inventas
      para dejarla agraviada,
      pues llevándola robada,
      a tu intención homicida
      no bastó verla vertida,   3455
      hasta mirarla afrentada?
      Mas a todos el castigo
      les dará mi enojo grave,
      que como contigo acabe,
      ¿qué importa acabar conmigo?   3460
      Y sea el mundo testigo
      de que con mi sangre lava

3436 *topo con la admiración:* en las ediciones B2, B3 el verbo topar ha sido sustituido por un sinónimo que en este caso es «encontrar». Véase nota al v. 2729 de *Los empeños de una casa*.

3437 *Hidra:* «Monstruo fabuloso que fingían los poetas en el lago de Lerna en el infierno, la cual tenía muchas cabezas que, en cortándole una renacían otras» *(Aut.)*. Minos se dirige a Teseo llamándole hidra para lo que tiene dos razones: la primera, porque habiéndole dado muerte, aparece vivo. La segunda, en el sentido figurado de que habiendo creído vengar una ofensa (la muerte de su hijo) con la muerte de Teseo, este resucita con nuevas ofensas. *Hidra*, «figuradamente se dice hablando de las sediciones populares y de otras cosas que se multiplican más cuanto más se procura destruirlas y acabar con ellas» *(Aut.)*.

	mi honor su afrenta, y que acaba	
	con los que agraviarle intentan,	
	y mueran las que me afrentan,	3465
	pues ya murió el que me honraba.	
	Todos perderéis la vida,	
	y hasta Baco que, traidor,	
	de Arïadna fue raptor	
	y de Lidoro homicida.	3470
	Una es la culpa atrevida	
	que vuestras vidas condena	
	y así, que muráis ordena	
	el enojo a que me incito;	
	y pues tenéis un delito,	3475
	llevad una misma pena.	
	Llevadlos.	
BACO	¡Fiero rigor!	
TESEO	¡Con qué pena el alma lucha!	
ARIADNA	Nada su crueldad escucha.	
FEDRA	Nada atiende su rigor.	3480
REY	¡Mueran, y viva mi honor,	
	pues lo han querido agraviar!	
TESEO	¡Que aquesto llego a escuchar!	
RACIMO	¡Que esta pena llego a oír!	
ARIADNA	¡Penas, callar y morir!	3485
FEDRA	¡Amor, morir y callar!	

(Tocan cajas, y salen asustadas CINTIA *y* LAURA *y dos soldados.)*

SOLDADO 1	Señor, ¿cómo tan despacio	
	te estás, cuando la rüina	
	de toda Creta, al cercano	
	peligro tuyo te avisa?	3490

3465-3466 Mueran mis hijas («las que me afrentan»); «el que me honraba», en referencia al hijo muerto en Atenas. Véase nota al v. 215.

3486 acot. *cajas*: 'tambores, propios de soldados'. Véase nota al v. 155 de la «Loa».

Soldado 2	Ocupado tu palacio
	todo está ya de enemigas
	escuadras, que por la parte
	que cae hacia la marina,
	tuvieron disposición 3495
	de entrarse sin ser sentidas;
	porque Atenas, de la muerte
	de su príncipe ofendida,
	viene brotando venganzas.
	Mas, señor, salva la vida, 3500
	que ya llegan.
Rey	¡Ay de mí!
	¿Quién ha visto, ¡suerte esquiva!,
	que yo pague las ofensas,
	y las ofensas reciba?
Laura	El alboroto y el susto 3505
	amenaza mucha ruina.
Cintia	Siendo tan libre, sintiera
	esta vez verme cautiva.

(Salen Licas, *de general, y soldados atenienses.)*

Licas	Hasta hallar al mismo rey,
	no se sosiegan mis iras, 3510
	para vengar con su muerte
	la sangrienta tiranía
	de la muerte de Teseo.
Tebandro	¡Cielos, notable desdicha!
	Ya es imposible la fuga. 3515
Licas	¿Mas no es el rey el que miran
	mis ojos? ¡Muere a mis manos!
Fedra	¡Teseo!
Teseo	Nada me digas,

3507 *libre:* juego dilógico con los significados de libre «que tiene libertad», como opuesto a *cautiva,* y «mujer licenciosa y atrevida».

3508 acot. *Licas*: nombre del general del ejército ateniense que no parece tener ninguna relación con Licas, el compañero y heraldo de Hércules (Ovidio, *Metamorfosis*, IX).

	que no es bien que por tu ruego	
	deje la acción de ser mía.	3520
Rey	¿No hay nadie que me socorra?	
Teseo	Sí hay, gran señor. Tente, Licas,	
	que no hay que vengar mi muerte,	
	cuando me encuentras con vida.	
	Teseo soy, ¿no lo ves?	3525
	Vivo estoy.	
Licas	¡Tan grande dicha	
	llego a ver, señor! ¿Pues cómo	
	te hallo vivo?	
Teseo	Compasivas	
	me libraron las infantas.	
	(No es bien que Arïadna diga *[Ap.]*	3530
	sola mi voz, porque es dar	
	sospecha, y no es acción digna,	
	cuando no puedo pagarlas,	
	blasonar de sus caricias.)	
Licas	Luego ¿no fue el rey el que	3535
	te perdonó?	
Teseo	Fue su hija,	
	que es lo mismo, pues él dio	
	el ser a quien me dio vida,	
	y cuando aquesta razón	
	no me moviera, la misma	3540
	acción hiciera, por dar	
	a entender mi bizarría,	
	que tiene más valor quien	
	perdona, que quien castiga.	
	Y así, haz, Licas, recoger	3545
	la gente.	
Rey	¿Qué, agradecida,	
	te podrá el alma ofrecer,	
	Teseo, cuando cautiva	
	de tu razón mi venganza,	

3530 El orden lógico sería: «No es bien que mi voz diga Ariadna sola.

	aún no acierta, de corrida,	3550
	a mirarte?	
TESEO	Aunque era justo	
	darse por desentendida	
	mi altivez del beneficio,	
	hay razón que no permita	
	ese garbo a mi valor	3555
	y así la galantería	
	perdone, que hay ocasiones	
	en que es justa la codicia.	
REY	¿Pues qué aguardas? Pide todo	
	el reino.	
TESEO	Cosa más rica	3560
	pido, señor, que es a Fedra	
	cuya hermosura divina	
	es sólo el premio que quiero.	
REY	Por mí ya está concedida.	
ARIADNA	(¿Con Fedra se casa? ¡Ah, ingrato! *[Ap.]*	3565
	Murió la esperanza mía.	
	Mas pues no tiene remedio,	
	pagar de Baco la fina	
	atención quiero.) Señor,	
	pues, mitigadas, tus iras	3570
	han perdonado a mi hermana,	
	también yo a tus pies rendida	
	pido perdón, y te aviso	
	de que no fue el homicida	
	Baco, de Lidoro, sino	3575
	Teseo.	
REY	¿No ves que implica,	
	siendo de Baco el papel?	
ARIADNA	Quien lo vio, señor, lo afirma.	
	Dilo Atún.	

3550 *corrida:* 'avergonzada'.

3576 *implica:* ¿No ves que eso se contradice con el hecho de que el papel era de Baco? *Implicar:* «Vale también oponerse o contradecirse un término o proposición con otra destruyéndose» *(Aut.).*

ATÚN	Aquí entro yo.	
	¡Gracias a Santa Lucía,	3580
	que tengo lugar de hablar!	
	Sí, señor, que mi codicia,	
	pensando que era de Fedra,	
	le llevó el papel.	
RACIMO	No digas	
	más, que también entro yo,	3585
	que urdí toda la mentira	
	de miedo y se lo entregué	
	a este.	
ATÚN	Y yo por las albricias	
	a Lidoro lo llevaba,	
	cuando la desdicha mía	3590
	con mi amo me encontró,	
	que leyendo a toda prisa	
	el papel, no pude oír	
	qué era lo que contenía;	
	y viendo que estaba fresca	3595
	la nema, y que bien podía	
	cerrarse, volví a cerrarlo,	
	y a Lidoro con la misma	
	ignorancia lo entregué;	
	el cual, luego, echando chispas	3600
	bajó al parque; y con mi amo,	
	que también fue...	
REY	No prosigas.	
	Dele la mano Ariadna	
	a Baco. Y tú, agradecida,	
	a Teseo.	
FEDRA	Esta es mi mano,	3605
	príncipe.	

3580 Anacrónica en un contexto mitológico y errónea invocación del gracioso, ya que Santa Lucía protege la vista y no la lengua.

3605 *darse las manos* equivalía a promesa firme de matrimonio, y se consideraba verdadero matrimonio. Cfr. Cervantes, *Don Quijote de la Mancha*, I, 28: «... ves aquí te doy la mano de serlo tuyo [esposo], y sean testigos desta verdad los cielos». Esto provocaba a veces complicadas situaciones de las que se ocu-

TESEO	Ya a recibirla
	el alma, que es vuestra, sale.
ARIADNA	Y aquesta, Baco, la mía.
BACO	En ella me dais, señora,
	todo el premio de mis dichas. 3610
RACIMO	Cintia, ya ves que no ha habido
	lugar de galanterías
	de lacayos y fregonas;
	pero, si quieres ser mía,
	dispensando de galán 3615
	las amantes baratijas,
	aquí estoy.
CINTIA	Y yo te admito,
	porque fuera bobería
	perder aquesta ocasión.
ATÚN	Laura, no es bien que la envidia 3620
	nos quede a nosotros.
LAURA	Tienes
	razón; no es bien que baldía,
	cuando se casan los otros,
	quede persona tan digna
	como yo; y así, mi mano 3625
	es esta.
TEBANDRO	Y perdón, rendida,
	os pide la pluma que,
	contra el genio que la anima,
	por serviros escribió,
	sin saber lo que escribía. 3630

---

paron las Cortes de 1586 que pidieron la no validez de estos matrimonios. Para las diversas interpretaciones de esta promesa, véase Berta Pallares, «Notas tirsianas. Contribución al estudio del concepto sobre el matrimonio secreto en la obra de T. de M.», en *Hispanismen omkring Sven Skydsgaard*, Copenhague, 1981, págs. 265-291, y «El matrimonio clandestino en la obra de T. de M.», en *Revista Canadiense de Estudios Hispánicos*, X (1986), págs. 221-234.

3611-3613 Alusión a la propia comedia en la que, efectivamente, no se les ha dado a los criados espacio de galanteo.

3622 *baldía*: «ociosa y sin uso».

Tisbeo	Va a volver.
	si alzan, que es vuestra sala.
Ariadna	Y aunque Teseo se vaya,
Baco	ha de merecer serlo.
	¿De Apolo son tus dichas
Ricardo	Cintia, vi veo que no ha habido
	hazañas de valimiento
	de la que... llegaras
	pero, si quieres ser mía
	despenando los galanes
	las acciones humanas,
	aquí están.
Cintia	Y yo te admito,
	porque ha re beberla
	cuerda, seguir y adorada.
Auter	Pues, me dicha que la mucha
	vos queda a inventos
	Tírso,
	padre no es más que habla,
	cuando se escudriña su carro,
	quede presunta la aguja
	como voy, y así, sin mudar
	esta.
Hortensio	y perdón también,
	oyóla la piedra que
	conmigo, perdaquel la admira,
	y la serva ha entendido,
	sin saber lo que escuchaba.

Variantes

Los empeños de una casa

Festejo completo:

S	Sevilla, 1692.
B1	Barcelona, 1693.
B2	Barcelona, 1693.
B3	Barcelona, 1693.
M1	Madrid, 1715.
M2	Madrid, 1725.
OC	Obras Completas, vol. IV, 1957.

Sólo comedia:

MS	Manuscrito 16.019.
O	Sevilla, por Joseph Padrino, s. a.
T	Sevilla, por herederos de Tomás López de Haro, s. a.
T2	Sevilla, por la Viuda de Francisco de Leefdael, s. a.
T3	Barcelona, por Joseph Llopis, s. a.

LOA

Interloc.	Música] La Música B3.
9	Fortuna] Fineza en todos los testimonios, que ha de ser un lapsus pues la discusión es entre Fortuna y Mérito.

10	o del Mérito] u del Mérito B2, B3.
39	aunque] aque M2.
43	que] què con valor interrogativo B3.
96	destruición] destrucción OC, y en verso 119.
104	tu furor] tu furos B1; tu favor B2, B3.
127	cuando] quanto S, B1, B2, B3, M2. Enmiendo como M1.
153	Dos versos en los testimonios; edito uno solo para unificar con los versos 6 y 13, que los testimonios editan como uno solo.
200	inteligencia] intellgencia M1.
206-209	En S, B1, B2, B3, M1, los versos 206 y 208 se atribuyen a «Todos y la Música»; y los versos 207 y 209 a «Ellos y Música»; en M2 el verso 206 a «Todos y la Música», y los tres siguientes a «Ellos y Música».
215	reduzga] reduzca OC.
221	conjecturas] conjeturas B1, B2, OC.
229	del defecto] del efecto B1, B2, B3, M1; afecto M2.
245	rigoroso] riguroso B1, B2, B3, M1, M2, OC.
266	se condena] le condena M2.
278	si se le pierden] si le pierden M2.
286	¡No es!] dicho por Fortuna en S, B1, B2, B3, M1, M2. Acepto la corrección de OC que unifica con los vv. 291, 296 y 301, en los que la expresión negativa corresponde a la Música.
295	como deuda] como duda M2.
319	es segura] assugura M2.
327	todos] todas M2.
337	En S, B1, M1, M2, la última *¡Dicha!* la repite la Diligencia. En B2, B3, y OC, se pone en boca del Mérito.
364	y el Mérito] el Mérito OC.
371	simas] cimas S, B1, B2, B3, M1, M2, OC.
376	El Acaso] Y el Acaso OC.
390	elevado] sagrado S, B1, M1, M2.
402	que ventura] que con ventura M2.
525	vínculo] vinculò M1.

LETRA «Divina Lisi»

16	integrante] intergrante M2.
24	segures] seguros B2, B3.

COMEDIA

Título   COMEDIA FAMOSA / LOS EMPEÑOS / DE UNA CASA / DE SOR JVANA INES DE LA CRVZ, / Phenix de la Nueva-España O; LOS EMPEÑOS DE VNA CASA, / COMEDIA FAMOSA / DEL FENIX DE LA NVEVA-ESPAÑA / SOROR JVANA INES DE LA CRVZ T, T2.
Interloc. Hablan en ella las Personas siguientes O, T2; Personas que ablan en hella MS, T.

Jornada primera

17	que él salió] que saliò M2.
24	poder ser vista] pudiendo ser vista OC.
57	inquirido] adquirido S, B1, M1, M2, O, MS, T, T2.
83	como a quien] como quien O, MS.
90	el galán] al galán en todos los testimonios; enmiendo por MS.
95	al galán] del galán S, B1, M1, M2, MS.
96	den lugar] le den lugar MS.
116	a acostarme] a costarme M2.
121	quién habrá] quien verà B2, B3, T3.
132	da de olvidar] da en olvidar B2, B3, T3.
156	pueda ser] puede ser B2, B3, T3.
162	infeliz] infelize MS.
164	enmendar] emmendar S; emendar O, T2.

180a	*de mantilla* añade MS.
191	que a hacer] que hazer M2.
195	esta mujer] á esta mujer MS.
202	mis tiernas lágrimas causan] mas tiernas lagrimas causas B1, M2.
235	deshecha] desdicha B1, M2.
238	desdicha] desecha B1, M2.
241	que le tiene] que la tiene M2.
255	y así, escúchame] y assi escuchame atento M1.
293	me desmiente] me desmiento B1, M1, M2.
337	antojos] anteojos O, OC.
340	agrandaban] agradaban B1, B2, B3, M1, M2, O, MS (corregido), T, T2, T3.
363	a amar a alguno] à amar alguno B2, B3, O, T3; á amar ninguno MS.
367	con peligros del] con peligro del B2, B3, O, T2, T3.
417	no consintió] no sintiò B3; no consitiò T; no consentiò T3 // a la hermosura] a lo hermoso MS.
438	sutil] subtil O.
484	los méritos] los metitos M2.
497	nosotros] nosotras S, B1, B2, B3, M1, M2, T3; enmienda de MS y las sueltas O, T, T2.
516	al pecho del contrario] al pecho contrario B3.
533	prendiéronle] prendieranle B3.
549	el que quiere] al que quiere OC.
550	ha vengado] han vengado M2, O, T2.
561	envidiado] invidiado O.
588	debajo] debaixo T3.
590	la primer vez] la primera vez B3, M2.
595	del deseo] de deseo B3.
598	presumpción] persuncion T3.
632	Nada] Mada M2.
643	os la mostraré] os lo mostrarè B1, B2, B3, M1, M2, T3; os lo enseñaré MS.
653	tú a aquesta] tú aquesta MS.
654	pobrecita] pobrecilla MS.
664	como sabes tú] como sabes ya B2, B3, T3.
696	de que se sepa] de que sepa M2.

755	que aun su dueño] que au su dueño M2.
772	peligrara] peligrava M2.
781	era margen] eran margen O // respeto] respecto T, T2.
785	idos, y yo] idos, o yo B3, T3, OC.
789-800	¿No hay quién socorra/ mi inocencia?] No ay quien / a huna infelize socorra? MS.
800a	*deteniéndole] deteniéndolo* OC.
843	mi ingratitud condena] mi ingratitud ordena B2, B3, T3.
867	desprecias] desprecia S, B1, M1.
875	la aprehensión] la aprehensiog B1; la prehension T.
876	falta] faltan MS, OC.
892	quedé depositada] queda depositada M2.
893	toda soy] todo soy T3.
906	Detente] Dente T3.
911	discurrirlo] discurrilo T3.
919	débaos ahora] debaos aqui S, B1, M1, M2, O, MS, T, T2; sigo la lección de B2, B3, T3.
920	soy culpada] soy T3.
927	peligra] peligran MS y OC.
931	como a amparo] como amparo O, MS, T2.
960	A abrir a mi hermano] Abrir a mi hermano M2.
967	que decir, y echar la culpa] en que pueda hechar la culpa MS // y echar] y echad O.
976	mi enemiga] mi enimiga T3.
1001	como de piedad] como de piedra O, T2.
1037	a sosegarme] a sossegar O, T2.
1038	si es que sosiega quien ama] si es que alla alibio quien ama MS.

LETRA «Bellísima María»

14	al arbitrio] al arbitro M2.
25	tu frente] su frente B2, B3.
29	dándoles] dandole B2, B3.
32	desmiente] dismiente B3.
36	engolfé] engolfe B3.

SAINETE PRIMERO

4	entes] ente S, B1, B2, M1, M2, OC; enmiendo por B3.
77	de todos, sola] de todas, sola S, B1, M2; de todas solo B3; de todas sola B2, M1; enmienda de OC.
95	vení] venid M1.
108	objecto] objeto B1, B2, B3, M1.
145	fuera] afuera B2, B3.
146	por de dentro] por adentro B2, B3.

Jornada segunda

1046	aquel rato que dormí] el rato que me dormi MS.
1058	preciso liarlas] preciso el liarlas B2, B3, T3, OC.
1061	pues yo las cargué] pues las carguè S, B1, M1, M2, T, T2. Sigo el texto de B2, B3, O, T3, OC, que completa la medida del verso.
1061-1062	que pues yo las cargué a ellas / ellas me carguen a mí] que pues me cargue con hellas, / se carguen hellas de mi MS.
1065	Aqueso será] Aquesto serà M2.
1073	de ella] della M2.
1089	si acaso] se acaso T3.
1100	jóvenes, y altiveces] jovenes, altivezes B2, B3, T3, MS, OC.
1107	pensar] pesar O, T2.
1107-1108	y a un pensar tan desigual / y aun no indigno del desdén] y a pesar tan desigual / aunque indigno de el desdén MS.
1108	y aun no indigno] y à un no indigno en todos los testimonios excepto O.
1110	los tratan mal] las tratan mal todos los testimonios; enmiendo.
1114	no la merece] no lo merece M2; no le merece O, T2.

480

1118	con grande exceso] con gran excesso O, T3.
1143	¿A Leonor?] Omitido en MS.
1154	cuanto ayude] quando ayude B1, M1, M2.
1158	la tronera] la tornera T3.
1170	que estaba puesta la pasa] que le benia de casta MS.
1171	frionera] friolera B2, B3, M1, sueltas, OC.
1175	es Sol] en Sol T3.
1186	la dejo a ella?] la dexò ella? O.
1204	le responde] la responde B3, T3, MS.
1205	Oye vusté] Oye vusté T3; Oya husia MS.
1207	Por cierto, lindos] cierto, que lindos MS.
1209	confesión] compasion MS.
1211	No a mi afecto se abalance] A mi respeto no aje MS.
1217	si de mi encierro] si mi encierro T3.
1218	no me puede] no me puedo T3.
1223	que es fuerza] que fuerça T3.
1241	grosería] grosserio M2.
1249	las hermosuras] las hermosas B1, M1, M2, MS.
1252	no estorba] no estova M3.
1255	náufrago] naufragio B2, B3.
1261	anoche Carlos] anoche à Carlos B3.
1272	así pregunto] assi, pergunto T3.
1280	mis congojas] mis quejas MS.
1281	se divirtieran sabiendo] omite este verso M2.
1282	esto, que es lo que me importa; y así...] de Carlos, y así MS.
1287	será preciso] es preciso MS.
1318	acrisola] acrisolo T3.
1326	mandáis] mandas B2, B3, O, T3, OC.
1327	Clori] Juana MS.
1338	los celos blasonan] los zelos blasona M2.
1339	al amor] el amor MS, OC.
1343	en la esposa despecha] en lo esposa despecha O.
1351	no siente] no sienten M2.
1352	el dolor no pregona] del dolor no pregona MS.
1378	quien siempre] que siempre B1, M1, M2.
1381	neguéis] neguis B1, M2.

1406	hay en mí penas] ay en mis penas M2.
1414	mi señor] mi Señora M2.
1418	y dejonos] dexandonos MS.
1427	que perdimos] que pedimos T3.
1433	hasta saber] basta saber B3.
1436	suponga] seponga O.
1449	entender que le ofende] entender que la ofende S, B1, B2, B3, M1, M2, MS; entender a quien ofende T3.
1461	Son los desvelos] Son desvelos T3.
1465	es la impaciencia] es la paciencia O, T2.
1469	Voz 4] D. Carlos M2.
1476	Voz 5] Voz 1 todos los testimonios; enmienda de OC.
1488	la carencia] la carecía T3.
1492	pues si se llega] pues si le llega T3; pues si llega M2, MS.
1503	en amor] es amor M1, MS.
1504	juzgarse] gozarse MS.
1506	ansia de gozar] ansia à gozarlo O; ansia de gozaros T2.
1508	Omitido en MS, así como los versos 1517, 1526 y 1535, es decir, los versos que corresponden a la Música.
1542	imposible] imposible mio MS.
1544	te mando] te daré MS.
1558	que puesto que] que presto que B3.
1569	y a unos] y unos B2, B3, T3.
1590	descubrir] descobrir T3.
1607	has preguntado] has perguntado T3.
1638	antes mis labios que] antes mis agravios que S, B1, B2, B3, M2, O, T, T2, T3; mi corazon antes que MS. Enmiendo por el texto de M1: «no abraso / antes mis labios qué».
1668	lo quisieren defender] la quisieren defender, todos los testimonios.
1683	que será] que se á S; que sea O, T, T2.
1685	reducidle] reducille O.
1698	al que es noble] el que es noble O.

1701	le impide] le impede T3.
1729	fuistes] fuiste B2, B3, T3, OC; fuisteis O, T, T2.
1743-1744	Omitidos en MS.
1754	escondáis] suspendais O.
1763	es lo primero] es lo que primero T3.
1771	vergüenza] vengança T3.
1771	respeto] respero M2; respecto O, T, T2.
1782	no le quito la vida] no lo quito la vida T3.
1796	lo que os convenga] lo que convenga M2, O.
1797	no inquiero] no quiero M2.
1809	faltará] faltara B3, T3, OC.
1811	lo permite] lo primite T3.
1833	pronostica] prognostica O T2.
1857	holgárame] holgareme B3, T2; holgarème O, T.
1865	os dispenso] no dispenso T3.
1874	piadoso] piedoso T3.
1875	reñiros severo] reñir severo T3.
1876	lo más se enmiende] lo mas se entiende T3.
1889	la eligió] la elegiò T3.
1905	se la dará] se le darà O, T2.
1917	felice] feliz M2.
1939	hubieseis] huvisseis O.
1973	hacer réplica] hazer replico T3.
1980	que en vuestra casa la hallé] que la he hallado en vuestra casa S, B1, M1, M2, O, MS, T, T2 verso mal medido que enmiendo por el texto de B2, B3, T3.
1996	se difiera] se defiera T3.
2040	viene en casarse] viene á casarse O, T2.
2044	convenible] convencible M2.
2047	matarla] pescarla MS.
2048	conque] y MS.
2049	volaverunt] volaverum M2.
2051	aun a discurrir] aun discurrir T3.
2061	encuñadado] encuñado O, T, T2.
2066	madrastra] madastra M2; Madrasta T3.
2071	cobrado] sobrado M2.
2090	que se alarga la jornada] que tengo de renegar MS.
2091	si aquí más nos detenemos] ó no á de dormir con Pedro MS.

LETRA «Divina Lisi»

40   frustren] fustren M1.

SAINETE SEGUNDO

27   Decís] Dizes B1, B2, B3, M1, M2.
48   la han echado] la echaron OC.
58   digerirlas] digerirles OC.
68   se suplía] se pulia B2, B3; se suplica M2.
71   Pues es él el autor] Pues es el Autor B3; Pues él es el autor OC.
92   yo, que a silbar] yo, que así a silbar OC.
97-100   Omitidos por un salto de igual a igual (los versos 97 y 101 son idénticos) en la edición de OC y en las que siguieron.
112   un cordel aparejo] un cordel aparejado B1, M1, M2.
114   ensogo] ensovo M2.
121   morir dispongo] morir supongo B3.
124   ahorcar te quieres] ahorcar te quieres M1, M2.

Tercera Jornada

2115   las defienda] las defenda T3.
2140   con esto solo] con este solo B2, B3, T3.
2153   impone freno] imponen freno S y demás testimonios. Enmienda de OC.
2191   por no ser tú la estrellera] por que te quise dar celda MS.
2219   él obligado] èl obligada T3.
2229   apriesa] aprissa O, T2.
2232   e iré a avisar] é abisare MS.

2238	Omitido este verso en T3.
2247	hacer mi deshonra] a hacer mi deshonra OC.
2251	la duda ser evidencia] la duda de ser evidencia T3.
2264	esperaré] esperarà T3.
2271	mi venganza] mi esperanza O // honor] amor MS.
2271a	MS añade «con capa».
2283	entre puertas] las puertas MS.
2296	en las pajas] en las pagas T3.
2340	apriesa] aprissa O, T, T2.
2344	en el ojo de un vicario] en ojo de boticario MS.
2345	que deben de ser canteras] como dizen las aguelas MS.
2352	un recaudo] un recado B2, B3, T3, OC; hun criado MS.
2356	aquese recado] recaudo O, T2.
2365	aprisa] apriesa M1, M2 B1.
2368	ese recado] esse recaudo O, T, T2.
2375	Haz tú] Has tu O, T2.
2384	Garatusa] Garatuza OC.
2392	abanico] abaniño S, B1, M1, M2, MS; abanico B2, B3, T3; abanillo O, T, T2.
2394	inspírame] inspirando M2.
2395	parezca] paresca T3.
2398	ya he topado el enredo] ya discurro el enredo B2, B3, T3.
2400	que trajese] que me traxesse T3.
2408	Pues ahora bien] Pues ora bien T, T2.
2413	si le doy tantica suelta] si la dejo que ande suelta MS.
2416	la pongo] lo pongo OC.
2422	me está del cielo lo azul] me esta bien todo lo azul MS.
2429	cúbrame] cabrame B3, OC; cubrome MS.
2448	de aliñarme] de assearme B2, B3, T3.
2455	échomele en la cabeza] echemelo en la cabeço T3.
2463	logrero] sogrero T3.
2472	mis señoras] mis señores M1, MS.
2476	engañarlas] engañarles MS.
2477	Omitido en MS.

2488	la estatura] la estatua T2.
2490	un si es no es] un es, no es S, B1, M1, M2, T, T2.
2494	encerrada] es tarde MS.
2495	se malogra] y mal logro MS.
2499a	*Aparte,* se indica en B2, B3.
2501	priesa] prissa O, MS.
2508	me marca] me marco B3, O.
2538	quien no galán os adora] quien te adora, y tu desprecias MS.
2539	que quien galán os desprecia] que quien quieres tu y te olvida MS.
2555	unas bestias] vnos bestias O, T, T2.
2557	en casa una] en cas de vna B2, B3, T3.
2569	que a vos misma mal os dejan] que mal à vos misma os dexan B2, B3, T3.
2607	sirve más la diligencia] mas sirbe buestra diligencia MS.
2627	ya que no pudo] ya que no puede B3.
2639	soy yo farandulera] soy farandulera T, T2.
2640	Palabra os doy] palabra doy B2, B3, T3.
2644	el caso, queda por vos?] el caso, que queda por vos? O.
2645	agraviéis la fineza] agravies la fineza S, B1, M1, M2, O, T, T2 // la fineza] mi fineza MS.
2649	algún daño] alguno daño T3 //os la ofrezca] os lo ofrezca OC.
2658	guante] guantes O.
2660	qué tenéis] que tieneis T3.
2675	beldad] deidad MS.
2696	escuras] obscuras O, T, T2.
2707	ver si topo con la puerta] ver si hallo con la puerta B2, B3, T3; el encontrar con la puerta MS.
2707a	*Topa a don Carlos]* Encuentra a don Carlos B2, B3, T3, MS; *topa con Don Carlos* O.
2714	si él me tiene] si ès me tiene T3.
2725	quién toparlo pudiera] quien hallarle pudiera B2, B3, T3, MS.
2729	y no tope con] y no halle con B2, B3.

2732	en que me he hecho los hocicos] que me a quebrado los dientes MS.
2733	diez] cien MS.
2734	vidrios] vidros O, T, T2.
2735	envidiando] invidiando O, T2.
2741	y ya dos sólo] y yà dos solos B2, B3, M1, O, MS, T, T2, T3.
2786	aquesto] aquello T3; esto OC.
2796	a su casa le llevaron] a su casa llevaron B3; a su casa lo llevaron O.
2798	que lo hirió] que lo herio T3.
2800	que le llevaron apiadados] que llevaron apiedados T3.
2801	ser criados] ser criador T3.
2802	llevalle] llevale B3.
2813	que a esto a su casa he vuelto] porque à esto à casa he vuelto O; que a esto a casa he vuelto T2.
2815	ha de casarse] he de casarse T3 // le he de dar] le he dàr M2.
2819	Omitido en MS.
2838	de doña Ana?] de esta dama MS.
2861	si sois servido] si en eso os sirbo MS.
2895	Cielos] Astros MS.
2921	Omitido en MS.
2948	accesorio] assessorio O.
2953	que habiendo de ser] pues si abeis de ser MS.
2970	habéis perdido] se os á turbado MS.
2974	mostrarais] mostraras O; mostrais T2.
3007	hicistis] así se encuentra en S, B1, M2; hicisteis resto de testimonios.
3023	le aplica] le aprieta O.
3024	dolorido] colorido MS.
3052	dejasteis] dexastes M2.
3054	y a Leonor quiso] y Leonor quiso B2, B3 // quiso] quizo T3.
3069	respeto] respecto O, T, T2.
3094	del amor] de amor M2.
3098	Alza] Alzad O, T2.
3103	aqueso] aquesto OC.

3120-26	Reducidos a: Pues mi padre por doña Ana / me tiene, disimular es preciso MS.
3131	cautiverio] captiverio O, T, T2.
3195	tan gran caballero] tan grande Cavallero T3.
3198a	*Llega doña Leonor] Sale doña Leonor* todos los testimonios; enmienda de OC.
3208	que este es engaño y traición] que esta es traicion MS.
3213	venistis] así figura en S, B1, M2; venisteis resto de testimonios, excepto T3 que lee vinisteis.
3233	que yo no puedo] que ya no puedo B2, B3, T3.
3245a	*Castaño de dama] Castaño de la mano* O; *Castaño de damas* T2.
3248	es a quien traigo] es el que traygo B2, B3, T3.
3249	que en el rostro el ferreruelo] que con el embozo puesto MS.
3255	mas yo no puedo] mas ya no puedo B2, B3, T3.
3270	que le estimo] que lo estimo B2, B3, T3, OC.
3271	Después de este verso, acota MS: *todo esto á sido aparte.*
3281	uno la amistad] junto la amistad B2, B3, T3.
3284	la mano a doña Ana] la mano doña Ana B1, B2, B3, M1, M2, T3; la mano a mi hermana MS.
3297	hicistes] hiciste B2, B3, T3, OC.
3302	Omitido en MS.
3322-23	¿Cómo estás así, Castaño, / y en tal traje?] Castaño como estas en ese / trage? MS.
3325	guardado] guardo MS.
3335	me encerró] me encontrò O.
3340	Antes de este verso, añade MS en el parlamento de don Rodrigo: «De confuso y de corrido, / á ablar palabra no acierto».
3347	ni a hablar] ni hablar B1, M1, M2, MS.
3350	por bien] por bien empleada MS.
3359	En mí, Carlos] Carlos mio, en mi MS.
3360	ha sido tuya] he sido B2, B3, O.
3362	mira] mire T3.
3367	encuentro] tropiezo MS.
3368	Omitido en MS.
3369	Senado discreto] nobles mosqueteros MS.

SARAO DE CUATRO NACIONES

6	convoca a la lid] convoca la lid M2.
96	la igualdad unión] la igual vnion M1.
104	que envidia] que embia S, B1, M1, M2. Enmiendo por B2, B3, OC.
123	carcaj] carcaz S, B1, M1, M2; enmiendo por B2, B3 (carcax).
128	susurra] zuzurra S, B1 M1, M2.
174	que desde el uno] que de el vno todos los testimonios; enmienda de OC que completa la medida del verso.
213	tiene de deuda] tiene deuda S, B1; tiene de deuda M1, M2; tiene por deuda B2, B3, OC.
269a	jácara] Jaxara M2; Jaçara B1 // la danzan] la baylan B2, B3.
281	solo el silencio] solo al silencio B3, OC.

Amor es más laberinto

Loa y comedia:

S   Sevilla, 1692.
B1   Barcelona, 1693.
B2   Barcelona, 1693.
B3   Barcelona, 1693.
M1   Madrid, 1715.
M2   Madrid, 1725.
OC   Obras Completas, IV, 1957.

Sólo comedia:

MS   Manuscrito 14.944.
T   Sevilla, por Diego López de Haro, s. a.

Relación (versos 427-700):

R   Córdoba, s. a.
R1   Sevilla, Imprenta Real, s. a.
R2   Sevilla, Viuda de Leefdael, s. a.

LOA

Título   que parece precedió] que precedió B2, B3, OC.
            que se le sigue] que se sigue B2, B3, OC.
17   y en ecos] ya en ecos OC.
18   aplauden] aplaudan OC.

37-38	Como locutores: «Cor[o]», «Otro» «Otr[o]», «Ot[ro]»; acepto la alternancia «Coro 1» «Coro 2», como figura en B2, B3, que también sigue OC.
42	si no] sino todos los testimonios, OC.
59	por que] porque todos los testimonios, OC.
86	que en cuatro] en quatro OC.
97	al Estío] el Estio B3.
124	se llama] se llaman B1, M1, M2.
125	que su deidad] su deidad OC.
130	venimos] vinimos OC.
134	venimos] vinimos OC.
143	desistimos] desestimos M1.
147	de que esa deidad] que de esa deidad OC.
148	fue del marcial] fue con marcial OC.
157	que en olvido] que el olvido B3.
198	halagos] alhagos B1, B2, B3, M1, M2.
211	prerrogativas] prerogativas S, B1, B2, B3, M1.
231	trecientos] trescientos OC.
295	comprehenderos] comprenderos OC.
298	en cuyas manos] en vuestras manos OC.
299	quiere ser] quiera ser OC.
301	y que en vuestra] y que vuestra OC.
307-310	Separados del parlamento de la Edad del que sintácticamente forman parte y al que van unidos en todos los testimonios, en OC.
316	gozareis] gozaseis OC.
321-324	Como 307-310.
335-338	Como 307-310 y 321-324.
339	cresco] crezco resto de testimonios.
340	cualidad] calidad OC.
349-352	Como 307-310, 321-324, 335-338.
358	nacisteis] naciste M2.
363-366	Como 307-310, 321-324, 335-338, 349-352.
369	y yo os rindo] y os rindo B3, que deja el verso corto.
379	Estío] Otoño como locutor en todos los testimonios, que considero erróneo, pues al Otoño corresponde, como se viene repitiendo en la «Loa», el fruto y no la sazón; intercambio los locutores de este verso y del verso 383.

383	y como a dueño] como a dueño, en todos los testimonios; enmienda de OC necesaria para la correcta medida del verso.
389	rendidos] rencidos S.
415	gozando] gozad OC.
417	gozando] gozad OC. Atribuyo con OC este verso a Verano, aunque los testimonios lo hacen a Edad, así como los versos 419 y 421 a Otoño y Estío, respectivamente, por simetría con el resto de intervenciones.
419	Atribuyo este verso a Otoño. OC lo hace a Estío creo que equivocadamente por la misma razón que indico en el verso 379. En testimonios, a Edad.
421	Atribuyo este verso a Estío. OC lo atribuye a Otoño. En testimonios se atribuye a Edad.
433-450	En el reparto de estos versos sigo la razonable propuesta de OC.
433-434	Todos los testimonios los atribuyen al parlamento de la Música; OC a la Edad.
435	os halague] os alhague B1, B2, B3, M1, M2.
436	os arrebolen] os lo arrebolen OC.
437-438	Todos los testimonios los atribuyen al parlamento de la Edad; OC los atribuye a Música.
439-442	Todos los testimonios atribuyen estos versos al parlamento del Invierno; OC los atribuye acertadamente a la Edad, pues habla de las cuatro estaciones.
443	Figura en todos los testimonios como «Yelo, sazon, flores, fruto», pero siguiendo la técnica de recopilación, de los cuatro versos anteriores, como en los demás casos, debe ser: «Sazón, hielo, flores, fruto».
445-448	Todos los testimonios los atribuyen a la Música; OC los atribuye a la Edad.
455	fruto] frutos S, B1, B2, B3, M1.
474	empuñáis el bastón noble] el baston empuñais noble B2, B3.
517-519	OC los edita separados del parlamento del Verano, como dichos por Música.
518	tanto como de días, / de bendiciones] Tanto, como Dia / De bendiciones S, B1, M1, M2; sigo la lección de B2, B3.

542	ponderaciones] poderaciores M2.
558a	Todos con la música] MÚSICA OC.
564	lucir] salir OC.
568	sabias hermosuras] bellas hermosuras S, B1, M1, M2; sabias B2, B3, OC.
574-576	OC edita estos tres versos separados del parlamento del Invierno, como dichos por Música, así como los vv. 589-591, 602-604, 613-615.
614	la posee] la poseo B3; las posee M1.
623a	No figura en los testimonios; sí en OC. No es necesaria, ya que se aclara en el texto: «repitiendo el pueblo todo».
625	nuestros años] de nuestros años OC, que tiene sentido pero destroza la métrica.
626	los tuyos doblen] los tuyos se doblen en todos los testimonios. Es enmienda de OC, que acepto, ya que regulariza la medida.

COMEDIA

Título	Comedia / Amor es mas Laverinto/ de la Madre Juana Ines dela Cruz / La primera y terzera jornada. y / la Segunda de Dn. Huan de Guebara MS // Amor es mas labyrinto. Comedia famosa, del Fénix de la Nveva España Soror Juana Inès de la Cruz T // Desarrolla la abreviatura Lic. en Licenciado M2, OC // del] de el M1 // Labyrinto S; Labirynto B1, M1, M2; Laberinto B2, B3.
Interloc.]	Hablan en ella las personas siguientes T // Ariadna] Adriadna M1, M2, MS.

Jornada primera   Adición de T, OC.

Acot.	Ariadna] Adriadna B1, M2.
2	Ariadna] Adriadna M2.
7	Ariadna] Adriadna M2.
66	suele ser] suelen ser OC.

67	sensible] sensibles OC.
69-70	S, M2, T escriben estos versos como una seguidilla mientras que en los versos 5-6, 31-32 lo hacen como un pareado de dodecasílabos; omitidos en MS por un salto de acotación a acotación.
71	hazañas] vatallas MS.
71-72	Como 69-70. Los edito siempre como pareados, pues no hay diferencia con los versos 5-6 y 31-32, que también están acompañados por la música.
93	adonde] à donde S, B1, M2, T; adonde B2, B3, M1, OC.
101	aqueste año] este año en todos los testimonios. Enmienda acertada de OC, que completa el octosílabo.
109	trata entregarlo] trata de entregarlo OC.
111	prerrogativas] prerogativas S, B1, M1, M2, T.
116	alta muerte] a la muerte B2, B3.
125-126	S, M1, M2, los presentan como una seguidilla; en los versos 31-32 figuran como un pareado de dodecasílabos.
135	perfecciona] perficiona M1, MS.
151	a quien] à quen M1.
172	deberlas] de verlas S, B1, M1, M2, T, MS. Es corrección de B2, B3 que sigue OC.
179	forzándome] forçandose en todos los testimonios, incluido MS y OC, que enmiendo como requiere el sentido.
180a	*Sale] Salen* OC.
204	Ariadna] Adriadna M2.
229	tuviese alguno] tuviese ninguno OC (mejora la medida).
247	he quedado satisfecho nunca] no he quedado satisfecho nunca B3.
254	suerte airada] suerte avàra B2, B3.
298a	*Hablan en secreto] Hablan aparte* MS.
319-343	Acepto la corrección de OC, que sustituye Baco y Ariadna por Lidoro y Fedra, como requiere el texto.
409	mandas] mandais S, B1, M1, M2, T, MS.
410	OC edita *Aparte* como en los versos 412, 421, 422.

439	veneradas leyes] veneradas luzes B2, B3, R, R1, R2.
459	deberé] deberá OC.
467	les parezca] le parezca R1, R2.
504	su necedad] su vanidad R1, R2.
506	en quien] à quien R1, R2.
527	honrosas] hermosas R1, R2.
528	seso] sexo R1, R2.
545	vencer a] vencerà S; vencerá B1, B2, B3, M1, M2, T, R, R1; venzera MS, R2. Enmienda de OC.
556	alcanzado] alcançando B1, B2, B3, M1, M2, R, R1, R2.
571	destruición] destrucción, R, OC.
579	Escirón] Chyron S, B1, B2, B3, M1, M2, T; Chiròn R, R1, R2; Ziron MS.
580	Procrustes] Procuste en todos los testimonios; Procusto OC.
589	toda la cantidad que] toda aquella cantidad T, R, R1, R2.
590	le sobraba] que sobraba R, R1, R2.
599	Sinis] Schino S, B1, B2, B3, M1, M2, T, MS, R1, R2; Schines R.
605	para su ofensa mayor] para su mayor ofensa R, R1, R2.
612	ellos] ello R1.
618	dividido] divididos R1, R2.
627	Piritoo] Pyrithoo. Grafía de todos los testimonios.
646	se tiene] sin tener R.
652	a pesar del] a pesar de R.
679	canta] cuenta, R1, R2.
684	de ellos] dellos B2, B3, T.
749	OC edita *Aparte,* como en vv. 751, 753.
756	Tebandro] Thebrando M1; tebrando MS.
780	no le doy] no les doy OC.
795	y os libro] y os librò M1; yo os libro MS.
798	aqueste hombre] este hombre M2 (verso corto).
800a	OC añade «Laura», que no figura en los testimonios.
879	de esas] de essa B2, B3, OC.
888	vuested] vusted B2, B3.
896	A bien] aun bien B2, B3.

904	que aqueste] que à aqueste T; OC enmienda innecesaria.
906	desconfiéis] desconfies M2.
920	premisas] permissas B2, B3.
922	juzguéis] juzgues B3.
924	OC edita *Aparte a Teseo* y también en los versos 930, 936.
925	Enamórala] Enamorarla M2.
929	OC edita *Aparte a Atún* y también en el verso 936.
934	que ella el príncipe] que el Principe en todos los testimonios. La enmienda de OC salva la medida del verso.
995-996	fe] fee M1, M2, MS.
1002	del altivez] de la altivez, MS, OC.
1004a	Ariadna] Adriadna M2.
1005	Ariadna] Adriadna M2.
1008	difinir] definir OC.
1027	el servil] el ser vil M1, MS.
1028	fuera sin celos] fuera zelos M2.
1029	Lo que sí siento] lo que siento B2, B3.
1070	proferir] preferir T.
1081	y ve] y ver en todos los testimonios. Enmienda de OC.
1128	linda medra] linda merda B3.
1182	siguiendo] siguiendo M1.
1196	¿Desde cuándo] Pues quando en todos los testimonios. La enmieda salva la medida del verso.
1225	que tenga] que tengan M2.
1240	se encolerizasen] encolorizasen M2.
1241	tú los vistes] tu los viste B2, B3, OC.
1252	OC edita después de este verso, como acotación, *Apartes de cada uno*.

Jornada segunda

1278	su fin] sin fin B1, M1, M2, MS.
1287	opuesto] opuesta M2 // rigoroso] riguroso B1, B2, B3, M1, MS, OC.

1324	sabré del consumido] sabré dèl consumido S, B1, M1, M2; sabrè dèl, consumido T.
1327	en el Alcázar] en Alcazar B2, B3.
1336	pues un laberinto] que ay vn Labyrinto S, B1, M1, M2, MS; enmiendo por el texto de B2 y B3.
1337	es este] en este S, B1, M1, M2, MS; enmiendo por B2, B3.
1360	porque los conozca] porque las conozca B2, B3.
1413	tan bien la hicistes] tambien la hiziste B2, B3; tan bien la hiciste OC; tanuien la hizisteis MS.
1417	al Rey] ay Rey M2.
1436	el tuautem] el tu auten M1, M2, MS.
1442	y tienes tú muy] y tienes muy S y demás testimonios. Es enmienda de OC.
1442a	*con manto] con vn manto* M2.
1459	las cees] las cee M2; las zees MS.
1478	esempción] exsenzion MS; excepción OC.
1486	por banda ha de echarme] por vando he de echarme B2, B3.
1490	azares] azahares OC.
1506a	*tapada con manto] tapada con vn manto* B2, B3.
1529	Basta deciros] Baste deziros B2, B3.
1531	que puede ser fea] que por ser fea M2.
1586	con la mía salen] con la mia se salen S, B1, M1, M2, T, MS, OC. Sigo la lección de B2, B3 que deja la correcta medida del verso, además de atender al juego de «salir con la mía», «salir con la tuya», etc.
1599	en buena] en bana T.
1619	ha parecido] ha percibido B3.
1632a	OC repone «Baco» que no figura en la acotación.
1649loc	Ariad.] Airad. M1.
1666	feliz la goce] feliz la gozen B3.
1687	Por las señas] Por señas OC, verso corto.
1708	sea de Fedra] sea el de Phedra B2, B3.
1709a	*y danzan] y danza* M2.
1738	os he de ganar] os ha de ganar S, B1, B2, B3, M1, T, MS, OC. Enmiendo por el texto de M2.
1747	si acaso es que] si acaso que B2, B3.

1755a	OC añade «a Baco».
1790	templará] templara S, B1.
1796	a veces] à vozes M2, y también en los versos 1808, 1830, 1860, 1872.
1806	porque] por què S.
1870	en vana esperanza] en vna esperança B2, B3.
1888	ha sido el reparo] ha sido reparo B1, M1, M2.
1890	OC edita *Apartes de cada uno*.
1897	vamos apriesa] vamos à priessa en todos; vamos aprisa OC.
1904	se ha quedado] sea quedado B3.
1907	OC edita *Aparte,* y también en el verso 1923.
1936	OC edita *Vanse.*
1938	se dilata] se dilita T.
1939	más cerca está] mas cerca estàs S y demás testimonios, excepto MS que enmienda y OC.
1984	que bebo] que debo M2.
1988	me cansa] me causa B2, B3.
1993	Esperar quiero] Espera, quiero M2.
2025	pasado] en todos los testimonios; OC enmienda en «pasar».
2031	a hablarla] a hablarle OC.
2032	he sentido] ha sentido M2.
2047	libando] librando M2, MS.
2055	las habla] las halla B1, B2, B3, M1, M2, MS, OC.
2079	En S, B1 M2 figura *Aparte,* que no recogen el resto de testimonios ni OC.
2084	peligro] peligra B2, B3.
2098	OC edita *Aparte,* y en el verso 2100.
2113	Cuando] Quado M2.
2127	estudiáis] estudias B1.
2133	por amaros] por amores B1, B2, B3, M1, M2, MS.
2140	de haber nacido] de aver venido B1, B2, B3, M1, M2, MS.
2142	rubí] Ribi M1; riui MS.
2151	comprimido] comprimiendo B1, B2, B3, M1, M2, MS.
2170	los logre castigo] los logre el castigo B2, B3.
2187	Llego] Luego B3.

499

2196a	OC coloca esta acotación después del verso 2191.
2201	OC edita *Aparte,* y también los versos 2209, 2224, 2242, 2264.
2212	Yo cierro] Cierro S, B1 B2, B3, M1, M2, T, MS. Enmienda de OC que completa la medida del verso.
2226	resistiros] risistiros M1.
2270	Figura *Aparte* en S, M1, que no recoge OC.
2278	Si no es] Sino es M1, M2, MS.
2279	desta] de esta OC.
2285	ven apriesa] ven aprisa OC.
2336	por los mismos] con los mismos B1, M1, M2, MS.
2340	Haber presumido] A ver presumido M1, M2, T.
2343	desta] de esta B3, M2, MS, OC // OC edita *Apartes de cada uno.*
2352	ya no temo] yà no tengo B2, B3.
2356	remedio] redio M2.
2367-2368	En OC los dicen «Las dos».

Jornada tercera

2381	viéndole] tiendole B1; teniendole M2.
2399	recaudo] recado, T, MS, OC.
2433	OC edita *Aparte* y también en los versos 2442, 2444, 2458.
Prosa	con una] con la una MS, OC // con otra] con la otra MS, OC.
2494	lo que Lidoro] lo que le Lidoro M2.
2569	diría] dirà B2, B3.
2579	dél] del S; dè B1; de el MS; de él OC.
2626	disignios] designios B2, B3, T, OC.
2638	parasismos] paroxismos OC.
2641	Quién] Quen M1; Quin MS.
2641a	OC añade «una voz».
2648	Mal reprimo] Mas reprimo en los demás testimonios, excepto T, MS.
2650	y que a aqueste] que à aqueste B2, B3.

Prosa	con una... con otra] con la una... con la otra en los demás testimonios.
2688	si faltaban] si faltan B2, B3, M2 // los indicios] los individuos B3.
2697	que aun bien que] que á bien que T; aun bien, que OC.
2698	puede] pueda T.
2725	escribirle] escribirlo OC.
2768	lo dejé] le dexè M2, MS.
2787	Cuánto es mejor] Quando es mejor M2.
2789	a él le libro] a èl le libró M2: a él lo libro OC.
2794	me restituya] me restituye M2 (pierde la consonancia).
2816	que cae al parque] que al parque cae B2, B3, MS, OC.
2823	del susto] del sustento M2.
2867	si quisiera] si quiera B3.
2884	que la adornan] que le adornan B2, B3, M2.
2923	que dél] que del S; que de el MS.
2959	me distes] me diste B2, B3, OC.
2978	amorosas resoluciones] amorosa resoluciones S, B1, M1, M2, T, MS.
3010	admira] admiras M1.
3065	OC edita *Aparte,* y también en los versos 3072, 3081, 3106.
3066	que soy por el que preguntan] que yo soy el que preguntan S, B1, M1, M2, T, MS.
3071	distis] distes B1, M2, T; disteis B2, B3, M1, MS.
3107	que yo tenga] que yo tengo S, B1, M1, M2, T, MS.
3130	lo quiso] le quiso B3, OC.
3157	deje a su patria] dexe su patria B3, M2.
3168	conoce en la noche] conoce la noche todos los testimonios; es enmienda de OC.
3189	OC edita *Aparte,* y también en los versos 3222, 3236, 3242, 3250, 3257, 3259, 3379, 3410.
3202	buscar] bascar M2.
3205	se enfada] se enfadan S y todos los testimonios. Enmiendo, y también podría ser «le enfadan» o «lo enfadan» por simetría con «lo buscan».

3221	apriesa] aprisa OC.
3234	no dirá] no diré S y todos los testimonios excepto MS (no dira) lección que acepto pues el sujeto es «el temor» // si yo soy yo] se yo soy yo MS.
3302	este orden] esta orden MS, OC.
3315	Omitido este verso en M2.
3325	la justicia] la Justica M2.
3341	infelice vida] infeliz vida M2.
3349	articularan] articularàn M2.
3354	imágines] imágenes B2, B3, OC.
3436	topo con la admiración] encuentro la admiración B2, B3.
3442	te bastaba] te basta B3 (verso corto).
3504	reciba] reeciba M2.
3530	OC edita *Aparte* y en el verso 3565.
3545	Y así haz] y assi has T // Licas] Lizas M2.
3552	desentendida] desentida B1, M1.
3623	los otros] los orros B1.

Índice de notas

(Las cifras remiten al número de página)

a bien que, 366, 440
a bulto, 257
a espacio, 378
a la banda, 400
a qué quieres boca, 427
a sus anchos, 427
a tente bonete, 427
abanillo, 252
abismo, 347
abonarse, 142
abrasado, 137
acaso, 147, 149
accidente, 385,
acentuación, 141, 152, 178, 194, 217, 224, 242, 263, 274, 283, 323, 364, 380, 444, 453
acero, 151
acorde, 310
Adonis, 291
afeites, 191
agudo, 444
airada, 341
alarbe, 396
albricias, 122, 386, 430
alcázar, 243
Alejandro el Magno, 113

aliñar, 255
aliño, 413
alta, 333, 336
Amazonas, 351
americano cuello, 328
amistad, 356
Androgeo, 339
año magno, 309
Anteros, 126
antevía, 118
antojos, 145
aparejar, 236
apretada, 340, 379
apretar el cordel, 198, 415
apretar la mano, 375
apriesa/aprisa, 246, 457
apurar, 454
aqueste, aquese, 115, 368
Ariadna, 331
aseo, 287
asimilación -r + l, 186, 233, 250, 269
asir la ocasión por los cabellos, 201
asistir, 111, 178
asomado, 427

asombrar, 448
aventurar, 454
aventurero, 396
avisado, 145, 312
Áyax, 114
azares, 392, 393

bachillerías, 156
Baco, 337
bailar el agua delante, 389
bajío, 417
baldía, 471
ballena, 255
basilisco, 420
basquiñas, 151
bifronte, 304
bisagra, 225
blasones, 324
boquirrubio, 253
bravo, 386
brío, 439
buscar, 390

caer en la miel la sopa, 376
cajas, 466
callos, 398
camino, 366
campo, 399
can Cerbero, 357
cándido, 174
carro del sol, 308
casa, 126
cascos, 379
casi casi, 386
cauterio, 276
Cavite, 229
ce, 390
ceceo, seseo, 115, 116, 123, 211, 230, 233
centauros, 355
cifra, 126
circunflejo, 313
citar de remate, 391
claro, 147, 311

cláusulas concertadas, 304, 332
clavel nevado/purpúreo jazmín, 291, 295
Clicie, 163
colgado, 460
colmar, 321
colmo, 321
colocado, 404
comedia de amor, 394
comedia nueva, 232
como pedrada en ojo de vicario, 250
complemento directo de persona sin preposición, 137, 269
comprehender, 316
comprehensivo, 145
conceder, 369
concomitancia, 346
concordancias anómalas, 165, 183, 457
condigno, 120
conferir, 197, 435
consumido, 385
consumirse, 385
contera, 252
contextar, 146
contingencia, 159, 195, 250
convenible, 222
conveniencias, 311
copia, 174, 450
corazón de las esferas, 243
cordeles, 198, 415
Corineto, 352
cortar, 396
costilla, 457
Creonte, 353
cuadra, 155, 334, 376
cualque, 430
cuántos silbos, cuántas voces, 235
cuartos, 393
cuatro elementos, 307-308
cuentos, 317
cueros, 409
cuidado, 134, 137, 138, 437